1682 J.B.METZLER

Herausgegeben in Verbindung mit
der Heinrich-Heine-Gesellschaft

Heine-Jahrbuch 2005

44. Jahrgang

Herausgegeben von Joseph A. Kruse
Heinrich-Heine-Institut
der Landeshauptstadt Düsseldorf

Verlag J. B. Metzler
Stuttgart · Weimar

Anschrift des Herausgebers:
Joseph A. Kruse
Heinrich-Heine-Institut
Bilker Straße 12–14, 40213 Düsseldorf

Redaktion: Karin Füllner und Marianne Tilch

Bibliografische Information Der Deutschen Bibliothek
Die Deutsche Bibliothek verzeichnet diese Publikation in der Deutschen Nationalbibliografie; detaillierte bibliografische Daten sind im Internet über <http://dnb.ddb.de> abrufbar.

ISBN-13: 978-3-476-02112-0
ISBN 978-3-476-00154-2 (eBook)
DOI 10.1007/978-3-476-00154-2
ISSN 0073-1692

Ursprünglich erschienen bei J. B. Metzler'sche Verlagsbuchhandung und Carl Ernst Poeschel Verlag GmbH in Stuttgart 2005
www.metzlerverlag.de
info@metzlerverlag.de

Inhalt

Siglen VIII

Aufsätze

I.

Rita Lennartz · Marias Epitaph. Eine poetologische Überlegung zu Heines »Reise von München nach Genua« mit Blick auf Sterne 1

Nicole Calian · Geschichtsphilosophie aus der Sicht eines Dichters. Zu Heinrich Heines »Verschiedenartige Geschichtsauffassung« 26

II.

Karl-Josef Kuschel · Heines »Almansor« als Widerruf von Lessings »Nathan«? Heine und Lessing im Spannungsfeld von Judentum, Christentum und Islam 42

Heinrich Heines religiöse Lebenswelten
Beiträge des Symposions vom 10. November 2004 im Literaturhaus Köln, Jürgen Wilhelm · Eröffnung 63

Anne Maximiliane Jäger · »Ich bin jetzt nur ein armer todtkranker Jude «. Zu Heines Judentum 67

Christoph Bartscherer · »Dem Gotte meiner Wahl«. Heine und das Christentum 81

Joseph A. Kruse · »Aber, Allah! Welch ein Anblick!« Heinrich Heine und der Islam 94

III.

Liu Min · Heines Lyrik in China nach 1949. Teil 2 113

Gerhart Söhn · Wolfgang Menzel. Sein Leben. Teil 2 132

Kleinere Beiträge

Peter Rippmann · »An Heine war alles verlogen«. Zu einer rezeptionsgeschichtlichen Panne 152

Manfred Mai · Politik und Staat in der modernen Gesellschaft. Soziologische Überlegungen mit einigen Bezügen zu Heinrich Heine . 163

Thorsten Palzhoff · Der Ort der Musik in Heinrich Heines Schriften . . . 177

Cordula Hupfer · Die kulinarische Metaphorik im Gesamtwerk Heinrich Heines 189

Jeffrey L. Sammons · Die Renovierung der Heine-Büste in Cleveland/USA 200

Heinrich-Heine-Institut. Sammlungen und Bestände. Aus der Arbeit des Hauses

Joseph A. Kruse und Marianne Tilch · »Ich hatte mir so oft vorgenommen Ihnen zu schreiben«. Neue Heine-Briefe (Berichtszeitraum Mitte 1996 . Ende 2004) 204

Helmut Frielinghaus · Günter Grass: Die Blechtrommel, 1959. Vortrag zur Eröffnung der Reihe »Eine Stadt liest ein Buch« 220

Karin Füllner · Heinrich Heine: europäisch, musikalisch und kulinarisch. Das Düsseldorfer Studierenden-Kolloquium 2004 mit neuen Arbeiten über Heinrich Heine 232

Reden zur Verleihung des Heine-Preises 2004

Robert Gernhardt · Dankrede 237

Michael Maar · Laudatio 251

Buchbesprechnungen

Christoph Bartscherer · Heinrich Heines religiöse Revolte. Mit einem Vorwort von Joseph A. Kruse (Robert Steegers) 256

Patricia Czezior · Die Heimatlosigkeit im Werke zweier romantischer Grenzgänger: Joseph von Eichendorff und Heinrich Heine (Sikander Singh) 258

Marion Freund · »Mag der Thron in Flammen glühn!« Schriftstellerinnen und die Revolution 1848/49 (Ariane Neuhaus-Koch) 260

Joachim Jacob/Pascal Nicklas (Hrsg.) · Palimpseste. Zur Erinnerung an Norbert Altenhofer (Joseph A. Kruse) 262

Alexander Kosenina · Der gelehrte Narr. Gelehrtensatire seit der Aufklärung (Christian Liedtke) 264

Yigal Lossin · Heine: ha-hayim ha-kefulim (Regina Grundmann) 266

Marie-Ange Maillet · Heinrich Heine et Munich (Norbert Waszek). 269

Makkaroni und Geistesspeise. Almanach der Varnhagen Gesellschaft 2 (Ariane Neuhaus-Koch). 271

Inge Rippmann · »Freiheit ist das Schönste und Höchste in Leben und Kunst«. Ludwig Börne zwischen Literatur und Politik (Joseph A. Kruse) 274

Hong-Kyung Yi · Heinrich Heines Vermittlungsversuch zwischen Kunst und Politik in ausgewählten Werken von 1837–1840 (Karin Füllner) 275

Heine-Literatur 2004/2005 mit Nachträgen 277

Veranstaltungen des Heinrich-Heine-Instituts und der Heinrich-Heine-Gesellschaft e. V. Januar bis Dezember 2004 307

Ankündigung des Düsseldorfer Studierenden-Kolloquiums 2006. 317

Hinweise für die Autoren. 318

Mitarbeiter des Heine-Jahrbuchs 2005 320

Siglen

1. H. Heine: Werke und Briefe

B	= Heinrich Heine: Sämtliche Schriften. Hrsg. von Klaus Briegleb. München: Hanser 1968–1976, 6 Bände (6, II = Register)
DHA	= Heinrich Heine: Historisch-kritische Gesamtausgabe der Werke. In Verbindung mit dem Heinrich-Heine-Institut hrsg. von Manfred Windfuhr. Hamburg: Hoffmann und Campe 1973–1997, 16 Bände
HSA	= Heinrich Heine: Werke, Briefwechsel, Lebenszeugnisse. Säkularausgabe. Hrsg. von den Nationalen Forschungs- und Gedenkstätten der klassischen deutschen Literatur in Weimar (seit 1991: Stiftung Weimarer Klassik) und dem Centre National de la Recherche Scientifique in Paris. Berlin und Paris: Akademie und Editions du CNRS 1970 ff.

2. Weitere Abkürzungen

Galley/Estermann	= Eberhard Galley und Alfred Estermann (Hrsg.): Heinrich Heines Werk im Urteil seiner Zeitgenossen. Hamburg: Hoffmann und Campe 1981.1992, 6 Bände.
auf der Horst/Singh	= Christoph auf der Horst und Sikander Singh (Hrsg.): Heinrich Heine im Urteil seiner Zeitgenossen. Begründet von Eberhard Galley und Alfred Estermann. Stuttgart/Weimar: Metzler 2002 ff.
HJb	= Heine-Jahrbuch. Hrsg. vom Heinrich-Heine-Institut Düsseldorf. Hamburg: Hoffmann und Campe 1962–1994; Stuttgart: Metzler 1995 ff.
Höhn	= Gerhard Höhn: Heine-Handbuch. Zeit, Person, Werk, Stuttgart: Metzler ^{1}1987, ^{2}1997, ^{3}2004
Mende	= Fritz Mende: Heinrich Heine. Chronik seines Lebens und Werkes. Berlin: Akademie ^{1}1970; ^{2}1981
Seifert	= Siegfried Seifert: Heine-Bibliographie 1954–1964. Berlin und Weimar: Aufbau 1968
Seifert/Volgina	= Siegfried Seifert und Albina A. Volgina: Heine-Bibliographie 1965–1982. Berlin und Weimar: Aufbau 1986
Werner	= Michael Werner (Hrsg.): Begegnungen mit Heine. Berichte der Zeitgenossen. Hamburg: Hoffmann und Campe 1973, 2 Bände
Wilamowitz	= Erdmann von Wilamowitz-Moellendorff und Günther Mühlpfordt ( ): Heine-Bibliographie 1983–1995. Stuttgart und Weimar: Metzler 1998
Wilhelm/Galley	= Gottfried Wilhelm und Eberhard Galley: Heine-Bibliographie [bis 1953]. Weimar: Arion 1960, 2 Bände

Aufsätze

I.

Marias Epitaph
Eine poetologische Überlegung zu Heines »Reise von München nach Genua« mit Blick auf Sterne[1]

Von Rita Lennartz, Bonn

In Heines Reisebericht laufen dem Erzähler wiederholt mehrere weibliche Gestalten, beladen mit der Bürde sinnbildhafter Bedeutsamkeit, über den Weg oder queren seinen Gedankengang.[2] Zu diesen Gestalten gehört, neben der Spinnerin, der Obstfrau und der Harfenistin, auch eine ferne Geliebte namens Maria. Dass vor allem diese letzte einigen Aufschluss darüber zu geben vermag, wie und für was der Text angesehen sein will, sollen die folgenden Ausführungen zeigen.

Maria erkennt der Erzähler, gleich einem Urbild, wiederholt in anderen lebenden und gemalten Personen wieder, doch ist der Verdacht nicht abzuweisen, dass auch sie selbst »nicht einmal als Original« (DHA VII, 79) gelten kann. Einem ihrer möglichen Vorbilder ..neben den erkennbaren Vorgängerinnen und Nachfolgerinnen in anderen Texten Heines ..und der Bedeutung dieses Vorbilds für Heines Bericht will ich im folgenden nachfragen: Jener »poor Maria my friend, Mr. Shandy, met with near Moulines.«[3] Mit dieser Maria hat Sterne eine typische Gestalt poetologischer Reflexion innerhalb der literarischen, durch einen Erzähler perspektivierten Reisebeschreibung geschaffen. Ganz abgesehen von den ähnlichen Frauenfiguren in Heines Gedichten und seiner sonstigen Prosa[4], ist für die »Reisebilder« damit eine spezifische Vorlage oder richtiger: ein poetologisch genauer Bezugspunkt gegeben. Literaturwissenschaftlich interessanter und ertragreicher als die Frage nach einem unmittelbaren Einfluss ist dabei die Erkundung der unterschiedlichen poetologischen Konzepte, die in beiden Texten mit der Figur der Maria exponiert werden.

Die besondere Bedeutung der Figur ist jeweils frühzeitig bemerkt worden. Schon die ersten zeitgenössischen Rezensionen der »Reisebilder« sprechen sie wiederholt an[5] und auch Jahre später noch klagen die Literaturkritiker, »seit Heine unseligen Andenkens von seinen Nachtretern [ ] auf die himmelschreiendste Weise mit der todten M a r i e n chikanirt worden« zu sein[6]. Auch in dieser Nachwirkung erinnert die literarische Gestalt an die Maria Sternes, die mit ihrem ersten Auftritt ebenfalls eine nur allzu populäre Gestalt und geradezu eine Ikone der Empfindsamkeit wurde.[7] Die poetologische Bedeutung der Gestalten selbst, zumal wie sie in ihrer Gegenüberstellung kenntlich wird, ist dieser Aufmerksamkeit bislang weitgehend entgangen.

I.

Tristram Shandys Reise nach Südfrankreich ist eine Flucht vor dem Tod; sie ist demgemäß über weite Strecken gehetzt und wenig gemächlich. Dennoch kommt es gelegentlich zum Einklang mit der Natur und Umwelt, den nichts ..kein Wagenstoß, kein unebener Weg ..erschüttern kann. Dieses außergewöhnliche Wohlbehagen wird gesteigert durch süße Flötentöne, die »the kindliest harmony« des Erzählers mit der Umwelt gleichsam abbilden: »'Tis *Maria*; said the postilion, observing I was listening«.[8] Die schöne Maria, die Tristram nach Verlassen der Kutsche kennen lernt, ist irre geworden über einer Verweigerung der Heiratserlaubnis (offensichtlich durch den Pfarrer, bei dem das Aufgebot bestellt wurde) und spielt seither, in aller Einsamkeit jenseits der Dorfgemeinschaft, auf ihrer Flöte. Die kosmische Bedeutung ihres Spiels im Sinne eines Anklangs an die Sphärenharmonie wird durch die Allusionen an die christliche Gottesmutter symbolisch betont: So ist ihr Flötenspiel eine Abendandacht für die heilige Jungfrau (ihr »service to the Virgin«[9]), und so heißt sie selbst latinisiert Maria und nicht, wie nach dem Ort, dem französischen Moulins zu erwarten, Marie. Nur kurz ist der Aufenthalt Tristrams bei Maria, bei dem er sich vor allem seiner eigenen Empfindungs- und Mitleidsfähigkeit versichert. Hierin ist er der englischen Moralphilosophie des 18. Jahrhunderts verp ichtet, und Maria ist eines der zahlreichen literarischen Objekte solcher moralischen Erhebung . Sie ist eine ländliche Verwandte von Richardsons Pamela, Clarissa und ähnlich wehrlosen Damen: Die ihr beigesellte Ziege wie auch ihre Flöte stilisieren sie zu einem pastoralen Inbild.[10]

Ihre besondere poetologische Bedeutung wird sinnfällig in dem zweiten Text Sternes, der »Sentimental Journey through France and Italy« (eigentlich nur: Frankreich). Zu dieser Reise bricht der Erzähler Yorick ebenfalls plötzlich auf, wiederholt hierin aber weniger die überstürzte Flucht seines Freundes Tristram, sondern nimmt eher die ..ebenfalls gesprächsweise geweckte ..Spontaneität von Heines Erzähler vorweg. (»Morgen reise ich, beschloß ich auf der Stelle«, heißt es bekanntlich bei diesem (DHA VII, 26); »I'll look into them«, heißt es bei jenem, und »[ ] I went straight to my lodgings, put up half a dozen shirts [ ]«[11] usw.) Dass Heines Erzähler Sternes »Sentimental Journey«, eines der beliebtesten Bücher des 18. Jahrhunderts, im Gepäck hatte (und zwar im englischen Original), ist bei der Sichtung des literarischen Besitzes und der Anleihen schon früh offenkundig geworden.[12] Wohin aber führt dieser Reisebericht?

Yoricks Erkundungen sind ausdrücklich auch ein Versuch, den Spuren Tristrams zu folgen und Maria zu finden.

> The story he had told of that disorder'd maid affect'd me not a little in the reading; but when I got within the neighbourhood where she lived, it returned so strong into my mind, that I could not resist an impulse which prompted me to go half a league out of the road to the village where her parents dwelt to enquire after her.
> 'Tis going, I own, like the Knight of the Woeful Countenance, in quest of melancholy adventures [ ][13]

Yorick findet Maria »much as my friend described her«[14]: Zwar ist die Ziege ihr untreu geworden wie der Liebhaber; geblieben ist ihr aber die Flöte, auf der sie auch in der Anwesenheit Yoricks wieder »her service to the Virgin« spielt.[15] Überdies findet Yorick, derart auf den Wegen Tristrams und des Ritters von der traurigen Gestalt Don Quixote wandelnd, Zeichen für das Mitleid seines Freundes: Maria hat dessen vormals tränenbenetztes Schnupftuch wie eine Reliquie verwahrt.

Spätestens durch dieses erneute Erscheinen in der »Sentimental Journey« wird Maria erkennbar als eine eigenständige poetologische Figur. In ihr gewinnt die Vermittlung von Literatur und Wirklichkeit im eigentlichen Wortsinn Gestalt. Die quasi-religiöse Überhöhung der Jungfrau mittels christlicher Symbolik wird durch ein übersetztes französisches Sprichwort wie auch ein Bibelzitat nachdrücklich affirmiert.[16] Wird in Maria das sprachliche Wort konkrete Wirklichkeit, dann nimmt sie in dieser Vermittlungsfunktion eben die Position ein, die ihr (oder genauer: ihrer Namenspatronin) auch die orthodoxe christliche Lehre zuweist. Allerdings erfolgt hier diese Vermittlung ..unorthodox ..unter literarischer Vorgabe: Denn die Wirklichkeit ist erschrieben, durch den ersten Text »The Life and Opinions of Tristram Shandy« vorgegeben. Wenn in jenem Text die sexuellen Untertöne von Marias Flötenspiel ebensowenig zu überhören sind[17] wie sich entsprechende emblematische Anspielungen ihrer animalischen Begleitung übersehen lassen, dann drängt sich demgegenüber in der »Sentimental Journey« die *literarisch* selbstre exive Gestaltung in den Vordergrund. Besonders deutlich ist sie in den wörtlichen Zitaten zu erkennen und macht auf diese Weise wiederholt intertextuell präzise benennbare Bezüge sichtbar. Weniger explizit, aber ebenfalls deutlich wird die literarische Selbstre exion in motivischen Versatzstücken aus dem Fundus literarischer Topik. Das lässt sich beispielsweise an dem kleinen Hund erkennen, der nun den Platz der Ziege einnimmt. Diese Position wie auch sein Name Sylvio verweisen auf die pastorale Tradition. Sein kleiner Wuchs allerdings versinnbildlicht damit zugleich den Schwund vormaliger Größe, parodiert sie in kümmerlicher Gestalt. Die Tradition ist auf das Hündchen gekommen.[18]

Maria steht damit in Sternes Reisebericht erstens für die (literarische) Vermittlung von Literatur und Leben und zweitens für die *solcherart*, in dieser Vermittlung, offenkundige Existenz der Seele. Denn heißt die Suche nach der literarischen Gestalt in der Wirklichkeit »going [ ] like the Knight of the Woeful Countenance, in quest of melancholy adventures«, dann gibt der Fortgang des Satzes die hier bedeutsame Ergänzung: »but I know not how it is, but I am never so perfectly conscious of the existence of a soul within me, as when I am entangled in them [d. i. melancholy adventures; R. L.]«[19]; und entsprechend wird wenig später in der Begegnung mit Maria betont, ja resümiert: »I felt such undescribable emotions within me, as I am sure could not be accounted for from any combinations of matter and motion. I am positive I have a soul«.[20] Diese Seele ist weniger überirdisches Erbteil als gegenwärtige Empfindsamkeit: »Dear sensibility! source inexhausted of all that's precious in our joys, or costly in our sorrows! [ ] ..eternal fountain of our feelings! ...'tis here I trace thee ...and this is thy divinity which stirs within me«.[21]

Damit ist die vormals kosmische Harmonie, »the kindliest harmony«, nunmehr nicht nur eindeutig im Subjekt verortet: Schon im »Tristram« ist die Selbstbezüglichkeit jeder Wahrnehmung des reisenden Erzählers deutlich, und schon dort ist ersichtlich, dass die (reisenden oder auch nichtreisenden) Verehrer Marias und ähnlich hilfsbedürftiger schöner Damen an ihnen vor allem das eigene Mitleid und Empfindungsvermögen schätzen. (Mc Glynn spricht gar von »sentimental masturbation«[22].) Die »Sentimental Journey« versichert nun darüber hinaus die Seele als *literarisch versierte* Sensibilität des Reisenden. An eine Bekehrung und Umkehr eines solchen Ritters ..und sei sein Erleben von noch so trauriger Gestalt ..am Buchende ist nicht zu denken: Auch und insbesondere in der Anrufung der »sensibility« ist diese literarische Gestaltung des eigenen Erlebens deutlich, zitiert sie doch ausdrücklich und wendet sich damit höchst literarisch und re ektiert gegen den »mere pomp of words«[23]. Nicht zuletzt ist sie außerdem eine Replik auf eine Anrufung, die im »Tristram« der Begegnung mit Maria vorausgeht und dort dem »Gentle Spirit of sweetest humour, who erst didst sit upon the easy pen of my beloved CERVANTES«[24], gilt.

Mit dieser für die »Empfindsame Reise« und ihre empfindsame Rezeption zentralen Eloge auf die »Empfindlichkeit«[25] steht Maria schließlich drittens für ein Literaturmodell, das sich gerade nicht mehr als bloße Um- oder Niederschrift von Empfindsamkeit versteht. Der alleinigen Beliebtheit des Wortes »Empfindsamkeit« im Anschluss an die Übersetzung der »Sentimental Journey« zum Trotz steht an deren Stelle hier eine literarisch gebildete und ..z. T. witzig und auch durchaus kritisch ... re ektierte Sensibilität.[26] Maria verkörpert die empfindsame und zugleich literarisch-skeptische Wahrnehmung der reisend durchquerten Landschaft durch den Erzähler und der Reisebeschreibung durch den Leser. Versteht schon Tristram seine Reise durch Frankreich (auch) als Streifzug durch »this fertile land of chivalry and romance«[27], dann bahnt der Erzähler Yorick in der »Sentimental Journey« mittels dieser programmatisch gesetzten Assoziation den Weg, auf dem ihm die Empfindsamkeit ..oder prosaischer, aber poetologisch eindeutiger: die Einbildungskraft ..des literaturkundigen und literaturkritischen Lesers folgen kann.

Wenn von nun an ein empfindsamer Erzähler von seinen Reisen berichtet, wird er selten unterlassen, seine Empfindsamkeit durch eine Begegnung mit einer der Maria ähnlichen Gestalt zu beteuern. Die unglücklich Liebenden sind dabei in der Folge häufig namenlos (wie ihr Leid unsäglich) oder von anderem Namen (wie ihr Leid das Leid aller Mädchen ist) und bekunden hierin den Schwund an literarisch-poetologischer Bedeutung und die Trivialisierung der Figur zur empfindsamen Ikone. Bereits in den ersten deutschen Nachahmungen durch Johann Georg Jacobi, seiner »Winterreise« (Düsseldorf 1769) und seiner »Sommerreise« (Halle 1770), wird die literarische Selbstre exion vollkommen von empfindsamer Imagination und Anteilnahme verdrängt. Diese mitleidende Empfindsamkeit steigt proportional zum Elend des Mädchens, so dass der Erzähler in Johann Gottlieb Schummels »Empfindsame Reisen« (Wittenberg/Zerbst 1771..72) wenig später das Mädchen gar aus dem Bordell rettet, in das es der vormalige Liebhaber verschleppt hat (und in das er selbst sich verirrte).[28]

Was diese Texte an humoristischem Witz wie auch an literarischer Re exion imaginierter Welten und imaginativer Welt einbüßen, gewinnen sie an sozialkritischem Blick auf die ..nun freilich unbezweifelt ..realen Gegebenheiten (der eigenen Darstellung). Dabei geht auch ein recht direkter Weg von der re ektierten Sensibilität des Sterneschen Erzählers zu einer zunehmend sozialkritischen Reisebeschreibung: Schon bei Sterne und erst recht bei den deutschen Nachahmern ist Maria auch eine antiklerikale Gestalt, ihr Schicksal verbunden mit der Kritik an kirchlichen und letztlich überhaupt institutionellen Einrichtungen. Bereits Jacobi profiliert diesen Aspekt in seiner »Sommerreise« durch eine deutliche Abgrenzung in je eigene Kapitel und setzt so der aufrichtigen, unglücklichen jungen Frau den dogmatisch verhärteten Pfarrer entgegen, der ihre materielle Not und ihr Unglück (vom Geliebten durch Krieg getrennt zu sein) noch durch Ächtung vermehrt (da sie vom Geliebten nicht ohne Folgen wiedergeliebt wurde). Dieser kirchenkritische Aspekt wird in Thümmels »Reise in die mittäglichen Provinzen von Frankreich« (Leipzig 1791–1805) raumgreifend und setzt ganze Bücher und Personengruppen gegeneinander: So wird die erst nach ihrer Befreiung aus dem Kloster und in einer innigen Liebe au ebende Klara zum Gegenbild ihrer Namensvetterin, die in Avignon mit Unterstützung des Klerus ein Leben in Prostitution führt.[29] In den Jahren um 1800 schließlich erlebt der Sterne nachempfundene Begriff »Empfindsame Reise« in Deutschland noch einmal einen verstärkten Gebrauch als Titel gerade für sozialkritische und selbst ausgesprochen satirische Reisebeschreibungen.[30]

II.

So sehr sich Yorick und Heines Erzähler in dem spontanen Aufbruch und der erklärten Reiseabsicht gleichen (nämlich selbst in Augenschein zu nehmen, wovon der Gesprächspartner spricht), so deutlich unterscheiden sie sich im reisenden und berichtenden Erleben. Sucht Yorick im Verlauf seiner Reise mit seinem Besuch bei der irren Maria die literarische Wirklichkeit eines anderen (literarisch) zu verifizieren, dann ist der Erzähler Heines im Folgenden allein den eigenen Phantasien verp ichtet.

Zu Beginn seines Berichts schon gilt ihm die städtische Welt als Text:

> Potsdam z. B. erscheint uns als ein solches Denkmal, durch seine öden Straßen wandern wir wie durch die hinterlassenen Schriftwerke des Philosophen von Sanssouci, es gehört zu dessen *œuvres posthumes*, und obgleich es jetzt nur steinernes Makulatur ist und des Lächerlichen genug enthält, so betrachten wir es doch mit ernstem Interesse [ ]. (DHA VII, 17 f.)

Auf der eigentlichen Reise liest er dann wiederholt in dem »fragmentarischen Lapidarstyl« (DHA VII, 59).[31] Diese Lesbarkeit entbirgt keine eindeutige Bestimmung der Welt als Welt, vielmehr erscheint dem Erzähler alle Wahrnehmung wie im Traum eigentümlich unwirklich und wie der Traum als sein eigenes Geistesprodukt. (»[ ] ich hätte herzlich gern einen Thaler für eine einzige Ohrfeige gegeben, bloß um dadurch zu erfahren, ob ich wachte oder schlief.«; DHA VII, 41)

> Ich war wirklich wie im Traum, wie in einem Traume, wo man sich auf irgend etwas besinnen will, was man ebenfalls einmal geträumt hat. Ich betrachtete abwechselnd die Häuser und die Menschen, und ich meinte fast, diese Häuser hätte ich einst in ihren besseren Tagen gesehen, als ihre hübschen Malereyen noch farbig glänzten [ ]. Dann aber mußt' ich wieder über mich selbst lächeln, und es wollte mich bedünken, als sey die ganze Stadt nichts anderes als eine hübsche Novelle, die ich einst einmal gelesen, ja, die ich selbst gedichtet, und ich sey jetzt in mein eigenes Gedicht hineingezaubert worden, und erschräke vor den Gebilden meiner eigenen Schöpfung. (DHA VII, 40 f.)

Maria hat für diesen Erzähler eine neue Bedeutung: Er erkennt auf seiner Reise sie in unterschiedlichster Gestalt wieder (sei's, dass ihre Hand aus dem Beichtstuhl hervorsieht (XV), sei's, dass ihr Gesang ihm entgegenklingt (XXV)), doch kann von einem Wiedersehen weder im herkömmlichen noch im Sterneschen Sinne gesprochen werden. Maria nämlich ist allein in der Gedankenwelt des Erzählers präsent; sie erscheint in seinem Text immer als eine Abwesende. Als Abwesende allerdings ist sie nahezu allgegenwärtig. Sie wird .. im Widerruf Sternes .. zu einer Grundfigur gegenwärtiger Ferne und unerreichbarer Nähe, die sich (emblematisch) in dem Erinnerungsbild selbst verkörpert; denn Heines Erzähler gedenkt der Maria allein als Toter, genauer: er erinnert sich ihrer immer als schöner Leiche.[32]

Schon die erste Nennung Marias bei der Erkundung Trients ist mit ihrem Ableben wesentlich verbunden und zeigt ihre grundsätzliche Bedeutung an, fokussiert die Erinnerung an sie doch alle anderen Eindrücke. Diese Eindrücke vermitteln den oben zitierten traumartigen Charakter Trients, das dem Erzähler eigentümlich vergangen und gegenwärtig zugleich erscheint:

> Sogar die kecken jungen Mädchen hatten so etwas jahrtausendlich Verstorbenes und doch wieder blühend Aufgelebtes, daß mich fast ein Grauen anwandelte, ein süßes Grauen, wie ich es einst gefühlt, als ich in der einsamen Mitternacht meine Lippen preßte auf die Lippen Marias, einer wunderschönen Frau, die damals gar keinen Fehler hatte, außer daß sie todt war. (DHA VII, 40 f.)

Bezeichnet diese erste Nennung Marias Totsein auch als ihren einzigen »Fehler«, so ist es in diesem Text gleichwohl ihr ausgezeichnetes Charakteristikum. Von nun an wird Maria allein in Erinnerung dieser zur Nachtzeit erlebten Szene vergegenwärtigt werden, ihre Nennung wesentlich mit dem Tod verbunden sein, sie im Folgenden nur noch »die todte Maria« heißen.

Dem empfindsamen Beieinander mit Maria auf sommerlicher Wiese, wie es die Texte Sternes beschreiben und solcherart eine heitere (Lektüre-)Gemeinschaft der Seelen in einem poetologisch traditionellen, bukolischen Ambiente imaginieren (zu dem neben dem Requisit der Flöte gerade die Klage der getrennten Liebenden gehört), respondiert hier das Bild einer zur Nachtzeit in dunkler Kammer erlebten Szene, die das spätere Kapitel XX als Nachtwache bei Marias aufgebahrter Leiche genauer kennzeichnet. Der emphatischen Zusammenkunft antwortet das trostlose Beisammensein zweier wesentlich Getrennter. Denn nicht allein, dass Heines Erzähler Maria nur erinnert, nicht allein, dass diese erinnerte Maria nur als Leiche gegenwärtig ist, auch die .. in der Totenwache gerade vorausgesetzte .. geistige Verbindung wird in Heines Text eindeutig und nachdrücklich in Frage gestellt: Neben dem sonderbaren Blick der alten Wachfrau, die der Erzähler ablöste, und dem Duft der Nachtviole machen zwei Ereignisse diese Nachtwache dem Erzähler besonders erinnerlich: sein Kuss auf die »stillen Lippen« (DHA VII, 50) der Leiche und das Erlöschen der Lampe. Das Licht aber ist in der Totenwache ebenso zu hüten wie der Leichnam, symbolisiert es doch das Lebenslicht der dem Körper entweichenden Seele und damit jene bleibende *Verbindung* von Lebenden und Toten.[33] Christlicher Lehre zufolge verweist dies auf die Gemeinschaft der Heiligen, deren Patronat die Gottesmutter Maria innehat.[34] Doch auch die Maria Heines ist der Orthodoxie längst entkommen, wie sie sich überdies traditioneller Festlegung entzieht und solcherart auch die unmittelbare Nähe und die Erlebbarkeit gerade geistiger, literarischer Wirklichkeit widerruft, für die Sternes Maria einstand.

Wo Sternes Text eine Vereinigung empfindsamer Seelen und Körpersäfte ..und damit sublimierte, geistig-gesteigerte Sinnlichkeit ..imaginiert:

> I sat down close by her; and Maria let me wipe them [ihre Thränen; R. L.] away as they fell with my handkerchief. ..I then steep'd it in my own ..and then in hers ..and then in mine ..and then I wip'd hers again ..and as I did it, I felt such undescribable emotions within me [ ][35],

und zugleich als tatsächliche, mithin nichtliterarische jenseits dieser Imagination parodiert (wenn Maria über diesem wiederholten Weinen zur Taschentuchsammlerin und Schnupftuchfetischistin wird), da steht dem in Heines Text das Bild einer physisch wie geistig gleichermaßen versehrten Gegebenheit entgegen. Dort erlebt der Erzähler beim Kuss auf die toten Lippen und dem Verlöschen des Lichts »süßes Grauen«, das lust- und qualvolle Erleben der eigenen Vereinzelung und Getrenntheit von der Umwelt.

Diese Gegenüberstellung ist natürlich benennbar als Differenz zwischen der humoristischen Empfindsamkeit, der »sensibility«, des 18. Jahrhunderts und der spätromantischen Sentimentalität, mit Heine zu sprechen: dem »maliziös sentimentalen« (DHA VII, 80) Charakter seines Erzählers, den dieser Erzähler mit anderen Heineschen Erzählern und häufig auch mit dem lyrischen Ich teilt. Die ersten Rezensionen versäumen nicht, auf diese Nähe kritisch hinzuweisen:

> Das schlimmste Omen ist, daß H. anfängt, sich selbst nachzuahmen, was immer, besonders aber bei ihm, etwas Unheimliches in sich hat. Das gespenstische Doppelwesen seines Innern, das uns in früheren Compositionen, wo nicht erquickt, doch zuweilen wunderbar ergriffen hat, wirft ..etwa im Verscheiden? ..seine kalten Schlagschatten über seine jetzigen Gemälde. Die Geschichte der todten Maria ..wer glaubt daran? Man fühlt wohl, daß es nur der Schatten eines Gespenstes sey, und friert.[36]

Doch diese Gegenüberstellung ist vor allem auch von poetologischer Bedeutung, denn sie lässt das grundsätzlich andere, eigene Erzähl- und Lektürekonzept von Heines Text kenntlich werden. Ist bei Sterne die Reisebeschreibung literarische

Verifizierung von Literatur und gerade darin Versicherung wahrer, nämlich literarisch-re exiver Empfindsamkeit, dann ist bei Heine die literarisierte Wirklichkeit niemals die (Sternesche) Wirklichkeit der Literatur.[37] Der Wunsch, selbst zu sehen, gerät diesem Erzähler zur Autopsie; die Reisebeschreibung ist hier Leichenschau und Totenwache. Damit re ektiert der Erzähler Heines, anders als der Rezensent annimmt, zugleich auf die Morbidität oder auch schon fatale Wiedergängerei der eigenen Poetik.

III.

Kann Sternes Maria als Inbild empfindsamer, im Wortsinn: erlesener Seelengemeinschaft und hierin als humoristisch-empfindsames Leitbild der Lektüre gelten, dann wird in Heines Text mit der zwiespältigen Marienvision ein Ton angeschlagen, der im dissonanten Wechselspiel von Erleben und (schreibendem) Erinnern durch den gesamten Text widerhallt und gerade den Entzug von Erleben andeutet. Eine längere Passage im XXV. Kapitel soll dies verdeutlichen.

Der Erzähler hat nach dem Aufenthalt in Trient Verona erreicht, das auf ihn anders als jene Stadt bunt, lebendig, aber nicht weniger unwirklich wirkt: »Die bunte Gewalt der neuen Erscheinungen bewegte mich in Trient nur dämmernd und ahndungsvoll, wie Mährchenschauer; in Verona aber erfaßte sie mich wie ein mächtiger Fiebertraum voll heißer Farben, scharfbestimmter Formen [ ].« (DHA VII, 54) Noch »bis spät nach Mitternacht« aniert der Erzähler durch die Straßen der Stadt: »Im halben Mondlichte dämmerten die Gebäude und ihre Bildwerke, und bleich und schmerzhaft sah mich an manch marmornes Gesicht.« (DHA VII, 60) Eine Frauenstimme, »todtzärtlich, und wie Hülferufend an den steinernen Häusern wiederhallend«, ruft die Geschichte dieser »bleich[en] und schmerzhaft[en]« Gestalten der Scaliger-Gräber, nämlich das Ende ihrer Herrschaft, in Erinnerung:

> Auf dieser Stelle hat Antonio della Scala seinen Bruder Bartholomeo umgebracht, als dieser eben zur Geliebten gehen wollte. Mein Herz sagte mir, sie säße noch immer in ihrer Kammer, und erwarte den Geliebten, und sänge nur, um ihre ahnende Angst zu überstimmen. (DHA VII, 60)

Wiederbelebt wird die Geschichte als vergangene, als abwesend anwesende. Die Vermittlung durch indirekte Rede (»Mein Herz sagte mir«) steht hier nicht mit dem üblichen Konjunktiv I (sie sitze noch immer in ihrer Kammer), sondern dem ebenfalls möglichen Konjunktiv II, der gegenüber der bloßen (indirekten) Wiedergabe der Rede eine Wertung vornimmt: Er entrückt die Rede zugleich in den Bereich des Irrealen und stellt sie auf eine Dauer, welche paradoxerweise nun gerade die irreale Gegenwart des vergangenen Geschehens gegenüber der zwischenzeitlich verstrichenen Zeit und dem (zeitgenössisch) aktuellen Heute behauptet (»sie säße noch immer«). Das Geschehen ist vergangen und gegenwärtig, abgeschlossen und unbeendet zur gleichen Zeit. Der Erzähler weiß um den schon erfolgten Ausgang der Geschichte (»Antonio della Scala [hat] seinen Bruder Bartholomeo umgebracht«), aus deren Verlauf der Gesang »ahnende[r] Angst« noch hörbar ist. In der Wahrnehmung des Erzählers singt die Stimme, damit nicht passiert, was doch passiert ist, und nur erinnert wird, weil gesungen wird. Diese gegenläufige Verschränkung der Zeiten ist die Signatur des Heineschen Reiseberichts.[38] Die Frage ..»Welchem Weibe aber gehörte die Stimme [ ]?« (ebd.) ..ist bald und eindeutig beantwortet: Es ist ..und das erinnert an ihr Debüt bei Sterne ..Maria, genauer und in diesem Paradox präzise: es ist die »Stimme der *todten* Maria« (DHA VII, 61; Hervorhebung R. L.). Sie wird als poetologische Grundfigur dieser eigentümlichen Vermischung von gegenwärtigem Erleben (dem Gesang bei dem Gang durch die Straßen) und Erinnertem (der Geschichte der letzten Scaliger) in dem Bild der fortsingenden Geliebten des toten Scaligers kenntlich.[39]

Dem gesangsweise geweckten Erleben schließt sich eine Schilderung der Totenwache an; mit ihr endet das Kapitel.

> Die langen Töne verfolgten mich durch alle Straßen, bis zum Gasthof Due Torre, bis ins Schlafgemach, bis in den Traum ..Und da sah ich wieder mein süßes gestorbenes Leben schön und regungslos liegen, die alte Wachfrau entfernte sich wieder mit räthselhaftem Seitenblick, die Nachtviole duftete, ich küßte wieder die lieblichen Lippen, und die holde Leiche erhob sich langsam um mir den Gegenkuß zu bieten.
> Wüßte ich nur wer das Licht ausgelöscht hat. (DHA VII, 61)

Die Traumvision der *vormaligen* Nachtwache als gegenwärtiges Geschehen ist wiederum gleichzeitig unwiderru ich vergangenes Ereignis. Als Wiederholung kann das Erleben nicht zu einfacher Gegenwart gelangen: Denn zwar sieht der Erzähler die Leiche und erhebt sich diese gar zum »Gegenkuß«, doch bleibt sie tot, bleibt »holde Leiche«, so wie zuvor die gehörte Stimme »die Stimme der todten Maria« (ebd.) ist. Der grundsätzlich ambivalente Charakter der Leichenwache wird zum Sinnbild der (schreibenden) Erinnerung und des erinnernden Schreibens: Die Totenwache ist vor allem eine Beobachtung der Grenze zwischen den Lebenden und den Toten: der leiblichen Trennung und der seelisch-geistigen Verbindung, dem reglosen Leichnam und dem stetig brennenden Licht.[40] Die Totenwache ist also immer zwiespältig, ist Totenwache und Geisterbeschwörung zugleich, die erinnerte ...und in der (geschriebenen) Erinnerung als Traum (im ohnedies traumartigen Erleben) vergegenwärtigte ..Toten-Geisterwache stellt dies aus: Der Kuss, den der Erzähler Heines der Leiche auf die Lippen drückt, ist nicht nur Abschiedskuss, sondern zugleich märchenhafte Wiederbelebung[41] und schreibt seine Ambivalenz fort in der traumartigen

Reanimation, als Wiederbelebung einer Leiche als Leiche: »ich küßte wieder die lieblichen Lippen, und die holde Leiche erhob sich langsam um mir den Gegenkuß zu bieten.«[42]

Sternes Erzähler und Leser treffen sich im *empfindsam* rezipierten Text (wie jeder seiner Seele gewiss wird, gibt es auch eine Gemeinschaft der Seelen) wie der Erzähler Yorick sich mit Maria in der Empfindung, im Kummer um den versagten Bräutigam. Bei Heine ist der Erzähler selbst der Geliebte der Maria. Die tote Maria ist bei Heine keine Frau, mit der der Erzähler (und entsprechend der Leser) in Mitleid um den ver ossenen Geliebten sich vereint, sondern sie ist gerade vom Erzähler (als ihrem Liebhaber) getrennt und damit erst recht auch vom Leser. Die Erinnerung, die in der beschriebenen Wache bei der toten Maria aufgerufen wird, ist eine ..als notwendigerweise vermittelt kenntliche ..Vergegenwärtigung von immer schon vermitteltem Erleben. Ein unmittelbares Erleben und vor allem auch eine unmittelbare Darstellung ist diesem Text so undenkbar wie eine lebendige Maria. Auf den Gesamttext und seine erzählerische Kompositionsform bezogen, stellt das Geschehen der Nachtwache die Paradoxie des epischen Präteritums und die Schriftlichkeit der eigenen Rede aus.[43]

IV.

Heines »Reise von München nach Genua« endet in Genua mit der Besichtigung der Gemäldegalerie des Palazzo Durazzo, einem gängigen Reiseziel.[44] Unter den dortigen Gemälden entdeckt der Erzähler das Bild der ..toten ..Maria (ohne dass es sich bei diesem Porträt einer genuesischen Herzogin um eine Leichendarstellung handelte) sowie ebenfalls auch ein Porträt seiner selbst. Es ist nicht mehr nur die Erinnerung an Maria, es ist nun auch sein eigenes Bild, das sich dem Erzähler darbietet. Der Erzähler erscheint ..im Bilde ..als Pendant zur poetologischen Figur der Maria.

Diese abschließende Betrachtung der Gemälde zu Ende dieser Bilder einer Reise, dieser »Reisebilder«[45], macht auf den wohlbedachten Umgang mit poetologischen Vergleichen im Text aufmerksam und setzt als Schluss eine selbstre exive Volte. Die Re exion auf den bildhaften Charakter der Darstellung korrespondiert dabei der Betonung der Weltwahrnehmung als Textlektüre: Wie die wahrgenommenen Städte und Stätten wiederholt einem Text verglichen werden, so werden sie auch wiederholt als Gemälde oder wiederbelebte Gemälde gesehen: Dies ist in München (DHA VII, 18), in Trient (DHA VII, 40) und besonders deutlich auch in Verona der Fall, wo sich der Erzähler in einem typisch romantischen Akt der Selbstinszenierung im wörtlichen Sinne als Teil des Gemäldes begreift.[46] (»Es ist aber eigen, wenn man in dem Gemälde, das man eben betrachtet hat, selbst steckt, und hie und da von den

Figuren desselben angelächelt wird, und gar von den weiblichen«; DHA VII, 56) Erkennt nun der Erzähler Maria und sich selbst jeweils in einem Gemälde wieder, dann wird damit die ästhetische Wahrnehmung potenziert: Wie vorher der Traum im Traum poetologisch Aufschluss gibt, so hier das Gemälde in der wiederholt auch als Gemälde wahrgenommenen Umgebung.[47]

Das Herz, heißt es schon zuvor, sei »der beste Cicerone« (DHA VII, 60). Mitempfindung ..oder genauer und in diesem expliziten, ausschließlichen Selbstbezug von Sterne geschieden: Rührung ..ist das für die ästhetische Wahrnehmung maßgebliche Vermögen. (»Ich habe das Talent, bey manchen Bildern sehr gerührt zu werden, und es wird mir dann etwas feucht in den Augen«; DHA VII, 80). Kunstkennerschaft ist dagegen ausdrücklich nachrangig, weshalb der Erzähler sogar behauptet, dass eigentlich ihm dieses Bild zugedacht und bestimmt sei: »Lieber Leser [ ]. Du wirst gewiß eben so gut wie ich einsehen, daß Giorgione [ihm werden die Gemälde hier zugeschrieben; R. L.] für mich das Bild gemalt hat, und nicht für irgend einen alten Genueser.« (ebd.) Ästhetisch freilich ist dieses Talent zur Rührung immer schon, nur unterscheidet es sich von distanzierter Kunstkennerschaft oder wissenschaftlicher Betrachtung durch die Bedeutung des Kunstwerks und seiner Rezeption für das Selbstverständnis und das Selbstgefühl. Von dem Sterneschen Konzept entfernt sich diese Auffassung erheblich, so deutlich sie ihm ursprünglich verwandt ist.

Eine frühe und wohl die erste Bemerkung Heines zu Sternes »Sentimental Journey« macht nämlich deutlich, wie genau Heine die re ektierte Empfindsamkeit in der »Sentimental Journey« wahrgenommen hat: »Aber eine Seele habe ich doch, I am positive I have a soul, so gut wie Sterne«, zitiert Heine das Maria-Kapitel in einem Brief an Moses Moser in den frühen zwanziger Jahren, und er stellt fortschreibend klar, dass auch ihm diese Seele nicht einfach eine allgemein menschliche und empfindende, sondern eine sehr persönliche, individuelle und überdies vor allem ästhetische ist:

> Das genüge Dir. Liebe mich um der wunderlichen Sorte Gefühls willen die sich bey mir ausspricht in Thorheit und Weißheit, in Güte und Schlechtigkeit, Liebe mich weil es Dir nun mahl so einfällt; nicht weil Du mich der Liebe werth hältst. Auch ich liebe Dich nicht weil Du ein Tugendmagazin bist, und Adelungisch, Spanisch, Syrisch, Hegellianisch, Englisch, Arrabisch und Calcuttisch verstehst, und mir Deinen Mantel geliehen hast, und Geld geliehen hast und für mich den Kopf zergrübelt hast und drgl. ..ich liebe Dich vielleicht nur wegen einiger *närrischen Mienen* die ich Dir mahl abgelauscht und wegen einiger *pudelnärrischer Redensarten*, die Dir mahl entfallen, und dir mir im Gedächtniß kleben geblieben sind, und mich freundlich umgaukeln wenn ich gutgelaunt oder bey Cassa oder sentimental bin. ..[48]

Diese Wahrnehmung erkennt auch die hehre Selbstlosigkeit als Pose; doch trägt in diesem Brief und dem Freund gegenüber das ästhetische Urteil noch zum lebendigen Austausch bei: »Ich will nicht mehr sagen, Du hast mich doch nicht verstanden, und das ist gut; ich glaube Du entbehrst nicht gern den Pathos in der Freundschaft. ..Ich will Dir zu Gefallen manchmahl den Cato-Mantel umwerfen [ ].«

Das Porträt eines Mannes im schwarzen Mantel, mit dem der Erzähler sich zu Ende seiner Reise identifiziert, zeigt eine weitere Pose. Es macht seine Rolle als Erzähler, sein Sprechen als Rolle kenntlich. Das Porträt verweist wieder zurück auf jene mehrfach bedachte Totenwache und macht sie schließlich als Ausgang der gesamten Erzählung deutlich. Die letzten beiden Sätze des Kapitels und damit auch des gesamten Textes lauten nämlich:

> Auch der Mann im schwarzen Mantel ist gut gemalt, und die maliziös sentimentalen Lippen sind gut getroffen, sprechend getroffen, als wollten sie eben eine Geschichte erzählen ..Es ist die Geschichte von dem Ritter, der seine Geliebte aus dem Tode aufküssen wollte, und als das Licht erlosch ….(DHA VII, 80)

Zum einen erinnert die Geschichte, die der Mann im schwarzen Mantel erzählen zu wollen scheint, auffallend an jene, die dem Erzähler mehrfach in den Sinn gekommen ist und in deren Erzählung er wiederholt inne hält. Auch hier wird der Bericht über das Zusammensein mit der toten Geliebten abgebrochen. Die Ausführung an dieser Stelle, zu Ende des letzten Kapitels, hört zu einem Zeitpunkt auf, wo auch die früheren Bemerkungen eine Zäsur setzten: »als das Licht erlosch«. Entscheidend ist nun, dass die Aposiopese die inhaltliche Satzaussage formal umsetzt: Dem Verlöschen des Lichtes, dem (plötzlichen) Ende in der Erzählung (des nächtlichen Geschehens) entspricht das Abbrechen des grammatikalisch unvollständigen und nicht geschlossenen Satzes. Die formale Umsetzung gilt für den Schluss-Satz und zugleich für den gesamten Text: Das Verlöschen des Lichtes ist Abbruch der Erzählung und markiert so ebenfalls das Textende. Erloschen ist mit dem Licht die geistige Verbindung, und unterbrochen ist hier damit gleichzeitig das Gespräch mit dem Leser. (Mit der Anrede »Lieber Leser« hatte dieser Absatz begonnen und damit den Charakter der Erzählung als Unterhaltung in Erinnerung gerufen.) Wie innerhalb des Textes die Vergegenwärtigung durch die Einbildungskraft ein zwiespältiger Prozess ist, wird mit dem Schluss diese Ambivalenz für den Text insgesamt und seine Rezeption gesetzt: Die Vergegenwärtigung von Vergangenem als fortdauernd und abgeschlossen ist die doppelte Zeitlichkeit der Lektüre.[49]

Darauf verweist zum anderen auch der Wechsel in der Aussageform, der vom vorletzten zum letzten Satz der Reisebilder statthat. Von der vergleichenden Bildbeschreibung des Erzählers geht der Text über zur abschließenden Feststellung dessen, was der »sprechend getroffen[e]« Mund des Porträts künden zu wollen scheint und nun mit dem Schluss-Satz auch tatsächlich verkündet: Der Moduswechsel vom Konjunktiv II (die »Lippen sind [ ] sprechend getroffen, als wollten sie eben eine Geschichte erzählen«) zum Indikativ (»Es ist die Geschichte [ ]«) hebt die Trennung zwischen Gemälde und Erzähler auf. Der Schluss-Satz des Erzählers ist gleichzeitig Aussage des Porträts. Der Satz überführt das gemalte Porträt in Rede und lässt die Rede des Erzählers bildhaft erstarren. Mit dem »Portrait des Mannes im schwarzen Mantel« (DHA VII, 80) und mit dem Schluss-Satz wird der Erzähler, der die ganze Zeit den Text erzählt hat, zum Bild: In der Erzählung wird er gleichsam zum Gemälde und für das Buchganze zum Textbild. Die Identifikation des Erzählers mit dem Gemälde endet in der Gleichsetzung der Erzählstimme mit ihrer bildhaften Präsentation als Buchtext.[50]

Der Schluss-Satz fungiert für den gesamten Text wie »die todte Maria« im Text als poetologische Re exion. Er benennt den Schritt von der Betrachtung der Leiche im Text zur Sicht auf das gesamte Textkorpus: Wie »die Stimme der todten Maria« (DHA VII, 61) im Text, so ist die stumme Rede des Schriftbildes für den gesamten Text maßgeblich. Es gibt keine lebendige Maria, und es gibt keine unmittelbare Erzählung, aber es gibt die Leiche als wiederbelebte Leiche und die (Erzählung des Ritters als) Rede des Erzählers in einem geschriebenen (und gelesenen) Text. So wie die Totenwache Sinnbild erinnernden Schreibens wird, bietet der Text dem Leser die Ambivalenz der Animation als Sinnbild der Lektüre an. Zum Abschluss des Textes begreift sich der Erzähler Heines dem Leser gegenüber als ebenso fern (und nah) wie die beschriebene, erschriebene Wirklichkeit. Rhetorisch gesprochen ist diese abschließende Personifizierung des Textes als Rede eines abwesenden Sprechers eine Prosopopoiie, mit der rhetorischen Metaphorik und Heines Text gesprochen: Vergegenwärtigung der Stimme eines Toten (einer Stadt u. a. m.).[51]

Dieser Übergang zum letzten Satz ebenso wie der Abbruch des Schluss-Satzes werden markiert durch Gedankenstriche. Abschließend wird damit die Nähe und Ferne des Textes zu Sternes »Sentimental Journey« noch einmal recht sinnfällig; zu dem erzähltheoretischen Vergleichsaspekt tritt als ein weiteres Moment die jeweilige Re exion auf das visuelle Medium: Der Gedankenstrich ist, neben der Erzählhaltung und weit vor der poetologischen Figur der Maria, jene Neuerung, durch die Sternes Texte die Literatur des 18. Jahrhunderts am offensichtlichsten prägten. Die genannten deutschen Nachahmungen Sternes, die Reisebeschreibungen Jacobis, Schummels, Thümmels u. a. imitieren insbesondere auch den häufigen Gebrauch dieses graphischen Zeichens; selten gewahren sie hierbei die re exive Verwendung Sternes.

V.

Die englische Romanliteratur des 18. Jahrhunderts liebt die Selbstaussprache und entdeckt den Gedankenstrich als Stilmittel.[52] Seine häufige Verwendung in den empfindsamen Romanen Richardsons verweist zumeist auf Unsagbares oder wenigstens unsägliche Zustände. Das Zeichen indiziert Gefühlsüberschwang und sprachlose Ohnmacht der Briefschreiber und vor allem -schreiberinnen. Erst wenn zum Ende die weibliche Hauptfigur aufgebahrt wird, wird der Abstand des Schrifttextes zum unmittelbaren, körperlichen Ausdruck thematisiert; die Frau wird als Leiche zum Symbol des differentiellen, schriftlichen Textkorpus. Doch gilt dieser Abstand zugleich um einer höheren, transzendent fundierten Offenbarung willen aufgehoben: Angesichts der Leiche werden ihre letzten Worte verlesen, die an dem Opferstatus und damit dem Verweisungs- und zugleich Manifestationscharakter von Tod und Aufbahrung keinen Zweifel lassen. Das .. mit Auslassungszeichen .. durchzogene Schriftbild bleibt physiognomischen Maximen unterstellt; der Blick auf die Textseite ist der Blick ins das schöne Antlitz, dem der Tod mit seiner Vergänglichkeit zugleich seine mehr als nur natürliche, seine überirdische Bedeutung einzeichnet.[53]

In den Romanen Sternes hingegen wird das Auslassungszeichen zu einem Mittel, die (nunmehr erzählerische) Rede in ihrer Schriftlichkeit zu betonen. Vom unwillkürlichen Symptom seelischer u. a. Erregung wird das graphische Element zum systematischen Zeichen für diese Erregung, für tabuisierte Sinnesbereiche und damit gerade ein deutliches Moment der (lustvollen) Artikulation des vorher undifferenziert und unbewusst Ausgeschlossenen.[54] Bisweilen macht es zwar die andererseits ... etwa durch kurze Sätze, umgangssprachliche Ausdrücke u. a. .. offensichtliche Nähe des Erzählstils zur mündlichen Rede unentscheidbar, ob die einzelne graphische Gestaltung als Anmerkung des Erzählers zu verstehen ist oder vielmehr als Strategie des Textes, neben und gegen den Erzähler die Eigenmächtigkeit der Schrift ein weiteres Mal auszustellen. Zweifellos aber ist die grundsätzliche, literarische und schriftliche Vermitteltheit aller erzählerischen Darstellung. Keiner der beiden Romane endet mit der Aufbahrung einer Frauenleiche, die Literarizität aller Sinnlichkeit ist schon vorher deutlich, mitunter auch vom Erzähler eigens angemerkt: Das gilt für Maria und das gilt für die Zeichensetzung. Bereits in einem der ersten Bücher diskutiert der Erzähler Tristram so die Konsequenzen, welche die unterschiedlichen verbalen und interpunktiven Ergänzungen einer abgebrochenen Satzaussage zeitigen: Der horizontale Strich indiziert den bewussten Abbruch. (»Make this dash, ... 'tis an Aposiopesis.«[55]) Ausgiebiger erörtert derselbe Erzähler an späterer Stelle die typographische Darstellungsdimension des eigenen Textes, wenn er einige Gedankenstriche in ihrer unterschiedlichen, nach gängigem literarischen Muster gesetzten Bedeutung ausschreibt.[56] Das Satzzeichen mutiert nun eigentlich erst vom bloßen Auslassungsstrich zum Gedankenstrich, zur re ektierten Auslassung.

So markiert der Gedankenstrich in der Begegnung mit Maria zwischen vollständigen Sätzen und Satzteilen Lektürepausen, in denen sich der .. im »Tristram« vorrangig sexuelle, in der »Sentimental Journey« sinnlich-erotische wie ironisierende .. Nebensinn der Rede stillschweigend und vielsagend aufdrängt.[57] Auf der

Erzählebene wird die scheinbar rein geistige Empfindung in ihrem verschwiegenen, durchaus sinnlichen (und stilistisch forcierenden) Interesse kenntlich, und entsprechend wird auch die geistige Begegnung der Lektüre auf die Maßgeblichkeit ihres sinnlichen Aspekts (die Erscheinungsweise des Schriftbilds) verwiesen.[58] Der Text ist nicht Abbild (versehrter) körperlicher, vorzüglich weiblicher Ganzheit, sondern typographische Ausdrucksgestalt des Erzählers, seiner Imaginationen und des re exiven Spiels mit seinen und seines Lesers Imaginationen.

Die Verwendung des Gedankenstrichs in der »Reise von München nach Genua« scheint diesem Gebrauch auf den ersten Blick durchaus vergleichbar[59]: Nicht erst am Schluss, schon vorher unterbricht sich der angeregte Erzähler mittels Gedankenstrichen in den Phantasien, die ihm mit der vertraut klingenden Stimme kommen, und entsinnt sich »der todten Maria« (DHA VII, 61). Auch an anderer Stelle erinnert er sich und den Leser der Nachtwache (es ist das Kapitel mit der ausführlichsten Beschreibung des Geschehens) bewegt und unterbrochen mit Gedankenstrichen:

> Es war dunkel geworden, und die Sterne sahen so klar und fromm herab in mein Herz. Im Herzen selbst aber zitterte die Erinnerung an die todte Maria. Ich dachte wieder an jene Nacht, als ich vor dem Bette stand, worauf der schöne, blasse Leib lag, mit sanften stillen Lippen ..Ich dachte wieder an den sonderbaren Blick, den mir die alte Frau zuwarf, die bey der Leiche wachen sollte und mir ihr Amt auf einige Stunden überließ ..Ich dachte wieder an die Nachtviole, die im Glase auf dem Tische stand und so seltsam duftete ..Auch durchschauerte mich wieder der Zweifel: ob es wirklich ein Windzug war, wovon die Lampe erlosch? Ob wirklich kein Dritter im Zimmer war? (DHA VII, 50)

Das ist nicht allein bewegtes Sprechen, das in seinem stockenden Duktus gegenläufige Assoziationen aufruft, sondern klar strukturiertes Schreiben. Der zweite Blick macht die grundsätzlich eigene Verwendung des Satzzeichens deutlich: Die Striche ordnen die Erinnerung, markieren die (auch verbal betonte) Reihung der einzelnen Erinnerungseindrücke (»Ich dachte wieder an [ ] ..Ich dachte wieder an [ ] ... Ich dachte wieder an [ ] ..«). Entscheidend ist die Gliederung der grammatikalisch vollständigen Sätze. Der Gedankenstrich ist vorrangig ein Mittel der Segmentierung und einer optischen Unterstützung der verbalen Ausführungen. Die Sätze sind hier wie grundsätzlich im Text syntaktisch weitgehend intakt, ja der Gedankenstrich ist wiederholt in bloßer Ergänzung zu anderen Satzzeichen (Kommata, Strichpunkten) gesetzt und damit syntaktisch also redundant.[60] Hauptsächlich aber steht der Gedankenstrich anstelle sonstiger Interpunktion[61]; verstärkt um ein Pendant fungiert er parenthetisch, als »Einschließungszeichen«[62].

Inhaltliche Assoziationen treten hinter dieser formalen Setzung zurück. Eine Auslassung, wie am Ende des gesamten Textes im Schluss-Satz, ist selten. Nur an zwei weiteren Stellen sind im gesamten Text Gedankenstriche in der Funktion von Auslassungszeichen zu finden (DHA VII, 45 und 50); in beiden Fällen ist diese Auslassung durch weitere Rahmung (Satzzeichen und Text) umfangen. Die letzte dieser beiden Stellen ist auffällig, denn es ist neben dem Schluss die einzige Stelle mit mehrfachem Gedankenstrich (nämlich dreifach gesetztem Zeichen). Diese Stelle steht genau vor dem oben zitierten Absatz, der sich auf die Nachtwache bei Maria bezieht. Die dreifache Strukturierung dieses berichtenden Absatzes ist hierdurch als Aufzählung oder Reihung der Gedanken zu verstehen, welche die drei Auslassungszeichen indizierten. »Denk nur nichts Böses, lieber Leser«, lautet überdies der im obigen Zitat ausgelassene, erste Satz des Absatzes, der diesen Absatz unmittelbar an die vorherige Auslassung bindet und ihn als Alternative kenntlich macht zu dem letzten Satz *vor* der Auslassung und die mit diesem geweckten, sexuell recht eindeutigen Assoziationen: »Nachts, dacht ich, sind alle Blumen grau«, bemerkt der Erzähler kurz und gibt eilfertige Antwort auf das Entgegenkommen der schönen Harfenistin und das Angebot ihrer .. schon früher emblematisch (DHA VII, 47) erschlossenen .. Rose: »*Si Signora* ......« (DHA VII, 50).[63]

Das reflexive Spiel mit der Imagination dessen, was die explizite, die verbale Rede ausschließt und die typographischen Zeichen erkennen lassen, wird ersetzt durch eine spielerische Reflexion auf die visuelle Gestaltung der Buchseite. Während in Sternes Texten die Buchseite imaginative Projektionsfläche bleibt[64], wird in den »Reisebildern« der ikonische Charakter der Typographie selbst deutlich. Alle Sinnlichkeit ist hier textuelle Phänomenalität. Das lässt sich an dem berühmtesten Kapitel für Heines Verwendung des Gedankenstrichs erkennen (dem 12. Kapitel des Buchs »Ideen. Das Buch Le Grand«), das zeigt sich auch am Schluss der »Reise von München nach Genua«. In beiden Fällen ist eine Abgrenzung zu Sterne deutlich.[65]

Schon die »Sentimental Journey« endet mit einem Satzabbruch oder genauer: einem offen gelassenen Satzende, denn es bezeichnet den Reiz des Textschlusses, dass er sowohl syntaktisch als Abbruch zu weiteren Assoziationen einlädt wie als grammatikalisch vollwertiger Satz dem aufmerksamen Leser alle offenen Vorstellungen handgreiflich benennt. Einmal mehr verbindet sich damit die Imagination mit der literarisch und/oder sprachlich geschulten Reflexion auf diese Imagination. Sie wirft Licht auf die berichtete Begegnung mit (wenigstens) einer Frau im Dunkel der Kammer (»it being totally dark«) wie auch auf die bisherige literarischreflexive Übereinkunft von Erzähler und Leser, der zufolge hier nun gerade das Fehlen jedes Satzzeichens (auch des erwartbaren Gedankenstrichs) auffällt und erklärlich ist.[66]

Heines Schluss-Satz der »Reise von München nach Genua« endet mit zwei Gedankenstrichen (ohne Punkt), und er wird durch einen Gedankenstrich zum vorherigen Satz abgesetzt. Während Sternes Text den Gedankenstrich streicht, vervielfältigt ihn der Text Heines und verweist damit auf seine visuelle Maßgeblichkeit. Sie sekundiert nicht nur die eigene Rede, sie konstituiert diese Rede ganz offensichtlich erst: Der Schluss-Satz mit der (Bild-)Aussage des Gemäldes aus dem Palazzo Durazzo wird durch die Segmentierung im Textbild selbst wiederum als eigene optische Einheit, wie ein Bild, eingefasst und hierdurch die formale Umsetzung der Satzaussage ..die Aposiopese und das Ineinssetzen von Bildaussage und Erzählerrede ..in ihrer Bedeutung für den Gesamttext ikonisch affirmiert. Der bildhaft ausgestellte Schluss-Satz ist eine mise en abyme der gesamten Textkomposition. In ihm vereint sich die poetologische Vorstellung der Leichenwache und Autopsie als Wahrnehmung im Text mit der Textwahrnehmung durch den Blick der Lektüre. Der Gedankenstrich ist in den »Reisebildern« Mittel der optischen Segmentierung und dient mehrfach dazu, anstelle des Schlusspunktes einen (Halb-)Satz in der (nicht immer ganz identischen) Wiederholung auf einen neuen re exiven bzw. zumeist: den ursprünglichen situativen Kontext hin zu öffnen.[67] Hier markiert das graphische Zeichen die Grenze zum Leser. Der innertextuelle, narrative Zusammenhang, den der Schluss-Satz aufruft, ist die Erinnerung an die nächtliche Begegnung mit Maria. War die schöne Leiche schon in dieser Erinnerung vor allem Inbild erinnernden Schreibens, dann bricht der Schluss-Satz ab, bevor der Gedanke an die tote Frau ... und jede weitere Begegnung ..überhaupt Gestalt gewinnen kann, er zitiert das Geschehen nur noch als »Geschichte«. Die Selbstre exion des Erzählers (die Spiegelung seiner selbst in dem Gemälde) und der Erzählung (das Ineinssetzen der erzählerischen Rede mit der Bildaussage) findet ihren letzten Re ex im Buchspiegel: Der Gedankenstrich zu Ende des Satzes vergegenwärtigt ..verstärkt um ein vorausgehendes Pendant ..die ganz konkrete, bildhafte Präsentation der gesamten Erzählung durch den Buchtext. In der Erstausgabe wird dies überdies sinnfällig dadurch, dass auch der Text der einzelnen Kapitel jeweils durch zwei Striche gerahmt wird.

Die Doppelung des letzten Gedankenstrichs freilich verweist auf eine mehrfache Assoziation und betont auch durch die Ungleichgewichtigkeit der ikonischen Rahmung die Offenheit und Unabgeschlossenheit des letzten Satzes. In dem wiederholten Zeichen, ikonisch an dieser Stelle Gedankenstrich und Schlussstrich gleichermaßen, wird die Grenze des Textes zum Zitat ihrer selbst. Jeder Grenzübertritt ist gleich der Wiederbelebung in Kapitel XXV eine paradoxe Wiederbelebung des Textes als Leiche, eine Vergegenwärtigung eines längst Vergangenen als Vergangenes, eine Wiederbelebung, die die Grenze nur fortschreibt, nicht aufhebt, nicht schließt.

Anmerkungen

1 Der Aufsatz ist die Schriftfassung eines Vortrages für das Heinrich-Heine-Symposion, das im Oktober 2003 in der Casa di Goethe in Rom unter Leitung von Harald Steinhagen stattfand. Für die Anregungen und die Kritik wie für den lebhaften und heiteren Austausch bin ich den italienischen und deutschen Kolleginnen und Kollegen dankbar.

2 Vgl. Olaf Hildebrand: Emanzipation und Versöhnung. Aspekte des Sensualismus im Werk Heinrich Heines unter besonderer Berücksichtigung der »Reisebilder«. Tübingen 2001, S. 148.

3 Laurence Sterne: A Sentimental Journey through France and Italy By Mr. Yorick with The Journal to Eliza and A political Romance. Hrsg. und kommentiert von Ian Jack. Oxford 1984, S. 113.

4 Zu denken ist insbesondere an die gleichnamige Geliebte der »Florentinischen Nächte« sowie an die kleine Veronika in »Reisebilder. Zweiter Theil« (»Ideen. Das Buch Le Grand«), die möglicherweise auch eine intertextuelle Verbindung zur Very der »Florentinischen Nächte« angibt (vgl. DHA V, 969). Die dortige Referenz auf die Willis (DHA V, 238) wiederum kann überdies als Hinweis auf die späteren »Elementargeister« (DHA IX, 19f. und 474ff.) gelesen werden kann. Diese Bezüge bleiben hier ebenso außer Acht wie die weitere Figurenkennzeichnung der umfangreichen Vorstudien zu Kapitel XX (B.7 <Das Mädchen und die tote Maria> DHA VII, 327ff. und Kommentar 937ff.). Vgl. dazu Michel Espagne: Die tote Maria. Ein Gespenst in Heines Handschriften. ..In: DVjs 57 (1987), S. 298.320.

5 Vgl. die konzise Zusammenfassung DHA VII, 614f. und weiterhin Galley/Estermann I.

6 Denn, so Lyser weiter: »Jeder in Bandgeschäften oder in Fettwaaren Reisende, der seit Anno 27 seine Reisebilder, Reiseblüthen, Reiseblumen, Reiseträume, Reiseskizzen, kurz, seine merkwürdige Reise von daher nach dorthin, bei Hunger in Leipzig, Glück in Leipzig, Schreck in Leipzig, Basse in Quedlingburg, Voigt in Ilmenau oder gar in der Hofbuchdruckerei zu Altenburg herausgab, brachte uns, es that's sonst nimmermehr! ..eine todte Maria.« (Abend-Zeitung Nr. 295 (10.12.1842), zit. nach DHA VII, 866; dort auch weitere Rezeptionshinweise).

7 Zwei Beispiele mögen für die vielfältige mehr oder minder literarische Rezeption stehen: Im Darmstädter Kreis stilisiert sich Louise von Ziegler als Maria (Gertrud J. Hallamore: Das Bild Laurence Sternes in Deutschland von der Aufklärung bis zur Romantik. Berlin 1936, S. 43) und unter den literarischen Nachahmungen Sternes finden sich auch »The Letters of Maria. To which is added an account of her Death« (London 1790), ein Jahr später übersetzt als »Briefe Mariens, nebst Nachricht von ihrem Tod. Nachtrag zu Yoricks empfindsamer Reise« (Leipzig 1791) (Peter Michelsen: Laurence Sterne und der deutsche Roman des achtzehnten Jahrhunderts. Göttingen 1962, S. 82f.). Zur Umsetzung in der bildenden Kunst und Musik siehe die Verweise bei Tom Keymer: Marvell, Thomas Hollis and Sterne's Maria. Parody in »A Sentimental Journey«. ..In: Shandean 5 (1993), S. 9.31, hier S. 11.

8 Laurence Sterne: Tristram Shandy. Hrsg. von Howard Anderson. New York/London 1980, IX.24, S. 444.

9 Ebd., IX.24, S. 445.

10 Paul D. McGlynn: Sterne's Maria: Madness and Sentimentality. ..In: Eighteenth-Century Life 3 (1976), S. 39.43. McGlynn betont zu Recht, dass hier insbesondere die Geistesverwirrtheit Marias die ..übliche ..Passivität der Frau und damit ihren Objektstatus (als Projektions äche männlicher Phantasien) bedingt. Gemeinhin enden diese Frauen in einer bildhaften Ausstellung ihres schönen toten (und also gänzlich passiven) Körpers am Romanende. Einschlägig ist zu diesem Phänomen der Ästhetisierung und Mortifikation des weiblichen Körpers die Studie von Elisabeth Bronfen: Nur über ihre Leiche. Tod, Weiblichkeit und Ästhetik. Frankfurt a. M. 1994.

11 Sterne [Anm. 3], S. 3; der Bezug des Pronomens bleibt auch im Sterneschen Text ungeklärt.

[12] Vgl. Michael Werner: Heines »Reise von München nach Genua« im Lichte ihrer Quellen. … In: HJb 14 (1975), S. 24.46; DHA VII, 616; Jacqueline Bel: Le Reisebild heinéen. Sa place dans l'histoire du récit de voyage. ..In: Reisebilder de Heinrich Heine. Lectures d'une – uvre. Hrsg. von René Anglade. Paris 1998, S. 7.26. ..Zur Bedeutung Sternes und der humoristischen Tradition für Heines Text gibt es, soweit ich sehe, keine umfassenden, neueren Arbeiten, die auf den hier zentralen poetologischen Gesichtspunkt fokussieren. Zu nennen bleiben die positivistischen Arbeiten des frühen 20. Jahrhunderts: John C. Ransmeier: Heines »Reisebilder« und Laurence Sterne. ..In: Archiv für das Studium der neueren Sprachen 118 (1907), S. 289.317; Stefan Vacano: Heine und Sterne. Berlin 1907 (hier S. 30 der Verweis auf die Originalvorlage); Hallamore [Anm. 7], S. 76 ff.; Erich Loewenthal: Studien zu Heines »Reisebildern«. Berin/Leipzig 1922, S. 7.36.

[13] Sterne [Anm. 3], S. 113.

[14] Ebd., S. 114.

[15] Ebd., S. 116.

[16] Vgl. ebd., S. 115 und 116. In dieser literarisch-re exiven Wendung ist ein entscheidender Unterschied zu dem poetologischen Konzept zu sehen, das Bronfen unterstreicht. Dieses hat mit dem Körper der Frau einen ..vorgeblich ..außerliterarischen und außersprachlichen, nämlich unzeitlich-natürlichen Bezugspunkt. Hier hingegen wird der Bezug auf den weiblichen Körper in seiner Symbolik für die poetologische Re exion selbst ebenfalls thematisiert.

[17] Das Zusammentreffen mit Maria in Moulines gehört im »Tristram Shandy« zur Reise nach Südfrankreich, von der umfassend das VII. Buch berichtet. Diese Darstellung schließt mit lebenslustigen und ..»But that cursed slit in thy petticoat!« ..anzüglichen Tänzen zur Flöte ([Anm. 8], VII. S. 378); das nächste Buch kann deshalb kurzweg von Gegenden sprechen, »where at this instant all esh is running out piping« (VIII.1 S. 380). Ist hier schon der phallische Charakter der Flöte aufgerufen, so ist er in der späteren Rede über die Flöte und das Flötenspiel der Maria präsent in der ausdrücklichen Gegenüberstellung des Verbots ehelicher Kopulation mit der Erlangung der Flöte und des allabendlichen Dienstes »to the Virgin«.

[18] Vgl. hierzu Keymer [Anm. 7], demzufolge überdies diese offensichtliche Parodie auf einen bestimmten lyrischen Prätext zu beziehen ist. Keymer entgeht allerdings über dieser Frage nach dem Prätext, wie schon McGlynn, die grundsätzliche und weitreichende poetologische Bedeutung der Sterneschen Figur.

[19] Sterne [Anm. 3], S. 113.

[20] Ebd., S. 114.

[21] Ebd., S. 117.

[22] McGlynn [Anm. 10], S. 41. Er bezieht sich hier auf eine ähnliche, von ihm aber gerade wegen ihrer Vergleichbarkeit angeführte Stelle.

[23] Sterne [Anm. 3], S. 117. Zur Intertextualität der Stelle, die das Druckbild schon deutlich markiert, vgl. den Kommentar S. 237.

[24] Sterne [Anm. 8], IX.24, S. 443. ..Insofern die Begegnung mit Maria in diesem Roman überdies präludiert wird von den Gedanken an die Liebesgeschichte Onkel Tobys, von der es zuvor einmal heißt, sie sei »so singular a nature, and so Cervantick a cast« (IV.32, S. 236), wird hier schon jene (Don Quixotische) Vermittlung von Literatur und Wirklichkeit deutlich, welche die »Sentimental Journey« expliziert.

[25] Laurence Sterne: Yoricks empfindsame Reise durch Frankreich und Italien, nebst einer Fortsetzung von Freundeshand. Übers. von J. J. Chr. Bode. Nördlingen 1986, S. 195 (im englischen Original steht »sensibility«: [Anm. 3], S. 117); zur deutschen Wortfindung »Empfindsamkeit« vgl. den Vorbericht Bodes zu seiner damals gängigen Übersetzung.

26 Wobei es eine Besonderheit der Sterneschen Romane ist, dass bisweilen offen bleibt, ob oder inwiefern deren Erzählerfiguren die Komplexität des textuellen Arrangements bewusst ist. Dieses gewinnt auf diese Weise an Ambivalenz und changiert zwischen erzählerischer Selbstironie und Selbstentlarvung.

27 Sterne [Anm. 8], VIII.1, S. 380.

28 Vgl. allgemein zu den Nachahmungen Sternes in Deutschland immer noch einschlägig Michelsen [Anm. 7], hier neben den Einzeluntersuchungen bes. den Überblick S. 74 ff.

29 Freilich wird diese Dichotomie kompliziert dadurch, dass Klärchen durchaus auch Unschuld verkörpert. Umfassende Bedeutung unverstellter Natürlichkeit beanspruchen kann aber erst die zu Ende auftretende Emilie, die hiermit zum Leitbild (nahezu) kunstloser Dichtung wird. Sie verweist mit ihrem rousseauistischen Namen zwar ebenfalls auf eine literarische Ahnenschaft, zugleich aber gerade auch auf eine andere literarische Form imaginierter Allsympathie. Diese unterscheidet sich von der Sterneschen »Sentimental Journey« in dem Maße, wie deren Programm der Literarizität von Wahrnehmung der Reise Thümmels zum Paradox wird. Zu den genannten Einzelaspekten ausführlich Gerhard Sauder: Der reisende Epikureer. Studien zu Moritz August von Thümmels Roman »Reise in die mittäglichen Provinzen von Frankreich«. Heidelberg 1968, S. 139 ff.

30 Gerhard Sauder: »Sentimental Journey« und die »Empfindsamen Reisen« in Deutschland. ... In: Reise und soziale Realität am Ende des 18. Jahrhunderts. Hrsg. von Wolfgang Griep u. a. Heidelberg 1983, S. 302.319, hier bes. S. 314 ff. Zur nachgerade politischen Bedeutung der ..parodistischen ..Darstellung reisender Engländer in der »Reise von München nach Genua« (Kapitel VIII und XXVII) René Anglade: Die Engländer in der Hofkirche. ..In: Euphorion (78) 1984, S. 415.435 und weiterhin Werner [Anm. 12], S. 27 und 30 zur Bedeutung des reisenden Engländers als »Bildungsphilister«. Der Engländer selbst ist damit auch eine typische, nicht aber schon poetologische Figur, die hier nicht ohne weiteres mit Sterne, Tristram oder Yorick gleichgesetzt werden darf.

31 Vgl. außerdem DHA VII, 55 und 58. Auf die Bedeutung baulicher Ideale zum Aufbau der textuellen Tektonik (der Kapitelfolge) hat unlängst Wolfgang Groddeck hingewiesen: Heinrich Heines »Reise von München nach Genua« als Paradigma einer modernen , nachromantischen Poetologie. ..In: Konzepte der Moderne. DFG-Symposion 1997. Hrsg. von Gerhart von Graevenitz. Stuttgart/Weimar 1999, S. 350.366.

32 Die motivische Konstanz toter Frauen, weiblicher Statuen u. ä. in den Texten Heines ist wohlbekannt. Manfred Windfuhr spricht (im Kommentar der »Florentinischen Nächte«, aber mit ausdrücklich allgemeinem Anspruch) von einem »Leitmotiv bei Heine« (DHA V, 965, mit weiteren Hinweisen) und zieht (ebd., 969 f.) für das Motiv der toten Maria folgendes Fazit: »In der Heine-Literatur ist die Deutung des Motivs kontrovers: sie reicht von autobiographischen Interpretationen (vgl. DHA VI, 810) über die Klassifikation als Werther-Syndrom (vgl. DHA VII, 865) bis zur Inanspruchnahme für die Genese von Heines Pantheismus (Espagne [Anm. 3]).« Eine umfassende Arbeit über die *poetologische* Bedeutung toter Frauen bei Heine gibt es meines Wissens nicht, Ansätze zu einer solchen Betrachtung gibt Bronfen mit ihren Bemerkungen zu den »Florentinischen Nächten« in dem Nachwort ihrer Textsammlung Elisabeth Bronfen (Hrsg.): Die schöne Leiche. München 1992, hier: S. 394 ff. Die zentrale Bedeutung der toten Maria für die »Reise von München nach Genua« ist freilich wiederholt bemerkt worden; siehe neben Windfuhr auch das Resümee Hildebrandts [Anm. 2], S. 144 f. Im Unterschied und in Ergänzung zu den bisherigen Deutungen soll die Bestimmung von Marias poetologischem Ort hier einhergehen mit einer Beachtung der Gattung Reisebericht, der sie entstammt, und einer genauen Untersuchung der Topik, die sie umgibt.

33 Vgl. Geiger: Leichenwache. ..In: Handwörterbuch des deutschen Aberglaubens. Hrsg. von Hanns Bächtold-Stäubli. Berlin/Leipzig 1933, Bd. V, Sp. 1105..1113, hier: 1112 f. sowie Katrin Seidel: Die Kerze. Motivgeschichte und Ikonologie. Hildesheim 1996, bes. S. 108 ff.

34 Dogmatisch gründet das in ihrer Gleichsetzung mit der Kirche, sinnfällig wird dies in der ursprünglichen Stiftung des Allerheiligenfestes (vgl. Jacobus de Voragine: Legenda aurea. Übers. von Richard Benz. Gerlingen [11]1993, S. 828 ff.).

35 Sterne [Anm. 3], S. 114. Damit ist die »Sentimental Journey« ausdrücklich auch Gegenmodell rein rationalistischer Bücher (»all the books with which materialists have pester'd the world«, wie es an dieser Stelle weiter heißt); in deutlicher Anlehnung hieran die »jämmerlich[e]« Weinseligkeit in Johann Gottlieb Schummel: Empfindsame Reisen durch Deutschland, 2. erw. Au . Wittenberg/Zerbst 1771, Bd. I, S. 237 f. Zu der poetologisch-medialen Bedeutung der vielen Tränenströme des 18. Jahrhunderts siehe Albrecht Koschorke: Körperströme und Schriftverkehr. Mediologie des 18. Jahrhunderts. München 1999.

36 M[oritz] Veit in: Der Gesellschafter Nr. 20 v. 3.2.1830, zit. nach Galley/Estermann I, 395.

37 Die ausgewiesenen literarischen Bezüge in den Reisebildern (dieses Teils) sind zahlreich und nennen u. a. Shakespeare (DHA VII, 32), Ariost und Tieck (57) sowie Schiller (76).

38 Die »weißen Schatten« (DHA VII, 59) Cäsars und Brutus hingegen erscheinen dem Erzähler zuvor eindeutig vergleichsweise (»Mir war, als sähe ich«). Eben diese relationale Verankerung der Wahrnehmung ist beim nächtlichen Streifzug geschwunden und wird auch für den gesamten Reisebericht nicht aufrechterhalten.

39 Dabei ist »das Lied vom kranken Mohrenkönig, das die todte Maria so oft gesungen« als Pendant jenes »Lied[es] vom Einzug des Maurenkönigs« zu verstehen, das der Erzähler in dem zweiten Teil der »Reisebilder« (»Die Nordsee. Dritte Abtheilung«, DHA VI, 161) wegen seiner wiedererweckenden Mächtigkeit exemplarisch nennt. Nicht nur dort, auch hier ist damit ..einmal mehr ..die politische Dimension angesprochen. Diese weitreichende Bedeutung der einzelnen Liebesgeschichte hat Groddeck [Anm. 31] herausgestellt und ..mit Verweis auf die Ausführungen des Erzählers über die Opera buffa (Kap. XIX) ..das textuelle Konzept einer doppelten Lesbarkeit dargelegt: Maria ist über das traditionelle Palindrom Roma-Amor mit der Stadt verbunden, die explizit als »schöne Leiche« (DHA VII, 58) erscheint.

40 Das Licht muss bei der Wache ebenso gehütet werden wie der tote Leichnam: Das eine darf nicht erlöschen, der andere sich nicht erheben (vgl. Geiger [Anm. 33]). Diese grundsätzliche und ursprüngliche Ambivalenz wird durch die christliche Vorstellung der Totenwache und ihres Gebets als Fürsprache für die Toten verstellt.

41 Das Küssen eines Toten oder einer Toten ist Abschied und Abwehr (vgl. Karle: Kuß, küssen. ..In: Handwörterbuch des deutschen Aberglaubens [Anm. 33], Sp. 841..863, hier: 855: »Der Tote erhält als Ablösung einen letzten K.; damit sind seine sämtlichen Anrechte auf Küsse von den Lebenden abgegolten, er hat daher nicht mehr wiederzukehren«) ebenso wie Auferweckung und Wiederbelebung (vgl. ebd., Sp. 857 und außerdem den ..vorübergehend ..beseelend-belebenden Kuss der starren Geliebten in der »Harzreise« (DHA VI, 98)).

42 Die Totenwache hat hier also einen eindeutigen Stellenwert als Re exion auf den zwiespältigen Aussagecharakter des Textes, insofern ist sie von der (bloßen) Nachtwache geschieden, die den Poeten der frühen Romantik von der Gesellschaft sondert (siehe hierzu besonders die erste der »Nachtwachen von Bonaventura«, die zweite nimmt vor diesem Hintergrund die Totenwache zum Anlass satirisch-zynischer Kritik am Klerus).

43 Zusammenfassend Jochen Vogt: Aspekte erzählender Prosa. Eine Einführung in Erzähltechnik und Romantheorie. 8. durchges. und aktual. Au . Opladen 1998, S. 29..40.

44 Der Palazzo Durazzo war bei Italienreisenden bekannt wegen einer Sammlung, die in dieser Weise (als dieses Ensemble und mit den damaligen Zuschreibungen) nicht mehr existiert. Der Kommentar der DHA VII, 930 f. gibt bezüglich des damaligen Bestandes Hinweise, eine abschließende Sichtung ist bislang aber nicht vorgenommen worden (vgl. dazu jetzt auch den Katalog zur Ausstellung im Palazzo Ducale: L età di Rubens. Dimore, committenti e collezionisti genovesi. Hrsg. von Boccardo Piero. Geneva 2004). Die Frage ist hier nachrangig, insofern die »Reise von München nach Genua« vornehmlich als textuelle Inszenierung verstanden wird.

45 »Die Prägung Reisebild ist höchst wahrscheinlich Heines eigene Erfindung«, bemerkt der Kommentar, verweist auf das »Deutsche Wörterbuch« von Jacob und Wilhelm Grimm (vgl. Bd. XIV, Sp. 724) und betont, dass diese Neuprägung in einer zeitgenössischen Rezension eigens angemerkt wird (DHA VI, 533). Doch neben den schon im Kommentar genannten ähnlichen Titeln ist auf den nicht unüblichen Vergleich von kurzen Prosatexten mit Gemälden (so im 18.Jahrhundert) und Bildern (im 19. Jahrhundert) zu verweisen. Zur rationalistischen Grundstruktur solcher Rede einschlägig August Langen: Anschauungsformen in der deutschen Dichtung des 18. Jahrhunderts, Jena 1934.

46 Dazu Raymond Immerwahr: Romantisch. Genese und Tradition einer Denkform. Frankfurt a. M. 1972.

47 Die Geliebte in einem Bild wiederzuerkennen ist ein literarischer und vor allem auch in der literarischen Romantik beliebter Topos, darauf verweisen bereits Loewenthal [Anm. 12], S. 71, Werner [Anm. 12], S. 34 und nicht zuletzt auch der Kommentar der DHA VII, 931 mit je unterschiedlichen Beispielen. Schon die »Ideen. Das Buch Le Grand« enden (beinahe) in der Wiedererkennung ..diesmal der Adressatin der Rede in einem Gemälde. (»Madame, ich finde, daß Sie auf jenem Bilde recht gut getroffen waren« (DHA VI, 221).) Auch die Selbstidentifikation des Erzählers im Bilde mag man noch traditionell romantischer (Doppelgänger-)Motivik geschuldet sehen. Der grundsätzlich andere oder eigene Status der Gemäldebesichtigung im Palazzo Durazzo hingegen ist bedingt durch die eigentümliche Verschachtelung und deren ..im folgenden weiter auszuführende ... Konsequenzen für die Selbstre exion des Textes.

48 HSA XX, 114; Hervorhebung R. L. Der Brief ist auf den 30. 9. 1823 datiert.

49 Vgl. Matias Martinez und Michael Scheffel: Einführung in die Erzähltheorie. [4]München 2003, S. 119 ff.

50 Diese Gleichsetzung mit dem Textbild gilt nur für einen einheitlichen Abdruck des integralen Textes (wie dies im Buch geschieht), nicht für die Fortsetzungsfolge einer Zeitung, als welche die »Reise von München nach Genua« zunächst 1828 und 1829 in Cottas »Morgenblatt für gebildete Stände« erschien. Der Schluss des dortigen Abdrucks setzt mit den Re exionen auf die Düsseldorfer Malerschule im Palast Durazzo (das spätere Kapitel XXXIII; ohne die anschließende Gemäldebesichtung) andere Akzente als die Buchfassung. Hildebrand [Anm. 2], S. 167 ff. beharrt mit seiner poetologischen Deutung des Textendes im Grunde auf der bleibenden Maßgeblichkeit dieser ersten Akzentsetzung, wenn er den Schluss der Buchfassung allein als Fokussierung der allgemeinen bzw. Düsseldorferischen Kunsterörterungen im romantischen ...und nun als überkommen erkennbaren ..Porträt des Sprechers versteht. (Dass dabei das romantische Leben im Bild des Ritters nicht gänzlich als vergangenes verabschiedet wird, ist deutlich, wenn dessen traurige Urgestalt Don Quixote nicht nur zu Ende der »Bäder von Lukka« sich einstellt, sondern auch ausdrücklich in der »Stadt Lukka« die Folge sämtlicher Reisebilder beschließt (so auch Hildebrand S. 213).)

51 Heinrich Lausberg: Handbuch der literarischen Rhetorik. [3]Stuttgart 1990, § 826.

52 Zur grundsätzlichen Bedeutung der Typographie siehe Susanne Wehde: Typographische Kultur. Eine zeichentheoretische und kulturgeschichtliche Studie zur Typographie und ihrer Ent-

wicklung. Tübingen 2000; zum Gedankenstrich hier im besonderen die vorzügliche Studie von Martina Michelsen: Weg vom Wort ..zum Gedankenstrich. Zur stilistischen Funktion eines Satzzeichens in der englischen Literatur des 17. und 18. Jahrhunderts. München 1993. Michelsen macht deutlich, dass die neue Verwendung des Gedankenstrichs in der Romanliteratur, entgegen allgemeiner Auffassung, nicht die erste Verwendung des Gedankenstrichs als Stilmittel überhaupt ist, sondern dass diese im englischen Drama des 17. Jahrhunderts anzusetzen ist.

53 Zur Verbindung von weiblicher Leiche und Textkörper grundsätzlich Bronfen [Anm. 10]; zur genaueren Verbindung der toten Frau mit dem Schriftbild und den dafür maßgeblichen ästhetischen Diskussionen des 18. Jahrhunderts, in denen der ..auch bei Heine (DHA VII, 28) genannte ..Belisar eine paradigmatische Rolle spielt, vgl. R. L.: »Von Angesicht zu Angesicht«. Lebende Bilder und tote Buchstaben in Goethes »Die Wahlverwandtschaften«. ..In: Bildersturm und Bilderut um 1800. Zur schwierigen Anschaulichkeit der Moderne. Hrsg. von Helmut J. Schneider u. a. Bielefeld 2001, S. 145..183.

54 Die Beziehung zwischen dem typographisch gestalteten Textkorpus und der Gestalt des Erzählers thematisiert Ulrike Montigel: Der Körper im humoristischen Roman. Zur Verlustgeschichte des Sinnlichen bei François Rabelais ..Laurence Sterne ..Jean Paul ..Friedrich Theodor Vischer, Frankfurt a. M. 1987; die Arbeit argumentiert allerdings weniger poetologisch als vielmehr ikonisch-mimetisch, sie nennt es »isomorph« (ebd., S. 213). »Die typografischen Zeichen Sternes verhalten sich also nicht wie die Sprachzeichen. Sie sind nicht durch Konvention mit einer Bedeutung verbunden, sondern ähnlich wie motivierte Zeichen bilden sie ab, wovon sie bewegt sind.« (ebd., S. 41) Ich folge nachstehend weitgehend Michelsen [Anm. 52], in deren Darstellung stattdessen gerade der systematische Charakter der typographischen Elemente im Zusammenspiel mit den verbalen Zeichen hervorgehoben wird.

55 Sterne [Anm. 8], II.6, S. 72. Zunächst angezeigt wird der Satzabbruch durch Asterisken, die gängigen Auslassungszeichen.

56 Ebd., IX.20, S. 440; siehe dazu Michelsen [Anm. 52], S. 208 ff.

57 Im »Tristram« skandieren die Striche den Wechselblick zwischen Maria, Ziege und Tristram (IX.24, S. 445), in der »Sentimental Journey« den ..oben zitierten ..tränenreichen Austausch. Damit indiziert die Darstellung die verbal zurückgedrängten körperlichen Regungen und ein deutlich körperliches Interesse des vorgeblich selbstlosen Mitleids ebenso wie die Schriftlichkeit und literarische Prägung der ..wiederum vorgeblich ..allein von Herzen kommenden Rede.

58 Das gilt auch für die beiden Anrufungen in der »Sentimental Journey« und im »Tristram«. Vgl. umfassend dazu Michelsen [Anm. 52].

59 Zur Frage der sparsam, aber gezielt eingesetzten Typographie (wenngleich nicht zu den Gedankenstrichen) in der »Reise von München nach Genua« vgl. auch Anglade [Anm. 30], S. 426 ff. Im übrigen aber ist dieser Frage bislang keine Beachtung geschenkt worden; die positivistischen Arbeiten Ransmeiers und Vacanos nehmen die Frage typographischer Gestaltung (nahezu) gar nicht in den Blick.

60 DHA VII, 15, 21, 22, 25, 28, 32, 49, 67, 73.

61 Neben der sonst dem Komma oder dem Satzpunkt überlassenen Einteilung (wie DHA VII, 37, 50, 73) steht der Gedankenstrich hier weiterhin vor allem auch anstelle des Doppelpunktes: Nach dem Gedankenstrich steht nicht selten das Fazit oder gerade umgekehrt die weitere Ausführung des vorher Gesagten (DHA VII, 22, 24, 26, 27, 37, 46, 48, 53, 55, 57, 58, 61, 62, 65, 66, 68, 74, 75, 77, 78, 79, 80).

62 DHA VII, 15, 62, 70, 71; häufig wird die Parenthese dabei gebraucht, um den Sprecher eines Satzes anzuzeigen: DHA VII, 19, 22, 28, 34, 59, 67, 71. ..Auf den Begriff »Einschließungszeichen«

bringt Adelung diese Funktion: Johann Christoph Adelung: Grammatisch-kritisches Wörterbuch der hochdeutschen Mundart. 2. vermehrte und verbesserte Au . Leipzig 1796, Bd. II, S. 463.

63 In Entwurf (dort ohne Gedankenstriche und mit Satzpunkt) und Zwischenreinschrift (Satzpunkt, zwei Gedankenstriche) markiert dieser Satz das Kapitelende (DHA VII, S. 766 f.). Erst in der schließlichen Buchfassung stehen die drei Gedankenstriche ohne Satzpunkt, gefolgt von dem Maria und der Totenwache gedenkenden Absatz (in dem Erstdruck der »Reise« im »Morgenblatt für gebildete Stände« kommt dieses Kapitel gar nicht vor). Zu den vielen Vorfassungen oder Nebenarbeiten dieses Kapitels siehe B.7 <Das Mädchen und die tote Maria> DHA VII, 327 ff. und Kommentar S. 937 ff. sowie Espagne [Anm. 4].

64 Zur systematischen Eingebundenheit der Typographie bei Sterne auch Rudolf Nink: Literatur und Typographie. Wort-Bild-Synthesen in der englischen Prosa des 16. bis 20. Jahrhunderts. Wiesbaden 1993.

65 Zu dem berühmten Kapitel der »Ideen« wäre manches zu sagen. Einiges davon ist bereits angemerkt worden; vgl. bes. Joseph Anton Kruse: Heines Gedankenstriche: Auslassungen zur Politik und zur Liebe. ..In: Gedankenstrich. Gedichte ..Bilder ..Essays. Hrsg. von Joachim Rönneper. Giessen 1992, S. 35..37. Meine Deutung liefe ..kurz und verkürzt gesagt ..darauf hinaus, die ikonische Bedeutung der Gedankenstriche als Zensurstriche noch stärker zu betonen. Anders als bei Sterne an vergleichbarer Stelle (immer wieder ..z. B. von Vacano [Anm. 12], S. 45 und DHA VI, 790 und 830 f. ..genannte Bezugsstelle ist Sternes »Tristram Shandy« (VI.14)) sind damit nicht Aussparungen in die Rede gesetzt, sondern es sind vielmehr umgekehrt die Zensurstriche, die von wenigen Worten unterbrochen werden. Erst die Ikonizität der Buchseite schafft die Prädikation, erst ihr Abbildcharakter für zensorische Verstümmelung lässt die wenigen, verbleibenden Worte zur prägnanten Benennung der damit ersichtlichen Geistesarmut werden.

66 Dem letzten Satz der »Sentimental Journey« Sternes folgt ..allein typographisch durch den Absatz geschieden ..die Bestätigung des Endes; der Schluss lautet: »So that when I strech'd out my hand, I caught hold of the Fille de Chambre's / END OF VOL. II.« ([Anm. 3], S. 125) Der letzte Satz der Erzählung ist gerade durch das *Fehlen* eines Gedankenstrichs bemerkenswert; Sterne hat ihn noch in der Handschrift wieder gestrichen. Dadurch erst wird der Schluss-Satz formal und semantisch polyvalent: Der Satz selbst kann durchaus grammatikalisch vollständig und semantisch eindeutig mit einem Satzpunkt beschlossen werden (diese Konstruktion implizierte den Griff nach der *Hand* des Zimmermädchens), mit Gedankenstrich (wie in zahlreichen Textausgaben hinzugesetzt) hingegen schließt der Satz eindeutig zweideutig (lässt vielfache körperliche Handgrei ichkeiten denken), ohne das eine wie das andere jedoch ermöglicht der Satz sowohl beide Lesarten wie auch eine Re exion auf diese Möglichkeiten und die Erwartungen des Lesers. Siehe hierzu Michelsen [Anm. 52], S. 246 ff. Die typographische Verbindung (hier von Schluss-Satz und formaler Schlussbemerkung: END OF VOL. II.) aber weist im Unterschied zu dem Verfahren von Heines Texten keinen eigenen Sinn auf.

67 DHA VII, 16, 67 (dazu auch sinngemäß 70), 74 zu 71. Es ist dabei bisweilen weniger der semantische Reichtum der Satzaussage selbst (»Es ist heute eine schöne Witterung.« (DHA VII, 15 und 16)), als vielmehr die Platzierung des Satzes im Kontext von Belang. Kontext der Wiederholung ist meistens der narrative Situationskontext, um nach den Gedankengängen den Reiseweg fortzusetzen (vgl. bes. deutlich DHA VII, 16 und 74).

Geschichtsphilosophie aus der Sicht eines Dichters Zu Heinrich Heines »Verschiedenartige Geschichtsauffassung«

Von Nicole Calian, Seattle

Der zwischen 1830–1833[1] verfasste, doch zu Heines Lebzeiten nicht veröffentlichte Kurzessay »Verschiedenartige Geschichtsauffassung« wird von manchen Kritikern zu den markantesten und zugleich den schwierigsten und rätselhaftesten Heine-Texten gezählt. Bodo Morawe konstatiert, dass sich an ihm bereits »Generationen von Forschern die Zähne ausgebissen haben«.[2] Die folgende Untersuchung soll ein Versuch einer möglichen Lesart sein, die die vielfältigen Interpretationen, die der mehrdeutige Stil der Schrift zulässt, nicht gänzlich außer Acht lässt und konkret philologische Fragestellungen in den Vordergrund stellt. Mögliche intertextuale Vergleiche, die sich mit den ausgewählten anderen Schriften Heines hierfür anbieten, werden zur Aufschlüsselung des schwierigen Textes herangezogen.

Bereits die Prosa der »Reisebilder« deutet auf die »Virulenz der geschichtsphilosophischen Fragestellung« hin, doch dieses Fragment, so Jürgen Ferner, erweckt »geradezu den Anschein«, als wolle sich Heine »in ihm nun endgültig um eine Klärung des Geschichtsproblems bemühen.«[3] Heines Geschichtsbild ist im Hinblick auf diesen Text unter anderem als Stimme des vorrevolutionären Deutschlands verstanden worden, die in programmatischer Art und Weise die bestehenden Geschichtsauffassungen des Vaterlandes analysiert und zum Teil ablehnt. Die Kritiker Heines werden bei den polemischen Auseinandersetzungen mit den konträren Auslegungen zum Buch der Geschichte nicht müde, auf andere Schriften Heines hinzuweisen, in denen er sich in dieser Ablehnung widerspricht.[4] Obwohl dieses Urteil sicherlich im Hinblick auf Heines polemischen, zweideutigen und zuweilen ironischen Sprachgebrauch seine Gültigkeit hat, ist es hilfreich, die jeweiligen Anspielungen Heines an sich zu erklären, ohne dabei gleich abweisend auf die Widersprüchlichkeit des Autors selbst hinzuweisen. Die Vorgehensweise vorliegender Untersuchung basiert zum einen auf der geschichtlichen Einordnung des Textes in sein Zeitgeschehen, d. h. mit welchen Philosophen und Autoren sich Heine beschäftigte, zum anderen auf der sprachlichen Relevanz begrifflicher Konstrukte von Heines Geschichtsauffassung.

Einführung

In polemisch-appellativem Stil setzt Heine sich mit zwei Geschichtsschreibungen auseinander, die als einerseits zirkuläre und organische und andererseits als linear-teleologisch bezeichnet worden sind. Aus Heines Kritik der beiden von ihm präsentierten Geschichtsschreibungen ergibt sich für ihn eine dritte, die in ihrer knappen Ausführung den Rezipienten, der auf eine verbesserte Anweisung für das Schreiben des Buches der Geschichte hofft, enttäuscht.

Heine befindet sich zum Zeitpunkt der Entstehung dieses Textes in Paris, wo er sich unter anderem um die Übermittlung oder Vermittlung eines authentischeren Deutschlandbildes an die Franzosen bemüht. Es scheint, als sei diese freiwillige Emigration nach Frankreich die Folge eines inneren Zwanges. So schreibt er in der Vorrede zu »Salon« I:

> Und auch ich will jetzt Geständnisse machen. Es war nicht eitel Lust meines Herzens, daß ich alles verließ was mir Teures im Vaterland blühte und lächelte [ ] aber ich ging, ohne zu wissen, warum; ich ging weil ich mußte. Nachher ward ich sehr müde zu Mute; so lange vor den Juliustagen hatte ich das *Prophetenamt* [NC] getrieben, daß das innere Feuer mich schier verzehrte. (B III, 10)

Inhalt und Ausdrucksweise sind in den Rahmen religiöser Bedeutung gesetzt, denn Heine nennt sein Amt das eines Propheten . Von diesem erhöhten und imaginären Podest wendet er sich an die Gruppe Gleichgesinnter, an das Publikum in Paris sowie an die politisch-reaktionäre Gruppe der in Deutschland Lebenden, die seine Texte in den Augsburger Blättern zu lesen bekamen.[5]

Mit dem selbstimplizierenden und vereinnahmenden Personalpronomen wir propagiert Heine scheinbar die individuelle Selbstau ösung des Dichter-Ichs; dieses Postulat entspricht der politischen Forderung seiner Zeit. Einerseits macht Heine sich zum selbsternannten Sprachrohr für die teils unausgesprochene oder unterdrückte politische Meinung seines Vaterlandes; andererseits erfährt er diese sozialen und politischen Zwänge konkret persönlich in der Zensur der Restauration. (Heine erhält 1835 Publikationsverbot in Deutschland). So ist Heines Kritik der beiden Geschichtsauffassungen auch konkret politisch motiviert, und »gemessen am Maßstab einer revolutionären Freiheitsdoktrin müssen sowohl die kleinen Windungen niedriger Ranken als auch Goethes Denken, das die Weltgeschichte [ ] wie ein Naturereignis begreift, ideologisch verdächtig erscheinen.«[6] Der innere Zwang, der ihn veranlasst, sein dichterisches Talent in den Dienst des Volkes und der Politik zu stellen, wird in der gleichen Schrift verdeutlicht:

> Die Leute glauben, unser Tun und Schaffen sei eitel Wahl, aus dem Vorrat der neuen Ideen griffen wir eine heraus für die wir sprechen und wirken, streiten und leiden wollten [ ] nein,

> wir ergreifen keine Ideen, sondern die Idee ergreift uns, und knechtet uns, und peitscht uns in die Arena hinein, daß wir, wie gezwungene Gladiatoren, für sie kämpfen. (B III, 10)

Hiermit wird das vom Exil bestimmte, dichtende Selbstverständnis angesprochen, mit dem er sich gleichzeitig auch ..nach Goethes Tod ..als einer der Begründer der neuen Kunstepoche versteht.

Erste Geschichtsauffassung

Da Heines Schrift durch besonders lange polemische sprachliche Angriffe auf seine Widersacher gekennzeichnet ist, könnte man mit Susanne Zantop meinen, dass sich Heines Selbstdefinition und Standortbestimmung besonders in Abgrenzung gegen seine Feinde herauskristallisiert.[7] Ob dies auch bei der Abhandlung »Verschiedenartige Geschichtsauffassung« zur allgemeinen Erkenntnis von Heines Standort beiträgt, sei dahingestellt. Zudem fällt die dritte und damit seine Geschichtsauffassung äußerst spärlich aus. Beide Faktoren lassen die Deutung des Themas Geschichtsschreibung als schwierig erscheinen.

In der ersten Geschichtsauffassung kommt Heines politische Einstellung in der Abgrenzung gegen seine Widersacher nur versteckt zum Ausdruck. Der Text beginnt mit dem Begriff »Buch der Geschichte«. Was genau dieses Buch der Geschichte bedeutet, bleibt unklar. Zwei mögliche Deutungen ergeben sich: Ist Geschichte für Heine etwas ausschließlich Transkribiertes, das sich nur in Re exion als Geschichte bewährt? Diese Auffassung wäre schwer zu vereinbaren mit seiner dritten Geschichtsauffassung , da diese sich gegenwartsbezogen der Re exion entzieht. Allerdings heißt es in den »Französischen Zuständen«: »Der heutige Tag ist ein Resultat des gestrigen. Was dieser gewollt hat, müssen wir erforschen, wenn wir zu wissen wünschen, was jener will.« (B III, 166) Hier würde Geschichte als Hilfsmittel zum Verständnis der Gegenwart beitragen. Die Frage der Objektivität oder Intentionalität in der Re exion ergibt sich dann aus der Wechselwirkung, in der sich Gegenwart und Vergangenheit durch Re exion sinnhaft befruchten. Dazu schreibt Heine weiter, dass,

> indem man die Gegenwart durch die Vergangenheit zu erklären sucht, zu gleicher Zeit offenbar wird, wie diese, die Vergangenheit, erst durch jene, die Gegenwart, ihr eigentlichstes Verständnis findet, und jeder neue Tag ein neues Licht auf sie wirft, wovon unsere bisherigen Handbuchschreiber keine Ahnung hatten. [ ]. So viel zur Bevorwortung eines Artikels, der sich mit vergangenheitlichen Beleuchtungen beschäftigen mag. Die Gegenwart ist in diesem Augenblick das Wichtigere, und das Thema, das sie mir zur Besprechung darbietet, ist von der Art, daß überhaupt jedes Weiterschreiben davon abhängt. (B III, 167)

Somit befände sich das Buch der Geschichte im ständigen Entstehen, im revidierten Wachsen und Werden, das gegenwartsbezogen das Vergangene erläutert.

In seiner Schrift hingegen haftet dem Begriff Buch der Geschichte etwas Statisches an. Denn es ist auf immer neue Auslegungen in der Gegenwart angewiesen, die an dem Ursprung, seiner Entstehung, d. h. dem Original an sich, nichts ändern. Dann wäre das Buch der Geschichte der Bibel ähnlich, die als das Buch schlechthin auch verschiedene mannigfaltige Auslegungen erfährt, und bliebe letztlich in dem Geheimnis seiner Ursprünglichkeit unfasslich. Auf die letztere Erkenntnis würde zum einen hinweisen, dass es sich bei den beiden von Heine exemplifizierten Standpunkten nicht um die einzigen zwei handeln muss, sondern diese beiden nur wegen ihrer extremen Positionen hervorgehoben werden; zum anderen, dass die biblisch-theologischen Redewendungen auffallend häufig auftreten. Möglicherweise ergibt sich in der dritten Geschichtsauffassung eine Lösung.

Die erste Ansicht, ein organisches Kreislaufmodell, wird von Heine wegen seiner politischen Indifferenz und der »beschwichtigenden Fatalitätsgedanken« (B III, 21) scharf kritisiert. Vertreter dieser politisch lähmende Position sind vor allem die Poeten der »Johann Wolfgang Goetheschen Kunstperiode« und die »Weltweisen der historischen Schule« auf die im Folgenden näher eingegangen wird. Die klare Abgrenzung, von der Susanne Zantop gesprochen hat, wird hier besonders deutlich. In einer wiederholten Gegenüberstellung von sie und wir kann man Heines Position klarer erkennen: »Sie zucken die Achsel über unsere Zivilisation«, »sie schütteln den Kopf über unsere Freiheitskämpfe« (ebd.); indem sich Heine durch das Personalpronomen uns mit einschließt, erklärt er sich eindeutig als Befürworter der Freiheitskämpfe, die 1830 in der Juli-Revolution kulminierten; dies wirkt als vorausdeutendes Indiz auf den resümierenden Schlusssatz der dritten Geschichtsauffassung: »Das Leben ist ein Recht. Das Leben will dieses Recht geltend machen [ ] und dieses Geltendmachen ist die Revolution.« (B III, 23)

Was genau mit dem Achselzucken über »unsere Zivilisation« gemeint ist, darüber kann man nur spekulieren. Denn ob Heine Zivilisation und Kultur gegenüberstellt und damit ein bereits im Zuge der Reformation häufig umstrittenes Thema anspricht, muss auf Grund der fehlenden weiteren Ausführungen als Frage bestehen bleiben. Zumal auch fraglich bleibt, warum in der zweiten Geschichtsauffassung das Wort »Zivilisation« in Anführungsstriche gesetzt ist und mit der von ihm kritisierten Humanitätsschule in Verbindung gebracht wird: » Zivilisation war lange Zeit der Wahlspruch bei den Jüngern solcher Ansicht. In Deutschland huldigt ihr vornehmlich die Humanitätsschule.« (B III, 22)

Der nächste Angriff gilt dem politischen Enthusiasmus ..»sie lächeln über alle Bestrebungen eines politischen Enthusiasmus« ..bei dem aber auffallenderweise das vereinnahmende und verallgemeinernde Personalpronomen wegfällt. Heine grenzt sich damit vielleicht von einem uneingeschränkt optimistischen Enthusiasmus ab, der im Glauben an die verbesserte Zukunft die Gegenwart vernachlässigt. Seine Sprache zielt möglicherweise auf einen differenzierten Umgang mit politischem Enthusiasmus.

An der politischen Einstellung Heines, die sich aus der Abgrenzung (das wir im Text) gegen seine Gegner ergibt, ist festzuhalten, dass es nicht um die freimachende, emanzipatorische Individualität geht, sondern um ein Gemeinschaftsgefühl, das sich unter den politisch Unterdrückten ausbreiten soll. Dies weist auf eine interessante Dialektik hin, die zwar um ein kollektives Verständnis und politisches Verantwortungsgefühl bei den Lesern bemüht ist, gleichzeitig aber auch deren Individualität in der Geschichte hervorgehoben wissen will. Genau dieses Dilemma stört Heine an der Gleichsetzung von Menschheitsgeschichte oder Weltgeschichte und Menschengeschichte: »[ ] in der kleinen Chronik von Hoffnungen, Nöten, Mißgeschicken, Schmerzen und Freuden, Irrtümern und Enttäuschungen, womit der einzelne Mensch sein Leben verbringt, in dieser Menschengeschichte sehen sie auch die Geschichte der Menschheit.« (B III, 21) Denn das Individuum muss in Gesellschafts- und Zeitbezug gesetzt werden, um es politisch zu aktivieren. In den bisherigen Geschichtsschreibungen fällt der einzelnen Menschengeschichte eine unbedeutende Rolle zu, in dem sie die Diskontinuität und die Veränderungen in einem Menschenleben außer Acht lässt, und einer Idee von Kontinuität und Gleichheit subordiniert. Die neue Geschichtsschreibung muss sich unter anderem zur Aufgabe setzen, das einzelne Menschenleben in den Geschichtsprozess sichtbar zu integrieren, um der individuellen, eigenen Gesetzlichkeit und den persönlichen Paradoxien gerecht zu werden.[8] Die geschriebene Re exion und die sowohl subjektive als auch objektive Darstellung des einzelnen Menschenlebens, in dem sich die Gesetzmäßigkeiten der gegebenen Zeit widerspiegeln, erfordern eine erweiterte Auffassung von Geschichtsschreibung. In diesem Sinne sieht Klaus Briegleb in dem von Heine avisierten Geschichtsschreiber die Annäherung an den Dichter: »Der Hegelschüler unterscheidet Weltgeschichte und Geschichte der Menschheit . Als verlorene schleppt sich die Menschengeschichte durch die Weltgeschichte und wird von der Dichtung zu sich zurückgebracht, auch gegen die Zeitgeschichte.«[9] Diese Annäherung an die Poesie ..vom Dichter! ..lässt sich in der dritten Geschichtsauffassung von Heine noch genauer verfolgen.

Der national-übergreifende Beginn der Schrift (»Die einen sehen in allen irdischen Dingen nur einen trostlosen Kreislauf; im Leben der Völker wie im Leben der Individuen, in diesem, wie in der organischen Natur überhaupt«; B III, 21) kann nun näher auf Deutschland bezogen werden. Denn in Deutschland ergreifen nach seiner Meinung bei politischer Unzufriedenheit die politischen Gegner und die Unterdrückten genau die falschen Maßnahmen ..sie verlassen das Land. Frankreich hingegen kann in dieser Hinsicht als Vorbild dienen:

> Denn, wenn den Franzosen die landesherrlichen Plackereien so ganz unerträglich werden, oder auch nur etwas allzustark beschwerlich fallen, dann kommt ihnen doch nie in den Sinn die Flucht zu ergreifen, sondern sie geben vielmehr ihren Drängern den Laufpaß, sie werfen sie zum Lande hinaus und bleiben hübsch selber im Lande, mit einem Wort, sie fangen eine Revolution an. (B III,14)

Der Appell an die Deutschen gilt also in diesem Sinne, Frankreich als Vorbild in politischen Angelegenheiten zu verstehen.

Die implizite Gegenüberstellung in der ersten Geschichtsauffassung von aristokratischer Elite, Verfechtern der Restauration einerseits und den Studenten, Dichtern und unterer Klasse andererseits, ausgedrückt durch die Personalpronomen sie bzw. wir / uns , und der polemisch-appellative Stil kollidieren mit dem wissenschaftlichen Anspruch der Geschichtsschreibung. Denn wenn auch der Historismus noch nicht völlig in die wissenschaftlichen Fakultäten integriert war, so rückt im 19ten Jahrhundert doch ein neuer distanzierter Stil in den Vordergrund, der die Zurücknahme des jeweiligen Autors als Person fordert, um so dem Thema an sich unparteiischen Spielraum zu gewähren. Heine kritisiert dieses Postulat direkt durch seinen Angriff auf den Historiker Leopold von Ranke und indirekt durch seinen Stil, der Nähe zum Volk propagiert und sogar dessen implizite Einbeziehung fordert.

> Heines Insistenz auf eleganten Stil verdankt sich nicht nur dem Selbstbewußtsein und der handwerklichen Kompetenz des souveränen Intellektuellen, er verweigert sich programmatisch einer Konkurrenz mit wissenschaftlichen Diskursen der sich an den Universitäten im ersten Drittel des Jahrhunderts institutionalisierenden Kulturwissenschaften und setzt auf Vermittlung.[10]

Besonders der Stil Heines weist also auf die von ihm propagierte neue Form der Geschichtsschreibung hin, die sich gegenwartsbezogen an das Volk richtet, und dieses nicht etwa durch Zurücknahme des Dichters (d. h. heißt des Geschichtsschreibers) erreicht, sondern gerade durch Selbstimplikation des Schreibers und durch Miteinbeziehung der Leser diese zu eigenständigem Denken veranlassen soll.

Die historische Schule, z. B. Leopold von Ranke und die Vertreter der »Wolfgang Goetheschen Kunstperiode« schließlich, reihen sich in diese erste Geschichtsbetrachtung ein. Die historische Schule ist nach Briegleb eine Richtung der deutschen Rechtswissenschaften, angeführt unter anderem von Karl von Savigny. Mit der »norddeutschen Regierung« ist Preußen gemeint, dessen politische Ambitionen, wie Heine in den »Französischen Zuständen« erklärt, sich auf ganz Deutschland auszuweiten drohten: »So hat es in den letzten Jahren seine wütendsten Demagogen dazu gebraucht, überall herum zu predigen: daß ganz Deutschland preußisch werden müsse.« (B III, 97) Zu diesem Zweck setzt es Philosophen wie Theologen ein, unter anderem Schleiermacher und Ranke. Für ersteren hat er folgende harte Worte, »Was soll ich von

Schleiermacher sagen, dem Ritter des roten Adlerordens dritter Klasse! Er war einst ein besserer Ritter und war selbst ein Adler und gehörte zur ersten Klasse.« Im Auftrag der preußischen Regierung musste er »gegen die Freiheit protestieren und christliche Ergebung in den Willen der Obrigkeit empfehlen.« (B III, 97)

Ranke, der zu den Urhebern der historischen Schule zählt, jede Epoche, jede geschichtliche Begebenheit durch Quellenforschung an sich festhalten. Denn »[j]ede Epoche ist unmittelbar zu Gott, und ihr Wert beruht gar nicht auf dem, was aus ihr hervorgeht, sondern in ihrer Existenz selbst, in ihrem Eigenen selbst.«[11] Dieser Quellenforschung ist Heine möglicherweise prinzipiell gar nicht so abgeneigt. Dennoch, Heine hinterfragt die praktische und objektive Anwendung dieser geschichtlichen Methode, und besonders seine politische Einstellung spielt in dieser Absage an Ranke eine Rolle. So schreibt Heine in den »Französischen Zuständen«:

> Da ist der arme Ranke, den die preußische Regierung einige Zeit auf ihre Kosten reisen lassen, ein hübsches Talent kleine historische Figürchen auszuschnitzeln und pittoresk nebeneinander zu kleben, eine gute Seele, gemütlich wie Hammel eisch mit Teltower Rübchen, ein unschuldiger Mensch [ ] gewiß auch liberal .. dieser musste jüngst in der Staatszeitung eine Apologie der Bundestagsbeschlüsse drucken lassen. (B III, 98)

Diese politische Unterwürfigkeit gegenüber den Verfechtern der Restauration ist Heine in großem Maße unverständlich und die Überzeugung der Dringlichkeit einer Revolution verleitet ihn zur prophetischen Proklamation über den Untergang dieser Regierung: »jener Regierung wird aber die Zukunft lehren, wie weit man kommt mit Ranken und Ränken.« (B III, 21)

Der »sentimentale Indifferentismus gegen alle politischen Angelegenheiten des Vaterlandes« (ebd.) wird unter anderem den Anhängern der romantischen Schule, d. h. Tieck, den Brüdern Schlegel, Novalis und auch Goethe selbst zugeschrieben. Die Wiederbelebung des Mittelalters, das Streben nach einem fast unerreichbaren Ziel, die Glorifizierung des Katholizismus sind für Heine zu wirklichkeitsfremd.[12] Die Helden der Dichter, besonders die Goethes, sind Grübler und Schwärmer, die tatenlos im politischen Geschehen untergehen. Goethes Pantheismus wird in Heines »Romantischer Schule« als ein Grund des Übels genannt: »Es ist leider wahr, wir müssen es eingestehn, nicht selten hat der Pantheismus die Menschen zu Indifferentisten gemacht. Sie dachten, wenn alles Gott ist, so mag es gleichgültig sein, mit was man sich beschäftigt.« (B III, 395)

Der pantheistische Glaube wird von Heine durch die Saint-Simonisten differenziert:

> Nein, Gott manifestiert sich nicht gleichmäßig in allen Dingen, wie Johann Wolfgang Goethe glaubte, der dadurch ein Indifferentist wurde, [ ] Gott manifestiert sich in den Dingen mehr oder minder, er lebt in dieser beständigen Manifestation, Gott ist in der Bewegung, in der

Handlung, in der Zeit, sein heiliger Odem weht durch die Blätter der Geschichte, letztere ist das eigentliche Buch Gottes [ ]. (B III, 394 f.)

Hier kann der Bogen zurückgeschlagen werden zur »Verschiedenartigen Geschichtsauffassung«. Der heilige Odem weht durch die »Blätter der Geschichte«, die sich als Buch Gottes, und zugleich auch als Buch der Geschichte definiert. Somit hat das »Buch der Geschichte« gleichzeitig auch einen Offenbarungscharakter und bedarf damit notwendigerweise vielfacher und erneuter Auslegungen. Diese erneuern sich ständig und werden gemäß ihrer Abhängigkeit von sozialen, geographischen, politischen Umständen weitergeschrieben. Die »Blätter der Geschichte« können dennoch, wie bereits erwähnt, den Ursprung als Geheimnis nicht leugnen.

Zweite Geschichtsauffassung

In der zweiten Geschichtsauffassung wird dem organischen Kreislaufmodell eine teleologische Geschichtsschreibung entgegengesetzt. Darin wird der besonders von den Aufklärern vertretene Fortschrittsgedanke proklamiert, dem Heine wegen der darin enthaltenen Funktionalisierung des Individuums feindlich gegenübersteht.[13] Allerdings wird an dieser Stelle häufig angeführt, dass sich Heine dem Fortschrittsgedanken andernorts nicht völlig abgeneigt zeigt. In der »Reise von München nach Genua« schreibt er: »Jede Zeit hat ihre Aufgabe und durch die Lösung derselben rückt die Menschheit weiter. Die frühere Ungleichheit, durch das Feudalsystem in Europa gestiftet, war vielleicht notwendig, oder notwendige Bedingung zu den Fortschritten der Zivilisation [ ].« (B II, 377) Zu beachten ist jedoch das vorsichtige »vielleicht« in Heines Versuch der Geschichtsdeutung. Er ist sich nicht sicher und zwingt die Inszenierung der Geschichte nicht unter den Mantel des Fortschritts. Ihm widerstrebt also das übergreifende und gleichmachende Prinzip jeglichen theoretischen Postulats, dem bisherige Geschichtsschreibungen unterworfen wurden. Weiterhin legt Heine in diesem Zitat die Betonung auf die partikulare Aufgabe »jeder Zeit«, auf die »Individualität und Eigengesetzlichkeit jeder Zeit und damit das Leben selbst«[14] ..genau das ist bei der zweiten Geschichtsauffassung aus dem Blickfeld geraten.

Im Eingang beschreibt er diese als mit »der Idee einer Vorsehung« verwandt, im Gegensatz zu der ersten Auslegung, die eine »fatale fatalistische Ansicht« verfolgt. Man ist geneigt zu fragen, worin genau der Unterschied liegt zwischen fatalem Fatalismus und der Idee der Vorsehung, zumal er sich letzterer weit weniger abgeneigt zeigt als dem ersteren. Der Begriff Vorsehung ist zu Heines Zeiten doppeldeutig, da er »seinem Ursprung nach christlich, und seiner Tendenz nach antichristlich« ist.

Das erklärt Karl Löwith folgendermaßen: »Der Glaube an einen diesseitigen und grenzenlosen Fortschritt ersetzt mehr und mehr den Glauben an die Vorsehung eines überweltlichen Gottes. Bevor die Menschen sich nicht von einer Vorsehung unabhängig fühlten, konnten sie keine Fortschrittstheorie aufstellen. «[15] Wie weit entfernt ist Heine allerdings von diesem christlichen Ursprung des Begriffs Vorsehung?

Im Folgenden häufen sich die christlich-religiösen Anspielungen, denn Ziel der Geschichte in dieser teleologischen Auslegung ist nach Heine »Vervollkommenheit«, »höherer gottähnlicher Zustand«, »heiligster Friede«, »ewigste Glückseligkeit« und »goldenes Zeitalter«. Dieser angestrebte Zustand käme der Rückeroberung des Paradieses gleich, in dem die »Frucht der Erkenntnis« nicht Tod, sondern das »ewige Leben« ist. Diese von Heine dargestellte religiöse Zentriertheit steht in der kritisierten Humanitätsschule von Lessing und Kant nicht im Mittelpunkt des Programms. Vielmehr gerät das institutionalisierte Christentum im Zeitalter der Aufklärung ins Hintertreffen, da sich der emanzipierte Mensch vor allem vor dem Richterstuhl der Ratio zu verantworten hat. Die Fortschrittsidee übernimmt also gerade »die Funktion der Vorsehung.«[16]

Der Begriff der Vorsehung, gepaart mit den anderen christlich-religiösen Anspielungen sind also vom Poeten Heine bewusst gewählte Worte, in denen auch sein Respekt vor den Vertretern der zweiten Geschichtsauffassung zum Ausdruck kommt. Wenn sie dereinst bekämpft werden, dann mit »dem kostbarsten Ehrenschwerte«.

Was ihn unter anderem zu stören scheint an dieser Ansicht, ist die Politisierung der Geschichte. In direktem Bezug auf Hegel und die »sogenannte philosophische Schule« schreibt er: »Sie war den Untersuchungen politischer Fragen ganz besonders förderlich, und als höchste Blüte dieser Ansicht predigt man eine idealische Staatsform, die, ganz basiert auf Vernunftgründen, die Menschheit in letzter Instanz veredeln und beglücken soll.« (B III, 22). Hierin scheint er sich aber in seiner eigenen kurzen Schrift zu widersprechen, denn seine dritte »Geschichtsauffassung« steht ausdrücklich im Dienste der Politik.

Das Verhältnis Heines zu Hegels Philosophie ist komplex, besonders weil Heine seine Ansichten revidiert, widerlegt oder erweitert. Deshalb sei hier nur kurz ein Beispiel aus den »Reisebildern« zitiert, das die denkbare Annäherung Heines an das Hegelsche Denken andeutet[17]: »Ich preise nie die Tat, sondern nur den menschlichen Geist, die Tat ist nur dessen Gewand, und die Geschichte ist nichts anders als die alte Garderobe des menschlichen Geistes.« (B II, 375)[18]

Trotz dieses Zitates kann noch keine Aussage über die Art der Geschichtsschreibung gemacht werden, die Heine anstrebt. Eine Voraussetzung einer neuen, verbesserten Geschichtsschreibung ist auf jeden Fall die geistige Bereitschaft zum Umdenken. Deshalb ist die »Frucht der Erkenntnis« von Bedeutung, da es sich bei

Erkenntnis ja immer um geistige Erweiterung und intellektuelle Beförderung handelt. Sie wird sozusagen zur Voraussetzung für politisch-motivierte revolutionäre Ausbrüche. Denn wie Koopmann bemerkt, »für Heine ist die Revolution immer auch und sogar wesentlich zunächst einmal eine intellektuelle Revolution. Das heißt: an der Revolution ist nicht der Aufstand und der Straßenkampf entscheidend, sondern die spirituelle Bereitschaft zum Umdenken.«[19] In der vorliegenden Schrift geht es um beides, Straßenkampf und intellektuelles Umdenken.

In der zweiten Geschichtsschreibung machen also der christlich-theologische Sprachgebrauch, so wie seine vorsichtige Kritik dieser zweiten Auslegung die Standortbestimmung durch Abgrenzung gegen seine Feinde ebenso schwierig wie in der ersten. Es gibt wie auch in der ersten Geschichtsauffassung etwas zu kritisieren, aber auch etwas zu übernehmen. Man kann festhalten, dass es Heine um die Erhaltung der partikularen Eigengesetzlichkeit jeder Zeit geht, dass der religiöse Gehalt der Idee der Vorsehung nicht zugunsten des Fortschritts verloren gehen darf und Geschichtsschreibung auch vorerst geistig animieren und der kritischen Analyse des herausfordernden Lesers gewachsen sein soll. Dabei bleiben Fragen offen, die sich konkret mit der Art und Weise der Geschichtsschreibung beschäftigen, so wie auch mit der Frage, wer geeignet ist, Geschichte zu schreiben.

Dritte Geschichtsauffassung und Zusammenfassung

Die dritte »Geschichtsauffassung« zeichnet sich besonders dadurch aus, dass sie mit Geschichte auf den ersten Blick relativ wenig zu tun hat. Man kann nach der bisherigen Abhandlung in seiner kurzen Schrift nicht, wie etwa Braembussche, behaupten, dass es klar sei, »daß Heine in seinen Geschichtsäußerungen einigermaßen wie ein Geschichtsphilosoph vorgeht, der aus einem vorher abgefaßten Begriffsthema die ganze menschliche Geschichte (und nicht nur die der Vergangenheit, sondern auch Gegenwart und Zukunft) deutet.«[20] Mit großer Klarheit hingegen kann man behaupten, dass es in dieser dritten Geschichtsauffassung nicht um die Zukunft geht, sondern ganz konkret um die aktuellen und brennenden Themen des täglichen Lebens des unterdrückten Unter-und Mittelstandes, um Lebenserhaltungsnöte, wie Nahrung und Arbeit. Das sind die Themen, die die »lebendigsten Lebensgefühle« (B III, 22), von denen er spricht, ausmachen. Deshalb geht es auch vorerst nicht um eine philosophische Erneuerung der bestehenden Geschichtsphilosophie, sondern konkret um die seiner Ansicht nach überfällige Revolution. In diesem Sinne versteht Jürgen Ferner Heines Re exion über die Geschichte, der die Rolle der Orientierungshilfe zukommt: »Der Geschichte fällt die Bedeutung einer letzten Orientierungsinstanz zu: Sie fungiert, um noch einmal eine [ ] bei Heine selbst anzutreffende

Metaphorik zu gebrauchen, als Sonne , an die der Adler ..sprich der Emanzipator ..glauben muß, wenn er iegen möchte.«[21] Auch Ferner gesteht zu, dass die geschichtsphilosophische Begründung des Emanzipationsprozesses im Zuge der Kontingenzerfahrungen schwerfällt. Denn konkret auf die angestrebte und realisierte Revolution bezogen, ergeben sich Fragen des Mittels und des Zwecks. Die Problematik dieser Begriffe in der zweiten Geschichtsauffassung löst Heine hier durch die Behauptung ihrer Nichtexistenz im Schöpfungsplan einfach auf. Denn der Schöpfer, als dessen Interpret Heine sich jetzt versteht, wusste von Begriffen wie Mittel und Zweck nichts. Allerdings weiß Heine auch, dass es in jedem Kampf qua Definition Verlierer, Tote, Opfer gibt, die, egal an welcher Front sie gefallen sind, unumgänglich als Mittel zum Zweck betrachten werden müssen. Diesem Dilemma stellt sich Heine in der »Reise von München nach Genua«, ohne eine passende Antwort zu finden. Auf dem Schlachtfeld von Marengo ist Heine geplagt von enthusiastischen Ausbrüchen für den Krieg einerseits und kontemplativen Fragen nach der Rechtfertigung der Opfer andererseits:

> Ich liebe Schlachtfelder, denn so furchtbar der Krieg ist, so bekundet er doch die geistige Größe des Menschen, der seinem mächtigsten Erbfeinde, dem Tode, zu trotzen vermag. [ ] Aber ach, jeder Zoll, den die Menschheit weiter rückt, kostet Ströme Blutes; und ist das nicht etwas zu teuer? Ist das Leben des Individuums nicht vielleicht eben so viel wert wie das des ganzen Geschlechtes? Denn jeder einzelne Mensch ist schon eine Welt, die mit ihm geboren wird und mit ihm stirbt, unter jedem Grabstein liegt eine Weltgeschichte. (B II, 378)

Die Schwierigkeit der Bewertung der einzelnen Leben geht möglicherweise über die Aufgabe des Geschichtsschreibers hinaus. Der Hinweis auf den »Schöpfer« kann dann als ein Ausweichen gegenüber dieser Frage dienen, denn nur er allein kann im christlich-theologischen Sinn über Mittel und Zweck entscheiden. Die Verschränkung von religiöser und geschichtlicher Dialektik scheint paradigmatisch für Heine, denn auch Koopmann hebt hervor, es sei deutlich, »wie stark theologische Vorstellungen und Erwartungen Heines Geschichtsbild mitgeformt haben, und die permanente Vermischung von (göttlicher) Heilsgeschichte und (irdischer) Weltgeschichte ist vielleicht eines der auffälligsten Kennzeichen der Geschichtsutopien Heines.«[22]

Darüber hinaus stellt sich die Frage, ob der Begriff Schöpfer aber auch anders gedeutet werden kann, im Sinne des künstlerischen Schöpfers? Im sechsten Gedicht von Heines Gedichtzyklus »Schöpfungslieder« (B IV, 358) gibt es Hinweise zu dieser Fragestellung.[23]

> Der Stoff, das Material des Gedichts,
> Das saugt sich nicht aus dem Finger;
> Kein Gott erschafft die Welt aus Nichts,
> So wenig wie irdische Singer.

Aus vorgefundenem Urweltsdreck
Erschuf ich die Männerleiber,
Und aus dem Männerrippenspeck
Erschuf ich die schönen Weiber.

Den Himmel erschuf ich aus der Erd
Und Engel aus der Weiberentfaltung;
Der Stoff gewinnt erst seinen Wert
Durch künstlerische Gestaltung.

Der Schöpfer selbst sowie der Poet und der Historiker erschaffen also alle nichts Ursprüngliches, sondern greifen auf etwas zurück, was bereits vorhanden ist. Dieser vorgefundene »Urweltsdreck«, in dem Chaos und Unbestimmtheit herrschen, erfordert sinnvolle künstlerische Gestaltung, um zu einer Bedeutung zu gelangen. Ähnlich wie den chaotischen »Urweltsdreck« muss man sich dann auch die vergangene Zeit vorstellen, die ein Konglomerat aus undefinierten Ein üssen, Tendenzen und Paradoxien ist, in dem der Geschichtsschreiber Sinn finden muss.

Wenn dieser Gedichtszyklus nichts anderes bekunden würde als das politisch-soziale Programm, das jedem künstlerischen Schaffen als motivierender Impetus zu Grunde liegen soll, dann wäre damit nichts Neues ausgedrückt. Bereits viele Poeten des Jungen Deutschland finden sich gerade in dieser Neudefinition ihrer Kunst wieder und die Sekundärliteratur beschäftigt sich mit zahlreichen Untersuchungen und Stellungnahmen dazu. Stellvertretend für andere Interpreten resümiert Giorgio Tonelli über »Atta Troll«:

> Die Kunst muß einen vorwiegend politisch-sozialen Gehalt haben, ja sie ist das wichtigste Mittel zur Verbreitung der allgemeinen Richtlinien für jedes politisch-soziale Handeln. Der wahre Dichter darf jedoch kein Parteigänger sein, seine Dichtung darf nicht an die etablierten Parteien gebunden sein, sondern muß von einer allgemeinen Fortschrittsidee erfüllt sein, die nur dann authentisch und effektiv wirksam ist, wenn sie über den Tendenzen, den vergänglichen Formen der großen Geschichtskräfte steht.[24]

Wenn aber nun der Künstler nicht nur die politische und soziale Stimme des Volkes vertreten soll, sondern auch noch in den Dienst der Geschichtsschreibung gestellt wird, könnte das als eine modifizierte Art der Geschichtsschreibung verstanden werden. Heine bewertet den Dichter nicht als einen fiktive Geschichten Schreibenden. Vielmehr ergibt sich für ihn der Zusammenhang zwischen Dichter und Historiker aus dem göttlichen Kern, der allem Geschehen innewohnt. Dieser göttliche Kern muss erkannt werden und dies schafft der Dichter.

Rainer Kolk ist sich sicher, dass genau das die Intention Heines ist: »Heine insistiert darauf, daß historische Darstellung von divinatorischen Fähigkeiten begleitet werden müsse, weshalb der Dichter imstande sei, aus den, wie es heißt, kleinsten

Bruchstücken der Erscheinungswelt den ganzen Zusammenhang zu erschließen.«[25] Kolk bezieht sich mit den »kleinsten Bruchstücken der Erscheinungswelt« hier auf folgenden Text Heines:

> So auch der Dichter, wenn seiner Anschauung nur das kleinste Bruchstück der Erscheinungswelt von außen geboten wird, offenbart sich ihm gleich der ganze universelle Zusammenhang dieses Bruchstücks; er kennt gleichsam Zirkulatur und Zentrum aller Dinge; er begreift die Dinge in ihrem weitesten Umfang und tiefsten Mittelpunkt. (B IV, 181)

Heine verfolgt also in dem Gedicht nicht nur sein eigenes Geschichtsverständnis, denn der geschichtliche Prozess an sich gestaltet sich für Heine poetisch, sondern erklärt sich in »Verschiedenartige Geschichtsauffassung« auch zum Vermittler der Allgemeinheit. Denn diese Art der Geschichtsschreibung entspricht dem Anspruch des gemeinen Volkes, »Seltsame Grille des Volkes! Es verlangt seine Geschichte aus der Hand des Dichters und nicht aus der Hand des Historikers. Es verlangt nicht den treuen Bericht nackter Tatsachen, sondern jene Tatsachen wieder aufgelöst in die ursprüngliche Poesie, woraus sie hervorgegangen.« (B II, 330) Diese ursprüngliche Poesie, die in dem Gedichtszyklus weniger poetisch als »Urweltsdreck« bezeichnet worden ist, enthält die Widersprüchlichkeiten, die gesetzlosen Gesetzmäßigkeiten einer noch nicht definierten Zeiteinheit. Entsprechend diesen gesetzlosen Gesetzmäßigkeiten ist der sprachliche Zugang erschwert (besonders der unpoetische), da sich die zum klaren Verständnis erforderlichen eng gefassten Begriffsbestimmungen zwangsläufig in das Labyrinth semantischer und sprachphilosophischer Auseinandersetzungen begeben. Insofern deutet Jacob Burckhardt ein poetisches Sprachverständnis in Bezug auf Geschichtsschreibung voraus, wenn er schreibt:

> Scharfe Begriffsbestimmungen gehören in die Logik, aber nicht in die Geschichtsschreibung, wo alles schwebend und in beständigen Übergängen und Mischungen existiert. Philosophische und historische Begriffe sind wesentlich verschiedener Art und verschiedenen Ursprungs; jene müssen so fest und geschlossen als möglich, diese so üssig und offen als möglich gefaßt werden.«[26]

In diesem Sinne kann ein Plädoyer für polyperspektivische, mehrdeutige Begriffe auch als erweitertes Plädoyer für eine poetische Geschichtsschreibung verstanden werden, da es paradoxerweise diese Begriffe sind, die sich an die Genauigkeit und gleichzeitig die Unaussprechlichkeit historischer sowie auch gegenwartsbezogener Sachverhalte anzunähern vermögen.

Hat Heine in der ersten Geschichtsauffassung das Ende der Goetheschen Kunstperiode proklamiert, so setzt er sich jetzt selbst an die Schwelle einer neuen Kunstperiode, deren Verständnis von Kunst sich gegenwartsbezogen an ihrer Zeit orientiert. In diesem Sinne ist der zitierte Text Heines (B II, 330) als eine dritte »Geschichtsauffassung« zu verstehen, in der er sich gegen Historiker und (die alten) Poeten ausspricht. Diese alten Poeten müssen den von Heine neu definierten weichen, die sich nun auch um die Geschichtsschreibung bemühen sollen. Denn die materiellen, gesellschaftspolitischen und geistigen Umstände, aus denen »Urweltsdreck« und Geschichte entstehen, sind besonders der dichtenden Sensibilität aufgeschlossen. Diese muss verstehen, dass sich die Realität der Vergangenheit, der Gegenwart und der Zukunft vor allem durch beständige Diskontinuität und Paradoxien zu erkennen gibt.

Anmerkungen

1 Der Text wird zum Teil als Konzept eines Vorwort für das geplante Buch »Deutsche Geschichte« (in Zusammenarbeit mit Karl August Mebold) gesehen und damit seine Entstehung um 1833 gesehen, so in: Gerhard Höhn: Heine-Handbuch. Zeit, Person, Werk. Stuttgart, Weimar 1997, S. 323; andere Deutungen bringen ihn in Zusammenhang mit dem zweiten Buch der Börne-Schrift, 1830; Bodo Morawe fasst die Entstehungszeit weiter: »Sicher ist auf Grund inhaltlicher Kriterien, daß die Verschiedenartige Geschichtsauffassung zwischen dem Februar 1832 und dem Februar 1834 entstanden ist. (Bodo Morawe. Heines Französische Zustände. Heidelberg 1997, S. 40. Daran hält auch Jürgen Ferner fest, denn er ist der Auffassung, »daß der Text erst nach Heines Emigration (Mai 1831) entstanden sein kann.« (Jürgen Ferner: Versöhnung und Progression. Zum geschichtsphilosophischen Denken Heinrich Heines. Bielefeld 1994, S. 103.

2 Morawe [Anm. 1], S. 40.

3 Ferner [Anm. 1], S. 197.

4 Dazu A. A. van den Braembussche, der in seinem Aufsatz »Heines Geschichtsbild« unter anderen J. Presser, A. Polak und E. Friedell zitiert. ..In: Rose und Kartoffel. Ein Heinrich Heine-Symposium. Hrsg. von A. A. van den Braembussche u. Ph. van Engeldorp Gastelaars. Amsterdam 1988, S. 85..101. Siehe dazu auch Höhn [Anm. 1], S. 325. Helmut Koopmann sieht gerade in dem Widerspruch Heines seine Geschichtsauffassung begründet: Heine stößt sich demnach nur an den extremen Gegensätzlichkeiten und dem Ausschließlichkeitsanspruch beider Auffassungen. Seine Geschichtsinterpretation bemüht sich folglich um ein wiederherzustellendes Gleichgewicht der beiden. Helmut Koopmann: Heines Geschichtsauffassung. ..In: Jahrbuch der deutschen Schillergesellschaft. 1972, S. 453.476.

5 Gleichzeitig verfolgt Heine auch noch ein aufklärerisches Postulat, indem er in Frankreich die wie er meint verzerrten Darstellungen der deutschen Romantik durch Madame de Staël zu korrigieren versucht. Heine erklärt nach der Ankunft in Paris, dass er es als eine seiner wichtigsten Aufgaben betrachte, »den Kampf mit Madame de Staëls allgemein beliebtem und ein ußreichen De l'Allemagne aufzunehmen, einem Buch, das er nicht sehr schätzte.« Braembussche [Anm. 4], S. 91f.

6 Ferner [Anm. 1], S. 201.

7 S. Susanne Zantop: Verschiedenartige Geschichtsschreibung: Heine und Ranke. ..In: HJb. 1994, S. 42..68, hier S. 47.

8 Das Bestreben dieses Postulat zu erfüllen, kann auch in der Moderne noch verfolgt werden. Neue Wissenschaftsbereiche erfordern ein Mitspracherecht im Streit um die Grundlagen der Geschichtswissenschaft: Alltagsgeschichte, Frauen- bzw. Geschlechtergeschichte, historische Anthro-

pologie, Erfahrungs- und Mentalitätsgeschichte bemühen sich in ihrer Verschiedenheit doch um ein ähnliches Ziel: Sie wollen der Gefahr begegnen, dass die handelnden Subjekte, gerade in ihrer Massenhaftigkeit und Anonymität, aus dem Blick historischer Betrachtung geraten. Geschichte soll nicht aus der Perspektive großer Ideen und politischer Absichten geschrieben werden, auch nicht aus der Perspektive der Strukturen, die den Entwicklungsgang der Gesellschaft in die Moderne bestimmt haben, sondern aus der Wahrnehmung dessen, wie das einzelne Individuum seine konkrete Situation erfahren und verarbeitet hat; s. Hans-Jürgen Goertz: Umgang mit Geschichte. Eine Einführung in die Geschichtstheorie. Hamburg 1995, S. 11.

9 Klaus Briegleb: Abgesang auf die Geschichte? Heines jüdisch-poetische Hegelrezeption. ..In: Heinrich Heine. Ästhetisch-politische Profile. Hrsg. von Gerhard Höhn. Frankfurt a. M. 1991, S. 17... 37, hier S. 35. Dazu auch Ortwin Lämke: Heines »Geschichtsschreibung der Gegenwart«. Zu Artikel VI der »Französischen Zustände«. ..In: Aufklärung und Skepsis. Internationaler Heinrich Heine Kongreß zum 200. Geburtstag. Hrsg. von Joseph A. Kruse, Bernd Witte und Karin Füllner. Stuttgart, Weimar 1998, S. 615..628.

10 Rainer Kolk, Über die Aufgabe des Geschichtsschreibers. Heines »Ludwig Börne. Eine Denkschrift« im Kontext. ..In: Aufklärung und Skepsis [Anm. 9], S. 86..101, hier S. 92.

11 Leopold von Ranke: Das politische Gespräch und andere Schriftchen zur Wissenschaftslehre. Halle 1925 S. 61.

12 Besonders zum Thema Indifferentismus ist auf Widerlegungen innerhalb von Heines Werk hingewiesen worden, die aber hier der Diskussion nicht förderlich sind und deshalb nur als Verweis stehen bleiben. S. Koopmann: [Anm. 4], S. 458..460.

13 Interessanterweise gibt es auch hier Überschneidungen mit Ranke, dem ebenfalls ein Fortschrittsgedanke in der Geschichte fern liegt: »Wollte man mit manchem Philosophen annehmen, daß die ganze Menschheit sich von einem gegebenen Urzustande zu einem positiven Ziel fortentwickelte, so könnte man sich dieses auf zweierlei Weise vorstellen: entweder, daß ein allgemein leitender Wille die Entwicklung des Menschengeschlechtes von einem Punkt nach dem anderen fördere, ..oder, daß in der Menschheit gleichsam ein Zug der geistigen Natur liege, welcher die Dinge mit Notwendigkeit nach einem bestimmten Ziele hintreibt. ..Ich möchte diese beiden Ansichten weder für philosophisch haltbar, noch für historisch nachweisbar halten.« Ranke [Anm. 11], S. 59.

14 Koopmann [Anm. 4], S. 455.

15 Karl Löwith: Weltgeschichte und Heilsgeschehen. Zur Kritik der Geschichtsphilosophie. Stuttgart 1983, S. 70..71.

16 Ebd., S. 70.

17 Die Anlehnung an Hegel bezieht sich auf den Begriff Geist , wobei im Heine-Zitat unklar bleibt, wie er den Begriff Geist versteht. Für Hegel ist der Geist das übergreifende Prinzip, das sich selbst erkennen und vollenden muss. Er sieht in der Vollendung der Weltgeschichte, die Bewusstwerdung des Geistes, »daß der Geist zum Wissen dessen gelange, was er wahrhaft ist, und dies Wissen gegenständlich mache, es zu einer vorhandenen Welt verwirkliche.« Somit wird die Weltgeschichte zur »Darstellung des göttlichen, absoluten Prozesses des Geistes in seinen höchsten Gestalten.« (Georg Wilhelm Friedrich Hegel: Die Vernunft in der Geschichte. Hamburg 1994, S. 74 f.

18 Jürgen Ferner konstatiert, dass Heine in seiner Geschichtsschreibung Hegel insofern verbunden bleibt, als er von der Priorität des Allgemeinen, der »Interessen« ausgeht: »Der Weg zum Wesen führt bei Heine vom Abstrakten zum Konkreten, vom Hauptbegriff zu dessen historischer Realisierung.« Ferner [Anm. 1], S. 203.

19 Helmut Koopmann: Freiheitssonne und Revolutionsgewitter. Re exe der Französischen Revolution im literarischen Deutschland zwischen 1789 und 1840. Tübingen 1989, S. 210.

[20] Braembussche [Anm. 4], S. 95.

[21] Ferner [Anm. 1], S. 208.

[22] Koopmann [Anm. 4], S. 461.

[23] Der gesamte Zyklus bedarf einer separaten und detaillierten Interpretation. Denn wie Briegleb bemerkt, gehört dieser Gedichtzyklus zu den »kompliziertesten Re exionen über seinen [Heines] Beruf und seine kritischen Ziele« und erfordert Ausführungen, die über das Geschichtsthema hinausgehen. (B IV, 934).

[24] Giorgio Tonelli: Heinrich Heines politische Philosophie. Hildesheim 1975, S. 127.

[25] Kolk [Anm. 10], S. 93.

[26] Jacob Burckhardt: Weltgeschichtliche Betrachtungen. Hrsg. von R. Marx. Stuttgart 1955, S. 83.

II.

Heines »Almansor« als Widerruf von Lessings »Nathan«? Heine und Lessing im Spannungsfeld von Judentum, Christentum und Islam

Von Karl-Josef Kuschel, Tübingen

I. Heines Beziehung zu Lessing: Dokumente

> Die Literaturgeschichte ist die große Morgue wo jeder seine Todten aufsucht, die er liebt oder womit er verwandt ist. Wenn ich da unter so vielen unbedeutenden Leichen den Lessing oder den Herder sehe mit ihren erhabenen Menschengesichtern, dann pocht mir das Herz. Wie dürfte ich vorübergehen, ohne Euch üchtig die blassen Lippen zu küssen! (DHA VIII, 135 f.).

Der Verfasser des Buches »Die romantische Schule« schlägt hohe Töne an, wenn er auf Gotthold Ephraim Lessing zu sprechen kommt. In ihm sah er, Heinrich Heine, einen Geistesverwandten, literarisch, politisch, theologisch:

> In allen seinen Werken lebt dieselbe große sociale Idee, dieselbe fortschreitende Humanität, dieselbe Vernunftreligion, deren Johannes er war und deren Messias wir noch erwarten. Diese Religion predigte er immer, aber leider oft ganz allein und in der Wüste. (DHA VIII, 134 f.)

Diese Stilisierung Lessings zu einem Unzeitgemäßen, der zu früh kommt, zu einem einsamen Kämpfer und Propheten, von den Zeitgenossen unverstanden, ist unverkennbar auch ein Selbstporträt.[1] Heine projiziert sich zurück auf den großen Lessing.[2]

Mit den in Frankreich geschriebenen, für ein französisches Publikum gedachten Übersichtswerken zu Literatur, Religion und Philosophie in Deutschland, ob »Romantische Schule« oder »Zur Geschichte der Religion und Philosophie in Deutschland« erreicht Heines Rückgriff auf Lessing seinen Abschluss und Höhepunkt. Luther .. Lessing .. Kant: So läuft die Fortschrittslinie des deutschen Geistes. Dieser Lessing habe nicht nur durch seine Kritik, sondern auch durch sein »Beispiel«, meint Heine, eine »heilsame Reform« bewirkt. »Alle seine Schriften«, liest man im Buch »Zur Geschichte der Religion und Philosophie in Deutschland«,

> haben eine sociale Bedeutung, und Nathan der Weise ist im Grunde nicht bloß eine gute Comödie, sondern auch eine philosophisch theologische Abhandlung zu Gunsten des reinen Deismus. Die Kunst war für Lessing ebenfalls eine Tribune, und wenn man ihn von der Kanzel oder vom Katheder herabstieß, dann sprang er aufs Theater, und sprach dort noch viel deutlicher, und gewann ein noch zahlreicheres Publikum. (DHA VIII, 76)

Lob dem Lessing, Lob auch dem Drama »Nathan der Weise«! Aber lassen wir uns durch diese Denkmalp ege der 30er Jahre, dieser Mischung aus Fremdstilisierung und Selbststilisierung des exilierten, in Deutschland der Zensur unterworfenen einsamen Kämpfers Heinrich Heine, nicht darüber hinwegtäuschen, dass er selber, wenn er aufs Theater »sprang« und eine ähnliche Problematik wie die Lessings behandelte, seinen großen Vorgänger radikal in Frage stellte, stellen musste. Dort, wo Heine im eigenen Namen die Religionsfrage im Spannungsfeld von Judentum, Christentum und Islam behandelt, unterläuft er Lessings »Nathan« und liefert einen Gegenentwurf von einer Radikalität und Grundsätzlichkeit, dass der Gedanke sich aufdrängt, ob hier nicht ein Autor der Nach-Lessing-Generation bewusst einen *Widerruf* des »Nathan« wollte und vollzieht. Die Rede wird sein von Heines Tragödie »Almansor«, entstanden rund 40 Jahre nach dem »Nathan«, größtenteils zwischen Herbst 1820 und April 1821, vollendet dann im Frühjahr 1822, ein Stück, das zu Lebzeiten Heines nur eine einzige (weil desaströse) Aufführung erlebte: am 20. August 1823 im Braunschweiger National-Theater.[3] Die folgenden Ausführungen also wollen kein weiterer Beitrag sein zur Erhellung der Stoff- und Motivgeschichte des »Almansor« (welche durch die Forschungen von Mounir Fendri, Manfred Windfuhr und Nigel B. Reeves weitgehend geklärt wurde[4]), sondern die Hypothese prüfen, ob man Heines Tragödie in ihrer *Gesamtkonzeption* nur dann richtig gewichtet und ernst nimmt, wenn man sie als Widerruf von Lessings »Nathan« begreift.

Die Begründbarkeit unserer Hypothese setzt freilich zu allererst den Nachweis voraus, dass Heine vor oder während der Arbeit an »Almansor« Lessings »Nathan« überhaupt gekannt haben konnte. Aufgrund der Dokumente können wir dies zwar nicht direkt belegen, aber mit hoher Wahrscheinlichkeit annehmen. Ich fasse den Befund zusammen:

(1) Nach den Recherchen von Eberhard Galley[5] war Heine in den entscheidenden Düsseldorfer Jugendjahren (also zwischen 1812 und 1816) ein ungewöhnlich reger Benutzer der städtischen Landesbibliothek, die zu seiner Zeit bereits über 23.000 Bände enthielt. Ausgeliehen unter dem Namen »Heine« (was sich mit hoher Sicherheit auf Harry beziehen lässt), wurden vor allem literarische Werke, darunter nicht nur Herder, Schiller, Shakespeare und die großen Franzosen, sondern auch zahlreiche Lessing-Bände ..entweder aus den »Sämtlichen Schriften« oder andere Ausgaben dieses Autors. Zwar findet sich unter den *ausgeliehenen* acht Lessing-Bänden nicht direkt der Band mit dem »Nathan« (wohl aber der Band mit dem frühen

Lustspiel »Die Juden«), aber Galley kann plausibel machen, »daß die Ausleihe nur den kleineren Teil der Lektüre erfaßt« habe, »für den die Lesezeit in der Bibliothek nicht genügte, oder den der Besucher noch einmal gründlicher zu Hause studieren wollte.« Fazit: »Die wirkliche Benutzung der Landesbibliothek durch den jungen Harry wird also noch weitaus intensiver gewesen sein, als die Ausleihliste ausweist«.[6] Undenkbar also, dass bei dieser intensiven Lessing-Lektüre dem jungen Heine ausgerechnet der »Nathan« unbekannt geblieben sein sollte. Das Gegenteil ist eher wahrscheinlich.

(2) Geschrieben wird »Almansor« größtenteils während Heines Studium der Jurisprudenz in Bonn und Göttingen[7], vollendet in Berlin, wo Heine im April 1821 weiterstudieren muss, weil eine Duell-Affäre ihm den temporären Verweis von der Göttinger Universität eingetragen hatte. Die Langeweile des Jurastudiums kompensiert Heine mit lustvoller Teilnahme am Musik- und Theaterleben Berlins. In Kulturzeitschriften wie »Der Gesellschafter« und »Der Zuschauer« erscheinen erste kleine Beiträge, ab 1822 liefert er als Berliner Berichterstatter regelmäßig Artikel für den »Rheinisch-Westfälischen Anzeiger« (»Briefe aus Berlin«). In den ersten Berliner Monaten fallen bemerkenswerte Anspielungen auf Lessing und seinen »Nathan«. So erscheint im Juni 1821, der »Almansor« ist gerade vollendet, in der Zeitschrift »Der Zuschauer« ein für uns etwas kryptisches Gedicht mit dem Titel »Das Bild«:

»Lessing .. Da Vinzis Nathan und Galotti,
Schiller .. Raphaels Wallenstein und Posa,
Egmont und Faust von Goethe .. Buonarotti …
Die nimm zum Muster, Houwald .. Spinarosa!« (DHA I, 433)

Eine pointierte satirische Reaktion auf die Uraufführung der Tragödie »Das Bild« von Christoph Ernst von Houwald (1778.1845), die Heine am 23. Juni 1821 im Berliner Schauspielhaus gesehen hatte. Heine hält mit seinem Epigramm diesem mittelmäßigen Dramatiker, Erzähler und Jugendschriftsteller, der mit seiner Tragödie einen gewissen Erfolg beim Berliner Publikum erzielt hatte, große Namen aus der Literaturgeschichte entgegen: Lessing mit »Nathan« und »Emilia Galotti«, Schiller mit »Wallenstein« und »Don Carlos«, Goethe mit »Egmont« und »Faust«. »Spinarosa« ist dabei eine Anspielung auf den Namen des Helden von Houwalds Schauspiel.

(3) Im selben Juni 1821 erscheint in derselben Zeitschrift Heines Rezension des Dramas »Tasso's Tod«, verfasst von Wilhelm Smets. Wiederum eine Kritik, in der sich die für unseren Zusammenhang interessante Spur findet:

> Johann Gotthold Ephraim Lessing, der Mann mit dem klarsten Kopfe, und mit dem schönsten Herzen, war in Deutschland der erste, welcher die Schilderungen von Handlungen, Leidenschaften und Charakteren am schönsten und am gleichmäßigsten in seinen Dramen verwebte, und zu einem Ganzen zusammenschmelzte. (DHA X, 208)

(4) In seinem »Ersten Brief«, den er in Berlin über Berlin für den »Rheinisch-Westfälischen Anzeiger« verfasst und der dort am 15. Februar 1822 erscheint (der »Almansor« ist gerade ein Jahr vollendet), lässt sich der enthusiastische Berlin-Besucher Heine zu dem Bekenntnis hinreißen:

> Aber ich sehe, Sie hören schon nicht mehr, was ich erzähle, und staunen die Linden an. Ja, das sind die berühmten Linden, wovon Sie so viel gehört haben. Mich durchschauert's, wenn ich denke, auf dieser Stelle hat vielleicht Lessing gestanden, unter diesen Bäumen war der Lieblingsspatziergang so vieler großer Männer, die in Berlin gelebt. (DHA VI, 13)

All diese Anspielungen, Fingerzeige, Bekenntnisse, ja die Souveränität, mit der Heine wie beiläufig mit den Namen »Lessing« und »Nathan« publizistisch spielen kann, lässt eine lange Vertrautheit sowohl bei Heine selber als auch bei seinem Publikum mit dem »klarsten Kopf« und dem »schönsten Herzen« erkennen, als den Heine den »Nathan«-Autor schon früh sieht. Dabei wird die Verehrung für Lessing nicht zuletzt durch beider Beziehung zum Judentum ausgelöst worden sein, hatte Lessing als Christ doch bekanntlich mit dem Juden »Nathan« zum ersten Mal eine große positive jüdische Figur auf eine deutsche Bühne gebracht. Das musste einen jungen Juden wie Harry Heine brennend interessieren, der ganz hautnah im Spannungsfeld stand von Deutschtum/Christentum einerseits und Deutschtum/Judentum andererseits. Umso zwingender die Fragestellung, ob nicht Heine aufgrund seiner eigenen Erfahrungen in Sachen Religionskon ikt einen Widerruf von Lessings »Nathan« schreiben *musste*. Einen Widerruf aus Erfahrungen, die eben nur ein Jude und nicht ein Christ im Deutschland des ausgehenden 18., beginnenden 19. Jahrhunderts machen konnte. Schauen wir uns die Struktur der beiden Dramen inhaltlich an.

II. Juden, Christen und Muslime als Schicksalsgemeinschaft: Lessings »Nathan«

Weit verbreitet ist in der Kritik heute das Stereotyp, Lessings »Nathan« zeuge von Optimismus bei der Behandlung der Religionsfrage. Der »Nathan« sei eben ein typisches Produkt der Aufklärung, in der man noch »naiv« an eine harmonische Lösung der Religionsgegensätze habe glauben können. Solche Kritik übersieht ein Dreifaches:

(1) Schon die pauschale Gleichsetzung von »Optimismus« und »Aufklärung« zeugt von geschichtlicher Ahnungslosigkeit und leistet einem Zynismus Vorschub, der Aufklärbarkeit von Menschen ohnehin gerne ins Reich der Fabel verweist.

(2) Lessing schreibt seinen »Nathan« mit einer Geschichte von Religionstragödien im Rücken. Er wusste, dass es in der europäischen Literatur ..von Shakespeares »Der Kaufmann von Venedig« im 16. Jahrhundert angefangen über Torquato Tassos Epos »Das befreite Jerusalem« im 17. Jahrhundert bis Voltaires Tragödie »Zaire« im 18. Jahrhundert ..immer nur gewalttätig zugegangen war, blutig, fanatisch, wenn es um den Kon ikt der Religionen ging, entweder um den Kon ikt zwischen Christen und Muslimen (Tasso, Voltaire) oder Christen und Juden (Shakespeare). Die Märtyrer- und Opfertod-Dramen beherrschten die europäische Bühne. In genauer Kenntnis dieser europäischen Tragödien-Tradition setzt Lessing mit seinem »Nathan« einen Gegenakzent. Er entscheidet sich für den glücklichen Ausgang seiner Geschichte, nicht um naiven Optimismus zu verbreiten, sondern um etwas Zukünftiges als einstmals möglich zu zeigen. Er entscheidet sich bewusst für die Nicht-Tragödie ..im Bewusstsein aller Tragödien des Lebens. Er wollte konzeptionell das Untragische in Sachen Religion, weil er einen Kontrapunkt setzen wollte, eine Geschichte gegen den Tod und gegen das Blut, das der religiöse Fanatismus Jahrhundert für Jahrhundert fordert.

(3) Der Lessing'sche Gegenentwurf gegen die Tragödientradition hat nicht zufällig Jerusalem als Schauplatz, diejenige Stadt somit, in der das Schicksal der drei Religionen Judentum, Christentum und Islam aufs Engste miteinander verbunden ist. Jerusalem ..während eines Kreuzzugs. Es ist der dritte der Jahre 1189..1192. Die Muslime haben unter Sultan Saladin Jerusalem besetzt und mit ihrem christlichen Gegenspieler, dem englischen König Richard Löwenherz, einen Waffenstillstand vereinbart. In diesen historischen Rahmen, genauer: in diese Atempause des Todes, stellt Lessing seine ganz und gar fiktive Geschichte: Da begnadigt der Sultan während des Waffenstillstands ausgerechnet einen jungen christlichen Ordensritter, im Stück der »Tempelherr« genannt, weil dieser ihn an seinen Bruder erinnert. Und da rettet dieser Ordensritter, während er in Jerusalem, noch betäubt von so viel Gnade, orientierungslos herumläuft, aus einem brennenden Haus ein junges Mädchen. Er erfährt: Das Mädchen heißt Recha, und das Haus ist das des reichen jüdischen Kaufmanns Nathan, der zur Zeit auf Geschäftsreise ist. Doch zur Überraschung aller wehrt der junge Mann den fälligen Dank ab; mit Juden will er nichts zu tun haben. Als er später dann doch Recha gegenübersteht, verliebt er sich sofort und will sie auf der Stelle heiraten. Nathan zögert, und der junge Mann gerät außer sich, zumal er erfährt, dass Recha gar nicht Nathans Kind, sondern ein »Christenkind« ist. Wutentbrannt läuft er zum Patriarchen, dem obersten Christen in Jerusalem, um zu erkunden, was mit Juden geschieht, die Christenkinder von ihrem Glauben abbringen. Dessen gnadenlose Auskunft (auf den Scheiterhaufen mit ihnen!) stößt ihn freilich so sehr ab, dass der Tempelherr den Fall nicht weiter enthüllt und zu Saladin geht.

Dieser hatte in der Zwischenzeit die Bekanntschaft des Juden Nathan gemacht. Denn Saladin ist in Geldverlegenheit, da seine Steuereinnahmen aus Ägypten seit Jahren ausbleiben. Seine Schwester Sittah, Partnerin und Beraterin in allen Fragen, muss ihm bereits finanziell aushelfen. Auf der Suche nach neuen Geldgebern hatte sie den Namen des reichen Juden Nathan ins Spiel gebracht, den Saladin denn auch vorladen lässt. Es kommt zu einer folgenreichen ersten Begegnung, die überraschenderweise in Freundschaft umschlägt. Die ist denn auch bitter nötig, drängt sich doch aus der Tiefe der Zeit eine Wahrheit in den Vordergrund, welche die Personen bedrohlich gegeneinander aufhetzen könnte. Denn nachdem der Tempelherr aus Enttäuschung über Nathan und aus Entsetzen über den Patriarchen zum Sultan gegangen war, wird ihm ein Geheimnis enthüllt, das ihn seine und die Geschichte aller andere Figuren völlig neu sehen lässt.

Dieses *neue Sehen,* dieses Offenbarwerden unerwarteter Zusammenhänge, macht nicht nur die Spannung des Stückes aus; es ist auch von entscheidender Bedeutung für Lessings Konzeption der Zusammengehörigkeit der Religionen. Deshalb ist die Enthüllung der hintergründigen Familiengeschichte und damit der wahren Identität der Figuren von entscheidender konzeptioneller Bedeutung. Alle Hauptfiguren lernen sich neu sehen. Der *Tempelherr* glaubt nur, sein Name sei *Curd von Stauffen*, in Wirklichkeit heißt er *Leu von Filnek* und ist der Sohn eines gewissen Wolf von Filnek. Hinter diesem Namen aber verbirgt sich niemand anderer als ein jüngerer Bruder Saladins, Assad (arab.: »Löwe«), der ..18 Jahre ist es her ..bei einer Schlacht um die Stadt Askalon gefallen war. Vorher war er noch in Europa gewesen und hatte mit einer Christin aus der deutsch-schwäbischen Familie derer von Stauffen zwei Kinder gezeugt: einen Jungen und ein Mädchen. Nach dem Tod beider Eltern wächst der Junge in Schwaben bei der Familie von Stauffen heran und erhält den Namen Curd. Und das Mädchen?

Auch bei *Recha* dasselbe Spiel mit Vordergrund und Hintergrund. Vordergründig ist sie die Tochter Nathans, eine Jüdin, in jüdischer Tradition erzogen. Hintergründig ist sie das zweite Kind aus der muslimisch-christlichen Verbindung Assads mit einer von Stauffen. Als getaufte Christin hieß sie ursprünglich einmal *Blanda von Filnek* und ist damit die Schwester des Tempelherrn. Zu Nathan gekommen ist sie durch einen Klosterbruder, dem wir ebenfalls im Stück wieder begegnen und bei dem sich die gleiche Struktur wiederholt. Denn dieser *Bruder Bonafides* ist vordergründig lediglich ein Bote des obersten Christen, des Patriarchen. Aber aus dem Hintergrund wird bekannt, dass er 18 Jahre zuvor Reitknecht bei Assad gewesen war, dessen »Brevier« er retten konnte, in das Assad seine und seiner Frau Familiengeschichte eingetragen hatte. In den Händen Nathans liefert dieses Buch die nötige Aufklärung der familiären Verknotungen. Nathan und der Klosterbruder kennen einander, denn dieser hatte jenem seinerzeit die junge Recha gebracht, da

Nathan mit Assad alias Wolf von Filnek befreundet war. Während der Junge also bei der Familie der Mutter in Deutschland aufwächst, wird das kleine Mädchen bei Nathan erzogen.

Auch für ihn, *Nathan,* gilt dieselbe Struktur: Vordergründig scheint er ein innerlich abgeklärter, jeder Situation gewachsener, souverän-erfolgreicher Geschäftsmann. Hintergründig aber ist Nathan ein zutiefst verletzter, traumatisierter Mensch. Vor 18 Jahre nämlich hatten Christen in der Stadt Gath »alle Juden mit Weib und Kind ermordet«, darunter Nathans Frau und seine sieben Söhne im Kindesalter; sie waren im Hause seines Bruders verbrannt. Drei Tage und Nächte hatte Nathan »in Asch' und Staub vor Gott gelegen und geweint«, hatte mit Gott »gerechtet, gezürnt, getobt« und sich »und die Welt verwünscht«. Und vor allem: Er hatte »der Christenheit den unversöhnlichsten Haß zugeschworen«. Da war der nachmalige Klosterbruder in sein Haus gekommen und hatte ihm die kleine Recha anvertraut. Und an dieser seiner Recha hängt Nathans ganzes Herz. Seine größte Angst ist der nochmalige Verlust eines geliebten Kindes durch ein Feuer

Diese auf den ersten Blick verwirrende Hintergrundsgeschichte des »Nathan« muss bis ins einzelne rekonstruiert werden, damit wir die entscheidende religionstheologische Pointe entdecken. Wer Lessings »Nathan« gesehen hat, sollte gelernt haben: Nichts ist so, wie es auf den ersten Blick erscheint; erst der Tiefenblick in die Hintergründe macht Zusammenhänge sichtbar. Juden, Christen und Muslime scheinen zunächst getrennten, sich feindlich bekämpfenden Welten anzugehören. Es ist an der Zeit, dass sie etwas anderes entdecken: dass sie nämlich einer *ursprüngliche Einheit* angehören und so eine *Schicksalsgemeinschaft* bilden, in der alle auf gnadenhafte Weise zu gegenseitigem Wohl zueinander gefügt und geführt sind. Machen wir noch einmal die Probe:

(1) Der *Tempelherr.* Aufgewachsen ist er als Christ; kämpft er als junger Mann für »seinen Gott«. Aber zugleich steckt in ihm muslimisches Erbe; einem Muslimen verdankt er sein Leben, und in eine »Jüdin« ist er unsterblich verliebt. Der vermeintliche Christ und Judenhasser ist in Wirklichkeit ein über die »fromme Raserei« empörter Mensch, von der familiären Wurzel zur Hälfte Christ, zur Hälfte Muslim. Klar soll werden: Sein Glück findet dieser Christ nur noch im Miteinander, nicht mehr im Gegeneinander gegen Juden und Muslime.

(2) *Recha.* Getauft ist sie als Christin, aufgewachsen als Jüdin, einem Juden verdankt sie alles, was sie geworden ist. Zugleich steckt väterlicherseits ein muslimisches Erbe in ihr, und durch einen Christen wurde sie vor dem sicheren Flammentod bewahrt; in diesen Christen verliebt sie sich obendrein. Auch sie ist damit Teil dieser jüdisch-christlich-muslimischen Schicksalsgemeinschaft. Dass sie überhaupt lebt, dann überlebt und schließlich weiterlebt, verdankt sie einem Muslimen, einem Juden, einem Christen. Und da ein Muslim ihr leiblicher Erzeuger, eine Christin

ihre leibliche Mutter, ein Jude ihr geistiger Vater ist, ist sie wie keine andere Figur im Stück mit den *Anteilen aller Religionen* ausgestattet.

(3) *Saladin, Sittah, Assad.* Souverän scheinen Saladin und Sittah als muslimische Herrscher über allen Parteien zu stehen, von niemandem abhängig und betroffen. Aber: Ein Christ wird durch Saladin begnadigt, und seine Familie hätte er am liebsten mit einer von ihm bewunderten christlichen Herrscherfamilie verbunden: seine Schwester Sittah mit einem Bruder des englischen Königs und Kreuzzugsgegners Richard Löwenherz und seinen Bruder Melek mit dessen Schwester. Und was im Fall von Melek und Sittah ein »schöner Traum« blieb, hat Bruder Assad ..ohne Saladins Wissen ..bereits erreicht: eine muslimisch-christliche Familienverbindung. Gerade Assad, der Bruder, ist bereits ein *Wanderer zwischen den Welten*, stellt er doch nicht nur Verbindungen zu Christen, sondern auch zu Juden her, wie wir von Nathan hören werden. Aber auch für Saladin gilt: Dass er seine finanziellen Engpässe überwinden kann, bevor seine ägyptischen Steuereinnahmen tatsächlich eintreffen, verdankt er einem Juden, dem er dann auch Freundschaft anbietet. Woraus folgt: Auch die Muslime sind familiär und freundschaftlich eingebunden in dieselbe Schicksalsgemeinschaft.

(4) *Nathan.* Er ist Jude von Geburt und Tradition, der Besten einer. Doch in Unglück (Pogrom) und Glück (Rettung Rechas) ist sein Schicksal mit dem von Christen ver ochten. Mit Muslimen wie dem Derwisch Al-Hafi verbindet ihn Schachpartnerschaft und große Zuneigung; mit Saladin später Geschäft und Freundschaft, ja einem Muslim, Saladins Bruder Assad, verdankt Nathan nach eigenen Angaben mehr als einmal sein Leben. Und was die Christen angeht: Niemand steht ihm näher als der Klosterbruder, für dessen »fromme Einfalt« Nathan so viel Sympathie empfindet, dass er diesem Christen als einzigem unter Tränen sein persönliches Schicksal enthüllt, den Tod seiner Frau und seiner sieben Kinder.

Anders gesagt: Der gnadenlosen Rechthaberei, welche die eine Religion von der anderen isoliert und die Menschen gegeneinander hetzt, stellt Lessing mit seinem »Nathan« den Glauben an die gnadenhafte Fügung gegenüber, die Menschen zusammenbringt und *gegenseitig zu Verdankten und Dankenden* macht. Zwischen dem *Gnaden- und dem Toleranzverständnis* also besteht bei Lessing ein innerer Zusammenhang. Gegen ein Denken, das die Lebenstragödien erzeugt, gegen ein Denken der Ausgrenzung und Verwerfung wagt Lessing in Sachen Theologie der Religionen *vernetztes Denken, Beziehungsdenken.* Gegen die Selbstisolation einer Religion gegenüber anderen wagt er es, die Verbindung aller miteinander herauszustellen. Gegen die Überhebung einer Religion über andere zeigt er die Abhängigkeit aller gläubigen Menschen voneinander zu gegenseitigem Wohl ..als glückhafte Führung und Fügung. Gegen die Spaltungen durch die Religionen lehrt das Stück, dass alle sich als Teil einer Familie erkennen lernen sollen. Am Ende steht denn auch die »stumme Wiederholung allseitiger Umarmungen« (IX, 627)[8] der Hauptfiguren des Stücks.

III. Die Tragödie von Christen und Muslimen .. geschrieben von einem Juden: Heines »Almansor«

Was mag in dem jungen Heine vorgegangen sein, als er .. möglicherweise im Saal der Düsseldorfer Bibliothek sitzend .. Lessings »Nathan« zum ersten Mal las? Was an Gefühlen in dem Sohn einer jüdischen Familie, aufgewachsen zwar nicht im Ghetto wie noch Ludwig Börne in Frankfurt am Main, wohl aber inmitten einer christlichen Mehrheitsgesellschaft, die Juden über Jahrhunderte gesellschaftlich marginalisiert und rechtlich diskriminiert hatte und jetzt nur durch das Oktroy des napoleonischen Code Civil (Düsseldorf steht seit 1806 unter französischer Verwaltung) gezwungen ist, jüdischen Mitbürgerinnen und Mitbürgern gleiche Rechte zu gewähren? Eine neue rechtliche Situation, von der der junge Heine für seinen Bildungsaufstieg profitiert, die gesellschaftlich-politisch freilich fragil bleibt, werden doch unter preußischer Ägide (nach dem Wiener Kongress von 1815 gehört Düsseldorf zu Preußen) die Rechte jüdischer Mitbürger prompt Stück um Stück wieder beschnitten. Und selbst dort, wo Rechte gewährt werden, heißt dies keineswegs gesellschaftliche Akzeptanz jüdischer Eigenidentität. Im Gegenteil: Von Juden wird jetzt erst recht erwartet, dass sie sich bis zur Aufgabe ihrer kulturellen und religiösen Identität der christlichen Mehrheitsgesellschaft anzupassen hatten. Assimilation als Aufforderung zur Auslöschung der eigenen Identität.

Da musste es für den jungen Heine einer befreienden Offenbarung gleichgekommen sein, wenn er bei einem schon damals hochverehrten deutschen Dichter ein Stück lesen konnte, in dem ein Jude im Mittelpunkt steht, der seine tiefe Humanität offensichtlich nicht durch Aufgabe, sondern durch Verwirklichung seines Judentums erreicht hatte. Eine Offenbarung, alle Religionen, ob Judentum, Christentum oder Islam, unter das Kriterium der »Ring-Parabel« gestellt zu sehen:

> »Es eifre jeder seiner unbestochnen
> Von Vorurteilen freien Liebe nach!
> Es strebe von euch jeder um die Wette,
> Die Kraft des Steins in seinem Ring' an Tag
> Zu legen! komme dieser Kraft mit Sanftmut,
> Mit herzlicher Verträglichkeit, mit Wohltun,
> Mit innigster Ergebenheit in Gott
> Zu Hülf'!« (IX, 559)

Eine Offenbarung, dass in einem großen Stück deutscher Literatur ein christlicher Autor es gewagt hatte, die Versöhnbarkeit der drei Religionen in Form eines Familiendramas öffentlich sichtbar zu machen, eine Versöhnbarkeit, die sich am Ende des Stückes in der symbolischen Geste Ausdruck verschafft hatte: »Unter stummer Wiederholung *allseitiger* Umarmung fällt der Vorhang«.

Aber die Wirklichkeit? Wie sah sie aus für einen jungen Juden im damaligen Deutschland, der nach Bildung strebte, nach einer beruflichen Karriere, nach Anerkennung als Schriftsteller? War nicht angesichts des real existierenden Deutschtums/Christentums die »Ring-Parabel« genau das, als was sie im »Nathan« selber schon bezeichnet worden war: nichts als ein »Märchen«, ein »Geschichtchen« .. fern aller Realität? War nicht die deutsche Wirklichkeit von den im »Nathan« verkündeten Kriterien und Symbol-Gesten himmelweit entfernt? Tagtäglich stieß man als Jude doch unverändert auf latente oder offene Diskriminierung. Tagtäglich war man mit der Frage konfrontiert, ob man wirklich Chancen in der christlichen Mehrheitsgesellschaft hatte. Tagtäglich musste die Frage abgewogen werden, ob nicht doch eine Assimilation erwartet würde, die auf eine Verleugnung jüdischer Herkunft und eine Auslöschung jüdischer Identität hinausliefe. Kaum hat Heine nach seinem Wegzug aus Düsseldorf 1816 in Hamburg die ersten Liebeslieder verfasst und sich mit dem Gedanken an eine Veröffentlichung getragen, muss er sich gleichzeitig klarmachen, wie es in einem Brief vom Oktober 1816 aus Hamburg heißt (der »Almansor« folgt vier Jahre später), dass »Christliche Liebe die Liebeslieder eines Juden nicht ungehudelt lassen wird« (HSA XX, 22). Jude bleiben .. Christ werden?

Da hatte es Lessing einfacher gehabt. Als Christ stand er nicht in *diesem* Zwiespalt. Nie hat Lessing die Frage erwägen müssen, ob er nicht besser Jude oder Muslim werden solle. Stets war es ihm darum gegangen, *als Christ* .. unter Verweis auf die ursprüngliche Botschaft Christi .. eine Konzeption anzubieten, in der Jude, Christ und Muslim gleichberechtigt nebeneinander und miteinander leben konnten. Lessings Konflikt war ein innerchristlicher (wie bringt man Christen von ihrer jahrhundertealten Verdammung von Nichtchristen ab?), kein interreligiöser, interkultureller. Heines Konflikt aber war von Anfang an exakt ein solcher, gerade weil seine Generation durch die veränderte Rechtslage Möglichkeiten des Bildungsaufstiegs erlangt hatte (Besuch eines christlichen Gymnasiums in Düsseldorf, Einschreibung in die neugegründete Universität zu Bonn), die früheren Generationen von Juden verwehrt worden war. Und dieser innere Konflikt drängte zur dramatischen Gestaltung. Ein Gattungswechsel war dafür erforderlich. Heine konnte Lessings »Nathan« nicht einfach weiterschreiben, weil seine eigenen Erfahrungen, genauer: seine Bedrohtheitsgefühle, seine Diskriminierungsängste, etwas anderes erzwangen. Gelegenheit bot der Stoff des »Almansor«. Warum gerade er als Projektionsfläche der eigenen Erfahrungen taugt, macht das Handlungsgerüst sichtbar.

»Almansor« spielt zwar nicht in Jerusalem, wohl aber in einem religionspolitisch nicht weniger kritischen Raum. Ist Jerusalem ein Schicksals*ort* für Juden, Christen und Muslime, so Spanien ein Schicksals*land*, seit islamische Araber im Jahre 711 weite Gebiete Spaniens unter ihre Herrschaft gebracht hatten. Es folgen einerseits Jahrhunderte einer von muslimischer Vorherrschaft und islamischem Recht gewährte, aber auch dominierte *convivencia* von Juden, Christen und Muslimen auf spanischem Boden (teilweise mit einer nie gekannten Blüte: Cordoba!), andererseits Jahrhunderte einer *reconquista,* einer Rückeroberung angeblich verlorener Gebiete durch christliche Herrscher. Sie findet ihren schicksalhaften Endpunkt 1492 in der Eroberung Granadas und der Vertreibung des letzten Mauren-Herrschers aus Spanien. Die Folgen für Juden und Muslime sind entsetzlich. Wer als Jude nicht konvertiert, wird gnadenlos aus dem Land gewiesen. Muslime werden noch eine Weile geduldet, nach einem kon iktträchtigen Jahrhundert aber mit verschiedenen muslimischen Aufständen werden auch die letzten Muslime systematisch vertrieben: 1609. Im Lande verbliebene Juden und Muslime versuchen, durch Scheinbekehrung sich ihr Existenzrecht zu sichern. Gegen sie geht die Inquisition vor. Juden, denen man ihr Christentum nicht glaubt, bekommen den Schimpfnamen Marranen. Ehemalige Muslime, denen man ebenfalls misstraute, den Namen Morisken.

In diesem Spanien der Reconquista-Zeit findet Heine einen Stoff, der ihn seine eigene Situation als Jude, ausgesetzt dem Druck einer christlichen Mehrheitsgesellschaft, anschaulich verarbeiten lässt. »In diesem Stücke«, schreibt er im Oktober 1820 aus Göttingen, als er den »Almansor« gerade in Arbeit hat, »habe ich mein eignes Selbst hineingeworfen, mit sammt meinen Paradoxen, meiner Weisheit, meiner Liebe, meinem Hasse und meiner ganzen Verrücktheit« (HSA XX, 29). Das Drama setzt ein mit der Rückkehr des Muslimen Almansor in seine alte spanische Heimat. Voll melancholischer Erinnerungen an seine Jugendzeit wandert er durch sein altes, jetzt verödetes Schloss, wird aber aufgestört durch eine Gruppe von Angreifern, die sich als Widerstandsmauren offenbaren. Ihr Anführer ist niemand anderer als Hassan, der alte Diener der Familie, der als Widerstandskämpfer im Lande geblieben war.

Im Dialog Hassan ..Almansor kommt der ganze Hass des Muslimen auf die jetzige Entwicklung in Spanien zum Ausdruck, ein Hass, der sich nicht nur speist aus der Verachtung für die christlichen Eroberer und Vertreiber, sondern auch für die Verräter unter den Muslimen, die sich hatten gegeneinander ausspielen lassen. Welch ein »Bild des Gräuels« denn auch für Muslime: Ihr letzter König Boabdil bei der Schlüsselübergabe von Granada auf den Knien vor den christlichen Herrschern. Auf »Alhambrahs Thurm«? Jetzt steht hier »aufgep anzt/Kastiliens Fahne und Mendozas Kreuz« (DHA V, 14), das Kreuz also von Gonzales de Mendoza, dem

Kardinal und Erzbischof von Toledo, dessen Nachfolger der im Stück so genannte »furchtbare Ximenes« ist, der mit Hilfe der Inquisition besonders gnadenlos gegen die Nachkommen der Mauren und Juden vorzugehen p egt:

> Wir hörten daß der furchtbare Ximenes,
> Inmitten auf dem Markte, zu Granada …
> Mir starrt die Zung' im Munde .. den Koran
> In eines Scheiterhaufens Flamme warf!
> [ ]
> Das war ein Vorspiel nur, dort wo man Bücher
> Verbrennt, verbrennt man auch am Ende Menschen. (DHA V, 16)

Wir erfahren aus der Vorgeschichte: Almansors Vater Abdullah hatte mit ansehen müssen, wie unter dem Druck der Verhältnisse ein Muslim nach dem anderen von seinem Glauben abgefallen war (»In feiger Todesangst, das Kreuz umklammert«; ebd.). Als ihm auch noch die Nachricht überbracht wird, sein bester Freund Aly sei Christ geworden, hatte sich Abdullah zur Auswanderung entschlossen. Denn dieser Schritt Alys hatte auf empörende Weise ihr einzigartiges Verhältnis gesprengt, hatten sich doch Aly und Abdullah ihre Kinder Almansor und Zuleima gegenseitig anvertraut und anverlobt. Die Familie Abdullahs reist zunächst nach Marokko, wo Almansors Mutter stirbt, dann nach Mekka, schließlich in den Jemen, wo Abdullah das Zeitliche segnet. Erwachsen geworden, drängt es Almansor aber, noch einmal nach Spanien zurückzukehren, nicht nur um die Heimat, sondern vor allem, um die geliebte Zuleima, Alys Tochter, wiederzusehen.

Heine steigert nun die Spannung dadurch, dass er Almansor in Alys Schloss auftauchen lässt, ausgerechnet kurz vor einer geplanten Hochzeit Zuleimas, die mit ihrem christlichen Namen jetzt Donna Clara heißt. Als Zuschauer werden wir in der entsprechenden Szene Zeuge eines Gesprächs zwischen Aly, der jetzt Don Gonzalvo heißt, mit dem Bräutigam Don Enrique. Aly drängt es, seinem künftigen Schwiegersohn ein letztes Geheimnis mitzuteilen, das er bisher für sich behalten hatte: die Tatsache nämlich, dass er gar nicht Claras leiblicher Vater ist. Seinerzeit sei bei der Geburt seines Sohnes seine Frau gestorben, just zu dem Zeitpunkt, als einem guten Freunde eine Tochter geboren worden sei. Dieser habe seinen verwaisten Jungen zu sich genommen und ihn in der eigenen Familie großgezogen; er selber habe die Tochter des Freundes aufgezogen. Und dies schon im Blick darauf, dass sein Knabe und die Tochter des Freundes einst Mann und Frau werden sollten. Beide Kinder seien denn auch zusammen aufgewachsen und hätten sich lieben gelernt: Zuleima und Almansor. Almansor ist also nicht Abdullahs, sondern Alys Sohn; Zuleima nicht Alys Tochter, sondern die von Abdullah. Zur großen Wende in der Familiengeschichte aber war es durch die politische Katastrophe gekommen. Aly hatte durch Berichte davon ausgehen müssen, dass sein Sohn ..durch dessen P egevater außer Landes gebracht ..in der Fremde den Tod gefunden habe. Frei hatte er sich deshalb gefühlt, die P egetochter mit einem anderen zu verheiraten.

Das ist die Situation, in die Almansor zurückkehrt. Als er freilich in Alys Schloss eintrifft, muss er ..belehrt durch den Diener Pedrillo ..erkennen, dass angesichts der neuen Situation ein Zugang zu Zuleima aussichtslos ist. Almansor entschließt sich zu einer dramatischen Aktion. Er tritt unter den Balkon von Zuleima/Clara und spielt ihr ein Liebeslied vor. Sie erkennt die Stimme des einstmals Geliebten, den sie für tot hielt, und auf einmal wird ihr gegenwärtig, was an Gefühlen in der Vergangenheit zwischen ihnen war. Es ist ja auch eine erregende Situation, in die die junge Frau gestellt ist: Der tot geglaubte einstige Geliebte tritt als Lebendiger wieder vor ihre Augen ..und dies am Tag ihrer Hochzeit mit einem anderen. Zuleima versucht denn auch die unerträgliche Spannung zu lösen. Nachdem sie bezeichnenderweise »betend vor einem Christusbilde« gelegen hat, sieht sie als einzige Möglichkeit einer Beziehung zu Almansor die asexuelle *Geschwisterliebe:*

> »Todt ist Almansor« sagten böse Leute,
> Und böser Kunde glaubte böses Herz,
> Und Braut des fremden Mannes ward Zuleima!
> Ich will dich lieben, wie man liebt den Bruder, …
> Sey mir ein Bruder, lieblicher Almansor! (DHA V, 39)

Warum aber kann Zuleima ihren ureigensten Gefühlen jetzt nicht mehr nachgeben? Warum muss sie sie in sich unterdrücken? Weil ihr neuer christlicher Glaube ihren einstmals Geliebten jetzt zu einem Ungläubigen macht, einem Verlorenen. Heine vermischt bewusst den Liebeskon ikt mit dem Religionskon ikt, ja lässt den Liebeskon ikt durch den Religionskon ikt sich verschärfen. Deshalb gibt es in seinem Drama einen ...für die deutsche Literatur bis dahin beispiellosen ...muslimisch-christlichen Disput um die zentrale Frage, die zwischen Christen und Muslimen steht: die Bedeutung Jesu Christi. Beide sprechen von Liebe, aber auf völlig verschiedenen Ebenen. Clara sieht in Christus die inkarnierte Liebe, die auch einen »verlorenen Bruder« wie Almansor »retten« könne. Almansor, der seiner Abscheu vor dem Christus-Kult der Kirche freien Lauf lässt, spricht von einer menschlichen Liebesenergie, die auch Religonsgrenzen zu sprengen in der Lage wäre. Spricht Clara der religiösen Liebe menschlichen Wert zu (als Rettung der Verlorenen), so Almansor der menschlichen Liebe religiösen Wert. Ja, in seiner Leidenschaft für Zuleima vergöttlicht er die Liebe in einer Weise, dass alle Unterschiede zwischen den Religionen wegzuschmelzen scheinen:

Ich laß nicht ab von dir, von dir, Zuleima!
Und ständen offen Allahs goldne Hallen,
Und Houris winkten mir mit schwarzen Augen,
Ich ließ nicht ab von dir, ich blieb' bey dir,
Umschlänge fester deinen süßen Leib, ...
Dein Himmel nur, Zuleimas Himmel nur,
Sey auch Almansors Himmel, und dein Gott,
Sey auch Almansors Gott, Zuleimas Kreuz
Sey auch Almansors Hort, dein Christus sey
Almansors Heiland auch, und beten will ich
In jener Kirche, wo Zuleima betet. (DHA V, 45)

Da hört man in der Ferne »Glockengeläute und Kirchengesang«, und Zuleima begreift erschrocken, dass ihre Hochzeit mit Don Enrique unmittelbar bevorsteht. Da sie trotz allem aber an ihrem Entschluss zur Ehe festhält (sie wäre sonst selbst eine Verlorene), gerät nun Almansor völlig aus der Fassung:

So hast du mich hineingesungen, Falsche,
In jene Folterkammer, die du Kirch' nennst,
Und kreuzigst mich an deines Gottes Kreuz,
Und ziehst geschäftig an den Glockensträngen,
Und spielst die Orgel, um zu übertäuben
Mein lautes Reu- und Angstgebet zu Allah! (DHA V, 46)

Die nächste Szene sieht Almansor zunächst .. hamletartig .. mit Selbstmordgedanken umgehen, da taucht noch einmal Hassan, der Anführer der muslimischen Widerstandsgruppe auf. Es gelingt ihm, Almansor zu einer verzweifelten Aktion zu überreden. Die Hochzeitsfeier Zuleimas mit dem Christen Don Enrique bietet Gelegenheit zu einem Überfall. Zuleima soll entführt und mit einem Schiff nach Afrika gebracht werden. Almansor ahnt, was dies für seine Zukunft bedeutet, ist aber bereit, künftig sogar als Pirat das Leben eines Gesetzlosen zu führen. Der Plan wird ausgeführt. Im Kampf wird Hassan getötet, enthüllt aber kurz vor seinem Tode Aly noch, dass sein Sohn Almansor lebt, ja derjenige Ritter ist, der gerade Zuleima geraubt hat. Aly begreift, dass er seinen eigenen Sohn bekämpft hat, und nimmt die Verfolgung auf, um sich mit ihm zu versöhnen.

In der *Schlussszene* sehen wir Almansor und Zuleima in einer wilden Felsengegend. Almansor tritt das Bild von Medschnun und Leila vor Augen, dem berühmten Liebespaar aus der islamischen Geschichte. In seinem Wahn identifiziert er sich nun immer stärker mit diesem tragischen Paar. Seine Zerrissenheit wird umso stärker, als nun auch Zuleima Almansor ihre Liebe gesteht und erklärt, warum sie so sehr auf ihrem Christsein beharrt hat:

Denn unser frommer Abt hat mir versichert:
Daß nur wer Christ ist seelig werden kann. (DHA V, 65)

Als Almansor Waffengeklirr in der Ferne hört (er kann ja nicht wissen, dass sein Vater ihm folgt und die Versöhnung anstrebt), sind beide Liebenden entschlossen, den Tod als »Himmel« und als »Paradies« für die Liebenden zu suchen; sie stürzen sich den Felsen hinab. Aly, der unter den Verfolgenden ist, hat das letzte Wort in diesem Stück, das gottesbitterer nicht sein könnte:

Jetzt, Jesu Christ, bedarf ich deines Wortes,
Und deines Gnadentrost's, und deines Beyspiels.
Der Allmacht Willen kann ich nicht begreifen,
Doch Ahnung sagt mir: ausgeräutet wird
Die Lilie und die Myrthe auf dem Weg,
Worüber Gottes goldner Siegeswagen
Hinrollen soll in stolzer Majestät« (DHA V, 68)

IV. »Nathan« – »Almansor«: Der Gegensatz

Kann man die Beziehung von Juden, Christen und Muslimen gegensätzlicher behandeln als Lessing und Heine? Dort ein Christ, der im Geist der Ringparabel den drei Religionen einen Wettstreit um das Gute zutraut, hier ein Jude, der wieder neu das Macht- und Gewaltpotential der Religionen freilegt, beide einen Familienstoff für ihre Pointe nutzend. Beide Stücke arbeiten denn auch strukturell mit dem Spannungsverhältnis von Vorgeschichte und Gegenwartsgeschichte. Nur präsentieren sie ein verschiedenes Handlungsgefälle. Dort, bei Lessing, eine Familiengeschichte als Versöhnungsgeschichte. Hier, bei Heine, dieselbe Geschichte als Todesgeschichte. Dort ein »dramatisches Gedicht« mit gutem Ausgang, hier eine Geschichte, die sich zur Tragödie entwickelt. Dort führt die Liebe Menschen unterschiedlicher Religionen zueinander, hier spaltet die Religion liebende Menschen, treibt sie buchstäblich in den Abgrund. Dort transzendiert die Liebe auch die Religionstrennungen, hier bricht die Liebe von zwei Menschen unter dem Druck der Religion zusammen. Bei Lessing am Ende die allseitige Umarmung, bei Heine auch eine Umarmung der beiden Liebenden, aber so, dass sie sich gemeinsam in den Abgrund stützen können. Statt »allseitiger Umarmung« am Ende bei Heine – die Parallele kann kein Zufall sein – ein »in den Armen halten«, bevor Almansor sich mit Zuleima »den Felsen hinab« stürzt.

Und warum das alles? Warum bei Heine dieser scharfe Gegensatz, dieser Rückgriff auf die Tragödien-Tradition in Sachen Religion, die Lessing gerade überwunden haben wollte? Warum wieder ein Drama des Scheiterns und nicht des Gelingens?

Um Lessing zu denunzieren? Ist Widerruf zu verstehen im Sinne von kalter Widerlegung oder zynischer Verwerfung? Tasten wir uns an eine Antwort Stück für Stück heran:

(1) Wie bewusst Heine die Tragödie als Darstellungsform des Religionskon ikes wollte, geht aus seiner eigenen poetologischen Selbstkritik hervor. Denn Heine hatte im Verlauf des Schreibprozesse durchaus gemerkt, dass er den tragischen Ausgang seiner Geschichte immer weniger glaubwürdig würde darstellen können. Seine Geschichte spitzt sich denn auch nicht zu einem klassischen Tragödienkon ikt zu: Ausweglosigkeit. Nur wenige Minuten später .. und der Vater-Sohn-Kon ikt hätte gelöst werden können. Eine Versöhnung wäre möglich gewesen. Heines Tragödienschluss entbehrt also einer inneren Zwanghaftigkeit, beruht mehr auf Zufall. An den Freund Friedrich Steinmann schreibt Heine denn auch selbstkritisch am 4. Februar 1821, als sein Drama fast vollendet ist:

> Ich habe mit aller Kraftanstrengung daran gearbeitet, kein Herzblut und keinen Gehirnschweiß dabei geschont, habe bis auf einen halben Akt das Ganze fertig, und zu meinem Entsetzen finde ich, dass dieses von mir selbst angestaunte und vergötterte Prachtwerk nicht allein keine gute Tragödie ist, sondern gar nicht mal den Namen einer Tragödie verdient. ... Ja .. entzückend schöne Stellen und Scenen sind drin; Originalität schaut überall draus hervor; überall funkeln überraschend poetische Bilder und Gedanken, so daß das Ganze gleichsam in einem zauberhaften Diamantschleier blitzt und leuchtet. So spricht der eitle Autor, der Enthusiast für Poesie. Aber der strenge Kritiker, der unerbittliche Dramaturg trägt eine ganz anders geschliffene Brille, schüttelt den Kopf, und erklärt das Ganze für .. eine schöne Drahtfigur. Eine Tragödie muss drastisch sein .. murmelt er, und das ist das Todesurtheil der meinigen. (HSA XX, 36)

(2) Warum aber dieser fast zwanghafte Drang, aus dem Religionskon ikt eine Tragödie zu machen? Er erklärt sich aus der persönlichen Drucksituation Heines als Jude in einer christlichen Mehrheitsgesellschaft. Die Erfahrungen, die er in seinem Stück einen Muslim in der Vergangenheit Spaniens machen lässt, sind die seinen als Jude im gegenwärtigen Deutschland. Es sind vor allem die eigenen Ängste, seines Judentums wegen öffentlich bloßgestellt, mit Stereotypen vom »typisch Jüdischen« überzogen zu werden. Alles vermeidet Heine, um seine Herkunft nicht offensiv zeigen zu müssen. So war es denn auch während der Aufführung des »Almansor« in Braunschweig offensichtlich in dem Moment zu einem Eklat gekommen, als Heines Judentum ruchbar wurde. Ein Zuschauer der primitiven Sorte hatte .. will man der Überlieferung glauben .. auf die Frage, wer der Verfasser sei, die Antwort bekommen: »der Jude Heine«. Diesen mit einem am Orte lebenden jüdischen Geldwechsler verwechselnd, soll der Besucher ausgerufen haben: »Was? den Unsinn des albernen Juden sollen wir anhören? Das wollen wir nicht länger dulden! Lasst uns das Stück auspochen!«[9] Genau das geschah. Die Wirklichkeit hatte die Fiktion plötzlich eingeholt.

Der Vorfall bestätigt Heines Konzeption. Sein Stoff aus der spanischen Reconquista-Zeit sollte angesichts des real existierenden Christentums/Deutschtums eine nützliche Spiegelfunktion erfüllen. Parallelen von damals und heute sollten erkennbar sein. Treffend hat Walter Hinck deshalb Heines »Almansor« ein »Antizipations«-Stück, eine Art »Probebühne«, genannt: »eine Vorausschau Heines auf künftige Konikte der Assimilation und des Marranentums, auf Komplikationen und Irritationen, die eine (mögliche) christliche Taufe mit sich bringen würde.«[10] Dass Heine sich also gegen Lessing wieder für eine Tragödie in Sachen Religion entscheidet, ist die Projektion seiner eigenen Ängste. Hier glaubte er wohl, nur durch eine Tragödie beim Publikum stärker aufklärend zu wirken als durch ein »dramatisches Gedicht« à la Lessing, das den Zuschauern ob seines positiven Ausgangs eher ein ästhetisches Alibi liefern mochte. Er hatte wieder das den Religionen immanente Gewalt- und Spaltungspotential herausgestellt, gegen das Lessing ..nicht weniger erfahren als Heine ..auf der Bühne bereits seinen Kontrapunkt gesetzt hatte. Der Widerruf war nötig, um Lessings »Nathan«-Konzeption nicht der öffentlichen Selbstzufriedenheit auszuliefern. Mit Lessings »Nathan« war das Problem Religion nicht erledigt.

V. Die gemeinsame Front: Strategische Aufwertung des Verachteten

Beide Erfahrungen gehören zusammen, kämpfen doch, bei aller Gegensätzlichkeit im dramatischen Konzept, Lessing und Heine in der Sache an einer gemeinsamen Front.

In knappster Form auch hier das Wesentliche. Drei Problemkomplexe scheinen mir erwähnenswert:

(1) Wie Lessing in seinem »Nathan« vollzieht auch Heine in seinem »Almansor« eine kalkulierte oder strategische Aufwertung des Verachteten. War es Lessing nach seinen eigenen Aussagen darum gegangen, gegenüber dem »christlichen Pöbel« seiner Zeit Juden und Muslime »in einem weniger abscheulichen Lichte vorzustellen« ..durch Präsentierung eines Juden als »edlen Helden« und damit des jüdischen Humanismus als einer legitimen religiösen Grundhaltung sowie durch Präsentierung eines muslimischen Sultans und damit des islamischen Humanismus als religiöser Grundhaltung ..hatte also schon Lessing radikale Christentumskritik getrieben, so schreibt Heine diese Linie fort durch kalkulierten Rückgriff auf eine Zeit, in der der Islam eine grandiose Kultur herausgebildet hatte: Spanien vom 8. bis zum 15. Jahrhundert. Heine stellt sich auf die Seite einer Historiographie, welche die Geschichte Spaniens nicht länger allein aus der Perspektive der Sieger schreibt. Einer Geschichtsschreibung, die in der Vertreibung von Juden und Muslimen aus Spanien einen kulturellen Verlust erblickt. Durch genaues Quellenstudium macht er

sich klar: Die christliche Geschichte Spaniens ist keineswegs allein eine Geschichte der Auslöschung eines barbarischen Heidentums. Sie ist *auch* eine Verlustgeschichte. Was Christen als Fortschrittsgeschichte erzählen, ist auch eine Dekadenzgeschichte: Die christliche »Eroberung« muslimischer Gebiete führt zu einem Kulturverfall. Deshalb lässt Heine gezielt in einer Szene des »Almansor« (»Waldgegend«) einen »Chor« das Lob der »Maurenherrlichkeit« singen (DHA V, 47.49). Und dieses Lob islamischer Kultur ist zu Heines Zeit mindestens so kühn wie die Präsentierung eines vorbildlichen Juden und vorbildlichen Muslim durch Lessing. Heines dramatischer Erstling ..so Gerhard Höhn zu Recht ..mutet der Biedermeier-Gesellschaft einen Helden zu, »der kein Christ, sondern Moslem ist«, und eine Tragödie, die »nicht die Partei der christlichen Sieger, sondern die der maurischen, glaubenstreuen Besiegten ergreift«.[11] Oder mit den Heine-Biographen Hauschild/Werner: In »Almansor« nimmt Heine »Partei für die unterlegenen glaubenstreuen Moslems, deren zivilisatorische Leistungen während der islamischen Herrschaftsperiode er gegenüber der kulturzerstörenden Wirkung der Rechristianisierung besonders« hervorhebt.[12]

(2) Wie Lessing treibt auch Heine Generalkritik an einem Triumphalismus, in dessen Namen sich eine Religion über eine andere erhebt. Bezeichnenderweise benutzt Heine nach dem »Almansor« an einigen Stellen seines Werkes ein Schlüsselwort, das er direkt dem »Nathan« entlehnt: »Menschenmäkeley«. Erstmals taucht das Wort in einem Brief Heines an seinen jüdischen Kampfgefährten Moses Moser auf, dem Heine am 23. August 1823 ..im selben Jahr ist »Almansor« in Buchform erschienen ..schreiben kann:

> Ich habe ihnen doch schon den Wahn genommen daß ich ein Enthousiast für die jüdische Religion sey. Daß ich für die Rechte der Juden und ihre bürgerliche Gleichstellung enthousiastisch sein werde das gestehe ich, und in schlimmen Zeiten, die unausbleiblich sind, wird der germanische Pöbel meine Stimme hören daß es in deutschen Bierstuben und Palästen wiederschallt. Doch der geborene Feind aller positiven Religionen wird nie für diejenige Religion sich zum Champion aufwerfen, die zuerst jene Menschenmäkeley aufgebracht, die uns jetzt so viel Schmerzen verursacht; geschieht es auf eine Weise dennoch, so hat es seine besondere Gründe, Gemüthsweichheit, Starrsinn und Vorsicht für Erhaltung eines Gegengifts. (HSA XX, 107)

Zur Kritik am eigenen Judentum also benutzt Heine ein Wort, das er bei Lessing gefunden hatte. In »Nathan« bereits wird in einem Gespräch zwischen Nathan und dem Tempelherrn (Akt II, 5. Szene) das Thema durchgespielt, ob Menschen der einen Religion den anderen überlegen seien. Nathan steht auf dem Standpunkt, »daß alle Länder gute Menschen tragen« und dass dass »der eine nicht den anderen meckeln« darf. Darauf eingehend, verschärft der Tempelherr den Ton:

> Sehr wohl gesagt! ..Doch kennt Ihr auch das Volk,
> Das diese Menschenmäckelei zu erst

> Getrieben? Wißt ihr, Nathan, welches Volk
> Zu erst das auserwählte Volk sich nannte?
> Wie? wenn ich dieses Volk nun, zwar nicht haßte,
> Doch wegen seines Stolzes zu verachten,
> Mich nicht entbrechen könnte? Seines Stolzes;
> Den es auf Christ und Muselmann vererbte,
> Nur sein Gott sei der rechte Gott! ..Ihr stutzt,
> Daß ich, ein Christ, ein Tempelherr, so rede?
> Wenn hat, und wo die fromme Raserei
> Den bessern Gott zu haben, diesen bessern,
> Der ganzen Welt als besten aufzudringen,
> In ihrer schwärzesten Gestalt sich mehr
> Gezeigt, als hier, als izt? (IX, 532)

Gerade als Jude stellt sich Heine in diese Tradition der Kritik an religiöser Superiorität, Exklusivität. Heine wusste wie Lessing um die Opfer, die dieser religiöse Triumphalismus gekostet hatte. Daran erinnert er im vierten Teil seiner »Reisebilder« unter dem Titel »Die Stadt Lukka«, wenn er ..polemisierend gegen die »sogenannte positive Religion«, die »sogenannte Kirche«, die »Gerüste von Dogmen«, daran erinnert:

> Nun entstand »die Menschenmäkeley«, das Proselitenmachen, der Glaubenszwang, und all jene heiligen Greul, die dem Menschengeschlechte so viel Blut und Thränen gekostet, (DHA VII, 192 f.)

(3) Wie Lessing war auch Heine Anwalt eines Kosmopolitismus der Freiheit und der sozialen Gerechtigkeit. Spuren aus Lessings »Erziehung des Menschengeschlechts« finden sich zahlreich im Werk von Heine. Luther habe die Deutschen von der kirchlichen Tradition befreit, Lessing vom »tyrannischen Buchstaben« der Schrift. Aber in diesem Kampf um die Freiheit habe diesen Mann schaurige Einsamkeit umgeben, »geistiges Alleinstehn«. Die »Geschichte der großen Männer«? Sie sei ohnehin immer eine »Martyrerlegende« (DHA VIII, 75), meint Heine, um dann die Summe zu ziehen:

> Gotthold Ephraim Lessing [ ] war ein ganzer Mann, der, wenn er mit seiner Polemik das Alte zerstörend bekämpfte, auch zu gleicher Zeit selber etwas Neues und Besseres schuf; er glich, sagt ein deutscher Autor, jenen frommen Juden, die beim zweyten Tempelbau von den Angriffen der Feinde oft gestört wurden, und dann mit der einen Hand gegen diese kämpften, und mit der anderen Hand am Gotteshause weiter bauten. Es ist hier nicht die Stelle wo ich mehr von Lessing sagen dürfte; aber ich kann nicht umhin zu bemerken, daß er in der ganzen Literaturgeschichte derjenige Schriftsteller ist, den ich am meisten liebe. (DHA VIII, 135)

Heines »Almansor« ein Widerruf von Lessings »Nathan«? Ich antworte: Ein Widerruf durch Insistieren auf eigene Erfahrungen und eigene Verarbeitungsnotwendigkeiten. Lessing wäre der erste gewesen, der Heine zu diesem Weg ermutigt hätte. Seltsam zu denken: Sie wären sich einmal begegnet, an Lessings Arbeitsstätte etwa, der Herzog-August-Bibliothek zu Wolfenbüttel, hätten ein Werkstattgespräch führen können, Professionelles, Gelehrtes, Geistreiches ausgetauscht. Was für ein Partner wäre Lessing für Heine gewesen. Derselbe Anspruch an Witz, Gelehrsamkeit, Stil. »Totengespräch zwischen Lessing und Heine« .. Walter Jens hat einmal ein solches entworfen. Lessing und Heine im Zwiegespräch. Der Wolfenbütteler erkennt nur den großen Publizisten als kongenialen Partner an und offenbart nur ihm, was ihn beim Schreiben des »Nathan« wirklich bewegt habe. Gewiss: Im »Nathan« gehe es auch um Verbrennen, Mord und Pogrom .. und zugleich um Zinsfuß und Schachspiel, um Kommerz und Gebet. Aber die *eigentliche* Idee? Die eigentliche Idee beim Schreiben des »Nathan« .. so der Jens'sche Lessing .. sei die »Zurücknahme Shakespeares« gewesen, die Zurücknahme desjenigen Stücks vom »Kaufmann von Venedig«, in dem der Jude Shylock als hasserfüllter, rachedurstiger Antiheld dargestellt sei:

> Ich wollte den Wucherer Shylock mit seinem Opfer versöhnen .. mit Antonio, dem Kaufmann, aus dessen Leib sich der Jud sein Pfund Fleisch herausschneiden möchte. Den Handelsherrn, der keinen Zins nimmt .. den Christen also! .. und den Schacherer .. diesen unseligen Vater [ ] Diese beiden in einer einzigen Figur zu vereinen .. einem Menschen-Bürger, der für alle steht, die guten Willens sind das, lieber Heine, war mein Ziel. Am Beispiel Nathans, des erlösten Shylock, eine Welt vorwegzunehmen, in der Jud so viel wie Christ gilt, Frau so viel wie Mann.«[13]

»Ich *wollte*«! Aber der Jens'sche Lessing hat einsehen müssen, dass ihm der »Nathan« nicht gelungen sei. »Familiarität und blutiger Haß, Wirklichkeit und Utopie«? Das habe sich »einfach nicht fügen« wollen; das sei nicht zusammengegangen. Aber wenn er und Heine sich zusammentäten .. so Lessing weiter im »Totengespräch« .., wenn Heine mit seiner ganzen Erfahrung als Jude und er mit seiner ganzen Erfahrung als Christ zusammenarbeiteten, dann könne ein Stück entstehen, das dem Thema »Juden und Christen« jenseits von Shylock und Nathan gerecht werden könnte: »Ein halber Christ, ein halber Jud zum Teufel, dann müßt's doch gelingen!« Dieses Stück ist noch nicht geschrieben.

Anmerkungen

1 Zum Verhältnis Heine .. Lessing vgl. Dieter Arendt: Heine über Lessing oder: »derjenige Schriftsteller den ich am meisten liebe«. .. In: Wirkendes Wort 47 (1997), S. 204.221.

2 Grundlage der folgenden Ausführungen sind meine Studien: Karl-Josef Kuschel: Vom Streit zum Wettstreit der Religionen. Lessing und die Herausforderung des Islam. Düsseldorf 1968; ders.: »Jud, Christ und Muselmann vereinigt«? Lessings »Nathan der Weise«. Düsseldorf 2004; ders.: Gottes grausamer Spaß? Heinrich Heines Leben mit der Katastrophe. Düsseldorf 2002.

3 Vgl. dazu die Ausführungen in: DHA V, 408.412.

4 Vgl. Mounir Fendri: Halbmond, Kreuz und Schibboleth. Heinrich Heine und der islamische Orient. Hamburg 1980; Manfred Windfuhr: DHA Bd.V; Nigel B. Reeves: From Battlefield to Paradiese. A Reassessment of Heinrich Heine's Tragedy »Almansor«, its Sources and their Significance for his Later Poetry and Thought. ..In: Heine und die Weltliteratur. Hrsg. von Terence J. Reed und Alexander Stillmark. Oxford 2002, S. 24.50 (Nachweis einer Beein ussung durch das Werk Lord Byrons).

5 Eberhard Galley: Harry Heine als Benutzer der Landesbibliothek in Düsseldorf. ..In. HJb 10 (1971), S. 30.43.

6 Ebd., S. 35.

7 Vgl. dazu Heines Brief an Friedrich Steinmann vom 4.2.1821 (HSA XX, 35.38).

8 Lessings *Werke* werden zitiert nach der Ausgabe in der Bibliothek Deutscher Klassiker: Gotthold Ephraim Lessing. Werke und Briefe in 12 Bänden. Hrsg. von Wilfried Barner u.a., Bd. I.X, Frankfurt a. M. 1989.2003. Im Text zit. mit römischer Bandzahl + Seite.

9 Zum Beleg siehe die Angabe in Anmerkung 3.

10 Walter Hinck: Konfessionsdialektik in Heines »Almansor«-Dichtungen: ..In: » und die Welt ist so lieblich verworren«. Heinrich Heines dialektisches Denken. Festschrift für Joseph A. Kruse. Hrsg. von Bernd Kortländer und Sikander Singh. Bielefeld 2004, S. 177.291, Zitat S. 285.

11 Gerhard Höhn: Heine-Handbuch. Zeit, Person, Werk. 2. Au . Stuttgart/Weimar 1997, S. 47.

12 Jan-Christoph Hauschild und Michael Werner: Der Zweck des Lebens ist das Leben selbst. Heinrich Heine. Eine Biographie. Köln 1997, S. 56f.

13 Walter Jens: Der Teufel lebt nicht mehr, mein Herr! Ein Totengespräch zwischen Lessing und Heine. ..In: ders.: In Sachen Lessing. Vorträge und Essays. Stuttgart 1983, S. 62.90, Zitat S. 86f.

Heinrich Heines religiöse Lebenswelten Beiträge des Symposions vom 10. November 2004

Gemeinschaftsveranstaltung der Kölnischen Gesellschaft für Christlich-Jüdische Zusammenarbeit mit dem Heinrich-Heine-Institut, Düsseldorf und der Heinrich-Heine-Gesellschaft e. V. im Literaturhaus Köln

Eröffnung

Von Jürgen Wilhelm, Köln

Über die literarische Allianz zwischen Köln und Düsseldorf freue ich mich sehr. Ich bin sicher, es würde Heine gefallen haben, dass wir Rheinländer uns um Hintergründe, Bezüge und Positionen seines Werkes bemühen. Dabei geht es uns nicht in erster Linie um religiöse Fragen im engeren Sinne oder um Feinheiten der Theologie. Vielmehr soll das Symposion zu »Heinrich Heines religiösen Lebenswelten« nachforschen, inwieweit er Fragen zu den drei abrahamitischen Religionen in seiner Dichtung verarbeitet hat. Neben Heines »schönem Islam«, wie das Thema des Essay-Wettbewerbes lautete, den die Heine-Gesellschaft 2002 ausschrieb, und den der Preisträger Hanno Kabel kritisch distanziert beschrieben hat, geht es dabei vor allem um Christen- und Judentum.

Wie Sie an der Auswahl der Themen unserer Referenten sehen, gilt es, Verbindendes und Trennendes, dichterische Freiheit und analytische Bewertung Heinrich Heines zwischen den uns Europäer beherrschenden Religionen zu entdecken: Positionen, die nur selten das Gemeinsame suchen, die Heine eher dazu dienen, Unterschiede aufzuzeigen und sich mit Emotion für diejenige Haltung auszusprechen, die ihm am lebenswertesten erscheint.

Heine hat sich intensiv mit allen drei Religionen beschäftigt. Nicht nur mit dem Judentum in seiner christlich-dominierten Umgebung hat er sich auseinandergesetzt; auch der Islam, und hier vor allem der Koran, fand in ihm einen interessierten und durchaus fundierten Leser.

Heine beschäftigte sich seit den 20er Jahren des 19. Jahrhunderts ..ebenso wie Fouqué, Platen, Rückert und natürlich auch Goethe ..intensiv mit der persischen Dichtung. Zwar haben seine Texte den Rang von Goethes »West-östlichem Divan« nicht erreichen können, doch mit dem »Dichter Firdusi« gelang ihm eine der schönsten deutschen Balladen mit zeitlos bedeutsamer Wirkung. Und es gibt mehr, viel mehr! Vielfältigste Bezüge Heines zur persischen, arabischen, ja sogar indischen Literatur sind nachgewiesen. Und natürlich ist da der »Almansor«, die vom Publikum abgelehnte, von der Kritik allerdings recht wohlwollend aufgenommene Tragödie mit dem prophetischen Satz: »Dort wo man Bücher verbrennt, verbrennt man auch am Ende Menschen.« Heine hat das Thema der Marranen auch in einigen Gedichten aufgegriffen und deutlich Stellung bezogen gegen alles Doktrinäre, Intolerante des von ihm teilweise derb gezeichneten spanisch-katholischen Christentums.

Allerdings greifen manche Interpretationen zu kurz, wenn sie für die im »Almansor« thematisierte Auseinandersetzung zwischen dem etwas zu lieblich beschriebenen Islam und dem deutlich ablehnend und häufig kritisch überzeichneten Christentum als Haupt- oder gar einziges Motiv einen biographischen Anlass suchen. Sicher, es ist nicht zu übersehen, dass Heine den Streit zwischen Islam und katholischer Kirche aus dem 15. und 16. Jahrhundert dazu nutzt, seinen wichtigsten Lebenskon ikt zu verarbeiten: seine beabsichtigte Konversion, seinen Streit zwischen Gewissen und Klugheit, wie Walter Hinck es nennt, seinen inneren Kampf zwischen seinem Judentum, das ihn belastet, an der Karriere hindert und dennoch seelisch wie intellektuell nicht freigibt, und dem Christentum, das er ablehnt, zunehmend distanziert beschreibt und dessen Repräsentanten er häufig karikiert und der Lächerlichkeit preisgibt.

Ist es nicht aller Anerkennung wert, wenn ein 23jähriger mit seinem dramatischen Erstling der Biedermeier-Gesellschaft einen Helden zumutet, der kein Christ, sondern Moslem ist, und die Tragödie nicht die Partei der christlichen Sieger, sondern der Besiegten ergreift, so dass sich Analogien zwischen der Wiederkehr der Glaubenskämpfer im Spanien der Reconquista und dem Deutschland der Restauration aufdrängen. Heine hat diesen zeitgenössischen, gesellschaftspolitischen Bezug in vielen seiner Briefäußerungen zum »Almansor« belegt. Er sprach von bewusst »polemischen Absichten«, die ihm dazu dienten, den Ambivalenzkon ikt zwischen Assimilation an eine fremde Gesellschaft und Treue zur eigenen Herkunft aufzuzeigen, den er als Jude in seiner Zeitgenossenschaft ebenso durchleiden musste wie die Mauren und Juden in der Vergangenheit.

Auch später im »Buch der Lieder« mit »Donna Clara«, im »Rabbi von Bacherach«, im »Mohrenkönig« und in »Jehuda ben Halevy« greift Heine das Thema Islam, Judentum und Christentum auf. Stets und immer wieder geht es ihm nicht in erster Linie um religiöse und theologische Fragen. Der Streit, ob Heine den Koran wirklich gelesen habe oder dies nur in dem so oft zitierten Brief an Moses Moser behauptet hat, ist müßig. Die von Kabel vorgetragene Polemik, dass Heines Betrachtungen des Islam »das Niveau des Gemeinplatzes oder des Bonmots« nicht übersteige und deshalb insgesamt »dürftig sei«, geht fehl. Wir werden auf dem heutigen Symposion einiges dazu hören, in welch vielfältiger Weise Heine in der Lage war, seine Betrachtungen über gesellschaftliche Probleme seiner Zeit, aber auch die seiner Selbstfindung in recht genauer Kenntnis der theologischen Unterschiede darzustellen. Heine bleibt sich über die Jahre treu und will immer nur Dichter sein, kein Politiker, kein Diplomat und auch kein Revolutionär. Wir wissen, dass er den Sozialismus mochte, nicht aber den Sozialisten. Seinen politischen Leidenschaften, die ihn häufig bestimmten, verschafft er mit Metaphern, mit dem Versetzen des Kon ikts in andere Länder und andere Zeiten gleichwohl Aktualität. Weshalb sonst sollten wir uns heute, beinah hundertfünfzig Jahre nach seinem Tod, noch mit ihm beschäftigen?

Er schrieb in dem von der Romantik geprägten Umfeld Preußens, das vor allem Ruhe als erste Bürgerp icht predigte, als deutscher Dichter für seine Idee vom Staat: nicht als Agitator, wie Börne, allerdings auch nicht wie der staatstragende Dichterfürst Goethe, dem solcherart geistige und politische Unruhe ein Gräuel war. Heine bestand darauf, in bester demokratischer Manier und letztlich unbeugsam seine Lebensentwürfe dem deutschen Volk vorzustellen. Und er nahm für diese Freiheit der Darstellung seiner Lebenswelten viele persönliche Nachteile in Kauf: Berufsverbote, das Exil, die Zensur; keine Selbstverständlichkeit, diesen Weg zu gehen und nicht die leichteste Lebenswegentscheidung.

Zum Schluss noch ein Hinweis: Als wir das Thema der heutigen Veranstaltung im vergangenen Jahr entwickelten, waren wir uns darüber einig, an der aktuellen, die Welt verändernden politischen Situation nicht vorbeigehen zu dürfen. Wir waren natürlich beein usst durch das Problem eines sich fundamentalistisch präsentierenden Islams. Und es trieb uns um, ob es sich dabei wirklich um einen clash of civilizations, wie Huntington meint, handelt oder ob der Kampf der Kulturen einmal mehr unsere Hil osigkeit spiegelt, auf ideologische und religiöse Militanz lediglich militärisch und nicht mit den Mitteln der aufgeklärten Zivilisation antworten zu können oder zu wollen. Denn zum langwierigen und unspektakulären zivilen Dialog gibt es keine menschenwürdige und nachhaltige Alternative. Aber dazu gehört Mut. Immer gehört zum Frieden mehr Mut als zum Krieg.

Wenn die Dichtung Heines uns be ügeln kann, manche festgefahrene Position zu überdenken, wenn es gelingen sollte, Heinrich Heines Lebenswelten als die Abkehr von selbstgerechter Ausübung religiöser Traditionen hin zu einer offenen toleranten Gesellschaft zu begreifen, dann wäre dies ein durchaus gewollter Effekt sowohl des Düsseldorfer Heinrich-Heine-Instituts, der Heinrich-Heine-Gesellschaft als auch der Kölnischen Gesellschaft für Christlich-Jüdische Zusammenarbeit.

»Ich bin jetzt nur ein armer todtkranker Jude « .. Zu Heines Judentum[1]

Von Anne Maximiliane Jäger, Siegen

»Ein Jude zu sein, gar in Deutschland, ist eine abendfüllende Beschäftigung .. heute noch immer, heute schon wieder, heute wie eh und je.« Was der österreichische Exilautor Robert Neumann hier im Jahr 1968 in der Süddeutschen Zeitung mit sarkastischem Understatement formuliert hat[2], das galt natürlich auch schon rund anderthalb Jahrhunderte zuvor. Ein Jude zu sein in einer christlichen Umwelt, im Preußen der ersten Hälfte des 19. Jahrhunderts, in einer Zeit, die geprägt war von Revolution und Restauration im politischen wie aber auch im geistig-religiösen Bereich, das war natürlich auch schon für den deutschen Juden Heinrich Heine, der so wach, so engagiert und so eigenwillig auf die Ereignisse und Strömungen seiner Zeit reagierte, eine »abendfüllende« und das heißt natürlich: eine lebenfüllende Beschäftigung. Ebenso »abendfüllend« und mehr als das wäre es, das Thema »Heine und das Judentum« auch nur einigermaßen erschöpfend behandeln zu wollen, ein Anspruch, der diesem kleinen Beitrag natürlich völlig fern liegt. Ich möchte im Folgenden lediglich einige Aspekte von Heines Verhältnis zum und seinem Verständnis vom Judentum etwas näher beleuchten und mich dabei vor allem auf ein Motiv konzentrieren, das mir allerdings als zentral erscheint, nämlich das Motiv des Exils und der Diaspora mitsamt den Reaktions- und Antwortversuchen, die Heine in seinen religions- und geschichtsphilosophischen Entwürfen ebenso wie in der Interpretation prominenter historischer und in der Gestaltung seiner poetischen Figuren darauf formuliert hat:

Was bedeutet das Judentum für Heinrich Heine? Zunächst ist es natürlich eine Religion, eine der drei großen Weltreligionen, von denen wir hier handeln. Als erste Religion, die sich auf den Gedanken des Monotheismus gründet, bedeutet es einen grundlegender Faktor im geistigen Entwicklungsgang der Menschheit, repräsentiert aber zugleich immer wieder den leib- und lebensfeindlichen »Spiritualismus« und die »große Krankheitsperiode« der Menschheit, die Heine, insbesondere in den 30er und 40er Jahren, mit einem zukünftigen sensualistischen Pantheismus zu überwinden hofft. Judentum, das ist für Heine aber auch eine über Jahrtausende gewachsene Kultur, aus deren Reichtum er immer wieder dichterische Inspiration und poetischen Stoff schöpft. Und natürlich ist das Judentum auch ein biographisches Faktum und ein politisches und soziales Problem, mit dem Heine sich existentiell auseinander zu setzen hat. Als solches prägt das Judentum schon Heines Kindheit. Ein verhältnismäßig wohlhabendes, aufgeklärtes und assimiliertes jüdisches Elternhaus in Düsseldorf ist das Milieu, in dem er aufwächst. Doch schon hier muss er die Erfahrung machen, dass Jude-Sein offenbar zwangsläufig heißt, anders zu sein, dass das Judentum in der christlichen Umgebung so etwas wie einen Makel , wie eine angeborene Schuld bedeuten kann.

Heine selbst hat das aus dem Rückblick seiner späten »Memoiren« am Beispiel einer kleinen Episode aus seiner Schulzeit geschildert, die ich ausführlich zitieren möchte. Im Zuge des Berichts über die Familien väterlicher- und mütterlicherseits heißt es dort:

> Mein Vater selbst war einsilbiger Natur, sprach nicht gern, und einst als kleines Bübchen, zur Zeit wo ich die Werkeltage in der Franziskanerschule, jedoch die Sonntage zu Hause zubrachte, nahm ich hier eine Gelegenheit wahr meinen Vater zu befragen: wer mein Großvater gewesen sey? Auf diese Frage antwortete er halb lachend halb unwirsch: »Dein Großvater war ein kleiner Jude und hatte einen großen Bart.« Den andern Tag, als ich in den Schulsaal trat, wo ich bereits meine kleine Kameraden versammelt fand, beeilte ich mich sogleich ihnen die wichtige Neuigkeit zu erzählen, daß mein Großvater ein kleiner Jude war welcher einen langen Bart hatte. Kaum hatte ich diese Mittheilung gemacht, als sie von Mund zu Mund og, in allen Tonarten wiederholt ward, mit Begleitung von nachgeäfften Thierstimmen; die Kleinen sprangen über Tische und Bänke, rissen von den Wänden die Rechentafeln welche auf den Boden purzelten nebst den Tintenfässern, und dabey wurde gelacht, gemeckert, gegrunzt, gebellt, gekräht, ein Höllenspektakel dessen Refrain immer der Großvater war, der ein kleiner Juden gewesen und einen großen Bart hatte. Der Lehrer welchem die Classe gehörte, vernahm den Lerm und trat mit zornglühendem Gesichte in den Saal und fragte gleich nach dem Urheber dieses Unfugs. Wie immer in solchen Fällen geschieht, ein jeder suchte kleinlaut sich zu diskulpiren und am Ende der Untersuchung ergab es sich daß ich Aermster überwiesen ward durch meine Mittheilung über meinen Großvater den ganzen Lerm veranlaßt zu haben und ich büßte meine Schuld durch eine bedeutende Anzahl Prügel.
>
> Es waren die ersten Prügel die ich auf dieser Erde empfing und ich machte bey dieser Gelegenheit schon die philosophische Betrachtung, daß der liebe Gott, der die Prügel erschaffen, in seiner gütigen Weisheit auch dafür sorgte, daß derjenige welcher sie ertheilt am Ende müde wird, indem sonst am Ende die Prügel unerträglich würden. Der Stock womit ich geprügelt ward, war ein Rohr von gelber Farbe, doch die Streifen welche dasselbe auf meinem Rücken ließ waren dunkelblau. Ich habe sie nicht vergessen. Auch den Namen des Lehrers der mich so unbarmherzig schlug vergaß ich nicht: es war der Pater Dickerscheit; [ ] Wie der Namen des Mannes, der mir die ersten Prügel ertheilte, blieb mir auch der Anlaß im Gedächtniß und jedesmahl wenn von kleinen Juden mit großen Bärten die Rede war, lief mir eine unheimliche Erinnerung grüselnd über den Rücken. »Gesottene Katze scheut den kochenden Kessel« sagt das Sprüchwort und jeder wird leicht begreifen daß ich seitdem keine große Neigung empfand nähere Auskunft über jenen Großvater und seinen Stammbaum zu erhalten oder gar dem großen Publikum wie einst dem kleinen dahinbezügliche Mittheilungen zu machen. (DHA XV, 75 f.)

Als späte Erinnerung an ein frühes Erlebnis und in dieser Form in seiner Bedeutung nochmals hervorgehoben, kommt hier die Erfahrung zur Sprache, welche als Motiv auch Heines literarische Auseinandersetzungen mit dem Judentum immer wieder prägen wird: die Erfahrung der Diskriminierung, der antisemitischen Aggression und der fatalen Tatsache, dass die Schuld an dieser Aggression ebenfalls ihren Opfern angelastet wird.

Während der Zeit seines Studiums, in einer Zeit, in der es Juden (nach der zwischenzeitlichen Liberalisierung durch den Code Napoléon) im Zuge der christlich-nationalen Restauration wieder unmöglich gemacht wird, akademische Lehrämter oder auch Staatsämter zu übernehmen, reagiert Heine in zweifacher Weise auf das Problem seines Judentums.

Erstens: Während seines Studienaufenthaltes in Berlin (in den Jahren 1821 bis 1823) engagiert er sich in dem gerade neu gegründeten »Verein für Cultur und Wissenschaft der Juden«, einem Zusammenschluss jüdischer Akademiker, die es sich zum Ziel gesetzt hatten, einerseits durch Bildungs- und Erziehungsarbeit, andererseits durch eine wissenschaftliche Aufarbeitung und philosophische Neubegründung des Judentums die dringend anstehende gesellschaftliche und religiöse Emanzipation der Juden zu befördern. In diesem Zusammenhang beginnt Heine auch mit der Niederschrift seines Romans »Der Rabbi von Bacherach«, der, auf der Grundlage breiter Quellenstudien, verschiedene Facetten des jüdischen Lebens in der Diaspora im ausgehenden Mittelalter beschreiben und einem jüdischen wie einem christlichen Lesepublikum vor Augen führen soll.[3]

Zweitens (und andererseits): Noch während der Arbeit an diesem ..wie er selbst schreibt: »unsterbliche[n]« und »gottgefällige[n]« ..Buch[4] versucht Heine, das gesellschaftliche Problem seines Judentums zu lösen, indem er im Juni 1825 zum protestantischen Christentum konvertiert. Ein Versuch, der bekanntlich weitgehend erfolglos bleibt: Ein halbes Jahr nach seiner Konversion schreibt Heine an den Freund Moses Moser in Berlin: »Ich bin jetzt bey Christ und Jude verhaßt. Ich bereue sehr, daß ich mich getauft hab; [ ]. Ist es nicht närrisch, kaum bin ich getauft, so werde ich als Jude verschrieen.« (HSA XX, 234 f.)

Heine gerät hier in das Dilemma einer politisch-religiösen Gemengelage zwischen einerseits der aufklärerischen Umformulierung der Religion zur (privaten) Konfession und andererseits der neuerlichen Fundierung (auch) der Staatsidee durch die Religion, natürlich die christliche Religion, und das in einer Zeit, in der zunehmend auch der neue, der rassische Antisemitismus eine Rolle zu spielen beginnt.

Doch die Hoffnung auf die »Emanzipation« ist damit nicht erledigt ..im Gegenteil: Sie wird erweitert in der Erkenntnis, dass sich das Problem der jüdischen Emanzipation offenbar nur als Teil einer gesamtgesellschaftlichen Emanzipation lösen lässt. Jetzt gilt es, so Heine in der Schrift »Reise von München nach Genua«, die »Emanzipazion. Nicht bloß die der Irländer, Griechen, Frankfurter Juden, westindischen Schwarzen und dergleichen gedrückten Volkes«, sondern »die Emanzipazion der ganzen Welt, absonderlich Europas, das mündig geworden ist, und sich jetzt losreißt von dem eisernen Gängelbande der Bevorrechteten, der Aristokratie.« (DHA VII,69)

Geschichtsphilosophisch betrachtet kommt den Juden auf dem Jahrhunderte währenden Weg hin zu dieser Emanzipation eine ganz entscheidende Rolle zu. Ist es doch ihnen allein zu verdanken, dass die hebräische Bibel, das Buch der Bücher, mitsamt der Kenntnis der hebräischen Sprache über die Jahrhunderte hinweg bewahrt geblieben ist. Das aber, so Heine in »Zur Geschichte der Religion und Philosophie in Deutschland«, ist die entscheidende Vorbedingung für die Verbreitung der Reformation und damit die Verbreitung der allgemeinen »Denkfreyheit« in Deutschland gewesen:

> [ ] die Kenntniß des Hebräischen war in der christlichen Welt ganz erloschen. Nur die Juden, die sich, hier und da, in einem Winkel dieser Welt verborgen hielten, bewahrten noch die Tradizionen dieser Sprache. Wie ein Gespenst, das einen Schatz bewacht, der ihm einst im Leben anvertraut worden, so saß dieses gemordete Volk, dieses Volk-Gespenst, in seinen dunklen Ghettos und bewahrte dort die hebräische Bibel; und in diese verrufenen Schlupfwinkel sah man die deutschen Gelehrten heimlich hinabsteigen, um den Schatz zu heben, um die Kenntniß der hebräischen Sprache zu erwerben (DHA VIII, 38 f.)

..wobei dann, mit der Übersetzung der Bibel und der mit ihr verbreiteten Reformation, auch »die Religion selber« eine »andere« wird: »[E]s verschwindet daraus das indisch gnostische Element, und wir sehen wie sich wieder das judäisch deistische Element darin erhebt«, das so, vermittelt über den Jahrhunderte verborgen bewahrten »Schatz« der hebräischen Bibel, seinerseits eben auch eine (gleichsam metamorphorisierte) Auferstehung erlebt. (DHA VIII, 34)

Nun steht das »judäisch deistische Element«, das sich über die hebräische Bibel dem Christentum, nämlich dem Protestantismus, vermittelt haben soll, dieses Element steht zwar objektiv auf der Seite des geistigen und gesellschaftlichen Fortschritts, befördert die Befreiung aus finsterem Aberglauben ..andererseits aber (bei Heine gibt es immer ein »Andererseits«) gehört dieses »judäisch deistische Element« auch auf die Seite des leib- und lebensfeindlichen, des »frierend mageren Spiritualismus« (DHA VIII, 161) ..und dem gehört, gerade in dieser Zeit der 30er und 40er Jahre, zwar Heines geschichtsphilosophisch begründete Wertschätzung, nicht aber seine Sympathie.

Hinsichtlich des Judentums kommt diese Ambivalenz besonders deutlich im dritten Kapitel des schon genannten »Rabbi von Bacherach« zum Ausdruck, das Heine im Jahr 1840 geschrieben und mit dem er den (in den 20er Jahren liegen gebliebenen) Roman fragmentarisch abgerundet hat. Dort, im neuen dritten Kapitel, lässt Heine einen getauften spanischen Juden auftreten, der, bei einem Besuch des Frankfurter Ghettos im Jahr 1489, dem ebenfalls gerade dort weilenden Bacharacher Rabbiner Abraham unverblümt verkündet:

> Ja [ ] ich liebe Eure Küche weit mehr als Euren Glauben; es fehlt ihm die rechte Sauçe. Euch selber habe ich nie ordentlich verdauen können. Selbst in Euren besten Zeiten, selbst unter der Regierung meines Ahnherrn Davids, welcher König war über Juda und Israel, hätte ich es nicht unter Euch aushalten können, und ich wäre gewiß eines frühen Morgens aus der Burg Sion entsprungen und nach Phönizien emigrirt, oder nach Babilon, wo die Lebenslust schäumte im Tempel der Götter

Ebenso wie wohl auch Heine selbst, hat sich dieser Don Isaak Abarbanel nur aus Gründen der gesellschaftlichen Opportunität zum Christentum bekehrt. Denn »eben so zuwider wie die dürren, freudlosen Hebräer sind mir die trüben qualsüchtigen Nazarener. [ ] Nur mein Knie und meine Zunge huldigt dem Tode, mein Herz blieb treu dem Leben! (DHA V, 142 f.)

Man darf wohl annehmen, dass Heine selbst hier recht ungeschminkt durch die Maske des spanischen Konvertiten spricht, den er so selbstbewusst und lebensfroh in der engen Umgebung des Ghettos auftreten lässt. Und doch darf man nicht übersehen, dass dieser Don Isaak mit seinem frohen Sensualismus zugleich außerordentlich relativiert und in Frage gestellt wird.

Das betrifft zum einen den ganzen Kontext des Romans, eines Romans, in dem vor allem das Leidensschicksal der Juden in der christlichen Umgebung des Mittelalters thematisiert ist. Diese Relativierung betrifft aber auch die genannte Szene selbst. Denn erstens steht der selbstbewusste Spanier ja hier dem nicht weniger selbstbewussten Bacharacher Rabbiner Abraham gegenüber, dem eigentlichen und ersten Protagonisten des Romans. Dieser ist nicht nur, wie im ersten Romankapitel berichtet wird, ein »Muster gottgefälligen Wandels« und »weit und breit wegen seiner Gelahrtheit berühmt« (DHA V, 111); er ist auch, gemeinsam mit seiner schönen Frau Sara, gerade am Vorabend in Bacharach aus drohender Lebensgefahr entkommen. Denn an diesem Abend, dem Vorabend des Pessachfestes, hatten in Bacharach zwei Fremde, die sich als reisende Glaubensbrüder ausgegeben hatten, eine Kinderleiche in das gastlich gefüllte Haus des Rabbiners geschmuggelt .. und das ist (im Sinne der alten und immer wieder neuen Verleumdung, dass die Juden zum Pessach Christenkinder schlachten und ihr Blut als Zutat nächtlicher Rituale verwenden) ein sicherer Auslöser für ein neues blutiges Pogrom.

> Die Juden, hinlänglich verhaßt wegen ihres Glaubens, ihres Reichthums, und ihrer Schuldbücher, waren an jenem Festtage ganz in den Händen ihrer Feinde, die ihr Verderben nur gar zu leicht bewirken konnten, wenn sie das Gerücht eines solchen Kindermords verbreiteten, vielleicht gar einen blutigen Kinderleichnam in das verfehmte Haus eines Juden heimlich hineinschwärzten,

> und dort nächtlich die betende Judenfamilie überfielen; wo alsdann gemordet, geplündert und getauft wurde, und große Wunder geschahen durch das vorgefundne todte Kind, welches die Kirche am Ende gar kanonisirte. (DHA V, 110)

Eben das sollte (oder ist) auch am Vorabend der Szene im Frankfurter Ghetto in Bacharach geschehen: Das Leidensschicksal der Juden, ihre Recht- und Schutzlosigkeit gegenüber Diskriminierung, Verfolgung und Mord in der christlichen Umwelt des ausgehenden Mittelalters ist das Thema, welches sich im Fortgang der Handlung am Beispiel der Gemeinde in Bacharach wiederholen soll.

Rabbi Abraham und seine Frau Sara können sich diesem drohenden Pogrom durch ihre unbemerkte Flucht entziehen (so kommen sie nach Frankfurt), das Schicksal der übrigen Gemeinde bleibt jedoch über die weitere Erzählung hinweg ungewiss. Und das gibt, neben der gerade überstandenen Lebensgefahr des Rabbinerpaares, der gesamten Szene im Frankfurter Ghetto natürlich eine ausgesprochen düstere Grundierung. Und Heine unterlässt es auch nicht, den fröhlichen Don Isaak direkt mit dieser ..ganz ungelösten, ganz aktuellen ...Tatsache des jüdischen Leidensschicksals zu konfrontieren, als er, Don Isaak, sich nämlich der schönen Sara mit blumig hispanisierenden Schmeicheleien als ihr Ritter andienen will:

> Sennora, ich schwöre! Hört, Sennora, ich schwöre! Bey den Rosen beider Castilien, bey den arragonesischen Hiazinthen und andalusischen Granatblüthen! Bey der Sonne die ganz Spanien mit all seinen Blumen, Zwiebeln, Erbsensuppen, Wäldern, Bergen, Mauleseln, Ziegenböcken und Alt-Christen beleuchtet! [ ] Ich schwöre, Sennora, Ihr seyd das schönste Weib, das ich in deutschen Landen gesehen habe, und so Ihr gewillet seyd meine Dienste anzunehmen, so bitte ich Euch um die Gunst, Huld und Erlaubniß mich Euren Ritter nennen zu dürfen und in Schimpf und Ernst Eure Farben zu tragen!

Auf diese ja durchaus erheiternde und freche Eloge reagiert die schöne Sara in Heines Text mit bitterem Ernst:

> Edler Herr! Wenn Ihr mein Ritter seyn wollt, so müßt Ihr gegen ganze Völker kämpfen, und in diesem Kampf giebt es wenig Dank und noch weniger Ehre zu gewinnen! Und wenn Ihr gar meine Farben tragen wollt, so müßt Ihr gelbe Ringe auf Euren Mantel nähen oder eine blaugestreifte Schärpe umbinden: denn dieses sind meine Farben, die Farben meines Hauses, des Hauses, welches Israel heißt, und sehr elend ist, und auf den Gassen verspottet wird von den Söhnen des Glücks! (DHA V, 140)

Wenngleich auf der Handlungsebene die schöne Sara ihre brüske Reaktion kurz darauf bedauern wird, auf der gehaltlichen Ebene bleiben die beiden Positionen bis zum Ende, wenn der Roman als Fragment abbricht, unvermittelt und unversöhnt nebeneinander bestehen. Der fröhliche Sensualismus Don Isaaks, der in einigem an Aussagen Heines aus dieser Zeit erinnert, er bietet auch in Heines Augen offenbar keine alleingültige Lösung für das Problem des Judentums zwischen Diskriminierung und Verfolgung, zwischen Assimilation und drohendem Identitätsverlust.

Das bestätigt sich durch den historischen Kontext des Romans. Denn im Jahr 1489, in dem die Handlung spielt, sind ja auch in Spanien die Tage gezählt, in denen ein getaufter Jude wie Don Isaak so ohne weiteres als Ritter durch die Straßen wird gehen können, in denen also die Konversion zum Christentum zur Integration in die christliche Gesellschaft ausreicht und in denen man ein maurisch-christlich-jüdisches Spanien als positives Gegenbild gegen die bedrückenden Verhältnisse des deutschen Mittelalters stellen kann. Wenige Jahre später, nach dem Abschluss der Reconquista im Jahr 1492 und der Einigung Spaniens unter einer Krone und einer Religion, wird auch in Spanien der Religionswechsel keinen Schutz vor Verfolgungen mehr bieten: Ebenso wie die getauften Mauren werden auch die getauften Juden oder Marranen im Visier der Inquisition stehen und neben der Reinheit des Glaubens wird auch schon hier die Reinheit des Blutes, die »limpieza de sangre« zum entscheidenden und, mit Heines Worten, »nie abzuwaschende[n]« (HSA XX, 265) Diskriminierungsmerkmal werden.

Und doch: ganz disqualifiziert wird Don Isaak auch wieder nicht. Auch seine Position ist ja nicht nur eine gegen, sondern auch eine für das Judentum, an das er eine ganz sinnliche und vitale Anhänglichkeit bewahrt:

> Als mich einst der Zufall um Mittagzeit in diese Straße führte, und aus den Küchen der Juden mir die wohlbekannten Düfte in die Nase stiegen: da erfaßte mich jene Sehnsucht, die unsere Väter empfanden, als sie zurückdachten an die Fleischtöpfe Egyptens; wohlschmeckende Jugenderinnerungen stiegen in mir auf; ich sah wieder im Geiste die Karpfen mit brauner Rosinensauçe, die meine Tante für den Freytagabend so erbaulich zu bereiten wußte; ich sah wieder das gedämpfte Hammel eisch mit Knoblauch und Mayrettig, womit man die Todten erwecken kann, und die Suppe mit schwärmerisch schwimmenden Klöschen und meine Seele schmolz, wie die Töne einer verliebten Nachtigall, und seitdem esse ich in der Garküche meiner Freundinn Donna Schnapper-Elle! (DHA V, 143)

...eben hier, im Frankfurter Ghetto. Eine *gewisse* identifikatorische Treue zum Judentum steht also offenbar keineswegs im Widerspruch zu dem Sensualismus, dem sich Don Isaak verschrieben hat.

In einer Art Parallelstelle in der im gleichen Jahr wie das »Rabbi«-Fragment erschienenen »Denkschrift« für den ja ebenfalls getauften Juden und Freund-Feind Ludwig Börne berichtet Heine, er habe mit diesem dereinst im Frankfurter Ghetto »die berühmte Schaletspeise« gegessen, »jenes Gericht[], das vielleicht noch egyptischen Ursprungs und alt wie die Pyramiden ist«. Bei dieser Gelegenheit habe Börne ihm »versichert«, dass »die Abtrünnigen, welche zum neuen Bunde übergegangen, nur den Schalet zu riechen brauchen, um ein gewisses Heimweh nach der Synagoge zu empfinden.« Was Heine so sehr einleuchtet, dass er bei dieser Gelegenheit sogar der christlichen Kirche anempfiehlt, dieses Gericht als wirksames Überzeugungs- und Integrationsmittel zu adoptieren:

> [W]enn es ihr mal ganz schlecht geht, wenn ihre heiligsten Symbole, sogar das Kreuz, seine Kraft verloren, greift die christliche Kirche zum Schaletessen, und die entwischten Völker werden sich wieder mit neuem Appetit in ihren Schooß hineindrängen. Die Juden wenigstens werden sich alsdann auch mit Ueberzeugung dem Christenthume anschließen denn, wie ich klar einsehe, ist es nur der Schalet, der sie zusammenhält in ihrem alten Bunde. (DHA XI, 31)

Das ist nun natürlich sarkastisch überspitzt. Doch scheint mir der Kern dieser Aussage ganz ernst zu nehmen zu sein: Dass nämlich das Essen, will sagen, das materielle, sinnliche, über Jahrhunderte und Jahrtausende gewachsene kulturelle Substrat einer Religion vielleicht größeres Gewicht und größere Bindekraft haben mag als ihre ideellen Grundlagen, als ihr Dogma und ihre Lehre.

In dem Romanfragment »Der Rabbi von Bacherach« reicht diese sinnlich-kulturelle Bindekraft jedenfalls aus, den religiösen Streit zwischen den beiden Kontrahenten, dem Rabbi Abraham und dem Don Isaak, in einem gemeinsamen Essen in der Garküche Schnapper-Elles zu beschließen ..keine Lösung, keine Synthese freilich hinsichtlich der großen Fragen nach dem Glauben und nach dem Leben in der Diaspora, im Kleinen aber vielleicht doch ein immerhin versöhnlicher Abschluss.

In einem anderen Zusammenhang hat Heine jedoch noch ganz andere Hoffnungen in eine Synthese von »Sensualismus« und »Spiritualismus« gesetzt, und zwar eine Synthese, die sich nicht zuletzt aus dem Judentum, und auch hier wieder vermittelt über seine sephardische und marranische Tradition realisieren soll. In seiner schon genannten Schrift »Zur Geschichte der Religion und Philosophie in Deutschland« ist es der jüdische Philosoph Baruch de Spinoza, den die Amsterdamer jüdische Gemeinde im Jahr 1656 mit dem großen Bann uch belegte und exkommunizierte, dem es gelingt, beide, den Sensualismus (in diesem Fall in Gestalt des Materialismus von John Locke) und den Spiritualismus (in diesem Fall in Gestalt des Idealismus von Gottfried Wilhelm Leibniz) in seiner Immanenzphilosophie zu synthetisieren. Der abtrünnige Jude, der »Verächter des mosaischen Gesetzes«, der »Hidalgo Don Benedikt de Spinoza« (DHA VIII, 54) fungiert in Heines philosophiegeschichtlichem Entwurf als Begründer desjenigen Pantheismus, auf dem auch noch die neue, die gegenwärtige und wahre Emanzipation des Menschen und der Menschen sich gründen soll.

> Die politische Revoluzion, die sich auf die Prinzipien des französischen Materialismus stützt, wird in den Pantheisten keine Gegner finden, sondern Gehülfe, aber Gehülfe, die ihre Ueberzeugungen aus einer tieferen Quelle, aus einer religiösen Synthese, geschöpft haben. Wir befördern das Wohlseyn der Materie, das materielle Glück der Völker, nicht weil wir gleich den

> Materialisten den Geist mißachten, sondern weil wir wissen, daß die Göttlichkeit des Menschen sich auch in seiner leiblichen Erscheinung kund giebt, und das Elend den Leib, das Bild Gottes, zerstört oder avilirt, und der Geist dadurch ebenfalls zu Grunde geht. (DHA VIII, 61)

Der Gedanke, dass die von Heine hier in seinem religiös-revolutionären Sinne ausgedeutete Philosophie Spinozas geradezu die Krönung und Vollendung der eigentlichen Essenz des Judentums bedeute, dieser Gedanke ist auch in Heines Umkreis nicht ungeläufig. Immanuel Wolf, ein Berliner Studienfreund Heines und ebenfalls Mitglied im Berliner »Verein für Cultur und Wissenschaft der Juden«, hatte es beispielsweise in der Zeitschrift dieses »Culturvereins« so formuliert:

> Aber von der höchsten Bedeutung ist dies, daß das Judenthum [ ] nach seiner eigenthümlichen, lebendigen und ewigen Grundidee [ ] .. als wäre dies der letzte, erschöpfende Act seiner Äußerung .. nach der Weise des reinen Denkens der Specualtion, d. i. reinwissenschaftlich dargestellt wurde. Dies geschah in dem System des Benedict de Spinoza, eines Mannes, dessen Scharffsinn und Tiefe Jahrhunderten vorauseilten [ ], der sich zwar vom äußern Ritus des Judenthums losgesagt, aber dafür dessen Geist umso lebendiger begriffen hatte.[5]

Anders als bei anderen Theologen, Philosophen oder auch Dichtern, die er in seinen literatur- und philosophiegeschichtlichen Schriften behandelt, ist es Heine gerade im Falle Spinozas offenbar wichtig, auf das religiöse und kulturelle Milieu hinzuweisen, aus dem er, Spinoza, stammt: seine Herkunft aus dem iberischen Raum (der »Hidalgo Don Benedikt de Spinoza«), sein Judentum und die Tatsache seiner Ächtung, seines doppelten religiösen und geistigen Exils:

> [E]r wurde feyerlich ausgestoßen aus der Gemeinschaft Israels und unwürdig erklärt hinfüro den Namen Jude zu tragen. Seine kristlichen Feinde waren großmüthig genug, ihm diesen Namen zu lassen. (DHA VIII, 55)

Angesichts dieser philosophischen und gesellschaftlich revolutionären Hoffnung, die Heine an den ausgestoßenen jüdischen Philosophen Baruch Spinoza knüpft, erscheint vielleicht auch noch einmal der abtrünnige Don Isaak aus dem »Rabbi von Bacherach« in einem anderen Licht. Auch er ein Vertreter des Sensualismus, der mit dem Judentum gerade nicht im Widerspruch stehen muss .. aber im Rahmen der religiösen Lehrmeinungen ein Abtrünniger. Mit dem großen Abtrünnigen Spinoza teilt er sowohl die sephardische Herkunft als auch, im Kontext des Romans in unmittelbarer Zukunft, das Exil .. in seinem Fall das geistige wie das räumliche Exil.

Interessanterweise ist aber unter diesem Vorzeichen auch der Rabbi Abraham, der Widerpart des Don Isaak, gar nicht so weit entfernt von den beiden, dem kleinen Don Isaak und dem großen Baruch Spinoza. Denn auch er ist ein Grenzgänger, hat, so wird im ersten Kapitel des Romans berichtet, in seiner Jugend ebenfalls in Spanien studiert und dort, an der »hohen Schule zu Toledo« »emsig [das] Studium des göttlichen Gesetzes getrieben, aber auch christliche Gebräuche nachgeahmt und freygeistige Denkungsart eingesogen [ ] gleich jenen spanischen Juden, die damals auf einer außerordentlichen Höhe der Bildung standen.« (DHA V, 111) Physisch aber, real, ist auch er auf dem Weg ins Exil, welches das Motiv des geistig-religiösen Grenzgängertums auf der Seite der historisch-gesellschaftlichen Realität ergänzt.

Diese drei Motive: das Exil, die Betonung eines sensualistischen Aspekts, der gerade nicht mit dem Judentum im Widerspruch steht und das Motiv des Grenzgängertums finden sich auch wieder, wenn Heine sich noch einmal, nun aus der rückblickenden Perspektive der »Geständnisse« von 1854, der geistes- und weltgeschichtlichen Rolle des Judentums und seinen eigenen früheren Einschätzungen dieser Rolle widmet. Noch einmal kommt er (wie schon in der vorhin zitierten Philosophie-Schrift) auf die Juden als Retter und Bewahrer der Bibel zu sprechen, jenes »schönen heiligen Erziehungsbuche[s] für kleine und große Kinder« (DHA XV, 45). Und er findet nun gerade im Judentum sowohl Heldentum als auch .. in einer, wenn man so will, ins Erhabene gewendeten Metamorphose des sensualistischen Aspekts .. Künstlertum auf höchster Stufe vertreten.

> Ich sehe jetzt, die Griechen waren nur schöne Jünglinge, die Juden aber waren immer Männer, gewaltige, unbeugsame Männer, nicht bloß ehemals, sondern bis auf den heutigen Tag, trotz achtzehn Jahrhunderten der Verfolgung und des Elends. Ich habe sie seitdem besser würdigen gelernt, und wenn nicht jeder Geburtsstolz bey dem Kämpen der Revoluzion und ihrer demokratischen Prinzipien ein närrischer Widerspruch wäre, so könnte der Schreiber dieser Blätter stolz darauf seyn, daß seine Ahnen dem edlen Hause Israel angehörten, daß er ein Abkömmling jener Märtyrer, die der Welt einen Gott und eine Moral gegeben, und auf allen Schlachtfeldern des Gedankens gekämpft und gelitten haben. (DHA XV, 41 f.)
>
> Ich hatte Moses früher nicht sonderlich geliebt, wahrscheinlich weil der hellenische Geist in mir vorwaltend war, und ich dem Gesetzgeber der Juden seinen Haß gegen alle Bildlichkeit, gegen die Plastik, nicht verzeihte. Ich sah nicht, daß Moses, trotz seiner Befeindung der Kunst, dennoch selber ein großer Künstler war und den wahren Künstlergeist besaß. Nur war dieser Künstlergeist bey ihm, wie bei seinen egyptischen Landsleuten, nur auf das Colossale und Unverwüstliche gerichtet. Aber nicht wie die Egypter formirte er seine Kunstwerke aus Backstein und Granit, sondern er baute Menschenpyramiden, er meißelte Menschen-Obelisken, er nahm einen armen Hirtenstamm und schuf daraus ein Volk, das ebenfalls den Jahrhunderten trotzen sollte, ein großes, ewiges, heiliges Volk, ein Volk Gottes, das allen andern Völkern als Muster, ja der ganzen Menschheit als Prototyp dienen konnte: er schuf Israel! (DHA XV, 41)

Dieser Moses, der Gründer des Volkes Israel, ist aber zugleich auch ein Repräsentant des Exils. Derjenige, der es wagt, Ägypten mitsamt seinen Fleischtöpfen hinter sich zu lassen und auf unabsehbare Zeit hinaus zu gehen in .. wie es in Heines Gedicht »Jehuda ben Halevy« heißen wird .. die »Wüste des Exils«. Eines Exils, das für ihn selbst niemals zu Ende gehen wird, Moses wird vor den Grenzen des Gelobten Landes, im Angesicht des Gelobten Landes sterben. »Und der Ewige sprach zu ihm: Dies ist das Land, das ich zugeschworen Abraham, Jizchak und Jaakob [ ]; ich habe es dich sehen lassen mit deinen Augen, aber hinübergehen sollst du nicht.«[6]

Und Moses ist – jedenfalls in Heines wiederum außerordentlich grenzgängerischer Interpretation – ein Grenzgänger auch im geistigen Sinn. Nicht nur der Schöpfer des Volkes Israel, sondern – vielleicht – auch der Schöpfer seines Gottes, womit er sogar die Grenze zwischen Immanenz und Transzendenz überschreitet:

> Wie klein erscheint der Sinai, wenn der Moses darauf steht! Dieser Berg ist nur das Postament, worauf die Füße des Mannes stehen, dessen Haupt in den Himmel hineinragt, wo er mit Gott spricht – Gott verzeih mir die Sünde, manchmal wollte es mich bedünken, als sey dieser mosaische Gott nur der zurückgestralte Lichtglanz des Moses selbst, dem er so ähnlich sieht, ähnlich in Zorn und Liebe – (DHA XV, 41)

Ich komme zum Schluss mit einem kleinen Ausblick auf einen weiteren Text, in dem die Verschränkung der Motive: identitätsstiftendes Künstlertum, Grenzgängertum und Exil eine zentrale Rolle spielen, nämlich das eben schon angesprochene Gedicht »Jehuda ben Halevy« (DHA III, 130–158), in dem Heine seine vielleicht eindrucksvollste jüdische Figur, die Figur eines jüdischen Dichters aus dem spanischen Mittelalter dichterisch – und dabei zugleich mit den Mitteln biblischer Sprache – zum Leben erweckt.

Der Protagonist dieses langen, ganze 224 Strophen umfassenden (und dabei fragmentarisch gebliebenen) Gedichtes ist Jehuda ben Halevy, eine dichterische Nachbildung des historischen Dichters und Schriftgelehrten Jehuda ha-Levi, der um 1075 vermutlich im spanischen Toledo geboren wurde und 1141 auf einer Pilgerfahrt nach Jerusalem verschollen blieb. In seiner dichterischen Darstellung betont Heine die Verbundenheit Halevys mit der biblischen Überlieferung und der religiösen Tradition. Früh unterweist ihn der Vater in der Lektüre der Thora und des Talmud, und während er aus der »Halacha« »alle Künste der Polemik« erlernt, eröffnet ihm die »Hagada« mit ihren »schönen alten Sagen, / Engelmährchen und Legenden« jene »selige Geheimwelt, / Jene große Offenbarung, / Die wir nennen Poesie«. Gespeist aus den Quellen jüdischer Überlieferung wird Halevy, so endet der erste Teil des Gedichtes, zum Idealtypus des Dichters schlechthin:

> Ja, er ward ein großer Dichter
> [ ]
> Rein und wahrhaft, sonder Makel
> War sein Lied, wie seine Seele …
> [ ].

Solchen Dichter von der Gnade
Gottes nennen wir Genie:
Unverantwortlicher König
Des Gedankenreiches ist er.

Diese eine Seite der Charakterisierung Halevys, die natürlich zugleich eine ungeheure literarische Aufwertung der jüdischen religiösen Überlieferung, der Quelle dieser Dichtung, wie auch des im kulturellen Kanon ja weitgehend vergessenen tatsächlichen Reichtums der jüdischen Dichtung darstellt, diese romantisch-idealistische Verherrlichung Halevys als Dichter ergänzt Heine aber gleich darauf wie kontrapunktisch um das andere Motiv, um das Motiv des Exils

Ja, er ward ein großer Dichter,
Stern und Fackel seiner Zeit,
Seines Volkes Licht und Leuchte,
Eine wunderbare, große

Feuersäule des Gesanges,
Die der Schmerzenskarawane
Israels vorangezogen
In der Wüste des Exils.

Einerseits ist dieser jüdische Dichter ganz aufgehoben, nicht nur im Begriff des Dichtertums schlechthin, sondern auch, gewissermaßen assimiliert, unter den anderen Vertretern dieses Dichtertums in seiner Zeit:

Wahrlich ebenbürtig war
Dieser Troubadour den besten
Lautenschlägern der Provence,

Poitous und der Guienne
Roussillons und aller andern
Süßen Pomeranzenlande
Der galanten Christenheit.

Andererseits unterscheidet er sich aber radikal von ihnen, und zwar im Zentrum, in der Essenz seines Selbstverständnisses und seines Dichtertums. Wie die Troubadours der Minnekultur hat auch Jehuda Halevy eine »Herzensdame«, die er besingt. Doch ist sie »besondrer Art«:

Jene, die der Rabbi liebte,
War ein traurig armes Liebchen,
Der Zerstörung Jammerbildniß,
Und sie hieß Jerusalem.

Und während sich, zum Beispiel im Schicksal des »Geoffroy Rudèl und der Melisande von Tripoli«, die Hohe Minne des christlichen Mittelalters darin vollendet, im Angesicht einer endlich erreichten Geliebten mit einem letzten Schwanengesang sein Leben auszuhauchen, so realisiert sich das gleiche Muster auf der Seite des jüdischen Dichters Jehuda ben Halevy darin (so jedenfalls will es die Legende und so will es auch Heinrich Heine), auf den Trümmern des zerstörten Jerusalem von der Lanze eines Arabers getötet zu werden. Sein, Halevys, Schwanengesang ist die »Zionide«, das berühmte Klagelied um das zerstörte Jerusalem, ein zentrales poetisches Dokument der Diaspora und des Exils. Eines Exils, das noch dadurch aktualisiert und radikalisiert erscheint, dass zu Lebzeiten des historischen Jehuda ha-Levy, am 15. Juli des Jahres 1099, die gesamte jüdische Bevölkerung von Jerusalem mitsamt einem Großteil der arabischen Bevölkerung von einem einziehenden Kreuzfahrerheer verbrannt oder erschlagen worden war ..was die Reste eines immer noch vorhandenen realen Zentrums der jüdischen Diaspora endgültig vernichtete.[7]

Der aus dem Judentum hervorgegangene »große Dichter« und »unverantwortliche König des Gedankenreiches« bleibt in seiner innersten Essenz gebunden an eine ..dergestalt noch radikalisierte ..Diaspora. Ein Erinnerungs- und Identitätsstifter »in der Wüste des Exils«, aber auch ..so Heines gedichtinterner Kommentar an späterer Stelle ..ein Pechvogel, ein Schlemihl wie die anderen spanisch-jüdischen Dichter, die er im Folgenden noch nennen wird, wie Moses Ibn Esra oder Salomon Gabirol in der »Dunkelheit der gothisch / Mittelalterlichen Nacht«.

Anlässlich aller drei Aspekte: dem des Dichtertums, dem der diasporischen Verfasstheit und dem des »Schlemihlthums«, finden sich in dem Gedicht unmittelbare subjektive Einmischungen und identifikatorische Stellungnahmen von Heine selbst. Auch sein Gedicht stellt sich von Beginn an als ein Produkt des Exilbewusstseins und zugleich als ein Akt wenn nicht der Identitätsstiftung, so doch der Arbeit an der kollektiven kulturellen Erinnerung dar. Denn die dichterische Evokation des Jehuda ben Halevy wie das gesamte Gedichtgeschehen generieren sich wiederum aus der zweimaligen dichterischen Wiederholung eines biblischen Textes, des 137. Psalms, des sogenannten Exilpsalms:

Lechzend klebe mir die Zunge
An dem Gaumen und es welke
Meine rechte Hand, vergäß' ich
Jemals dein, Jerusalem …
[ ]
Bey den Wassern Babels saßen
Wir und weinten, unsre Harfen
Lehnten an den Trauerweiden …
Kennst Du noch das alte Lied?

Das prominente Motiv des jüdischen Exils verschränkt sich mit Heines eigenem, gerade in der Spätzeit immer wieder betonten Exil in Paris, Dichtertum und Schlemihltum geben die Bilder poetischer Identifikation und Selbstrepräsentation ab ... eine fortgesetzt virulente und unaufgelöste Dichotomie, die Heine philosophisch und literarisch immer wieder neu umkreist, der er aber .. wie sollte es anders sein ... jede abschließende Synthese verweigert.

Anmerkungen

[1] Um diesen für die Veröffentlichung nur leicht überarbeiteten mündlichen Vortrag nicht übermäßig zu belasten, beschränke ich mich hinsichtlich der umfangreichen Forschung zum Thema »Heine und das Judentum« auf einige knappe Hinweise.

[2] Robert Neumann: Ich bin Jude. .. In: Süddeutsche Zeitung, 1968, Nr. 24/25.

[3] Zum »Verein für Cultur und Wissenschaft der Juden« vgl. u. a. Edith Lutz: Der »Verein für Cultur und Wissenschaft der Juden« und sein Mitglied Heinrich Heine. Stuttgart/Weimar 1997 (=Heine-Studien). Zum »Rabbi von Bacherach« im Zusammenhang von Heines Mitgliedschaft in dem Verein vgl. Anne Maximiliane Jäger: »Besaß auch in Spanien manch' luftiges Schloß«. Spanien in Heinrich Heines Werk. Stuttgart/Weimar 1999 (= Heine-Studien), S. 87..147.

[4] Briefe an Moses Moser vom 25. Juni 1824 und 1. Juli 1825 (HSA XX, 167 und 203).

[5] Zeitschrift für die Wissenschaft des Judenthums, Heft I, S. 14. Zur Bedeutung des Marranentums für Spinozas Philosophie und zur philosophischen Spinoza-Rezeption von Immanuel Kant bis Sigmund Freud vgl. Yirmiyahu Yovel: Spinoza. Das Abenteuer der Immanenz. Aus dem Englischen von Brigitte Flickinger. Göttingen 1996. Zu Heine, Hess und Feuerbach insbes. S. 322..353.

[6] Deuteronomium 34, 4.

[7] Vgl. dazu Hermann Levin Goldschmidt: Jehuda Halevi: Aufbruch nach Zion. .. In: H. L. Goldschmidt: Der Rest bleibt. Aufsätze zum Judentum. Hrsg. von Willi Goetschel. Wien 1997, S. 131..144, S. 133.

»Dem Gotte meiner Wahl« Heine und das Christentum

Von Christoph Bartscherer, München

Heines Verhältnis zum Christentum steht unter einem negativen Vorzeichen. Spätestens seit 1836, als einige seiner Schriften auf den Index der verbotenen Bücher der katholischen Kirche gesetzt wurden, scheint dieses Verhältnis für immer zerrüttet. In dem vom Papst approbierten Dekret, das zum Verbot von Heines »De l'Allemagne«, »De la France« und »Tableaux de Voyage« führte, heißt es bezeichnend:

> Alle [diese Werke Heines; Erg. d. Verf.] strotzen vor religionsfeindlichen und gottlosen Grundsätzen; und in allen wird das Christentum verspottet, die katholische Religion diskreditiert; in allen triumphiert der Deismus; in allen findet man Stellen, die gegen die guten Sitten verstoßen; schließlich trachten alle danach, die Regierungen in Verruf zu bringen und die Völker zur Revolution aufzustacheln und diese als Anbruch der allgemeinen Befreiung auszugeben. Die Hl. Kongregation hat befunden, daß alle drei das Verbot unbedingt verdienen, denn alle drei Werke sind voller Irrtümer, Gotteslästerungen, Unanständigkeiten und Grundsätze, die den Umsturz der sozialen Ordnung beabsichtigen.[1]

Die Weichen für einen unversöhnlichen Kon ikt scheinen damit gestellt. Doch wer Heine auf die Formel Todfeind des Christentums, gottloser Ketzer, Lästerer Christi bringt, erliegt einem primitiven Irrtum. Tatsächlich ist Heines Verhältnis zum Christentum, zumal zu seinem Stifter, viel komplizierter und vielschichtiger als allgemein bekannt ist. Deshalb ist dieser Beitrag dem Versuch gewidmet, der Komplexität dieser schwierigen Wechselbeziehung gerecht zu werden, indem er sie auf ihre verschiedenen Adaptionsphasen hin untersucht. In drei gesonderten Schritten möchte er zeigen,

(1) wie Heine durch seine Taufe religiös isoliert und zum abtrünnigen Opportunisten gestempelt wird,
(2) wie das Trauma der gescheiterten Konversion ihn in einen unerbittlichen Christentumskritiker verwandelt, der .. im Vorgriff auf Nietzsche .. einen Generalangriff gegen das Christentum und seine Moral führt, und
(3) wie Heine trotz seiner Attacken gegen die katholische Kirche in Jesus einen Seelenverwandten und Verbündeten sieht, den er zum »Gotte [s]einer Wahl« erhebt.

1. »Getauft, aber nicht bekehrt« .. Heines gescheiterte Konversion

Der äußere Hergang von Heines Taufe ist schnell erzählt: Am Morgen des 28. Juni 1825 reist der 27jährige Jude Harry Heine, seit kurzem erfolgreicher Absolvent des juristischen Examens, von Göttingen nach Heiligenstadt, um sich von dem protestantischen Pfarrer Gottlob Christian Grimm in dessen Wohnung taufen zu lassen.[2] Nachdem Heine in dem vorgeschriebenen Taufexamen unter Beweis gestellt hat, dass ihm die Grundzüge der christlichen Lehre vertraut sind und er sich zu ihren Grundwahrheiten bekennt, hält Pastor Grimm eine rund fünfzehn Minuten dauernde Taufansprache. Dieser folgen der Taufakt selbst und die Eintragung ins Taufregister. Wenig später verlässt Heine als Christian Johann Heinrich den Ort seiner vermeintlichen Bekehrung.[3]

Diese wenig spektakuläre Art seiner Konversion scheint zu belegen, dass Heine hier einen Schritt vollzieht, der seit längerem geplant und mit seinem religiösen Gewissen abgestimmt war. In der Tat muss das von Heine während seiner Taufe an den Tag gelegte Verhalten in sich so stimmig und glaubwürdig gewesen sein, dass selbst Pfarrer Grimm zu der Überzeugung kam, Heine meine es ernst mit seiner Bekehrung.[4] Doch wer die Vorgeschichte von Heines Taufe kennt, dem müssen Zweifel an der Aufrichtigkeit des Täu ings kommen. Alleine schon die Tatsache, dass Heine nicht Göttingen, sondern das 30 Kilometer entfernte Heiligenstadt zum Ort seiner Taufe gewählt hat, muss stutzig machen. Es lässt sich nicht von der Hand weisen: Heine scheint darum bemüht gewesen zu sein, seine Konversion im Verborgenen zu vollziehen. Als wolle er seine Bekehrung als eine Art Verschlusssache behandeln, stiehlt er sich heimlich aus Göttingen fort, um mit seinem Glaubensübertritt so wenig Aufsehen wie möglich zu erregen.

Die Absurdität dieses Versteckspiels besteht nun darin, dass Heine befürchtet, durch seine Taufe als das enttarnt zu werden, was er von Haus aus ist: ein deutscher Jude. Denn er, der aus einem assimilierten jüdischen Elternhaus stammt, gilt in der Öffentlichkeit nicht als Jude, sondern als Christ. Ein Bekanntwerden seiner Taufe würde also weitreichende Folgen nach sich ziehen. »Die Juden gehören«, wie der Heine-Biograph Christian Liedtke schreibt,

> zu den Hauptleidtragenden der Restauration, überall werden die Gleichstellungsgesetze aus der Zeit der Franzosenherrschaft wieder abgeschafft, auch die gerechteren Bestimmungen, die im Zuge der Preußischen Reformen erlassen worden waren, werden rückgängig gemacht. In der Wirtschaftskrise entsteht eine starke judenfeindliche Stimmung, und 1819 kommt es in vielen deutschen Städten zu einer Welle gewalttätiger Ausschreitungen gegen Juden, den sogenannten Hep Hep -Krawallen, die von der Polizei nur sporadisch bekämpft werden.[5]

Angesichts dieses Antijudaismus geschieht es also aus einem »elementaren Trieb der Selbsterhaltung« heraus, dass Heine ein so symbolträchtiges Ereignis wie seine

Taufe als Geheimnis behandelt.[6] Heines berühmtes Bonmot »Der Taufzettel ist das Entree Billet zur europäischen Kultur« (DHA X, 313), das übrigens aus dem Jahre 1830 stammt, lässt bei allem Zynismus erkennen, dass für die aufstrebende jüdische Intelligenz die Überwindung ihrer Ghettoisierung ein Muss ist, um gesellschaftlich in Deutschland Fuß zu fassen.[7] Heine will sich durch seine Taufe aus der rechtlichen und ökonomischen Notlage befreien, zu der die Juden im 19. Jahrhundert in Deutschland verdammt sind. Konkret gesprochen: Er möchte sich das Recht auf eine Universitätskarriere sichern, das den Juden mit der Aufhebung des Hardenbergschen Edikts im August 1822 genommen worden war.

Dennoch ist sein befremdliches Versteckspiel um seine Taufe damit nur unzureichend erklärt. Wer nämlich auf so eindeutige Weise wie Heine sein Christsein zu verbergen sucht, der verrät damit auch indirekt, dass ihn ein schlechtes Gewissen plagt. Wie sollte Heine auch aus Überzeugung zum Christentum konvertiert sein, nachdem er erst drei Jahre zuvor dem Berliner »Verein für Cultur und Wissenschaft der Juden« beigetreten war, der sich durch ein anspruchsvolles Programm kultureller und wissenschaftlicher Förderung für die Gleichstellung der Juden in Deutschland engagierte?[8] Wie sollte er auch ohne innere Skrupel dem Judentum abschwören, während er gleichzeitig noch über seinem »Rabbi von Bacherach« saß, einem ehrgeizigen Romanprojekt, das nach Willen seines Autors dazu ausersehen war, ein Grundlagenwerk jüdischer Identität zu werden. Heines erst kurz zuvor erfolgte Hinwendung zum Judentum widerspricht also ganz offensichtlich der Abruptheit der 1825 vollzogenen Konversion.

Das bestätigen auch die Äußerungen, mit denen er in späteren Jahren seine Taufe beurteilt. Im Nachhinein glaubt er nicht, dass die Taufe sein angeborenes Judentum eskamotiert hat: »Wie kann ich aus meiner Haut, die aus Palästina stammt, und welche von den Christen gegerbt wird seit achtzehnhundert Jahren! Das Taufwasser von Langensalza *[Heiligenstadt!]* hat daran nichts verbessert, und der Ausdruck ewiger Jude hat tausendfache Bedeutung!«[9] Das aber heißt: Heines jüdische Integrität bleibt trotz des formalen Übertritts gewahrt. Das ist es, was er seinen Mitmenschen mit fast krankhaftem Eifer versichern will. Die Taufe hat ihn religiös nicht umgepolt. Noch auf seinem Krankenbett wird sich Heine unerbittlich und kompromisslos über die innere Ergebnislosigkeit seiner Taufe äußern. Alexander Weill gegenüber macht er das Bekenntnis, dass der Mensch nur frei in der Wahl seines Todes, nicht aber in der Wahl seiner Geburt und seiner Religion sei. Darum habe er seinem Judentum nie wirklich abschwören können: »Man kann seine Religion nicht wechseln. Man schwört die eine [!] ab, der man sich entfremdet hat, einer andern zuliebe, der man nie zugehören wird. Ich bin *getauft*, aber nicht *bekehrt*.«[10]

Heines Rechnung geht also nicht auf. Was er mit seiner Taufe erreicht, ist das Gegenteil dessen, was er sich erhofft hat: Nicht gesellschaftliche Anerkennung wird ihm zuteil, sondern der soziale Abstieg in die Ehrlosigkeit eines »Abtrünnigen«, der »bey Christ und Jude verhaßt« (HSA XX, 234) ist. Zur ersten Isolation, die er als Jude unter den Deutschen erlebte, kommt die zweite Isolation dazu, die er als abtrünniger Jude von den Juden und als opportunistisch konvertierter Christ von den Christen erfährt.[11] Heine rutscht in eine unnatürliche Zwischenstellung zwischen Judentum und Christentum, eine psychologische Pattsituation, die ihm das unsichere Gefühl beschert, zwar getauft, aber nicht bekehrt zu sein. Mit einem Mal bewegt sich der gefeierte Lyriker Heine schutzlos in einer Zone der Rechtlosigkeit, in welcher ihm die Zugehörigkeit zu jeder positiven Religion verweigert wird. War dies wehrlos hinzunehmen? Heine kontert die auf seine Taufe folgende Denunziation seiner Person auf zweierlei Weise: durch das humorvolle Herabspielen seiner Taufe zu einem belanglosen Akt und durch einen Gegenangriff auf das Christentum.

Spuren der ersten Strategie finden sich noch in Heines »Geständnissen«. Dort berichtet er mit ironischem Augenzwinkern, dass er sich in seiner Studentenzeit in Berlin gerne von jeder kirchlichen Bindung losgesagt hätte, dass er aber wegen des drohenden Verlustes des Aufenthaltsrechts gezwungen gewesen sei, sich zum Christentum zu bekennen. Doch habe ihn dies, so fügt er scherzend hinzu, nicht weiter irritiert, da das »von jedem Aberglauben filtrirte Christenthum [ ], das man damals sogar ohne die Gottheit Christi, wie Schildkrötensuppe ohne Schildkröte, in den Berliner Kirchen haben konnte«, seine religiöse Souveränität nicht weiter beeinträchtigt habe. (DHA XV, 43)

Dieses witzige Bagatellisieren seines Taufakts vermag indes nur ober ächlich die Bitterkeit zu verbergen, die Heine von nun an gegen jene Religion verspüren wird, die ihn in dieses ganze Debakel gestürzt hat. Was, so beginnt er sich jetzt zu fragen, muss das für eine Religion sein, die einen nach Gott Suchenden erst anwirbt, um ihn dann, sobald sie ihn zum Verrat an seinem alten Glauben genötigt hat, derart unmenschlich im Stich zu lassen? »Gibt es etwas Falscheres, Unvernünftigeres, Widersinnigeres als diese Religion? Eine Religion der Liebe, die nur von Haß weiß; eine Religion der Freiheit, die nur den Despotismus kennt; eine Religion der Humanität, die sich immer nur in der grausamsten Barbarei gefiel«[12], soll Heine Alexander Weill erzürnt ins Gesicht geschleudert haben, als dieser ihn 1849 besuchte. Ohne Frage: Heine trägt seine Empörung über die Verlogenheit christlicher Lebenspraxis mit dem Brustton der Überzeugung vor. Dennoch wäre es falsch, diese aggressive Attacke als unkontrollierten Ausbruch einer spontanen Gefühlsregung zu werten. Hinter Heines Äußerung steckt, wie so oft in solchen Fällen scheinbarer Spontaneität, System. Der Gestus des Angreifers ist fester Bestandteil der zweiten Taktik, derer sich Heine nach seiner Taufe bedient. Denn der Geschmähte setzt sich zur Wehr, indem er zum Gegenangriff übergeht und seinerseits das Christentum schmäht: Er verarbeitet die Schande, ein abtrünniger und vogelfreier Poet zu sein, indem er sich von allen konfessionellen Bindungen löst und den Schutz von Synagoge oder Kirche gegen das Privileg absoluter religiöser Autonomie eintauscht. Die Freiheit von allen dogmatischen Zwängen erlaubt es ihm von nun an, in die Rolle eines unerbittlichen Zwei ers und unbequemen Fragestellers zu schlüpfen, der statt attackiert zu werden, selbst attackiert. Heine mutiert zu einem religiösen Anarchisten, der seine innere Heimatlosigkeit dazu nutzt, der Scheinsicherheit der religiösen Philister den dogmatischen Boden unter den Füßen wegzuziehen.

2. Der Sturm auf die »Bastille des Geistes« ..Heines verwegener Angriffsplan

Was aber ist der Zweck hinter diesem Rollenspiel? Es lässt sich weder vertuschen noch beschönigen: die Zerstörung des Christentums durch ein Attentat auf seinen Gott. Auf die Frage Alexander Weills, warum er eigentlich zum Protestantismus übergetreten sei, soll der kranke Heine rückblickend geantwortet haben: »Ich habe mich in die Festung geschlichen, um sie besser in die Luft zu sprengen. Aber ich zerstöre zugleich die Bastionen des Judentums, damit sie sich beide auf dem Felde der Freiheit vereinigen.«[13] Dieses Bild vom religiösen Attentäter besitzt für eine gewisse Lebensspanne Heines Programmcharakter. Denn Heines revolutionärer Veränderungswille ist der geistige Motor, der hinter seinen zwischen 1826 und 1848 entstandenen Schriften steht. Daran vermag kein nachträgliches Dementi etwas zu beschönigen. Selbst dort, wo sich Heine von seiner terroristischen Vergangenheit zu lösen und seinen Mordanschlag auf Gott zu widerrufen scheint[14], leuchtet seine ursprüngliche Intention wie eine tief in sein Werk eingravierte Ideenspur untilgbar durch. Deshalb ist es auch mit Vorsicht zu genießen, wenn Heine in seinen »Geständnissen« sein Attentat auf das christliche Dogmengebäude mit folgenden Sätzen scherzhaft relativiert:

> Ich kenne zu gut meine geistige Taille, um nicht zu wissen, daß ich einem Colosse, wie die Peterskirche ist, mit meinem wüthendsten Anrennen nur wenig schaden dürfte; nur ein bescheidener Handlanger konnte ich seyn bey dem langsamen Abtragen seiner Quadern, welches Geschäft freylich doch noch viele Jahrhunderte dauern mag. Ich war zu sehr Geschichtskundiger, als daß ich nicht die Riesenhaftigkeit jenes Granitgebäudes erkannt hätte; ..nennt es immerhin die Bastille des Geistes, behauptet immerhin, dieselbe werde jetzt nur noch von Invaliden vertheidigt: aber ist es darum nicht minder wahr, daß auch diese Bastille nicht so leicht einzunehmen wäre, und noch mancher junge Anstürmer sich an ihren Wällen den Hals brechen wird. Als Denker, als Metaphysiker, mußte ich immer der Consequenz der römisch-katholischen Dogmatik meine Bewunderung zollen [ ]. (DHA XV, 50)

Und doch hat Heine versucht, die theistische »Bastille des Geistes« ganz alleine zu erstürmen. Er hat sich dabei einer Strategie bedient, die nach ihm im großen Stil auch sein »Fortsetzer«, »Verschärfer« und »Überbieter«[15], Friedrich Nietzsche, wählen wird.[16] Denn für Heine wie für Nietzsche ist das Christentum ein hierarchisch aufgebautes Systemgebäude, das auf dem Stützpfeiler des theistischen Gottesbegriffs ruht und seinen Bestand dem Zusammenhalt seiner einzelnen Elemente verdankt. Wer diese Konstruktion zum Einsturz bringen will, braucht nur den alles verklammernden Zentralbegriff aus seiner Mitte herauszubrechen und zu zerstören. Dieser die Festung des Christentums tragende Zentralbegriff ist aber der theistische Gottesbegriff. Auf ihn gilt es einen frontalen Stoßangriff zu führen .. und das Christentum wird als dogmatisches und institutionelles System kollabieren. Es war Nietzsche, der, verführt von der Plausibilität dieser Strategie, das Geheimnis seines Angriffsplans ausgeplaudert hat. In seiner »Götzendämmerung« verrät er, worin der eigentliche Grund seiner Lehre vom Tod Gottes besteht: »Das Christentum ist ein System, eine zusammengedachte und ganze Ansicht der Dinge. Bricht man aus ihm einen Hauptbegriff, den Glauben an Gott, heraus, so zerbricht man auch das Ganze: man hat nichts notwendiges mehr zwischen den Fingern.«[17] Im »Antichrist«, seiner letzten und schärfsten Attacke auf das Christentum, bringt er diese Taktik dann auf die ebenso einfache wie aggressive Formel: »Ein Begriff hier weg, eine einzige Realität an dessen Stelle .. und das ganze Christenthum rollt ins Nichts!«[18]

Im Vergleich dazu hält sich Heine bei der Umsetzung seines Plans wesentlich bedeckter. Gleichwohl ist nicht zu bestreiten, dass er, und nicht Nietzsche mit seinen beiden Parabeln »Die Gefangenen« und »Der tolle Mensch«[19], es war, der die Botschaft vom Tod Gottes zum ersten Mal als ein apodiktisches historisches Faktum verkündet hat. In seinem Essay »Zur Geschichte der Religion und Philosophie in Deutschland« und dem zweiten Buch seiner »Denkschrift« über Ludwig Börne liefert Heine einzelne Nahaufnahmen des religionsgeschichtlichen Dramas vom Tod Gottes. Mit der Methodik eines auf die Zersetzungskraft der von ihm verwendeten Bilder und Worte setzenden Agitators schildert er die Irreversibilität des Vorgangs, durch welchen Gott für immer aus dem Horizont des menschlichen Bewusstseins getilgt wurde.[20] Leitmotivartig spielt er dabei den Gedanken vom Sterbeprozess Jehovas wieder und wieder durch, als sei sein Tod ein bereits erfolgtes, unwiderrufliches Faktum.

Wodurch entschädigt uns Heine aber für den Verlust Gottes? Was der Epikureer Heine an die Stelle des alten Jehova setzt, sind zum einen Werte wie Sinnenlust, Erotik, Schönheit, Gesundheit, Wohlgeratenheit und Humor. Es sind zum anderen aber auch Götterbilder einer neuen Mythologie, die ganz unter dem Vorzeichen einer Verherrlichung des Lebens und der ihm innewohnenden Heilkräfte (wie Tanzen und Lachen) steht. In diesem neuen Götterhimmel bekommen nicht Venus, die Göttin der Liebe, oder Apollo, der Gott der Kunst, den Vorsitz übertragen. Es ist Dionysos, der Gott des Tanzes und des Weins, der in Heines Olymp residiert. Er, der wie kein zweiter orgiastische Sinnlichkeit und ungebändigte Lebenslust verkörpert, ist der große Erneuerer, der bei Heine an die Stelle von Christus tritt und den Menschen zu sich selbst befreit. Heines Neuansatz ist radikal: Versuchten Autoren wie Hölderlin und Novalis mit ihren synkretistischen Mythenkonzeptionen Christus und Dionysos, d. h. Christentum und Antike, noch miteinander zu versöhnen, so setzt Heine beide schroff gegeneinander. Mit Dionysos soll ein neues Weltalter der Daseinsfreude eingeleitet werden. Einmal mehr schuf Heine damit den geistigen Nährboden für Friedrich Nietzsche.[21]

Die Hauptfunktion der Wiederbelebung der Dionysos-Mythe besteht für Heine darin, dass kraft ihrer die durch den christlichen Asketismus bewirkte Verteufelung der Materie und Verherrlichung des Geistes revidiert wird. Als »Heiland der Sinnenlust« (DHA IX, 130) hat Dionysos bei ihm die Aufgabe, der progressiven Spiritualisierung des Seins durch eine »Rehabilitazion der Materie« (DHA VIII, 60) entgegenzutreten. Was Heine erstrebt ist die Heiligung des Leibes nicht auf Kosten, sondern zugunsten des zur körperlosen Fiktion denaturierten Geistes. Daher zielt sein Sensualismus auf eine ganzheitliche, die psychophysische Totalität des Lebens wieder herstellende Existenz. Denn den geistigen Bodensatz seiner neuen Sinnenreligion bildet ein »pantheistisches Ganzheitsideal«, das »nicht gegen eine geistige Dimensionierung des Lebens, wohl aber gegen die spiritualistische Dämonisierung der Materie« kämpft.[22]

Die Waffen, die Heine zur Durchsetzung seines Ideals einsetzt, sind .. selbstredend .. dionysischer Natur. Es sind Anleihen bei jenen beiden Sphären des Sinnenreichs, in denen die Lust am Dasein noch am ungebrochensten triumphiert: gleichnishafte, zum genüsslichen Vollzug einladende Bilder aus der Sphäre der Erotik und des guten Essens. Vor allem Metaphern und Szenen, die dem kulinarischen Genuss und der Kochkunst gewidmet sind, hat der Gourmet Heine gemäß den Vorgaben seines Sensualismus in zahlreichen Variationen literarisch ausgeschöpft. Nach Ansicht Bernd Wetzels gibt es kaum etwas, »das für Heine nicht mit dem Vokabular der Küche, des Kochens [ ] sagbar würde«.[23] Tatsächlich hat uns Heine mit einer Typologie des Essens beschenkt. In ihr werden die Menschen einerseits auf ihre vorhandene oder mangelnde Genussfähigkeit untersucht, andererseits mit der geschmacklichen Qualität bestimmter Gerichte gleichgesetzt.

Mit der Ausgestaltung irdischer Tafelfreuden zur Essdichtung ist Heines spezifische Leistung jedoch noch keineswegs erschöpft. Bei genauerem Hinsehen wird erkennbar, dass der Vorgang des Essens und Trinkens von ihm oft religiös konnotiert wird. Erstaunlich oft wird in Heines Werk nämlich auf den rituellen Gebrauch von Brot und Wein verwiesen, also eine Relation zum christlichen Abendmahl hergestellt. Dieser Bezug scheint ganz bewusst gewählt. Denn die Eucharistie ist jenes »überragende kultische Paradigma«[24], welches das Paradox von Welt und Überwelt überwindet, indem es die Erfahrbarkeit von Transzendenz im Irdischen dokumentiert. Das christliche Abendmahl erhebt den Anspruch, dass sich der auferstandene Christus in dem von ihm eingesetzten Sakrament leibhaftig mitteilt. Damit wird es nicht alleine zum Existenzbeweis des christlichen Gottes, der den Widerspruch von Diesseits und Jenseits transsubstanziell durchstößt. Es wird auch zur empirischen Schnittstelle, an der über das Sein oder Nichtsein Christi entschieden wird. Diese maßgebende Bedeutung der Eucharistie haben verschiedene Philosophen und Dichter zum Anlass genommen, den Abendmahlbegriff neu auszudeuten und ideologisch für sich zu annektieren. So bildete sich im 18. und 19. Jahrhundert ein fortlaufender Abendmahldiskurs aus, der von Kant, Hegel, Franz von Baader und Ludwig Feuerbach bis zu Goethe, Hölderlin und Novalis reicht.

Das war auch Heine nicht entgangen. Angesichts der Bedeutung, welche die Debatte um das Abendmahl für die Zukunft des Christentums besaß, hat er versucht, aus den neu entstehenden Ansätzen Kapital zu schlagen. Die von Heine proklamierte Wachablösung Jesu durch die »Götter der Zukunft« (DHA XI, 34) gebot, Ersatz für das christliche Zentralsakrament zu finden. Heine fand dieses Surrogat in den als hedonistischer Gegenkult gedachten Feiern des Symposions und Bacchanals.

3. Der »Wahlgott« .. Heines unorthodoxe Jesus-Rezeption

Diesem infamen Umwertungsplan zum Trotz hat Heine die Person Jesu aus der Schusslinie seiner Kritik herausgenommen, um ihn gegen die Fehlentwicklung der katholischen Kirche auszuspielen. Stärker noch als Friedrich Nietzsche, der ungeachtet seiner Todfeindschaft gegen das Christentum eine solch tiefe Bewunderung für die selbstlose Torheit seines Stifters verspürte, dass er sich selbst in die Rolle des göttlichen »Hanswursts« und »Gekreuzigten« hineinverwandelte[25], sieht Heine in Jesus einen Seelenverwandten und Verbündeten, dessen Einsatz für mehr Mitmenschlichkeit und Freiheit es mitzutragen gilt. Für Heine nimmt der Nazarener zwischenzeitlich die Rolle eines Lieblings- und »Wahlgottes« ein, weil dessen Handeln sich mit der demokratischen Richtung seines eigenen politischen Denkens deckt.

Allerdings ist Heines Christusbild nicht eindeutig festlegbar. Während in seiner frühen Werkphase Jesus noch als Mystiker, Weltheiland und Friedensgott auftritt, dominiert in der mittleren der politische und historische Jesus. In der Spätphase verschwindet er dann fast völlig aus seinen Schriften und tritt lediglich mittelbar, als Lazarus-Christus-Konfiguration, in Erscheinung.[26] Dabei fällt auf, dass der Auferstehungsglaube für Heine ..den Schüler Hegels und Bewunderer Lessings ..eine unannehmbare Provokation bleibt. Ein Schwerpunkt seiner Interpretation liegt deshalb auch in dem Bemühen, Jesus als eine Inkarnation menschlichen Leidens ... als am Kreuz gescheiterten Schmerzensmann ..darzustellen.

In der Hauptsache ist Jesus für Heine aber der unbotmäßige Individualist, der sich den machtgesteuerten Interessen religiöser Vetternwirtschaft widersetzt. Damit wird er von Heine gewissermaßen ideologisch vereinnahmt und zum politischen Akteur erhoben ..eine Akzentverschiebung, die durchaus symptomatisch für Heines weitere religiöse Entwicklung ist. Je mehr er sich zu dem Entschluss durchringt, aus Deutschland, dem Land der Restauration, nach Frankreich, dem Land des politischen Aufbruchs, zu emigrieren, desto mehr verlagert sich der Schwerpunkt seines Jesusbilds ins Politische: Nicht mehr der überweltliche Friedensstifter, sondern der religiöse Rebell und Freiheitskämpfer wecken jetzt sein erzählerisches Interesse. Dem entspricht, dass mit der Zeit immer mehr frühchristliche, von den Sozialisten besetzte Begriffe wie Armut, Freiheit und Gleichheit für sein Christusbild konstitutiv werden.[27]

In der Hauptsache besitzt Jesus für Heine jedoch eine politische Dimension: Er ist der unbotmäßige Aufrührer, der sich den machtgesteuerten Interessen religiöser Vetternwirtschaft widersetzt; der sozialistische Rebell, der sich für die Belange der gesellschaftlich Geächteten engagiert; oder der revolutionäre Freiheitskämpfer, der dem demokratischen Stimmrecht zum Durchbruch verhilft. Schon ein Jahr vor seiner Emigration, nämlich 1830, synchronisiert Heine sein Christusbild deshalb mit Erfahrungen, die er als aufmerksamer Beobachter der Julirevolution in Paris macht.[28] Unter dem Eindruck der zunehmenden Liberalisierung Frankreichs, die 1830 zur Abdankung Karls X. führt, verwandelt Heine Christus zum göttlichen Demokraten, der das Legitimitätsprinzip des königlichen Absolutismus außer Kraft setzt. Deshalb parallelisiert er ihn in »Die Stadt Lukka« mit Louis-Philippe, dem durch die französische Kammer gewählten Bürgerkönig:

> Christus [ ] ist der Gott, den ich am meisten liebe ..nicht weil er ein so legitimer Gott ist, dessen Vater schon Gott war und seit undenklicher Zeit die Welt beherrschte: sondern weil er, obgleich ein geborener Dauphin des Himmels, dennoch, demokratisch gesinnt, keinen höfischen Ceremonialprunk liebt, weil er kein Gott einer Aristokratie von geschorenen Schriftgelehrten und gallonirten Lanzenknechten, und weil er ein bescheidener Gott des Volks ist, ein Bürger-Gott, *un bon dieu citoyen*. Wahrlich, wenn Christus noch kein Gott wäre, so würde ich ihn dazu wählen, und viel lieber als einem aufgezwungenen absoluten Gotte, würde ich ihm gehorchen, ihm, dem Wahlgotte, dem Gotte meiner Wahl. (DHA VII, 179)

Für Heine nimmt Christus hier nur deshalb den Rang eines Lieblings- und »Wahlgottes« ein, weil er das demokratische Prinzip der Wahlfreiheit inkarniert. Er feiert in ihm somit nicht die göttliche Person, sondern die politische Maxime. Sie ist in seinen Augen das eigentlich Anbetungswürdige und Göttliche. Heine instrumentalisiert Jesus damit zu einem Repräsentanten jener demokratischen Leitideen, für die er selbst wirbt. Deshalb ist Beate Wirth-Ortmann auch grundsätzlich zuzustimmen, wenn sie behauptet, dass mit der Politisierung Christi Heine den tradierten Gottesbegriff nicht nur säkularisiert, sondern seine eigenen politischen Vorstellungen zugleich auch sakralisiert.[29] Wenn folglich vom Berichterstatter der »Reisebilder« der Name Jesu immer wieder positiv erwähnt wird, soll dadurch nicht eine erzählerische Apotheose Jesu als vielmehr des Prinzips bezweckt werden, für das er steht: das der Freiheit. Die Freiheit als göttliche Tugend tritt an die Stelle des Gottes, der sie verkündet. Denn sie, die Freiheit, ist nach Aussage der »Englischen Fragmente« die wahre Religion der neuen Zeit, mit Frankreich als dem »geweihten Land«, Paris als dem »neuen Jerusalem« und den Franzosen als dem »auserlesenen Volk«. Für den »Freyheitshelden« Christus ist in diesem utopischen Freiheitsprojekt nur die Rolle eines höheren Funktionärs, die eines »hohen Priesters« der neuen Religion, vorgesehen. (DHA VII, 269)

Dass die Botschaft dieses Predigers der Freiheit durchaus eine explosive, die Gesellschaft verändernde Kraft besitzt und zu sozialer Unruhe bis hin zur gewaltsamen Erhebung führen kann, war eine logische Konsequenz dieser Interpretation. Das beweisen Heines spätere, in den vierziger und fünfziger Jahren gemachte Äußerungen über Jesus. Sie lassen erkennen, dass Heines anfangs noch liberales Christusverständnis sich unter dem Eindruck der immer mehr das Straßenbild von Paris prägenden proletarischen Massen[30] allmählich in ein sozialistisches verwandelt. Jesu Eintreten für die gesellschaftlich Geächteten und Armen, sein Kampf gegen die Selbstgerechtigkeit der Reichen und Etablierten sowie sein Engagement für ein allgemeines Weltbürgertum werden nun von Heine, zumal in ihrer frühchristlichen Realisation, als eine Vorstufe des Kommunismus angesehen.[31] Der »Sohn des Zimmermanns« ist jetzt nicht mehr das »Friedenswunder« von 1825, sondern dessen aggressiver Gegenspieler: der »göttliche Communist«[32], der das morsche Gebälk einer maroden Gesellschaft zum Einsturz bringt, um ein gerechteres Gemeinwesen darauf zu errichten. Diese sozialrevolutionäre Variante bildet von nun an den Grundtenor von Heines spätem Christusverständnis. Dennoch wäre es verfehlt, ihn zum Parteigänger eines kommunistischen Weltheilands zu machen. Denn gleichzeitig schreckte ihn die äußere Erscheinungsform der neuen Arbeiterbewegung .. das pöbelhafte und gewalttätige Auftreten der Kommunisten, die aus ihrer Aversion gegen die aristokratische Sonderstellung der Ästheten und Künstler kein Hehl machten ... so stark ab, dass er darin eine ernste Gefahr für die abendländische Kultur sah.

Insgesamt wäre es falsch, Heines Beschäftigung mit Jesus im Sinne eines Bekenntnisses zu deuten. Die Faszination, die Christus auf ihn ausübt, ist kein Beweis dafür, dass er sich mit ihm identifiziert hätte. Allenfalls lässt sie darauf schließen, dass er den rebellischen Zimmermannssohn immer wieder als eine Art Parameter eingesetzt hat, um seine eigene Situation besser zu begreifen. Ein fiktiver Doppelgänger im Sinne eines literarischen Alter Ego oder einer religiösen Spiegelung seiner selbst war Jesus für Heine jedoch nicht. Das aber heißt: Die Taufe hat Heine nicht zu einem überzeugten – die Göttlichkeit Jesu bejahenden – Christen gemacht. Dafür endet der Lebensweg des »Spiritualisten« Jesus zu tragisch und dafür ist der »Sensualist« Heine zu sehr Hedonist. Aufs Ganze gesehen ist Jesus für Heine weltanschauliche Reibungsfläche, religiöser Vergleichswert und im besten Fall Orientierung vermittelndes Leitbild in den Wirren der Zeit. Zum überweltlichen Erlöser und auferstandenen Gottessohn wird ihm der »göttliche Communist« jedoch nie. Deshalb kehrt Heine nach seiner großen religiösen Wende in der »Matratzengruft« auch nicht zu Christus, sondern zu Jahwe, dem Gott seiner Väter, zurück.

Die bittere Ironie von Heines letztem Lebensabschnitt besteht allerdings darin, dass er sich immer mehr in ein Ebenbild seines »armen Vetters« (DHA IV, 128) Jesus verwandelt. Im Unterschied zu Nietzsche, der in seinem letzten Lebensabschnitt gnädig in einen Zustand geistiger Umnachtung versinkt, muss Heine in seiner »Matratzengruft« am eigenen Leib die Demontage seiner utopischen Erwartungen erleben: Vom heidnischen Menschengott degeneriert er zum armen kranken Juden, vom Stifter eines sinnenfrohen Symposions zum bettlägerigen Hungerleider, vom Gottesmörder zum Beter. Sein Attentat auf Gott ist ebenso fehlgeschlagen wie seine Hoffnung auf ein irdisches Reich immerwährenden Sinnenglücks. Statt eines Daseins im Hochgefühl ewiger Gesundheit vegetiert der unheilbar Kranke in einem Zustand permanenten Schmerzes. Heine wird zu einem Märtyrer wider Willen, der alle äußeren Anzeichen eines Schmerzensmannes an sich trägt. Gegen sein saint-simonistisches Lebensethos sieht sich der syphilitische Dichter auf einmal in eine Solidaritätsgemeinschaft mit dem Mann aus Nazareth gezwungen, dessen unrühmliches Ende am Kreuz er in Caput XIII des »Wintermährchens« noch als »warnendes Exempel« (DHA IV, 129) apostrophiert hatte. Dennoch verweigert er dem Gekreuzigten wie überhaupt jeder Konfession seine Gefolgschaft. Er bekennt sich gegen Ende seines Lebens zwar zu Jahwe, dem Gott seiner Väter. Gleichwohl bleibt er im Reiche Jahwes ein unbehauster Geist der Revolte, der sich weder domestizieren noch eingemeinden lässt. Heines Rückkehr zu Gott ist deshalb – nach Ansicht des Tübinger Theologen Karl Josef Kuschel – auch kein Akt frommer Anpassung und Schicksalsergebenheit, sondern »eine Umwandlung in Form des Widerstands, eine Wiedererweckung im Gewande der Rebellion«. Aus Heines Spätlyrik spricht folglich nicht »das reuige Pater peccavi des verlorenen Sohnes, sondern das hiobhafte »Vater, warum [ ]?«.

Bildlich gesprochen kann man Heines letzte »Rolle«, neben seinen Auftritten als Lazarus und Hiob, darum auch als die *»eines Christus mit Mephistopheleslächeln«* umschreiben.[33]

Anmerkungen

1 Relation über die Sitzung der Kongregation an den Papst vom 22. September 1836 (Übersetzung). Zitiert nach Hubert Wolf/Wolfgang Schopf u. a. (Hrsg.): Die Macht der Zensur. Heinrich Heine auf dem Index. Düsseldorf 1998, S. 179.

2 In seinem Aufsatz »Heines Taufe in Heiligenstadt« hat Ferdinand Schlingensiepen den Heiligenstädter Taufakt detailliert rekonstruiert. In: Ferdinand Schlingensiepen/Manfred Windfuhr (Hrsg.): Heinrich Heine und die Religion, ein kritischer Rückblick. Ein Symposium der Evangelischen Kirche im Rheinland vom 27..30. Oktober 1997, Düsseldorf 1998, S. 81 ff.). In einem 19 Seiten langen Anhang zu seinem Artikel (S. 106..125) macht Schlingensiepen dabei zum ersten Mal die Heiligenstädter Akten aus dem Archiv der St. Martinsgemeinde zugänglich, die der mit Heines Taufe betraute Pfarrer Gottlob Christian Grimm über den jüdischen »Proselyten« Heinrich Heine angelegt hat.

3 Ebd., S. 106; 125.

4 Vgl. Grimms Antwortbrief an die Erfurter Regierung vom 7. September 1825, in dem Grimm über Heines Taufexamen folgendes berichtet: »Es fiel dieselbe [= die Prüfung; C. B.] so aus, daß wir beide [= Pfarrer Grimm und Superintendent Dr. Bonitz; C. B.] in dem Urtheil übereinstimmten er sey in Hinsicht seiner Kenntniß von den Lehren des Christenthums vollkommen vorbereitet und zur Aufnahme in die Gemeine der Christen und es sey kein Grund vorhanden, die Taufe ihm vorzuenthalten.« (Zitiert nach Schlingensiepen [Anm. 2], S. 115).

5 Vgl. Christian Liedtke: Heinrich Heine. 2. Au . Reinbek bei Hamburg 1997, S. 56.

6 Vgl. Paul Peters (Hrsg.): Heinrich Heine. Prinzessin Sabbat. Über Juden und Judentum, Bodenheim 1997, S. 7.

7 Vgl. Ludwig Rosenthal: Heinrich Heine als Jude. Frankfurt a. M./Berlin/Wien 1973, S. 219 ff.

8 Vgl. Jan-Christoph Hauschild/Michael Werner: »Der Zweck des Lebens ist das Leben selbst«. Heinrich Heine. Eine Biographie, Köln 1997, S. 72; 74.

9 Werner I, S. 436 f.

10 Werner II, S. 180.

11 Vgl. Karl-Josef Kuschel: »Vielleicht hält Gott sich einige Dichter «. Literarisch-theologische Porträts. Mainz 1991, S. 43.

12 Werner II, S. 146.

13 Ebd.

14 Vgl. vor allem den Widerruf von 1852, mit welchem Heine in seiner »Vorrede zur zweiten Au age« des 2. Bandes des »Salon« den in seiner Philosophieschrift vorgeführten Angriff auf Gott wieder zurücknimmt (Vgl. DHA VIII, 497).

15 Dolf Sternberger: Heinrich Heine und die Abschaffung der Sünde [= Dolf Sternberger Schriften XII], Frankfurt a. M./Leipzig 1996, S. 334.

16 Die Einsicht in Nietzsches Angriffsplan gegen das Christentum verdanke ich einem Nietzsche-Buch des Religionsphilosophen Eugen Biser, nämlich seiner Studie »Gottsucher oder Antichrist? Nietzsches provokative Kritik des Christentums« (Salzburg 1982, S. 39 ff.).

17 Friedrich Nietzsche: Sämtliche Werke. Kritische Studienausgabe in 15 Bänden. Hrsg. v. Giorgio Colli und Mazzino Montinari. München 1999. Bd. V, S. 114.

18 Nietzsche [Anm. 17], Bd. VI, S. 212. Zur Bedeutung dieses Satzes vgl. Eugen Biser: Nietzsche für Christen. Eine Herausforderung. Textauswahl und Einleitung von Eugen Biser [= Herder Bd. 1056], Freiburg im Breisgau 1983, S. 23.

19 Bei dem Gleichnis »Die Gefangenen« handelt es sich um den Aphorismus Nr. 84 in der zweiten Abteilung des zweiten Bandes von »Menschliches. Allzumenschliches« [Anm. 17], Bd. II, S. 590 f., bei dem Gleichnis »Der tolle Mensch« um den Aphorismus Nr. 125 im dritten Buch von »Die fröhliche Wissenschaft« [Anm. 17], Bd. III, S. 480 ff.

20 In »Der tolle Mensch« heißt es angesichts des erfolgten Gottesmords: »Wie vermochten wir das Meer auszutrinken? Wer gab uns den Schwamm, um den ganzen Horizont wegzuwischen? Was thaten wir, als wir die Erde von ihrer Sonne losketteten? Wohin bewegt sie sich nun? Wohin bewegen wir uns? [ ] Stürzen wir nicht fortwährend? [ ] Giebt es noch ein Oben und ein Unten? Irren wir nicht wie durch ein unendliches Nichts?« [Anm. 19, S. 481]. Zum näheren Verständnis dieser Stelle, vor allem inwiefern Heine zu dieser apokalyptischen Vision das Modell geliefert hat, vgl. Biser [Anm. 16], S. 63 ff.

21 Nicht zufällig hat sich Nietzsche in »Jenseits von Gut und Böse« als »der letzte Jünger und Eingeweihte des Gottes Dionysos« ([Anm. 17], Bd. V, S. 238) bezeichnet.

22 Vgl. Olaf Hildebrand: Emanzipation und Versöhnung. Aspekte des Sensualismus im Werk Heinrich Heines unter besonderer Berücksichtigung der »Reisebilder« [= Studien zur deutschen Literatur, hrsg. von Wilfried Barner u. a., Bd. 160], Tübingen 2001, S. 2 f. Auch wenn Hildebrands Studie nicht den Anspruch erhebt, alle Aspekte von Heines Sensualismus erfasst zu haben, liefert sie ein umfassendes, alle Werkphasen berücksichtigendes Bild von Heines sensualistischem Engagement. Sie schließt damit eine wichtige Lücke der Heine-Forschung, indem sie überzeugend nachweist, dass ..unabhängig von der späteren Beein ussung des Dichters durch den Saint-Simonismus ..bereits Heines Frühwerk im Zeichen des Sensualismus steht und auch die Leidenszeit in der Matratzengruft, die allgemein als eine tiefe Zäsur im Werk des hellenistischen Diesseitspoeten interpretiert wird, der Kontinuität seiner sinnlichen Argumentationsweise keinen Abbruch tut.

23 Vgl. Bernd Wetzel: Das Motiv des Essens und seine Bedeutung für das Werk Heinrich Heines. Diss. München 1972, S. 5.

24 Vgl. Jochen Hörisch: Brot und Wein. Frankfurt a. M. 1992, S. 16.

25 Auf die Selbststilisierung des Philosophen zum »Gekreuzigten« geht der Religionsphilosoph Eugen Biser in dem Herder-Bändchen »Nietzsche für Christen« (Eine Herausforderung. Textauswahl und Einleitung von Eugen Biser, Freiburg 1983) näher ein. Wie aus den angeführten Textstellen auf Seite 150 hervorgeht, hat der geistig umnachtete Nietzsche mindestens drei seiner »Wahnsinnsbotschaften« (nämlich diejenigen, die er im Januar 1889 an Georg Brandes, Peter Gast und König Umberto I. adressiert hat) mit »Der Gekreuzigte« unterzeichnet.

26 Vgl. Beate Wirth-Ortmann: Heinrich Heines Christusbild. Grundzüge seines religiösen Selbstverständnisses. Paderborn u. a. 1995.

27 Ebd., S. 138 ff.

28 Ebd., S. 138.

29 Ebd., S. 140.

30 Vgl. Hans Herzfeld: Die moderne Welt. 1789..1945. 1. Teil: Die Epoche der bürgerlichen Nationalstaaten [= Geschichte der Neuzeit; hrsg. von Gerhard Ritter], 6. erg. Au . Braunschweig 1973, S. 84 f.

31 Vgl. Wirth-Ortmann [Anm. 26], S. 146.

32 Ebd., S. 145.

33 Kuschel [Anm. 11], S. 66 f.

»Aber, Allah! Welch ein Anblick!« Heinrich Heine und der Islam

Von Joseph A. Kruse, Düsseldorf

Im Folgenden soll versucht werden, die komplexen Zusammenhänge der heineschen Bedingungen und Erfahrungen zu erörtern, um dabei sein Bild vom Islam zu begreifen und seine Entwürfe von einer orientalisch-islamischen Lebenswelt im Unterschied zu seiner jüdisch-christlichen Herkunft und Sozialisation in den Blick zu bekommen.[1] Besondere Beachtung verdient dabei seine frühe Tragödie »Almansor«, weil hier ein im Europa der damaligen Zeit beliebter islamischer Exotismus wie eine Folie wirken könnte für die eigenen jüdisch-deutschen Bedingungen. Doch auch späte Gedichte sind von besonderem Belang, da sie den Beleg dafür bilden, dass ihn das islamische Thema ein Leben lang begleitet hat. Solche Fragen sind aber nicht verständlich zu beantworten, wenn nicht weitere Überlegungen vorausgeschickt werden, die sich mit Heines Stellung zwischen den Religionen und mit seiner Bibellektüre beschäftigen.

1. Einige Hinweise auf Heines Position zwischen den Religionen

Persönlichkeit und Wirkung Heinrich Heines sind von den Bedingungen der religiösen Verhältnisse des 19. Jahrhunderts nicht zu trennen. Sie haben sogar trotz der fortschreitenden Säkularisation, die den Antisemitismus ja keineswegs beseitigt hat, seine Rezeptionsgeschichte zumal in Deutschland bis heute bestimmt. Heine stammte aus einer aufgeklärten jüdischen Familie im gettofreien Düsseldorf, wo er Ende des 18. Jahrhunderts geboren wurde. Das ungenaue Geburtsdatum hängt mit seiner Abstammung aus der jüdischen Gemeinde zusammen. Die Akten der Gemeinde verbrannten einige Jahre nach der Geburt der Kinder aus der Familie Heine (so der Name des aus dem Norddeutschen nach Düsseldorf eingewanderten Vaters) und van Geldern (so der Name der seit einigen Generationen in Düsseldorf ansässigen mütterlichen Familie von ursprünglich offenbar spanisch-sephardischer Herkunft), so dass die Geburtsjahre vom Rabbiner nur ungefähr rekonstruiert wurden. Auch die Angaben aus der Familie selbst waren nicht hilfreich. Möglicherweise spielt die Variationsbreite der Geburtsjahre eine Rolle, die für Außenseiterfamilien immer von Vorteil sein konnte. Die lebenserhaltende Schwankung in der Altersangabe beschreibt beispielsweise Ruth Klüger in ihrem autobiographischen Bericht »weiter leben. Eine Jugend« aus dem Jahre 1992 über ihre Zeit als Wiener Jüdin in den Konzentrationslagern. Die Zwölfjährige, die bei einer Selektion in Auschwitz-Birkenau aus einer Schlange nackter Frauen bereits als zu jung und arbeitsunfähig ausgemustert ist, will bei einem waghalsigen zweiten Versuch in der anderen Schlange ihrer Mutter nicht ganz folgen, die ihr gebietet, 15 Jahre anzugeben, hört aber auf denselben Rat einer etwa 20-jährigen Mitarbeiterin des zuständigen SS-Mannes, die ihr somit, selbst Schicksalsgenossin, das Leben schenkt, indem sie dem SS-Mann gut zuredet, dass die zu klein und jung Wirkende kräftig gebaut sei, Muskeln in den Beinen habe und arbeiten könne.[2]

Die »Gülich-Bergischen Nachrichten« enthielten in jenen Jahren der frühen Heine-Zeit zwar die Taufen aus den christlichen Konfessionen, nicht aber die Aufnahmen in die jüdische Gemeinde. Insofern ist Heines Lebensbeginn gewissermaßen mit einem Trauma ungeklärter Verhältnisse behaftet, das zu mancherlei Spekulationen verleitete. Man hat sich in der Forschung auf den 13. Dezember 1797 geeinigt. Lange Zeit galt 1799 als sein Geburtsjahr. Seine jüdische Familie legte Wert auf eine möglichst erfolgreiche Eingliederung in die christliche Umwelt, was übrigens einigen Zweigen der Verwandtschaft bis zum Aufstieg in den europäischen Adel und Hochadel gelungen ist. Es gibt dem Bekenntnis nach bis heute jüdische, evangelische und katholische Nachfahren der Familien Heine und van Geldern. Die Vorfahren waren teilweise als Hoffaktoren und Judenärzte tätig gewesen, hatten stets aber auch Ämter in der jüdischen Gemeinde inne. In unserm Zusammenhang muss unbedingt auf Heines Großonkel mütterlicherseits, den Chevalier von Geldern, hingewiesen werden, den man den »Morgenländer«[3] nannte, weil er auf seinen weiten Reisen bis ins Heilige Land gekommen war und sich in der Heimat bis in die Kleidung hinein ganz einen orientalischen Anstrich geben konnte. Mit ihm fühlte sich der Dichter offenbar seelenverwandt. Auch Heine lernte für seine Zeit, gewissermaßen als Medium für sein Publikum, viel von der Welt kennen. Der Düsseldorfer Kinder- und Schulzeit, wo er als einziger jüdischer Junge wie später seine Brüder das Lyceum besuchte und teilweise von katholischen Geistlichen unterrichtet wurde, folgte die kaufmännische Lehre in Frankfurt am Main und Hamburg, daran schloss sich das Jurastudium in Bonn, Berlin und Göttingen an, ein Studium das man übrigens getrost als obendrein philologisch, philosophisch und historisch beschreiben darf. Am Ende des Studiums ließ er sich in Heiligenstadt bei Göttingen protestantisch taufen. »Der Taufzettel«, wie er selbst in den so genannten »Prosanotizen« spöttisch bekannte, war nicht nur »das Entre Billet zur Europäischen Kultur« (DHA X, 313), sondern auch die notwendige Voraussetzung für eine Stelle im öffentlichen Dienst, die er als Professor für Geschichte in München oder als Ratssyndikus in Hamburg eine Zeit lang durchaus anstrebte.

Reisen nach Polen, auf die Nordseeinseln, nach England und Holland sowie nach Italien wurden 1831 gekrönt durch seinen Wechsel nach Paris, wo er als Berichterstatter für deutsche Zeitungen und als freier Schriftsteller ein Vierteljahrhundert lebte. 1841 heiratete Heine seine langjährige Lebensgefährtin Augustine Mirat, die er Mathilde nannte, nach katholischem Ritus. Eine achtjährige schwere Krankheit fesselte ihn an die so genannte Matratzengruft. Für diese leidvolle Spätzeit wird von seiner Bekehrung gesprochen, die man gleichzeitig als existenzielle wie literarische Hinwendung zur religiösen Tradition seiner Väter wird bezeichnen können. Karl-Josef Kuschel hat vor kurzem darüber unter dem Titel »Gottes grausamer Spaß? Heinrich Heines Leben mit der Katastrophe« ein bemerkenswertes Buch aus theologischer Perspektive geschrieben.[4] Heine starb am 17. Februar 1856 in Paris und wurde auf dem Montmartre-Friedhof beerdigt. Einen konfessionellen Beistand hatte er sich verbeten.

Trotz, vielleicht auch gerade wegen seiner wichtigen religionskritischen Einlassungen bildet Heine den Typus eines homo religiosus. Die Gottesfrage wird von ihm neben der Suppen-, Kamel- und Frauenfrage, also neben solchen von sozialpolitischer und emanzipatorischer Relevanz, zur größten Frage der Menschheit erklärt.[5] Wie sich die Menschen Gott und den Himmel vorstellen, davon ist die irdische Existenz abhängig. Der Dichter besitzt dabei zweifellos mystisches Potential. Er sieht sich in der Nachfolge der kritischen Funktion der Propheten. Seine späte Identifikation mit der Figur des biblischen Lazarus, worin auch Züge Hiobs eingegangen sind, belegt die Weiträumigkeit seiner Existenzbefragung und Solidaritätsbegabung. Solche Formen der Religiosität sind von den Erlebnissen der Verletzungen durch die Außensicht allerdings strikt zu unterscheiden. Debatten über Heines Religionswechsel oder über die Tiefenstruktur seiner Überzeugungen dürfen nie von den zeitgenössischen Bedingungen seiner Wirkung durch das Wissen um seine jüdische Herkunft wie von den dadurch sich ergebenden Distanzmomenten, also gewissermaßen vom gegenseitigen Fremdeln in einer noch so aufgeklärten Welt absehen. Heine selbst und seine Familie hatten sich nämlich auf Gedeih und Verderb mit den Problemen von Judenemanzipation und Assimilation auseinanderzusetzen. Auch die Taufe war nicht die Rettung vor dem verächtlichen Blickwinkel des 19. Jahrhunderts, der sich in der Folge sogar radikal verstärkte und auf alle Personen, die aus der jüdischen Außenseitergruppe stammten, angewendet wurde. Allerdings hat Heine selbst diese Herkunft trotz mancher als belastend empfundenen Behinderungen als stolzes Vermächtnis akzeptiert. Vor allem die letzten Jahre sind ein Zeugnis für diese Akzeptanz der jüdischen Traditionslinie in der eigenen Biographie. Sein Wort aus den »Geständnissen« von 1854 verdient hier zitiert zu werden:

Wie über den Werkmeister [Moses], hab ich auch über das Werk, die Juden, nie mit hinlänglicher Ehrfurcht gesprochen, und zwar gewiß wieder meines hellenischen Naturells wegen, dem der jüdäische Ascetismus zuwider war. Meine Vorliebe für Hellas hat seitdem abgenommen. Ich sehe jetzt, die Griechen waren nur schöne Jünglinge, die Juden aber waren immer Männer, gewaltige, unbeugsame Männer, nicht bloß ehemals, sondern bis auf den heutigen Tag, trotz achtzehn Jahrhunderten der Verfolgung und des Elends. Ich habe sie seitdem besser würdigen gelernt, und wenn nicht jeder Geburtsstolz bey dem Kämpen der Revoluzion und ihrer demokratischen Prinzipien ein närrischer Widerspruch wäre, so könnte der Schreiber dieser Blätter stolz darauf seyn, daß seine Ahnen dem edlen Hause Israel angehörten, daß er ein Abkömmling jener Märtyrer, die der Welt einen Gott und eine Moral gegeben, und auf allen Schlachtfeldern des Gedankens gekämpft und gelitten haben. (DHA XV, 41 f.)

Das folgende Indiz einer enttäuschten Flucht aus der deutsch-christlichen Umgebung soll für das vorliegende Thema notiert sein, weil sich hierdurch in den jungen Jahren die Verlorenheit in den deutschen Zuständen auf der einen und die Sehnsucht nach der exotischen Kulturwelt des Islams auf der anderen Seite schlaglichtartig zeigen: Die Rücknahme der Emanzipationsbestimmungen von 1812 in Preußen während der frühen 20er Jahre, als Heine gerade in Berlin studierte, lässt ihn in jenem Brief vom 14. April 1822 an seinen Düsseldorfer Jugendfreund Christian Sethe am Deutschen und an der deutschen Sprache verzweifeln und den französisch geschriebenen Wunsch äußern, nach Arabien zu gehen und die arabische Poesie als adäquaten Ausdruck seiner eigenen Befindlichkeiten zu üben.[6] Somit wird das ganz Andere, die islamisch-arabisch-persische Welt zur Alternative und zum Ausweg erklärt. Eindeutige Synästhesien mit dieser Dichtung und eine greifbare literarische Anteilnahme hatten sich bekanntlich schon bei der früher stattgefundenen Niederschrift seiner Tragödie »Almansor« und damit zusammenhängender Texte ergeben und finden sich beispielsweise auch in dem kleinen Gedicht »Ständchen eines Mauren« mit dem Liebespaar Zuleima und Abdul wieder. (DHA I, 438) Jedoch ist bei Heine jeweils die religionshistorische bzw. -vergleichende Sicht zu bedenken. Das Zeugnis dafür datiert später und ist unter dem Titel »Verschiedenheit der Religionen« seiner Darstellung »Zur Geschichte der Religion und Philosophie in Deutschland« zugeordnet. In der Prosanotiz heißt es über die drei Weltreligionen:

Trost im Unglück: Juden Hoffnung; wir sind in der Gefangensch<aft>, Jehova zürnt uns, er schickt einen Retter ...Mahometaner: Fatalismus, keiner entgeht seinem Schicksal, es steht oben geschrieben <au>f Steintafeln, Ergebung. Allah il Allah ...Christen, Spirit<u>alistische Verachtung des Angenehmen und der Freude, Schmerzsüchtiges Verlangen nach dem Himmel, auf Erden versuch<un>g des bösen, oben Belohnung ...was bietet der neue Glauben? (DHA VIII, 457)

Eine solche Notiz lässt erraten, dass der Autor sich zwar der Unterschiede zwischen den Religionen bewusst war, ihren Grund oder ihren Sinn jedoch nicht in der theologischen Differenz anzuerkennen vermochte. Für eine existenzielle Begründung von Religiosität oder Antwort auf eine Leerstelle bei der Frage nach dem eigenen Lebensverständnis bedurfte es wie am Anfang des Johannesevangeliums des Wortes.

Angelpunkt für Heines Religionserfahrungen ist nämlich die den drei monotheistischen Weltreligionen Judentum, Christentum und Islam zugrunde liegende Bibel, die er als ein Dokument der Weltliteratur liest, innerhalb derer er ansonsten Cervantes mit dem »Don Quixote« für die Epik, Shakespeare für das Drama und Goethe für die Lyrik hervorhebt.[7] Ich kenne keine geradezu absichtslosen literarischen Schriften, die mit so viel Liebe, Begeisterung, Einfühlung und Bilderreichtum den Zauber und die Kraft der durch das Bibelstudium oder besser durch ihre einfache Lektüre entstandenen Folgen beschrieben hätten wie Heines verschiedenste Stellungnahmen und Äußerungen über die Bibel, und das von Jugend an. Man staunt immer wieder, wie die Vorurteile im Hinblick auf angeblich religiöse Hazardspiele mit kritisch-zerstörerischem Hintergrund bei Heine die Kenntnis jener vielen Aussagen über die Bibel beiseite schieben. Auch hier bietet sich an, durch Heine-Worte selbst jenen Eindruck zu geben, der bei religiösen Fragen in der Regel bei diesem Autor nicht erwartet wird. Das erste Wort stammt aus dem 2. Buch der Denkschrift über Ludwig Börne und nimmt übrigens auf Mohammed Bezug. Ursprünglich war es 10 Jahre zuvor als Tagebuchaufzeichnung über den Aufenthalt auf Helgoland im Juli 1830 während der französischen Julirevolution entstanden:

> Welch ein Buch! groß und weit wie die Welt, wurzelnd in die Abgründe der Schöpfung und hinaufragend in die blauen Geheimnisse des Himmels Sonnenaufgang und Sonnenuntergang, Verheißung und Erfüllung, Geburt und Tod, das ganze Drama der Menschheit, Alles ist in diesem Buche Es ist das Buch der Bücher, Biblia. Die Juden sollten sich leicht trösten, daß sie Jerusalem und den Tempel und die Bundeslade und die goldenen Geräthe und Kleinodien Salomonis eingebüßt haben solcher Verlust ist doch nur geringfügig in Vergleichung mit der Bibel, dem unzerstörbaren Schatze, den sie gerettet. Wenn ich nicht irre, war es Mahomet, welcher die Juden das Volk des Buches nannte, ein Name der ihnen bis heutigen Tag im Oriente verblieben und tiefsinnig bezeichnend ist. Ein Buch ist ihr Vaterland, ihr Besitz, ihr Herrscher, ihr Glück und ihr Unglück. Sie leben in den umfriedeten Marken dieses Buches, hier üben sie ihr unveräußerliches Bürgerrecht, hier kann man sie nicht verjagen, nicht verachten, hier sind sie stark und bewundrungswürdig. Versenkt in der Lektüre dieses Buches, merkten sie wenig von den Veränderungen, die um sie her in der wirklichen Welt vorfielen; Völker erhuben sich und schwanden, Staaten blühten empor und erloschen, Revoluzionen stürmten über den Erdboden sie aber, die Juden, lagen gebeugt über ihrem Buche und merkten nichts von der wilden Jagd der Zeit, die über ihre Häupter dahinzog!
>
> Wie der Prophet des Morgenlandes sie das Volk des Buches nannte, so hat sie der Prophet des Abendlands in seiner Philosophie der Geschichte als das Volk des Geistes bezeichnet. Schon in ihren frühesten Anfängen, wie wir im Pentateuch bemerken, bekunden die Juden ihre Vor-

> neigung für das Abstrakte, und ihre ganze Religion ist nichts als ein Akt der Dialektik, wodurch Materie und Geist getrennt, und das Absolute nur in der alleinigen Form des Geistes anerkannt wird. (DHA XI, 38 f.)[8]

Solcher Respekt wird der Bibel und den Juden, wie man leicht bemerkt, aus der Vogelperspektive der Rolle eines Religionswissenschaftlers gezollt, der auch gleich die Propheten für Abendland und Morgenland zu benennen weiß und die Einordnung des eigenen Herkunftsvolkes immer auch als Selbstinterpretation heranzieht.

Das zweite Wort entstammt der Vorrede zur 2. Au age seiner Darstellung »Zur Geschichte der Religion und Philosophie in Deutschland« vom Mai 1852 und bezieht sich auf die eigenen religiösen Veränderungen, die in einem durchaus ironischen Ton geschildert werden:

> In der That, weder eine Vision, noch eine seraphitische Verzückung, noch eine Stimme vom Himmel, auch kein merkwürdiger Traum oder sonst ein Wunderspuk brachte mich auf den Weg des Heils, und ich verdanke meine Erleuchtung ganz einfach der Lektüre eines Buches … Eines Buches? Ja, und es ist ein altes, schlichtes Buch, bescheiden wie die Natur, auch natürlich wie diese; ein Buch, das werkeltägig und anspruchslos aussieht, wie die Sonne, die uns wärmt, wie das Brod, das uns nährt; ein Buch, das so traulich, so segnend gütig uns anblickt, wie eine alte Großmutter, die auch täglich in dem Buche liest, mit den lieben, bebenden Lippen, und mit der Brille auf der Nase .. und dieses Buch heißt auch ganz kurz weg das Buch, die Bibel. Mit Fug nennt man diese auch die heilige Schrift; wer seinen Gott verloren hat, der kann ihn in diesem Buche wieder finden, und wer ihn nie gekannt, dem weht hier entgegen der Odem des göttlichen Wortes. (DHA VIII, 499)

Angesichts solcher Emphase könnte man glauben, Heine habe sich für eine auch kerygmatische oder homiletische Aufgabe in den verschiedenen Konfessionen und Glaubensgemeinschaften geeignet. Er selbst stellt in den »Geständnissen« fest, auf katholischer Seite werde er bereits als ein »künftiges Kirchenlicht« gehandelt. (DAH XV, 48) An dieser Stelle tritt allerdings sein Individualismus dergestalt deutlich auf den Plan, dass davon auszugehen ist, sein eigener religiöser Gewinn sei nicht ohne weiteres auf ein Gemeindeleben übertragbar. Denn Heine, das muss immer wieder betont werden, entzieht sich trotz seines Bibelverständnisses einer engeren Einbindung in die religiösen Strukturen seiner Zeit und benutzt sein lockeres Verhältnis zu den Konfessionen aufgrund eigener Erfahrungswerte eher zur kritischen Personalsatire und distanzierten Re exion über die Bedeutung der Religionsausübung im gesellschaftlichen Kontext. Wenn er die Bibel an anderer Stelle der »Geständnisse« als »portatives Vaterland«[9] der Juden charakterisiert, das sie im Exile begleitet habe, so nimmt er für sich ein solches Vaterland in der deutschen Sprache und Literatur in Anspruch, die ihrerseits der Bibel unendlich viel verdanken.

Von besonderer Bedeutung für das Verständnis von Heines jüdischer Außenseiterposition sind seine Interpretationen in »Shakspeares Mädchen und Frauen«. Bei der Betrachtung von Jessika aus dem »Kaufmann von Venedig« kommt Heine auf die »innige Wahlverwandtschaft zwischen den beiden Völkern der Sittlichkeit, den Juden und Germanen«, zu sprechen, eine Wahlverwandtschaft, die nicht auf historischem Wege entstanden sei, »weil etwa die große Familien-Chronik der Juden, die Bibel, der ganzen germanischen Welt als Erziehungsbuch diente, auch nicht weil Juden und Germanen von früh an die unerbittlichsten Feinde der Römer, und also natürliche Bundesgenossen« gewesen wären. Sie habe einen tieferen Grund, beide Völker seien »sich ursprünglich so ähnlich, daß man das ehemalige Palestina für ein orientalisches Deutschland ansehen könnte, wie man das heutige Deutschland für die Heimath des heiligen Wortes, für den Mutterboden des Prophetenthums, für die Burg der reinen Geistheit halten sollte.« Heine fügt diesem Parallelismus Überlegungen an über die Anhänglichkeit der Juden an Gesetz und abstraktem Gedanken, »wie unsere neueren kosmopolitischen Republikaner, die weder das Geburtsland noch die Person der Fürsten, sondern die Gesetze als das Höchste achten.« Der Kosmopolitismus, behauptet Heine, sei »ganz eigentlich dem Boden Judäas entsprossen« und Christus, der ein »wirklicher Jude war«, habe »ganz eigentlich eine Propaganda des Weltbürgerthums gestiftet«. Man könnte also die heutige Globalisierungsdebatte darin angesprochen sehen! »Was ist aber der letzte Grund jenes Hasses«, fragt Heine, »den wir in Europa zwischen den Anhängern der mosaischen Gesetze und der Lehre Christi bis auf den heutigen Tag gewahren«, und wofür der »Kaufmann von Venedig« ein schauerliches Beispiel sei. Die Frage ist unlösbar, es sei denn sie beruhe, wie Heine einem angeblichen Privatbrief an ihn entnimmt, nicht mehr auf religiösen, sondern »merkantilischen, industriellen, wissenschaftlichen oder gar philosophischen Argumenten«. Die dieser vorgeschlagenen Lösung vorausgehende Frage Heines lautet folgendermaßen:

> Ist es der ursprüngliche Bruderhaß, den wir schon gleich nach der Erschaffung der Welt, ob der Verschiedenheit des Gottesdienstes, zwischen Kain und Abel entlodern sehen? Oder ist die Religion überhaupt nur Vorwand, und die Menschen hassen sich, um sich zu hassen, wie sie sich lieben, um sich zu lieben?

Bei den Erörterungen über Portia, ebenfalls aus dem »Kaufmann von Venedig«, sucht Heine auf dem Rialto als, wie er sich bezeichnet, »wandelnder Traumjäger« den Shylock. Er hätte ihm mitzuteilen gehabt, dass »z. B. sein Vetter, Herr von Shylok zu Paris, der mächtigste Baron der Christenheit geworden, und von Ihrer Katholischen Majestät jenen Isabellenorden erhalten hat, welcher einst gestiftet ward, um die Vertreibung der Juden und Mauren aus Spanien zu verherrlichen«. In der Synagoge von Venedig kommt Heine die Frage, ob etwa der Glaube »an jenen außerweltlichen

Donnergott, den Moses aussprach, zur fixen Idee eines ganzen Volks geworden« sei und prophezeit angesichts des andauernden Martyriums der Juden eine nie da gewesene Verfolgung. Hier bindet er wiederum die drei monotheistischen bzw. abrahamitischen Weltreligionen zusammen:

> Während des ganzen Mittelalters bis zum heutigen Tag stand die herrschende Weltanschauung nicht in direktem Widerspruch mit jener Idee, die Moses den Juden aufgebürdet, ihnen mit heiligen Riemen angeschnallt, ihnen ins Fleisch eingeschnitten hatte; ja, von Christen und Mahometanern unterschieden sie sich nicht wesentlich, unterschieden sie sich nicht durch eine entgegengesetzte Synthese, sondern nur durch Auslegung und Shiboleth. Aber siegt einst Satan, der sündhafte Pantheismus, vor welchem uns sowohl alle Heiligen des alten und des neuen Testaments als auch des Corans bewahren mögen, so zieht sich über die Häupter der armen Juden ein Verfolgungsgewitter, das ihre früheren Erduldungen noch weit überbieten wird. (DHA X, 125.127; 133 f.)

2. Interesse an und Kenntnisse des Islams: Allgemeine Betrachtung

Für die Kenntnisse Heines auch auf dem Felde der islamischen Welt darf einerseits sein existenzielles Interesse, andererseits sein überdurchschnittlicher Fleiß und Lesehunger verantwortlich gemacht werden. Bei Heine handelt es sich, ganz im Gegensatz zur landläufigen Meinung über diesen Schriftsteller mit seinem witzigen, leichten Ton, um einen durch und durch gelehrten Autor, der selbstverständlich, was das einschlägige orientalistische Wissen angeht, nicht mit dem zeitgenössischen begnadeten Orientalisten und unendlich fruchtbaren Schriftsteller Friedrich Rückert verglichen werden kann, der aber durchaus nach Interesse und Themenwahl trotz des anerkannten Sinns für den Orientalismus, der beispielsweise seinem zeitweisen Gegenspieler, dem Grafen Platen, alles bedeutete, dennoch vielen Zeitgenossen vieles voraus hatte. Immerhin hat er als Gewährsmann den bekannten Wiener Orientalisten Joseph von Hammer-Purgstall gelesen, zuvor aber bereits in Schultagen den unter anderem im Orient der Kreuzzüge spielenden »Zauberring«-Roman des Barons Friedrich de la Motte-Fouqué, Verfasser der romantischen »Undine«, verschlungen. Eine bestimmende Signatur für das Heinesche Verständnis ergibt sich aus einer Prosa-Notiz, die Ferdinand Freiligrath betrifft, offensichtlich aus dem Zeitraum 1831 bis 1848 stammt und in der es heißt:

> Sein Charakter: Sehnsucht nach dem Orient und Hineinträumen in südlichen Zuständen ... Aber der Orient ist ihm nicht aufgegangen in seiner Poesie, wie bey andern Dichtern denen jener fabelhafte, abentheuerliche Orient vorschwebt, den wir aus Kreuzzügentradizionen und 1001 Nacht uns zusammengeträumt .. ein real unricht<ig>er aber in der Idee richtiger, Poesie-Orient .. Nein, er ist exakt [ ] (DHA X, 328)[10]

Schon bei einer relativ chronologischen Betrachtung ergibt sich ein überraschendes orientalisches Florilegium. Hier ist mit der Tragödie »Almansor« zu beginnen, dem absoluten Jugendwerk, das wir allerdings gleich eigens werden anschauen müssen. Dann ist ein Blick auf Heines frühe »Reisebilder«-Prosa zu werfen: von den »Briefen aus Berlin« und »Die Harzreise« über die 3. Abteilung der »Nordsee« bis zu »Ideen. Das Buch Le Grand« schweifend. Dort ist bereits »der anmuthige Kontrast vom ernsten Abendlande und dem heitern Orient« (DHA VI,27) benannt, werden die türkischen Friedhöfe als Gärten beschrieben (DHA VI, 100) und heißt es vom Morgenkaffee auf dem Brocken folgendermaßen:

> Aber mit dem arabischen Trank rieselte mir auch der warme Orient durch die Glieder, östliche Rosen umdufteten mich, süße Bulbullieder erklangen, die Studenten verwandelten sich in Kameele, die Brockenhausmädchen, mit ihren Congrevischen Blicken, wurden zu Houris, die Philisternasen wurden Minarets usw.
> Das Buch, das neben mir lag, war aber nicht der Koran. Unsinn enthielt es freylich genug. Es war das sogenannte Brockenbuch, worin alle Reisende, die den Berg erstiegen, ihre Namen schreiben, und die Meisten noch einige Gedanken, und in Ermangelung derselben, ihre Gefühle hinzu notiren. (DHA VI, 128)

Das ist der junge freche Heine, wie er leibt und lebt, respektlos gleich noch eine Goethesche Aversion gegen den Koran paraphrasierend. Oder es heißt bei der Erörterung der Seelenwanderung über »die große Gottesironie, die allerley Widersprüche zwischen Seele und Körper hervorzubringen« pflege:

> Wer weiß, ob die Seele Gregors VII. nicht in dem Leibe des Großtürken sitzt, und sich unter tausend hätschelnden Weiberhändchen behaglicher fühlt, als einst in ihrer purpurnen Cölibatskutte. Hingegen wie viele Seelen treuer Moslemim aus Alys Zeiten mögen sich jetzt in unseren antihellenischen Cabinettern befinden! (DHA VI, 152)

In seinen Monologen, gerichtet an die fiktive Madame des »Buchs Le Grand«, räsoniert er:

> Wenn wir die Geschichte durchgehen, Madame, so haben alle große Männer einmal in ihrem Leben davon laufen müssen: ..Loth, Tarquinius, Moses, Jupiter, Frau von Staël, Nebukadnezar, Benjowsky, Mahomet, die ganze preußische Armee, Gregor VII., Rabbi Jizchak Abarbanel, Rousseau ..ich könnte noch sehr viele Namen anführen, z. B. die, welche an der Börse auf dem schwarzen Brette verzeichnet sind. (DHA VI, 204)

Von einem seiner Göttinger akademischen Lehrer heißt es, der Hofrat Heeren sei »ein Mann, der ebenfalls mit klugem Instinkt die alten Karavanenwege des Morgenlands auffindet, und dort schon, seit Jahr und Tag, so sicher und geduldig einherwandelt, wie jemals ein Kameel des Alterthums« (DHA VI, 205). Damit sind dann passende Texte aus dem »Buch der Lieder« zu verknüpfen, vor allem das eindrucksvolle »Almansor«-Gedicht, das am Schluss des »Heimkehr«-Zyklus die Mitte bildet zwischen dem spanisch-jüdischen Text »Donna Clara«, in dem sich der abendliche Liebhaber vor der schönen jungen, aber bigotten Christin als Sohn des Rabbi Israel von Saragossa entpuppt, und der rheinisch-katholischen Ballade »Die Wallfahrt nach Kevlaar«, in der ein junger Mann aus Köln entgegen einem landläufig erwarteten Wunder der Trösterin aller Betrübten in Kevelaer durch eben deren rettende Hilfe seiner verstorbenen Geliebten im nächtlichen Traum nachstirbt und so von seinem Liebesschmerz erlöst wird. Almansor lässt sich im Dom von Cordoba zwangsweise taufen, wo sich selbst die Säulen der ehemaligen Moschee in die Zeiten bequemen und die Last geduldig tragen: »Ei, da muß ja wohl der Schwäch're / Noch viel leichter sich beruh'gen.« In seinem späteren Traum allerdings stürzt die Kuppel krachend ein. (DHA I, 319 ff.) Aber auch die lyrische Beschreibung eines Gobelins, den Kampf zwischen Halbmond und Kreuz darstellend, muss genannt werden mit dem Titel »Aucassin und Nicolette« oder sein Bonner Stammbucheintrag »Fröhliche Mahle« von 1820 mit der in Klammern eigens beigefügten Erklärung »Arabisch«. (DHA I, 459 u. 520 f.) Schließlich ist auf die italienischen »Reisebilder« überzugehen, nämlich auf »Die Bäder von Lukka« und »Die Stadt Lukka«. Gleich zu Beginn wird ein orientalischer Vergleich herangezogen, wenn die englische Heldin der Erzählung ihre Reisebekanntschaft, den Doktor, hinter dem sich die Gestalt Heines verbirgt, diesen des Wahnsinns bezichtigt, weshalb sie ihn brie ich übrigens in den Tollhäusern »Englands, Schottlands und Irlands« hatte suchen wollen, und ausruft: »Die Orientalen sind ein gescheutes Volk, sie verehren einen Verrückten wie einen Propheten, wir aber halten jeden Propheten für verrückt.« (DHA VII, 85) In der »Stadt Lukka« beschreibt der Erzähler »die schönen Formen der verschleyerten Beterinn« Franscheska, die zwar »regungslos auf den steinernen Altarstufen« liege,

> doch in der wechselnden Beleuchtung bewegt sich ihr Schatten, läuft manchmal zu mir heran, zieht sich wieder hastig zurück, wie ein stummer Mohr, der ängstliche Liebesbote in einem Harem ..und ich verstehe ihn. ..Er verkündet mir die Gegenwart seiner Herrinn, der Sultaninn meines Herzens. (DHA VII, 174)

Für die imaginierte Liebesnacht wollte der protestantische Erzähler, so gesteht er wenig später, »selbst katholisch werden« (DHA VII, 175).

Zu den ersten zwischen Frankreich und Deutschland vermittelnden Schriften des seit Mai 1831 in Paris lebenden Journalisten und Schriftstellers Heine gehört der Bericht »Französische Maler« über die regelmäßig im Louvre gezeigte Ausstellung. Bei der Besprechung von Decamps und seines aufgrund türkischer Erfahrungen entstandenen Bildes »Patrouille« verteidigt er die Eigenart des Malers durch allgemeine ästhetische Hinweise, da Symbole »in dem Gemüthe des Künstlers aufsteigen, wenn es der heilige Weltgeist bewegt, seine Kunstwerke sind nur Symbole, wodurch er andern Gemüthern seine eigenen Ideen mittheilt. Wer mit den wenigsten und einfachsten Symbolen das Meiste und Bedeutendste ausspricht, der ist der größte Künstler«. Dann folgt die aus dem orientalischen Kontext entlehnte Erklärung, in der sich zeigt, dass sich Heine bei der wohl nur indirekt zu nennenden Berücksichtigung des Islams mehr um die dadurch bedingte Lebenswelt kümmert als um religiöse Inhalte:

> Es dünkt mir aber des höchsten Preises werth, wenn die Symbole, womit der Künstler seine Idee ausspricht, abgesehen von ihrer innern Bedeutsamkeit, noch außerdem an und für sich die Sinne erfreuen, wie Blumen eines Selams, die, abgesehen von ihrer geheimen Bedeutung, auch an und für sich blühend und lieblich sind und verbunden zu einem schönen Strauße. Ist aber solche Zusammenstimmung immer möglich? Ist der Künstler so ganz willensfrey bey der Wahl und Verbindung seiner geheimnißvollen Blumen? Oder wählt und verbindet er nur, was er muß? Ich bejahe diese Frage einer mystischen Unfreyheit. Der Künstler gleicht jener schlafwandelnden Prinzessinn, die des Nachts in den Gärten von Bagdad, mit tiefer Liebesweisheit, die sonderbarsten Blumen p ückte und zu einem Selam verband, dessen Bedeutung sie selbst gar nicht mehr wußte, als sie erwachte. Da saß sie nun des Morgens in ihrem Harem, und betrachtete den nächtlichen Strauß, und sann darüber nach, wie über einen vergessenen Traum, und schickte ihn endlich dem geliebten Kalifen. Der feiste Eunuch, der ihn überbrachte, ergötzte sich sehr an den hübschen Blumen, ohne ihre Bedeutung zu ahnen. Harun Alradschid aber, der Beherrscher der Gläubigen, der Nachfolger des Propheten, der Besitzer des salomonischen Rings, dieser erkannte gleich den Sinn des schönen Straußes, sein Herz jauchzte vor Freude, und er küßte jede Blume, und er lachte, dass ihm die Thränen herabliefen in den langen Bart.
> Ich bin kein Nachfolger des Propheten, und besitze auch nicht den Ring Salomonis, und habe auch keinen langen Bart, aber ich darf dennoch behaupten, daß ich den schönen Selam, den uns Decamps aus dem Morgenlande mitgebracht, noch immer besser verstehe als alle Eunuchen mitsammt ihrem Kislar Aga, dem großen Oberkenner, dem vermittelnden Zwischenläufer im Harem der Kunst. Das Geschwätze solcher verschnittenen Kennerschaft wird mir nachgerade unerträglich, besonders die herkömmlichen Redensarten und der wohlgemeinte gute Rath für junge Künstler, und gar das leidige Verweisen auf die Natur und wieder die liebe Natur. (DHA XII, 24 f.)

Dass sich Heine durch das orientalische Sujet als Vorläufer des Symbolismus äußert und das Bekenntnis ablegt: »In der Kunst bin ich Supernaturalist« (DHA XII, 25), spricht für die Bedeutung der durch den Islam entwickelten Bildsprache für sein eigenes Kunstverständnis, das in der Folge beispielsweise bei Baudelaire zum Tragen kam. In die Kunsttheorie führen auch die islamischen Verweise (wiederum sich auf die Lebenswelt und die damit verknüpften Moralvorstellungen beziehend) innerhalb der Darstellung zur deutschen Literaturgeschichte, die er »Romantische Schule« nannte. Im 1. Buch heißt es über die künstlerische Wirkung: »Ja, die Kunstwerke, die in dem einen Lande moralisch, werden in einem anderen Lande, wo eine andere Religion in die Sitten übergegangen als unmoralisch betrachtet werden können, z. B. unsere bildenden Künste erregen den Abscheu eines strenggläubigen Moslem, und dagegen manche Künste, die in den Haremen des Morgenlands für höchst unschuldig gelten, sind dem Christen ein Greul.« (DHA VIII, 152) Bei der Erörterung von Goethes Werk kommt er nach dem »Faust« auf den »West-östlichen Divan« zu sprechen, der »die Denk- und Gefühlsweise des Orients, in blühenden Liedern und kernigen Sprüchen« enthalte. Heine singt selbst ein ganzes wunderbares Loblied, an das man sich auch erinnern sollte, wenn die auf die gesellschaftliche Funktion des Klassikers sich richtende Goethe-Kritik Heines ständig ins Feld geführt wird. Es heißt an jener Stelle weiter: »und das duftet und glüht darin, wie ein Harem voll verliebter Odalisken mit schwarzen geschminkten Gazellenaugen und sehnsüchtig weißen Armen.« Es sei dem Leser einerseits »schauerlich lüstern zu Muthe«, manchmal auch,

> als läge er behaglich ausgestreckt auf einem persischen Teppich, und rauche aus einer lang-röhrigen Wasserpfeife den gelben Tabak von Turkistan, während eine schwarze Sklavinn ihm mit einem bunten Pfauenwedel Kühlung zuweht, und ein schöner Knabe ihm eine Schale mit ächtem Mokka-Kaffe darreicht: .. den berauschendsten Lebensgenuß hat hier Goethe in Verse gebracht, und diese sind so leicht, so glücklich, so hingehaucht, so ätherisch, daß man sich wundert wie dergleichen in deutscher Sprache möglich war.

Goethe gebe »auch in Prosa die allerschönsten Erklärungen über Sitten und Treiben im Morgenlande, über das patriarchalische Leben der Araber«. Der Zauber des Buches sei unbeschreiblich:

> es ist ein Selam, den der Occident dem Oriente geschickt hat, und es sind gar närrische Blumen darunter: sinnlich rothe Rosen, Hortensien wie weiße nackte Mädchenbusen, spaßhaftes Löwenmaul, Purpurdigitalis wie lange Menschenfinger, verdrehte Krokosnasen, und in der Mitte, lauschend verborgen, stille deutsche Veilchen.

Dann folgt eine kulturhistorisch bedeutsame Erklärung: »Dieser Selam aber bedeutet, daß der Occident seines frierend mageren Spiritualismus überdrüssig geworden und an der gesunden Körperwelt des Orients sich wieder erlaben möchte.« Goethe selbst habe, nachdem er im »Faust« »sein Mißbehagen an dem abstrakt Geistigen und sein Verlangen nach reellen Genüssen ausgesprochen«, sich gleichsam »mit dem Geiste selbst in die Arme des Sensualismus« geworfen, »indem er den West-östlichen Divan schrieb« (DHA VIII, 160 f.). Auch literarische Richtungen werden, diesmal im 2. Buch, durch eine islamische Weisheit erklärt. Die Schlegel-Schule habe Goethe auf ihre Seite ziehen wollen, was ihr nicht gelungen sei, Tieck sei dagegen zu Goethe übergegangen. »Dieses mahnt an eine mahometanische Sage«, schreibt Heine: »Der Prophet hatte zu dem Berge gesagt: Berg komm zu mir. Aber der Berg kam nicht. Und siehe! Das größere Wunder geschah, der Prophet ging zu dem Berge.« (DHA VIII, 182)

Selbst ein kleiner Hinweis in den »Elementargeistern« macht auf die heinesche Belesenheit aufmerksam, wenn es dort heißt, dass die »Sagen von solchen Versteinerungen« im Norden ebenso heimisch seien wie im »Morgenlande, wo der bornirte Moslem die Statuen und Karyatiden, die er in den Ruinen alter Griechentempel findet, für lauter versteinerte Menschen hält« (DHA IX, 13).

Auch zwei nicht ohne Witz versehene Prosanotizen aus dieser Zeit seien angeführt. Die eine bezieht sich auf die Stellung der Frau, die andere spielt mit Mohammeds ursprünglichem Beruf. Über die Frau heißt es:

> Wie viel höher steht die Frau bey Moses, als bey den andern Orientalen ..noch auf heutigen Tag bey den Mahometanern ..diese sagen bestimmt daß die Frau nicht einmal ins Paradies kommt. Mahomet hat sie davon ausgeschlossen. Glaubte er etwa daß das Paradies kein Paradies mehr sey, wenn jeder seine Frau dort wiederfände? (DHA X, 338)

Die andere Notiz macht sich über einen ursprünglich schlichten, verständigen Menschen lustig, der zum Mystiker wurde (wie Heine gerne überspannte fromme Naturen nannte, beispielsweise seinen Freund Philipp Spitta während der Lüneburger Zeit, als beide mit der von ihm so genannten schönen Sultanin von Lüne, der Frau des damaligen Salinendirektors Jochmus verkehrten). Es heißt dort: »Wie Mahomet nur ein Kameltreiber war, ehe ihn der Engel zum Propheten erleuchtete, so war x zwar nicht ein Kameltreiber aber ein Kamel selbst ehe ihm das neue Licht gekommen« (DHA X, 340).

Geradezu eine kleine Humoreske mit ernstem Hintergrund bildet die Ludwig Börne in der entsprechenden Denkschrift in den Mund gelegte Passage über die antisemitischen Ausfälle eines Philosophieprofessors, dem er einen »Schiffbruch an der nordafrikanischen Küste« an den Hals wünscht. Denn er habe jüngst gelesen,

> daß die Mahometaner, die dort wohnen, sich durch ihre Religion berechtigt glauben, alle Christen, die bey ihnen Schiffbruch leiden und in ihre Hände fallen, als Sklaven zu behandeln. Sie vertheilen unter sich diese Unglücklichen und benutzen jeden derselben nach seinen Fähigkeiten. So hat nun jüngst ein Engländer, der jene Küsten bereiste, dort einen deutschen Gelehrten gefunden, der Schiffbruch gelitten und Sklave geworden, aber zu gar nichts anderem zu gebrauchen war, als daß man ihm Eyer zum Ausbrüten unterlegte; er gehörte nemlich zur theologischen Fakultät.

Börne wünscht dem erwähnten Philosophen eine solche Lage:

> wenn er auf seinen Eyern drey Wochen unaufstehlich sitzen müßte (sind es Enteneyer sogar vier Wochen) so kämen ihm gewiß allerley Gedanken in den Sinn, die ihm bisher nie eingefallen, und ich wette, er verwünscht den Glaubensfanatismus, der in Europa die Juden und in

Afrika die Christen herabwürdigt, und sogar einen Doktor der Theologie bis zur Bruthenne entmenscht (DHA X, 23).

Bei der Charakterisierung Börnes kann sich Heine übrigens einen kleinen Hieb gegen dessen heimliche erotischen Wünsche nicht versagen und vergleicht die unvollkommene Enthaltsamkeit mit folgender Ansicht jener Tage: »behauptet man doch, daß Mahomet seinen Türken den Wein verboten habe, damit er ihnen desto süßer schmecke« (DHA XI, 32).

Wie im »Buch der Lieder« von 1827 ist auch in den »Neuen Gedichten« von 1844 ein Text mit islamischem Hintergrund enthalten, und zwar die Romanze »Ali Bey«, die als ein orientalisches Liebesgedicht aus der Kreuzzugszeit kostümiert ist, aber auch als Reaktion auf die Algerien-Krise von 1839 gelesen werden kann. Der Beduinenfürst Abd el-Kader hatte, wie die damalige Presse berichtete, den »heiligen Krieg« gegen die französische Besatzungsmacht ausgerufen und den »Haß gegen die Christen« geschürt (vgl. DHA II, 87/590 f.). Heines Versepos »Atta Troll« verknüpft des »Morgenlandes Zauber« aus Anlass der Wilden Jagd, bei der neben der antiken Jagdgöttin Diana und der keltischen Fee Abunde auch Herodias auftaucht, mit »dem gluthenkranken Antlitz« der jüdischen Königin, während ihre Kleider »kostbar / An Scheherezadens Mährchen« gemahnten (DHA IV, 58).

Vor allem jedoch ist das islamische Thema neben vielen anderen damals exotisch anmutenden Motiven im »Romanzero« von 1851 präsent. Immerhin gehört, neben dem Loreley-Gedicht aus dem »Heimkehr«-Zyklus des »Buchs der Lieder«, das kleine Gedicht über die Sultanstochter und den »Asra«, jenen Sklaven aus dem Jemen, der einem Stamme angehört, »welche sterben, wenn sie lieben« (DHA III, 42), zu den berühmtesten Texten. Hier ist auch die Ballade »Der Mohrenkönig« zu finden, die wir gleich eigens besprechen wollen. Erwähnt sei auch die Ballade über den persischen Nationaldichter Firdusi, dessen islamischer wie vorislamischer Hintergrund mit der eigenen dramatisch gescheiterten Erbschaftsgeschichte parallel gesetzt wird.[11] Im Zyklus »Hebräische Melodien« findet sich dann das Dichtergedicht »Jehuda ben Halevy« über den mittelalterlichen spanisch-jüdischen Dichter, der in Jerusalem durch einen Sarazenen zu Tode kommt, der Sage nach vielleicht ein »verkappter Engel« (DHA III, 148), der Jehuda, den wunderbaren Dichter, aus reiner Gnade unverzüglich ins Himmelreich befördert. Damit schließt sich eigentlich bei Heine der orientalisch-islamische Bogen. Es sei aber der Vollständigkeit halber wenigstens auf die Berichte in der »Lutezia« verwiesen, die auf die damalige orientalische Frage eingehen und gleichzeitig auf die Märchen von »Tausend und eine Nacht« verweisen, genauso wie der Entwurf einer Vorrede zu »Poëmes et Légendes«, wo es um Loëve-Veimars geht, der als französischer Konsul in Bagdad residiert. Heine nennt als Appositionen Bagdads folgende Reihe: »der Schauplatz der meisten Mährchen der Schehezerade, die Hauptstadt von tausend und eine Nacht, die Stadt deren Namen schon einen phantastischen Zauber ausübt«. Heine schreibt: »Niemand hat jemals dort mit größerer Klugheit und Würde die Ehre Frankreichs vertreten und eben bey den Orientalen war seine natürliche Prunksucht am rechten Platze und er imponirte hier durch Verschwendung und Pracht.« (DHA II, 209)

3. Einige Beispiele der speziellen literarischen Behandlung, z. B. die frühe Tragödie »Almansor« und die späte Ballade »Der Mohrenkönig«

Von besonderem Belang ist das schon frühe Bemühen um den islamischen Stoff im weiten, ausladenden Rahmen, wie er ihn, was oben bereits erwähnt wurde, als junger Leser durch den Roman »Der Zauberring« des von ihm hoch verehrten Barons de la Motte-Fouqué kennen gelernt hatte und selbst in der Tragödie »Almansor« anzulegen versuchte. Er habe in dieses Stück sein »eignes Selbst hineingeworfen«, mitsamt seinen »Paradoxen«, seiner »Weisheit«, seiner »Liebe«, seinem »Hasse« und seiner »ganzen Verrücktheit«, schreibt Heine am 29. Oktober 1820 an seinen Studienfreund Friedrich Steinmann. (HSA XX, 29) Heine hatte mit der Arbeit an der Tragödie im August 1820 in Bonn-Beuel begonnen, setzte sie in Göttingen fort und vollendete sie im Frühjahr 1821 in Berlin. Es handelt sich damit um den dramatischen Einstand eines Jurastudenten, der in Bonn Vorlesungen bei August Wilhelm Schlegel gehört und bereits seit einiger Zeit erste Schritte als Lyriker unternommen hatte. Die Kenntnis der Liebesgeschichte zwischen »Medschnun und Leila« des Persers Dschami, die Romanze von Donna Clara und Don Gayseros bzw. Gayferos, worin die Liebe einer Christin und eines Mohrenkönigs behandelt wird, aus dem »Zauberring«[12] und ein Geschichtsroman über die kriegerischen Auseinandersetzungen in Granada des Spaniers Ginès Pérez de Hita haben dem heineschen Liebesmotiv entsprechenden Hintergrund verliehen. Für die Ausführung des Stückes selbst waren nicht nur Schlegel und Shakespeare, zumal mit »Hamlet« und »Romeo und Julia«, auch Racine und Voltaire, Lessing, Lord Byron und Calderon von Bedeutung. So sehr Heines Bemühung auch nach den Sternen griff, er war bald selber davon überzeugt, dass, wie es in einem Brief ebenfalls an Steinmann vom 4. Februar 1821 heißt, »dieses von mir selbst angestaunte und vergötterte Prachtwerk« nicht nur keine gute Tragödie sei, sondern den Namen einer Tragödie nicht einmal verdiene (HSA XX, 36).

Es ist sehr zu befürchten, dass trotz einiger einzugestehender Schwächen des dramatischen Aufbaus und lyrischen Tons das Publikum solche negativen Selbstzeugnisse zu rasch für bare Münze gehalten hat. Eine Aufführung im Zusammenhang des Heine-Jahres 1997 durch das Neusser Landestheater konnte jedenfalls durchaus unter Beweis stellen, dass die Botschaft des Stückes auch bei einer theatralischen Umsetzung durchaus ankommt, wie nämlich durch äußere Zwänge eine von Natur und Familie gewollte Liebesgeschichte behindert wird und zwanghafte religiöse Maßnahmen gegen den Geist und das Leben verstoßen. Für die Gedankenwelt des jungen Dichters und für die Hinwendung einer ganzen damaligen Generation zu den Themen von Orient und Islam ist jedenfalls der »Almansor« unverzichtbar. Gerhard Höhn hat in seinem »Heine-Handbuch« eine überzeugende funktionale Deutung gefunden, wodurch die ..dem Stück als Beitrag zur »Heimkehr in die Fremde« beigemischte und von einem »assimilationsbereiten jüdischen Studenten« stammende ..damalige Irritation erklärt wird: »Es gilt in der Tat zu beachten, daß Heines dramatischer Erstling der Biedermeiergesellschaft einen Helden zumutet, der kein Christ, sondern Moslem ist, und daß die Tragödie nicht die Partei der christlichen Sieger, sondern der maurischen, glaubenstreuen Besiegten ergreift.«[13] Die muslimischen Elternpaare von Almansor und der ihm als Kind bereits versprochenen Geliebten Zuleima, die dann als überzeugte Christin Clara heißt, haben ihre Kinder getauscht, um sie jeweils, ohne das den Kindern mitzuteilen, als eigenen Sohn oder eigene Tochter aufzuziehen, bis die Kinder heiratsfähig sind. Während der Maurenverfolgung und unter dem gnadenlosen Wirken der Inquisition werden viele Mauren zu Christen, andere iehen nach Nordafrika.

Der Ziehvater von Zuleima namens Aly bleibt als zum Christentum konvertierter Edelmann mit ihr in Granada und assimiliert sich völlig, was dem Diener Pedrillo, der der traurigen Handlung kleine komische Lichter aufsetzt, allein bei den wechselnden Anrufungen Allahs, Jesu und der Heiligen immer wieder misslingt. Almansor, selbst in Nordafrika gewesen, kehrt nach dem Tod seiner Zieheltern nach Spanien zurück, findet hier, spanisch verkleidet, im verwaisten Schloss seiner Kindheit den treuen Diener Hassan wieder, gewinnt Zuleimas Herz, die im Begriff steht einen spanischen Hochstapler zu heiraten, selbstverständlich im Sturm zurück, wäre ihretwegen fast zur Konversion bereit, ieht mit ihr, bevor die anberaumte Trauung vollzogen werden kann, vor den sie verfolgenden Spaniern und stürzt sich nach einer Szene aus Traum und Liebe, während sich Zuleima bereits im Himmel wähnte, mit ihr vom Felsen. Aly, der seinen Sohn schon lange nicht mehr unter den Lebenden glaubte, jetzt von seiner Heimkehr weiß und ihn sucht, findet das Liebespaar nur noch tot und bricht in die letzten verzweifelten Verse aus:

> Jetzt, Jesu Christ, bedarf ich deines Wortes,
> Und deines Gnadentrost's, und deines Beyspiels.
> Der Allmacht Willen kann ich nicht begreifen,
> Doch Ahnung sagt mir: ausgeräutet wird
> Die Lilie und die Myrthe auf dem Weg,
> Worüber Gottes goldner Siegeswagen
> Hinrollen soll in stolzer Majestät. (DHA V, 68)

Muss man dieses Ende nicht verzweifelt nennen? Denn was bleibt, ist die reinste unau ösbare Aporie, die Undurchdringlichkeit des Geschehens und des Willens Gottes, dem jeweils in den verschiedenen Religionen die Gläubigen durch rechtes menschliches Verhalten und durch Anhänglichkeit an dem je ihnen eigenen, sprich angeborenen Glauben entsprechen sollen. Die Religionsschranken werden einzig von der todbringenden Liebe überwunden, was gewiss nicht als Ausweg aus dem Dilemma zu sehen sein kann. Mit der tragischen Lösung hat Heine sein eigenes Motto umgesetzt, in dem es eingangs heißt:

> Glaubt nicht, es sey so ganz und gar phantastisch
> Das hübsche Lied, das ich Euch freundlich biete!
> Hört zu: es ist halb episch und halb drastisch,
> Dazwischen blüht manch lyrisch zarte Blüthe;
> Romantisch ist der Stoff, die Form ist plastisch,
> Das Ganze aber kam aus dem Gemüthe;
> Es kämpfen Christ und Moslem, Nord und Süden,
> Die Liebe kommt am End' und macht den Frieden. (DHA V, <8>)

Der »Almansor«, auch das darf gesagt werden, enthält übrigens bis in wörtliche Anklänge hinein viele Liebesmotive seiner gleichzeitigen Lyrik, die sehr viel besser bekannt und tausendfach vertont ist.

Auch die 17 Strophen der Ballade »Der Mohrenkönig« aus den »Historien« des »Romanzero« von 1851, als Heine bereits in seiner Matratzengruft lag, entbehren nicht der tragischen Perspektive, auch wenn das Gedicht keinesfalls mit dem Tod der Protagonisten endet. Die tragische Komponente wohnt dem Verlust der Heimat und der Erniedrigung durch den Untergang des Königtums inne.

> Auf der Höhe, wo der Blick
> In's Duero-Thal hinabschweift,
> Und die Zinnen von Granada
> Sichtbar sind zum letzten Male:
>
> Dorten stieg vom Pferd der König
> Und betrachtete die Stadt,
> Die im Abendlichte glänzte,
> Wie geschmückt mit Gold und Purpur.
>
> Aber, Allah! Welch ein Anblick!
> Statt des vielgeliebten Halbmonds,
> Prangen Spaniens Kreuz und Fahnen
> Auf den Thürmen der Alhambra. (DHA III, 45)

Die Tragik wird allerdings bei der Schilderung des weinend ins traurige Exil gehenden maurischen Königs Boabdil gebrochen durch die treue und zärtliche Anhänglichkeit der Lieblingsfrau des vertriebenen letzten Herrschers von Granada, die dem harschen Verweis der Schwiegermutter widerspricht, weil »nicht allein der Triumphator«, sondern auch der »blut'ge Sohn des Unglücks«, auch der »heldenmüth'ge Kämpfer, / Der dem ungeheuren Schicksal / Unterlag«, ewig leben wird »In der Menschen Angedenken.« (DHA III, 46) So heißt denn der Ort des Abschieds »Berg des letzten Mohrenseufzers« und Boabdils Ruhm wird währen, bis die letzte andalusische Gitarrensaite zerspringt. Damit wird angedeutet, dass Gedächtnis und Erinnerung einen interkulturellen Charakter besitzen, ein die Kulturen verschmelzendes Erbe bewahren. Über die einzig die Geschehnisse der Weltgeschichte überdauernden und sie auf die Probe stellenden Wirkungen des Liedes und der Literatur hat sich Heine immer wieder ausgesprochen. So endet auch sein Versepos »Deutschland. Ein Wintermährchen«. Seine Sympathie gehört eindeutig den Unterlegenen, den Schwächeren, denen Kunst, Sitte und Anstand beigegeben sind. Seine islamische Verkleidung betrifft in den spanisch-maurischen Schnittstellen jedenfalls immer auch den eigenen Horizont, aus dem er hätte gar nicht hinaus streben müssen, wenn er nach den Regeln von Freiheit, Gleichheit und Brüderlichkeit, den Idealen der großen Französischen Revolution, die bereits in der Bibel formuliert wurden, behandelt worden wäre. Insofern bleiben seine Bemühungen um die Darstellung historischer Ereignisse zwischen den Religionen, ob Christentum oder Judentum oder Christentum oder Islam, immer auch Entwürfe mit utopischem Charakter, die Kritik enthalten an einer selbstgerechten Ausübung der christlichen Traditionen in der von ihm erlebten und zur notwendigen Emanzipation aufgeforderten Umwelt. Solche Emanzipation scheint inzwischen in unserem Bereiche längst erreicht. Die Probleme sind allerdings geblieben, besitzen aber andere Färbungen. Wenn zu ihrer Lösung das Bewusstsein der Menschenwürde, wie Heine es bereits vertrat, das Ihrige hinzutun könnte, hätte die Literatur wieder einmal mehr unter Beweis gestellt, dass sie doch nicht so ohnmächtig ist, wie wir in der Regel annehmen.

Anmerkungen

1 Vgl. meine »Begründung der Jury« zur Verleihung des Essay-Preises der Heinrich-Heine-Gesellschaft e. V. »Heines schöner Islam« und den Beitrag des Preisträgers Hanno Kabel im HJb 43 (2004), S. 246-267. .. Dort auch der Hinweis auf die grundlegende Studie von Mounir Fendri über Heine und den islamischen Orient aus dem Jahre 1980.

2 Göttingen 1992, S. 127-135.

3 Vgl. Heines sogenannte »Memoiren«, DHA XV, S. 71.

4 Düsseldorf 2002.

5 Vgl. den Beitrag des Verf.: »Die wichtigste Frage der Menschheit«. Heine als Theologe. (1990). ..Zuletzt in: Christian Liedtke (Hrsg.): Heinrich Heine. Neue Wege der Forschung. Darmstadt 2000, S. 147..162.

6 Vgl. HSA X, 49..51, bes. S. 50. ..Dazu passt die Begegnung von Orient und Okzident im Londoner Hafen, wie Heine sie »Europamüde« unter den Losungen »Mahomet!« und »Bonaparte!« in den »Englischen Fragmenten« beschreibt (DHA VII, 262 f.).

7 Vgl. Verf.: »In der Literatur wie im Leben hat jeder Sohn einen Vater«: Heinrich Heine zwischen Bibel und Homer, Cervantes und Shakespeare. ..In: Heine und Die Weltliteratur. Hrsg. von Terence J. Reed und Alexander Stillmark. Oxford 2000, S. 2..23.

8 DHA XI (bearb. v. Helmut Koopmann, 1978), S. 38 f.

9 DHA XV (bearb. v. Gerd Heinemann, 1982, S. 43.

10 Vgl. Mirjam Weber: Der »wahre Poesie-Orient«. Eine Untersuchung zur Orientalismus-Theorie Edward Saids am Beispiel von Goethes »West-östlichem Divan« und der Lyrik Heines. Wiebaden 2001 (Mizan. Bd. 9).

11 Vgl. Verf.: Heinrich Heines »Der Dichter Firdusi«: Fremde Historie als eigene Situation. ..In: Ballade und Historismus. Die Geschichtsballade des 19. Jahrhunderts. Hrsg. von Winfried Woesler. Heidelberg 2000 (= Beihefte zum Euphorion, 38) S. 116..134.

12 Vgl. zum Verhältnis »Heine und Fouqué« den gleichlautenden Aufsatz des Verf. mit dem Untertitel »Romantischer Ausgangspunkt mit emanzipierten Folgen«, in: Markus Winkler (Hrsg.): Heinrich Heine und die Romantik. Heinrich Heine and Romanticism. Erträge eines Symposiums an der Pennsylvania State University (21..23. September 1995). Tübingen 1997, S. 15..39, bes. S. 20.

13 Gerhard Höhn: Heine-Handbuch. Zeit. Person, Werk. 2., aktualisierte u. erweiterte Au . Stuttgart u. Weimar 1997, S. 47.

III.

Heines Lyrik in China nach 1949 Teil 2

Von Liu Min, Peking

IV.

Im September 1987 fanden an der Peking-Universität die Heine-Gedenkfeier anlässlich der 190. Wiederkehr seines Geburtstages und das Internationale Heine-Symposium Peking 1987 statt.[1] Der Veranstalter war das Forschungszentrum für die Weltliteratur der Peking-Universität. Weiter haben noch zwölf Institutionen als Mitorganisatoren gewirkt, darunter das Deutsch-Sprachzentrum der Peking-Universität, der Chinesische Germanistenverband, die Zentrale Musikhochschule von Peking, die Gesellschaft des Kulturaustausches mit dem Ausland der Stadt Peking, die Redaktion der Zeitschrift »Shikan« (Gedichte), der Volksliteraturverlag, der die chinesische vierbändige Heine-Auswahl herausgibt, und der Verlag der Peking-Universität, der vorhatte, die Schriften des Symposiums zu veröffentlichen; die vier zuletzt genannten trugen sämtliche Kosten der Konferenz. Anders als die offizielle Gedenkfeier 1956 war das Symposium vor allem eine Versammlung der Gelehrten. Neben vierzehn ausländischen Heine-Spezialisten aus der Bundesrepublik Deutschland, der DDR, Japan, den USA und Hongkong kamen noch über vierzig chinesische Wissenschaftler aus verschiedenen Provinzen und Gebieten nach Peking, um an dem Symposium teilzunehmen. Viele berühmte Dichter, Schriftsteller, Wissenschaftler, prominente Persönlichkeiten der Kunst- und Kulturkreise, der Presse und des öffentlichen Lebens, leitende Vertreter der Ministerien und der Stadt Peking sowie Diplomaten der beiden deutschen Staaten wohnten der Eröffnungszeremonie bei, wobei der Botschafter der Bundesrepublik Deutschland, Dr. Hannspeter Hellbeck, und der Botschaftsrat der DDR, Dietmar Schulze, nacheinander Gedenkansprachen hielten. Prof. Zhang Yushu, Leiter des Forschungszentrums für die Weltliteratur und des Deutsch-Sprachzentrums der Peking-Universität, hat in seiner Eröffnungsansprache dargelegt, warum das neugegründete Forschungszentrum für die Weltliteratur beschloss, Heinrich Heine als dem ersten unter den berühmten Dichtern der Weltliteratur auf diese Art und Weise eine Huldigung darzubringen:

Es gibt wohl keinen anderen deutschen Dichter als Heinrich Heine, dessen Sprache, ausgezeichnet durch ihre kristallene Klarheit und volkstümliche Einfachheit, durch poetische Anmut und graziöse Eleganz, von den chinesischen deutschlernenden Anfängern leichter verstanden wird und sie schon im Anfangsstadium dazu anreizt, seine berühmten Gedichte mit Begeisterung auswendig zu lernen. Durch seine meisterhaften Gedichte fühlen sich die chinesischen Studenten von Anfang an von der Schönheit der deutschen Sprache angezogen und dazu angespornt und ermutigt, diese Sprache zu erlernen, die auch Heine selbst für eine schwer zu erlernende hielt.

Es gibt wohl keinen anderen deutschen Dichter als Heinrich Heine, dem es gelungen ist, mit seiner begeisternden Aufrichtigkeit und Gefühlswärme, Träumerei und Sehnsucht die Schaffensfreude so vieler Komponisten so stark anzuregen, daß sie seine Gedichte zu vielen populären und weitverbreiteten Liedern vertont haben. Sie sind so zahlreich, daß ihn selbst sein großer Kollege, jener vortreffliche Sänger, der sich eines Tages, wenn im grünen Wald ein großes Gesangfest stattfände, an dem Sänger aller Länder teilnehmen würden, nach dem Urteil des gerechten Schiedsrichters, der Nachtigall, den Meistertitel erwerben würde, nämlich Johann Wolfgang von Goethe, in dieser Hinsicht nicht übertreffen könnte.

Es gibt wohl keinen anderen deutschen Dichter als Heinrich Heine, der in der Lage ist, mit so geschmeidigen, geistreichen Ausdrücken und poetischen witzigen Passagen theoretische Schriften zu verfassen, die durch Gedankentiefe und Inhaltsreichtum glänzen und dem allein es vergönnt war, schon im Jahre 1833 die revolutionären Gedanken, die hinter der trockenen und schwerfälligen Sprache der deutschen klassischen Philosophie versteckt liegen, zu entziffern. Es gibt wohl keinen anderen deutschen Dichter als Heinrich Heine, der sein ganzes Herzensblut und all seinen Esprit der heiligen Sache der Befreiung der Menschheit gewidmet hat, der mit messerscharfen, beißenden Gedichten und geschickten, scherzhaften Prosastücken dem Feind so schwere Wunden zugefügt hat. Es gibt wohl keinen anderen deutschen Dichter als Heinrich Heine, der von so vielen Schmerzen gequält worden ist, acht Jahre in seiner »Matratzengruft« begraben liegend, aber bis zum letzten Atemzug nicht aufhörend, zur Bereicherung der geistigen Güter der Menschheit mit all seinem Können zu dichten und für die Befreiung der Menschheit zu kämpfen.[2]

Der berühmte Dichter Lü Yuan deklamierte sein Gedicht »Es ist nicht unwahrscheinlich«, wobei er seine dichterische Phantasie galoppieren ließ: »Es ist nicht unwahrscheinlich, / Heine lebt heute noch; / Es ist nicht unwahrscheinlich, / Er besucht auf unsere Einladung hin China.«[3] Auf dem Heine-Abend wurden Heines Gedichte von bekannten Schauspielern auf Chinesisch, von Germanistik-Studenten auf Deutsch vorgetragen. Und Studenten der Zentralen Musikhochschule sangen mit Virtuosität Heine-Vertonungen von Liszt, Schumann, Mendelssohn. All dieses beweist, dass sich Heinrich Heine bei dem chinesischen Publikum wirklich einer besonderen Beliebtheit und einer besonderen Hochachtung erfreut.

Ein hervorstechendes Thema auf dem Symposium war der Rückblick der Chinesen auf die Heine-Rezeption und Heine-Wirkung in China. Die Lyrikerin Ke Yan trug zur Eröffnung des Symposiums ihr Gedicht vor:

Warum sind wir hier versammelt?[4]

Ein schönes chinesisches Mädchen
Mit beschwingten Schritten und nicht so fest ge ochten Zöpfen,
Sie läuft lebhaft heran entlang dem Rasen,
Ihr grüner Rockschoß hat aufgewirbelt ein grünes Wirbelwindchen.
Ihre Wangen sind zart, anmutig wie Pfirsichblüten,
Doch auf den Backen bleiben noch Tränenspürchen,
Wer weiß denn von ihr? Warum ist sie so
Glücklich, froh, aber auch bekümmert und leidvoll?
Ach, denn sie hat die Geheimschriften der Sterne entziffert,
Da sie »Es stehen unbeweglich / Die Sterne   « gerade gelesen hat.

Zwei hübsche chinesische Jungen
Gehen auf und ab am Ufer der peitschenden Wellen.
Sie sprechen gerade
»Über den Degen, über das Schwert«;
Einer tröstet den Freund,
Nicht bloß traurig zu sein wegen Lotte:
»Ein Posten ist vakant! ..Die Wunden klaffen …
Der eine fällt, die andern rücken nach …
Doch fall ich unbesiegt, und meine Waffen
Sind nicht gebrochen ..Nur mein Herz brach.«
»Herz, mein Herz, sei nicht beklommen,
Und ertrage dein Geschick
Neuer Frühling gibt zurück,
Was der Winter dir genommen.«

Millionen und aber Millionen chinesische Kinder
Rezitieren Texte in den hellen Klassenzimmern:
Die schlesischen Weber
Wird in die Lektüre der zweiten Unterstufenklasse aufgenommen.
»Wir weben, wir weben!« lesen sie laut,
Helle, wohlklingende Kinderstimme hat einprägsamen Rhythmus.
Ihre dentalen Laute sind gefüllt mit Haß,
Die Blicke aus ihren Augen funkeln, gerichtet auf das Licht.
Wenn Heine und die Sonne zusammen ihnen entgegenkommen,
Wird das weit entfernte Deutschland auf einmal so nah.

Schöne Jungfrauen der zwanziger Jahre werden schon längst alt,
Heißblütige Jungen der vierziger Jahre haben auch ihr Leben hingegeben heldenhaft,
Kinder der achtziger Jahre werden groß,
Werden Arbeiter, Lehrer, Mütter oder Väter.
Aber Heine wird das Aufwachsen ihrer Kinder begleiten,
Und aufeinanderfolgenden Neulingen von Generationen gegenüber.
Ich weiß nicht, in welchem Land auf der Welt,
Hat Heine mehr Leser als bei uns Chinesen!
[ ]

Die Rezeptionsgeschichte der Lyrik Heines von den 20er bis zu den 80er Jahren wird hier in den ersten vier Strophen konzentriert. Das sich wandelnde Heine-Bild hat also Generationen von Chinesen ermutigt. Daher wird Heine in China so geliebt und respektiert. Und der berühmte Schriftsteller Liu Baiyu schrieb in seiner Prosa »Heine ..die Sonne für das Menschenleben«:

> Ich bin geboren in der absterbenden, verfallenden alten Welt. Was ich in der trüben Zeit am frühesten von Heine berührte, war sein Gedicht »Die schlesischen Weber«, das man als »die Marseillaise der deutschen Arbeiterklasse« gepriesen hatte. Die webenden schlesischen Weber mit düsteren Augen erinnerten mich an meine Mutter, die beim düsteren Licht der Petroleumlampe nähte und nähte. Sicherlich konnte meine Mutter nicht erwachen wie die schlesischen Weber, aber die Schwestern meiner Generation haben die Fackel des schlesischen Hasses hochgehalten. Mein junges Herz ist auch einmal in einen Freudentaumel geraten vor den von Heine besungenen Rosen und Nachtigallen. Doch kam die Zeit des entscheidenden Kampfes unserer Nation. Ich bereiste das blutüberströmte Land mit einem Büchlein in der Tasche, und darin stand das von mir selbst abgeschriebene »Deutschland. Ein Wintermärchen«. Es lehrte mich, je tiefer man liebt, desto bitterer hasst man; eben auf diesem Weg führte es mich noch tiefer und ließ mich verstehen, je bitterer man hasst, desto tiefer liebt man. Heine singt: »Sonne, du klagende Flamme!« So suchte ich in unendlich dunkler Nacht und blutigem Feuer diese helle Sonne. So bestieg ich die überhängenden Felsen und die steile Bergwand und reiste durch dorniges Grasdickicht am brausenden Gelben Fluss entlang, um mich ins Morgengrauen der neuen Welt zu stürzen. Mit Heines »Deutschland. Ein Wintermärchen« in der Tasche trat ich ins Tor der neuen Welt und suchte »ein neues Lied, ein besseres Lied«. Als ich mich später von hoch aufragenden Bergen zur endlosen Ebene durch Kugelhagel und Schneesturm kämpfte, diente mir Heines klangvolle Stimme zum Trommelschlag für den Marsch. In diesem Trommelschlag steckte Heines Eid zur Zeit der Julirevolution: »Ich bin der Sohn der Revolution. [ ] Ich bin ganz Freude und Gesang, ganz Schwert und Flamme!« Auch in diesem Trommelschlag steckte der Hymnus 1830: »Ich bin das Schwert, ich bin die Flamme. Ich habe Euch erleuchtet in der Dunkelheit, und als die Schlacht begann, focht ich voran, in der ersten Reihe. Rund um mich her liegen die Leichen meiner Freunde, aber wir haben gesiegt. [ ] Ich bin das Schwert, ich bin die Flamme.« Ja, in der Zeit des Schwerts und der Flamme, die für Leben und Tod unserer Nation sowie für die Verwirklichung unseres Ideals entscheidend war, habe ich meine Zeit nicht vergeudet. Heines Gedichte haben sich mir tief ins Herz eingeprägt, und ich bewältigte meine Aufgabe als das Schwert und die Flamme. Ich kämpfte vom fernen nordchinesischen Sungari bis über den fernen südchinesischen Yangtse-Fluss. Unter heißen Tränen der Freude und Trauer habe ich den ersten Tag der Gründung des neuen Chinas miterlebt.[5]

Die Erlebnisse des Schriftstellers sind für seine Zeit typisch. Heines Gedichte haben viele junge Revolutionäre auf dem Entwicklungsweg ermutigt. Zum Schluss nennt Liu Heine die »Sonne für das Menschenleben«, deren Glanz schon weit über Deutschland und Europa hinaus der ganzen Menschheit auf dem Weg zur Erhabenheit leuchtet.[6]

Der berühmte chinesische Dichter und Germanist Feng Zhi, der inzwischen Italien besuchte und deswegen nicht auf dem Symposium erscheinen konnte, legte in seinem Gratulationsschreiben die Rezeption- und Wirkungsgeschichte Heines in China tiefschürfend dar:

> Heine ist wie ein glitzernder Diamant, dessen verschiedene Facetten jede auf ihre eigentümliche Art glänzt und blitzt. Zur Zeit der 4.-Mai-Bewegung haben wir die wunderschöne Facette von Heine als Lyriker kennengelernt. Seine frische, von Jugendlichkeit geprägte Lyrik hat damals eine ganze Dichtergeneration beeinflusst, ihr zu einem neuen Stil verholfen und damit der Bewegung der neuen Poesie, die sich damals im Anfangsstadium befand, neues Blut zugeführt und ihr neue Töne und neue Melodien gebracht. Als das chinesische Volk um seine Existenz und Freiheit blutige Kämpfe führte, wurde Heine als kämpferischer und revolutionärer Dichter entdeckt. Dieser revolutionäre Dichter, wie Schwert und Flamme, hat uns mit seinen fliegenden Pfeilen und Raketen gleichenden kämpferischen Gedichten angespornt, gegen die Finsternis und die Diktatur zu kämpfen. In den chaotischen zehn Jahren der Kulturrevolution, als die chinesische literarische Welt einer Wüste glich wo Todesstille herrschte, teilte Heine unser Schicksal ungerechterweise angegriffen zu werden. Doch als das »Wintermärchen« zu Ende war, haben wir an dem Diamanten Heine wiederum eine neue glänzende Facette entdeckt: Der Dichter Heine ist auch ein origineller Kritiker und tiefschürfender Denker. Seine poesievollen theoretischen Schriften geben uns sowohl Denkanstöße als auch künstlerischen Genuss.
> Unsere Heine-Forschung lässt sich noch vertiefen und entwickeln.[7]

Weiter hat Prof. Li Zhiyong in seinem Aufsatz »Heines Werke in China«[8] die Heine-Vermittlung und Heine-Forschung chronologisch dargestellt. Prof. Xue Hua hat in »Heine und der chinesische Philosoph Ai Siqi«[9] die erste chinesische Übersetzung von »Deutschland. Ein Wintermärchen« von Ai Siqi vorgestellt und dessen Heine-Verständnis anhand der Schrift »Heines politische Lyrik«[10] analysiert. Besonders nennenswert ist der Aufsatz »Vergangenheit, Gegenwart und Zukunft ..Heine in China« von Frau Prof. Sun Fengcheng, in dem sie die Geschichte und die Aussicht der Heine-Rezeption in China klar und deutlich skizziert. Sie schreibt:

> Wenn man auf die Vergangenheit zurückblickt, so hängt es eng mit der Entwicklungstendenz der chinesischen Sozialgeschichte zusammen, dass Heines Werke in China weit verbreitet und bei den chinesischen Lesern allgemein beliebt waren sowie starke Wirkung ausübten. Es lässt sich sagen, dass es hauptsächlich sein revolutionärer Geist gegen den Feudalismus, gegen die Kirche und gegen die bestehende Ordnung war, der Heine von der 4.-Mai-Ära bis zu den 50-er Jahren in China Wertschätzung genießen ließ. Allerdings zeigt sich Heines revolutionärer Geist nicht allein in der Politik. Außerdem liegt nicht der Gesamtwert eines Schriftstellers in seiner politischen Tendenz. Um den wirklichen Wert eines Schriftstellers richtig einzuschätzen, muss man vor allem seine Gedanken und Gefühle kennenlernen. Und dazu muss man seine Werke gründlich erforschen.[11]

So zeigt Sun die Besonderheit und Beschränktheit der chinesischen Heine-Rezeption in der Vergangenheit auf und stellt fest, dass die Zeit für immer vorbei ist, wo man einen Schriftsteller einseitig nach seinem politischen Standpunkt bewertete, und dass ein neues, vielseitiges Heine-Bild in China entsteht.

Als wichtiger Beitrag zur Erforschung von Heines Lyrik galt der Aufsatz »Über die künstlerischen Eigenarten der früheren Lyrik Heines«[12] von der Germanistin He Shan. Er bestand aus drei Teilen, nämlich »Biographische und ästhetische Grundlage für die künstlerischen Eigenarten der früheren Lyrik Heines«, »Die künstlerischen Eigenarten der früheren Lyrik Heines« sowie »Die historische Stellung der früheren Lyrik Heines und deren Ein uss auf neue chinesische Poesie«. Es wurde das »Buch der Lieder« ausführlich behandelt. Die Autorin wies darauf hin, dass Heines Liebeskonzeption im »Buch der Lieder« einen weiten Horizont hat. Das Erlebnis der unglücklichen Liebe ist also eng »verbunden mit der Opposition gegen die übrige Welt«[13]. Wie der zeitgenössische Rezensent Karl Immermann deutlich gemacht hatte, liegen die tieferen Gründe für den durch Liebesunglück erzeugten Unmut Heines und seine Melancholie in dem radikalen Kon ikt zwischen dem jungen Dichter und seiner Umgebung.[14] Für ästhetisch grundlegend hält He Shan die Verbindung von romantischer Form und realistischem Inhalt in Heines früher Lyrik: »Heines Lyrik ist zwar formal meistens romantisch gefärbt, [ ] hat aber einen realistischen Inhalt.«[15] Sie nennt Heine »einen romantischen Realisten«: während Realismus die Seele von Heines Lyrik bildet, kommt deren künstlerische Anziehungskraft aus dem romantischen Stil [16] So sieht He Shan den melancholisch-volksliedhaften Romantikstil als die wesentliche künstlerische Eigenart der früher Lyrik Heines.[17] Sie bewundert dabei den reinen Klang und die unverblümte Sprache, das innige Naturgefühl und die meisterhafte Ironie. Schließlich spricht sie von Heines Zwischenstellung zwischen traditioneller und moderner deutscher Lyrik sowie von seinem Ein uss auf die chinesischen Dichter neuer Poesie wie Guo Moruo, Feng Zhi und Wang Jingzhi vor allem durch das »Buch der Lieder«.

Wie in den 30er und 40er Jahren wurde dem Realistischen und dem Romantischen in Heines Lyrik besondere Aufmerksamkeit geschenkt[18], was mit der bisherigen chinesischen literarischen Welt eng zusammen hängt. Auf dem 2. Kongress der chinesischen Literatur- und Kunstschaffenden 1953 wurde der aus der sowjetischen Literatur übernommene »sozialistische Realismus« als die höchste Norm für die chinesische Literatur und Kunst festgesetzt. Im Jahr 1958 legte Mao Zedong die Verbindung von revolutionärem Realismus und revolutionärer Romantik als literarische Schaffensmethode fest.[19] Guo Moruo, der in seinem Literaturschaffen zur Romantik tendierte, aber sich lange nicht zur Romantik bekennen wollte, fühlte sich nun vom unsichtbaren Druck befreit und sagte, dass er »offen zu gestehen wagt: ich bin ein Romantiker«.[20] Nach 1979 entstand eine ästhetische Pluralisierung in der literarischen Welt, und der Realismus blieb die Hauptströmung und wurde bereichert und vertieft. Die hohe Stellung des Realismus und die allmähliche Anerkennung anderer künstlerischen Mittel in der literarischen Welt hat die chinesische Heine-Forschung beein usst. Das Beachten des romantischen Stils von Heines Lyrik gewann daher eine besondere Bedeutung. Zhang Yushu schätzte die romantischen Mittel in Heines politischer Lyrik hoch: »Die künstlerischen Mittel der Romantik stehen im Dienste des neuen revolutionären Inhalts und er bekommt dadurch neues Leben, erstrahlt im neuen Glanz. Heines politische Lyrik hat sich wirklich als würdiges neues Lied, besseres Lied erwiesen.«[21] So wandte er sich dagegen, dass man nur ein bestimmtes Mittel oder eine bestimmte Form zum Maßstab für literarische Werke nimmt. Die künstlerischen Mittel haben sich also dem Inhalt anzupassen.[22]

Weitere dem Symposium gewidmete Schriften über Heines Lyrik waren noch »Heines Zeitgedichte«[23] von Shao Sichan und »Forschung der chinesischen Kunstkritischen Schule zu Heines Lyrik«[24] von Ma Jiajun. Prof. Ma versuchte den ideologischen Gehalt und die künstlerische Qualität der Lyrik Heines nach traditionell-chinesischen poetischen Maßstäben zu beurteilen. Erstens sind Heines Zeitgedichte zeitbezüglich, patriotisch und daher gedanklich und inhaltlich gut, denn in der traditionellen chinesischen Kunst kommt es vor allem auf die richtige Gesinnung an. Zweitens hat man in Heines Liebeslyrik das stürmische Gefühl bewundert und nachempfunden, die große Liebe nacherlebt, die große Enttäuschung nachgeweint. Und die chinesische Kunstkritische Schule legt großen Wert darauf, dass Lyrik vom Leser nachzuempfinden ist. Außerdem bewundert man noch die bildhafte Deutlichkeit der Vorstellungen, die erstaunliche Treffsicherheit des Ausdrucks sowie die sprachliche Knappheit und Einfachheit in Heines Lyrik. Dazwischen bezog sich Ma auf seine bisherigen Schriften wie »Heines Deutschland. Ein Wintermärchen «, »Flügel der Phantasie, Funke der Satire .. Heines Wintermärchen -Gedicht«, »Ausgezeichneter Dichter, wirksames Gedicht .. Heines Die schlesischen Weber «, »Heines Buch der Lieder « und »Die Romantik in der früheren Lyrik Heines«.[25]

Ma Jiajun ist ein Literaturwissenschaftler, der sich auf chinesisch mit ausländischer Literatur befasst. Seine Heine-Forschung tendiert zu der sogenannten chinesischen Kunstkritischen Schule. Die Forschung der chinesischen Kunstkritischen Schule zu Heines Lyrik ist zwar viel mehr intuitiv als wissenschaftlich, aber sie gibt von anderer Seite einen ästhetischen Grund für Heines Beliebtheit in China: Heines Lyrik entspricht in vieler Hinsicht den traditionell-chinesischen poetischen Maßstäben. Auch Qian Chunqi sagt einmal im Nachwort zu seiner Übersetzung des »Buchs der Lieder«:

> Heines Werk stellt große Dichte und Lakonismus zur Schau. [ ] In dieser Hinsicht spielt Heines Lyrik zwar eine andere Melodie, erzielt aber die gleiche Wirkung wie die chinesische klassische Lyrik.[26]

Das Heine-Symposium 1987 hat die chinesische Heine-Rezeption nach der Kulturrevolution einem Höhepunkt zugeführt. Es galt nicht nur als eine Rehabilitation Heines in China, sondern dadurch wurde auch die Verbindung zwischen Germanisten bzw. Heine-Forschern aus verschiedenen Ländern hergestellt.

V.

Seit Mitte der 80-er Jahre vertieft sich die Reform und Öffnung. Es tritt in China sowohl wirtschaftlich als auch ideologisch eine welterschütternde Änderung ein. Und nach einer fieberhaften Bemühung um westliche Kultur entstand wieder eine verstärkte Hinwendung zur eigenen Tradition, ausgelöst durch das nach der abrupten Öffnung nach außen irritierte Identitätsgefühl vieler Chinesen, die sich abermals die seit der 4.-Mai-Bewegung immer wieder gestellte Frage vorlegten, wie China modern und den entwickelten Ländern ebenbürtig werden und dabei noch China in seiner Unverwechselbarkeit bleiben könne.

Die Heine-Rezeption und Heine-Wirkung setzt sich fort. Ein vielseitiges Heine-Bild wird durch die vierbändige chinesische Heine-Auswahl geboten. Der Herausgeber Zhang Yushu hat für jeden Band ein Vorwort geschrieben. Der erste Band mit dem Vorwort »Der Denker Heine« enthält Heines theoretische Schriften und erschien im Jahr 1983. Der zweite Band mit dem Vorwort »Der Dichter Heine« enthält die Gedichte und erschien im Jahr 1985. Der dritte Band mit dem Vorwort »Der Kämpfer Heine« enthält die »Reisebilder« und erschien im Dezember 1990. Der vierte und letzte Band mit dem Vorwort »Der Publizist Heine« ist in Vorbereitung und enthält Heines Versdramen, Erzählungen und politische Schriften. Ein revolutionär-demokratisches Heine-Bild ist stets vorwiegend. Sowohl in der kleinen chinesischen Heine-Biographie »Der große deutsche revolutionäre Dichter Heinrich Heine« (Verfasser: Chen Shunji, Beijing 1987) als auch in der chinesischen »Geschichte der deutschen Literatur« (Verfasser: Yu Kuangfu, Shanghai 1991) wird Heine als revolutionär-demokratischer Dichter bezeichnet. Übrigens trug die ins Chinesische übertragene Literatur über Heine zur Erweiterung und Vertiefung des Heine-Verständnisses bei. Im Jahr 1986 wurde das Buch von Georg Lukács »Heinrich Heine als nationaler Dichter« von Fan Dachan ins Chinesische übersetzt.[27] Und in demselben Jahr wurde »Die Hauptströmungen der Literatur des 19. Jahrhunderts. Sechster Band: Das junge Deutschland« von Georg Brandes ins Chinesische übersetzt. (Übersetzer: Gao Zhongfu). Darin sind mehrere Kapitel über Heine.

Und verschiedene Übersetzungen von Heines Gedichten erschienen nacheinander: »Die beste Lyrik von Heine« (Übersetzer: Qian Chunqi), »Heines Gedichte« (Übersetzer: Qian Chunqi), »Auswahl der Gedichte von Heine« (Herausgeber: Qian Chunqi), »100 lyrische Gedichte von Heine« (Übersetzer: Yang Wuneng), »Ausgewählte lyrische Gedichte von Heinrich Heine« (Übersetzer: Feng Zhi, Qian Chunqi, Yang Wuneng. Herausgeber: Yang Wuneng) u. a. Im letztgenannten Buch wurden die Gedichte chronologisch angeordnet, damit die Erlebnisse und die Geistesentwicklung des Dichters einigermaßen überblickt werden können, wie der Herausgeber im Vorwort schrieb: »In dieser Sammlung versuchen wir unseren Lesern den ganzen Heine zu zeigen.«[28] Bedauerlicherweise wurde in die Liebeslyrik der Frühzeit ein politisches Gedichte wie »Die Grenadiere« nicht aufgenommen, das aber verdeutlicht, dass bei Heine schon früh die erotische und die politische Leidenschaft miteinander verflochten sind.

Das 1991 in Peking erschienene »Lexikon der ausländischen Lyrik mit Interpretationen« (Herausgeber: Zhang Yushu), das über 700 Gedichte von mehr als 500 berühmten Dichtern der Welt enthält, nahm acht Gedichte von Heine mit Interpretationen auf. Es sind »An meine Mutter, B. Heine«, »Auf Flügeln des Gesanges«, »Götterdämmerung«, »Loreley«, »Du bist wie eine Blume«, »Erklärung«, »Hymnus« (»Ich bin das Schwert, ich bin die Flamme«) und »Die schlesischen Weber«. Frau Professor Sun Fengcheng sagt in ihrer Interpretation von »Erklärung«: »Sowohl für die lyrische als auch für die prosaische Dichtung von Heine gilt die reiche Einbildungskraft als die hervorragendste Besonderheit.«[29] Und die Germanistin He Shan schreibt in ihrer Interpretation von »Auf Flügeln des Gesanges«: »Die Natur im Traum, das heilige Land im Traum, die Liebe im Traum, all das bringt aber die wahre Sehnsucht zum Ausdruck: das ist das Rührendste in Auf Flügeln des Gesanges. «[30]

Das 1996 in Peking erschienene Buch »Zum Genießen berühmter Dichtung von Heine« (Herausgeber: Zhang Yushu) enthält u. a. 41 Heine-Gedichte aus verschiedenen Zeitabschnitten mit Interpretationen. Dieses Buch stellt den Erlebnishintergrund und die poetische Kraft der Lyrik Heines sowie ihre Rezeption und Wirkung in China dar. Berühmte Liebesgedichte und politische Gedichte von Heine werden eingehend behandelt. Und das Gedicht »Die Grenadiere« unter den Liebesliedern des »Buchs der Lieder« wurde nicht übersehen, »das verdeutlicht, dass Heine auch in seiner Frühzeit des Dichtens, als er als Lyriker in die literarische Welt eintrat, schon den Charakter des politischen Dichters hatte, und das verheißt, dass er später als Kämpfer in der literarischen Welt eine hervorragende Rolle spielen wird.«[31] Über die dichterische Kraft des Gedichtes sagt Zhang Yushu:

> In der ersten Strophe des Gedichtes erscheint alles so finster, so hoffnungslos. Doch in den letzten Strophen bis zum Schluss wird der Ton des Gedichts immer begeisterter. Eine tragische und heroische revolutionär-optimistische Stimmung wird immer höher und herrlicher, so dass man trotz der Niederlage noch die Ehre empfindet und die glänzende Zukunft sieht.[32]

Auch dem bisher in China nicht viel beachteten Gedicht Nr. 50 des »Lyrischen Intermezzos« »Sie saßen und tranken am Teetisch« schenkt Zhang Aufmerksamkeit. Er hält es für komisch-satirisch: »In diesem Gedicht zeigt uns der Dichter eine Karikatur, wo die Personen aus der Oberschicht der Gesellschaft nacheinander ins Licht rückten.« In Verbindung mit dem Teetisch-Gedicht sagt Zhang über das »Lyrische Intermezzo«:

> In Heines Zyklus »Lyrisches Intermezzo« wird seine schmerzliche Liebe dargestellt. Der Dichter ist von einem naiven hartnäckigen Liebenden zu einem Beobachter und Kritiker geworden, der viel Mühsal im Leben erlitten hat und schon viel Lebenserfahrung besitzt. In der Liebe hat er einen Rückschlag erlitten und wird betrogen, so dass er über Liebesschmerz und Freude hinausgeht und das Menschenleben mit Kennerblick betrachtet. Das bringt Satire in den Zyklus und deutet das Potential des Dichters an, später mit Satire die Gesellschaftskritik zu üben.[33]

Seit März 1996 wird an der Peking-Universität ein neuer, der ganzen Studentenschaft zugewandter fakultativer Kurs »Führung durch die berühmten Werke« abgehalten. Die Referenten sind berühmte Professoren der Universität. Der Kurs hat zahlreiche Studenten verschiedener Fachrichtungen angezogen und ein weites Echo hervorgerufen. Unter den 17 Vorträgen über chinesische wie ausländische, literarische wie wissenschaftliche Werke ist auch »Heinrich Heine und seine Gedichte«[34] von Prof. Zhang Yushu zu finden, wo Heines Lebensweg und einige Gedichte vor allem aus dem »Buch der Lieder« behandelt werden. Die Vorträge wurden als Sammelband herausgegeben. In den Anhang dazu wurden außerschulische Aufsatzübungen der an dem Kurs teilnehmenden Studenten aufgenommen, und darunter sind zwei Aufsätze über Heines Gedichte, nämlich »Denk ich an Heine bei seinen Gedichten« von der Jurastudentin Fan Chunli und »Gefühle und Gedanken beim Lesen von Heines Gedichten« von dem Chemiestudenten Yu Tao. »In den leidenschaftlichen Gedichten lese ich die auffallende und einzigartig faszinierende Persönlichkeit von Heine.« So schreibt Fan Chunli. Sie bewundert vor allem »die hohe Beobachtungsgabe des Dichters für die Schönheit«[35]. Damit meint sie die Naturbeschreibung und die kräftigen Farbtöne in der Lyrik Heines. Was sie noch mehr berührt, sind die kühnen Gegensätze zwischen »schön« und »hässlich«, »Hoffnung« und »Verzwei ung«, durch die man das empfindliche Herz des Dichters sieht. Weiter schätzt sie die Herzensergüsse und den nie fehlenden hohen Mut in seiner Lyrik. Und nach Yu Taos Meinung liegt die Größe der Lyrik Heines in der Volkstümlichkeit, der Lebenswahrheit der Bekenntnisse und der leichten Verständlichkeit. Er kritisiert damit die Esoterik mancher gegenwärtiger chinesischer Gedichte.

Eine wichtige Zielrichtung der Heine-Forschung betrifft den Versuch, in komparatistischer und interkultureller Hinsicht an den Dichter Heine heranzugehen und die Rezeption und Wirkung der Werke Heine in China vor dem chinesischen Kulturhintergrund zu behandeln. Zhang Yushu stellt in seinem Aufsatz »Lu Xun und Heine« Heinrich Heine und Lu Xun, Begründer der modernen chinesischen Literatur, zum Vergleich zusammen. Der Vergleich beider Schriftsteller bezieht sich vor allem auf ihre Liebe und ihren Hass: Trotz aller Unterschiede

> haben sie gemeinsame Neigungen und Abneigungen. Sie haben dieselbe Liebe und denselben Haß. Sie hassen die tyrannische feudale herrschende Klasse und die bestehende kapitalistische Gesellschaft, sie hassen die katholische Kirche als geistige Stütze des Despotismus oder die in

China tiefverwurzelte feudale Ethik. Sie lieben das Volk, das leidende und unterdrückte Volk. Sie sind bereit, für die Befreiung des Volkes zu kämpfen. Sie sind mutige Kämpfer.[36]

Beide Schriftsteller fordern von Kunst und Literatur die Nähe zur Zeit, zur Realität. Kunst und Literatur dienen ihnen als Waffe, um die alte Welt zu zerstören und eine neue Welt zu schaffen.[37] Beide lieben das Vaterland und das Volk. Aus dieser Liebe verurteilen sie die heimatliche rückständige Kultur und die schlechte Seite des Nationalcharakters aufs schärfste. Heine toleriert den deutschen Michel nicht, der, eingeschüchtert oder eingeschläfert durch die Kulturphilister, nicht merkt, »Daß man dir die besten Suppen / Vor dem Maule wegstibitzt«, dass man ihm nur »reinverklärte Himmelsfreud droben« und »die Seligkeit ohne Fleisch« verspricht (»Erleuchtung«). Heine versucht, die alte gutmütige Schlafmütze wachzurütteln. Auch Lu Xun will den »chinesischen Michel« aufwecken, der von ihm »Ah Q« getauft wird. Er war der stärkste Kritiker des Konfuzianismus.[38]

In seinem Aufsatz »Chinesische und Heinesche Poesie .. zur Beliebtheit Heines in China« versucht Zhang Yushu, Heines große Beliebtheit in China zu begründen durch den Kontrast zwischen der chinesischen und Heines Poesie, nämlich durch den Kontrast zwischen der Vermeidung heftiger Gefühlsregungen der Chinesen und Heines Leidenschaft in Liebe und Hass. »Man p egt in der fremden Kultur und Literatur das zu suchen, was in der eigenen Literatur und Kultur fehlt«[39], heißt es in dem Aufsatz. In der chinesischen Tradition wurde die konfuzianische Ethik »eine unsichtbare Fessel für Künstler und Dichter und eine geistige Stütze für die Despoten«[40]. Durch die Erziehung im Sinne des Konfuzianismus wurde in jedem Gelehrten eine Selbstzensur entwickelt, die ihn automatisch zu bremsen vermochte. »Da die Gefühlsregungen durch die Selbstzensur im Zaum gehalten wurden, konnte man seinen Gefühlen nicht nach Herzenslust freien Lauf lassen.«[41] In der Poesie tendierte man »zur Zurückhaltung, zur Vermeidung heftiger Gefühlsregungen«[42] und drückt die Gefühle aus »durch Anspielungen und Andeutungen, durch Allegorie und Vergleiche«.[43] Liebeslyrik und politische Lyrik konnten sich nicht sehr gut entwickeln und klangen immer schwächer. »Vor einem solchen Hintergrund wirken die Heineschen Liebesgedichte wie eine erfrischende und belebende Frühlingsbrise, die die Saiten der Seele von Liebenden, Einfühlsamen und Dichtern in China angenehm berührt, und seine politischen Gedichte wie dringliches Trompetengeschmetter und heftiger Trommelwirbel, wodurch auch die Chinesen zum Kampf ermutigt werden.«[44] Heines Gedichte sind für Chinesen »fremd und vertraut zugleich«.[45] Zhang Yushu führt noch einige chinesische Gedichte aus alten Zeiten und Heines Gedichte als Beispiele an, um den Kontrast dazwischen zu veranschaulichen. Heine zeigt brennende Leidenschaft in seiner Liebeslyrik und bitteren Hass in seiner politischen Lyrik. »Wer am leidenschaftlichsten lieben kann, wird auch mit der gleichen Leidenschaft hassen können. So ist es bei Heine der Fall.«[46] Schließlich sagt der Verfasser: »In Liebe und Haß lernen wir Chinesen eifrig von Heine. In Liebe wie in Haß ist Heine unser Vorbild. Das ist die Lösung des Rätsels, warum sich Heinrich Heine bei den Chinesen einer so großen Beliebtheit erfreut.«[47]

Zhang Yushus komparatistische Heine-Forschung entspricht dem Identitätsgefühl vieler Chinesen, die in Bemühung um westliche Kultur die eigene Tradition besser kennen wollen. Denn ein Diskurs mit einer fremden Kultur ist auch ein Diskurs mit sich selbst.

Bisher ist die Rezeption von Heines Lyrik in China vorwiegend eine mitfühlende Rezeption. Das kommt einerseits von der fast überall in Heines Lyrik nachzuempfindenden Leidenschaft, andererseits ist das mitfühlende und sich einfühlende Lesen eigentlich eine wichtige Lesart und nicht zuletzt die traditionelle Verstehensweise der Lyrik in China. Um die naive Lesart zu überwinden und ein umfassenderes Heine-Bild zu gewinnen, muss man über die eigene geschichtliche und kulturelle Beschränktheit hinausgehen und die fremde Heine-Rezeption wie Heine-Forschung erfahren. Deshalb habe ich in meinem Aufsatz »Heine und die Romantik«[48] darauf hingewiesen, dass »der weltliterarische Austausch nicht nur den Austausch von literarischen Werken, sondern auch den von Rezeptionsweisen und literaturwissenschaftlichem Beurteilen einschließen sollte, damit man ein literarisches Phänomen auf verschiedenen Ebenen und unter verschiedenen Aspekten betrachtet.«[49] Das Verhältnis von Heines Lyrik zur romantischen Tradition ist viel komplexer als man in China angenommen hat. So nennt die Verfasserin als Beispiel das berühmte Gedicht »Loreley«, das auch in China als ernster Ausdruck eines romantischen Gefühls im Volksliedton gelesen wird. Sie weist auf die ironische Distanzierung in den Gedicht hin und darüber hinaus auf Heines ambivalente Einstellung zur Romantik.

VI.

Im Mai 1997 fand der Internationale Heine-Kongress zum 200. Geburtstag in Düsseldorf statt. Zwei chinesische Teilnehmer, Prof. Zhang Yushu und Prof. Ma Wentao von der Deutsch-Abteilung der Peking-Universität, haben dem Kongress Vorträge gewidmet. Zhang hat in »Das Heine-Bild in China«[50] die chinesische Heine-Rezeption und Heine-Wirkung im Grundriss dargestellt. Und Ma hat in »Heines Texte im Deutschstudium in China« über den festen Platz der Heine-Lektüre im Kanon des Deutschunterrichtes an der Peking-Universität berichtet: »Die Erfahrungen bis jetzt haben bewiesen, daß Heine-Lektüre den Leser nie langweilt. Sie macht chinesischen Studenten Freude beim Lernen der deutschen Sprache.«[51] Zum Schluss bezieht sich Ma auf die bisherige Heine-Forschung in China:

> Man liest Heine und hat das Gefühl, Heine habe einem aus dem Herzen gesprochen. Meiner Meinung nach reicht ein ausschließlich gefühlsmäßig orientiertes Engagement für die Heine-Forschung nicht aus. Öfter ersetzen emotionale Meinungen wissenschaftliche Untersuchungen und Analysen, Fehleinschätzungen und Überschätzungen kommen nicht selten vor.[52]

In der Tat ist hier auf die mitfühlende Heine-Rezeption in China gezielt, mit der der Verfasser sich nicht zufrieden gibt.

Im September 1997 wurde an der Peking-Universität das Internationale Heine-Symposium 97 Beijing zu Ehren des 200. Geburtstages des Dichters von der Peking-Universität und der Heinrich-Heine-Universität, Düsseldorf, gemeinsam veranstaltet. Etwa fünfzig Heine-Experten und Germanisten aus China, Japan, Korea, Deutschland, Österreich und aus den USA fanden sich in Peking zusammen, um als Referenten, Moderatoren und Diskutanten an dem Symposium mitzuwirken. In seiner Eröffnungsrede hat Prof. Zhang Yushu, Veranstalter des Symposiums, Heines Idealismus hochgeschätzt. Prof. Bernd Witte verlas das Grußwort des Rektors der Heinrich-Heine-Universität, Prof. Gert Kaiser, der aus gesundheitlichen Gründen nicht anwesend war. Außerdem sprachen der Prorektor der Peking-Universität, Prof. He Fangchuan, der Botschaftsrat der Deutschen Botschaft, Holger Green, und Prof. Peter Wiesinger, Präsident der Internationalen Vereinigung für Germanische Sprach- und Literaturwissenschaften (IVG), jeweils ein Grußwort.[53] Anwesend waren noch der berühmte chinesische Schriftsteller Liu Baiyu trotz seines hohen Alters. Und drei renommierte chinesische Lyriker Lü Yuan, Ke Yan und He Jingzhi haben dem großen Dichter ihre Gedichte gewidmet.

Anders als auf dem Internationalen Heine-Symposium 1987 in Peking mussten diesmal alle Teilnehmer die deutsche Sprache benutzen, so dass einerseits Übersetzer oder Dolmetscher unnötig waren, andererseits die chinesischen Teilnehmer sich auf die Germanisten beschränkten. Heines Lyrik blieb ein reizvolles Thema für chinesische Germanisten. Yao Li z. B. hat Heines »Harzreise«-Gedichte durch den Kontext der Prosa bewundernd studiert:

> Durch diese Gedichte wird das Reisebuch viel lyrischer, kunstvoller, anziehungskraftvoller und sinnvoller. [ ] Wie fünf glänzende Perlen bilden sie zusammen einen roten Faden, der durch die ganze Prosaschrift zieht, mit dem der Leser den Hauptinhalt des ganzen Werkes leichter begreifen kann. Wenn die raffiniert geschilderten einzelnen Szenen als unterschiedliche Bilder bezeichnet werden, so sind fünf Gedichte die schönsten davon, weil ihre Schönheit nicht nur in sich selbst liegt, sondern auch auf die ganze Prosaschrift wirkt.[54]

Ferner hat Wang Xiaoxin in »Zur Verbreitung und Wirkung Heinescher Gedichte in China während der Neuen-Literatur-Zeit«[55] neue und ausführliche Materialien für die Forschung in der Rezeptions- und Wirkungsgeschichte Heinescher Lyrik in China geliefert. Li Zhiyong führte in »Heinrich Heine und seine Ein üsse auf moderne chinesische Lyriker«[56] vier berühmte chinesische Poeten der neuen Poesie, nämlich Guo Moruo, Feng Zhi, Li Jingfa und Wang Jingzhi als Beispiele an, die äußerst stark von Heine beein usst wurden, um die große Wirkung der Heineschen Gedichte auf die chinesische Literatur zu zeigen.

Die Verfasserin selbst war mit dem Vortrag »Zur Rezeption und Wirkung Heinescher Lyrik in China« vertreten. Die Anregung zu dem Vortrag ist dem im Heine-Jahrbuch 1994 erschienenen Aufsatz »Chinesische und Heinesche Poesie .. zur Beliebtheit Heines in China« von Zhang Yushu zu verdanken. Die Verfasserin übernahm Zhangs Begründung der Beliebtheit Heines in China durch den Kontrast zwischen chinesischer Vermeidung heftiger Gefühlsregungen und Heines Leidenschaft in Liebe und Hass und entwickelte weiter die These, »daß die Beliebtheit Heinescher Lyrik in China im weiteren Sinne aus dem Kontrast zwischen chinesischer Selbstbeherrschung und europäischer Gefühlsäußerung, im Grunde genommen aus dem Kontrast zwischen chinesischer und westlicher Kultur kommt.«[57] Der Vortrag galt als die Vorbereitung auf die Doktorarbeit der Verfasserin.

Der Ein uss der neueren deutschen Heine-Forschung auf die chinesischen Germanisten zeigte sich klar und deutlich. In Bezug auf den einseitigen Biographismus in der chinesischen Forschung zu Heines Liebeslyrik sagte z. B. Liu Min: »Das Verhältnis zwischen Heines Biographie und Werk ist komplizierter und vielfach fiktiver als man angenommen hat.«[58] Prof. Li Changke übernahm in seinem Vortrag »Heines Idee und ihre Bedeutung für die Gegenwart« die Meinung von Marcel Reich-Ranicki und behauptete, »daß selbst in Heines erotischer Lyrik nicht das so naheliegende Thema des Glücks und Unglücks der Liebenden eine Rolle spielt, sondern vielmehr das Thema der Leiden jenes Menschen, der in die deutsche Welt hineingeboren wird und in diese Welt integriert werden und einen Platz in ihr einnehmen möchte.«[59] Und Prof. Ma Wentao hatte eine ähnliche Ansicht: »Im Buch der Lieder geht es beispielsweise nicht um Glück und Unglück der Liebenden, ein den jungen Heine mehr angehendes, mehr schmerzendes Thema liegt verborgen zwischen und hinter seinen Zeilen.« Er stellte fest, »daß die aussichtslose, unmögliche Liebe in diesen aus großen Schmerzen gemachten Liedern die Leiden des deutschen Juden symbolisiert«. Weiter bezog er sich auf die Heine-Rezeption in China: »In China wird Heines erotische Lyrik seit langer Zeit nur als Liebesgedichte im engen Sinn des Wortes betrachtet und interpretiert. Das Faktum, daß Heine Jude war, und wie stark der Ein uß dieses Faktums auf Heines Lebensweg und auf seine Werke ausübt, hat man nicht genug beachtet.«[60]

Das Internationale Heine-Symposium 1997 in Peking gilt als der letzte Höhepunkt der chinesischen Heine-Rezeption im 20. Jahrhundert. Dabei haben die chinesischen Germanisten viel mehr Kenntnis der internationalen Heine-Rezeption und Heine-Forschung als 1987 gezeigt, und fremde Aspekte werden in der chinesischen Heine-Forschung berücksichtigt.

Anhang

Chinesische Übersetzungen von Heines Lyrik

»Lyrisches Intermezzo« XXXIII, übersetzt von Hu Shi. ..In: Jahrbuch der in den USA Studierenden, Nr. 2, 1913.
»Die Grenadiere«, übersetzt von Ying Shi. ..In: Chinesische Übersetzungen deutscher Gedichte, 1914.
»Lyrisches Intermezzo« II und XXX, übersetzt von Lu Xun. ..In: Monatsmagazin der chinesischen Schriftstellerkreise, Nr. 2, 1914.
Ausgewählte deutsche Gedichte (darin auch Heines Gedichte), übersetzt von Guo Moruo/Cheng Fangwu, 1928.
»Die Harzreise«, übersetzt von Feng Zhi, Jiuxin-Verlag 1928.
»Lyrisches Intermezzo«, übersetzt von Zhe Ying, Shoukuang-Verlag 1928.
»Neuer Frühling«, übersetzt von Duan Keqing, Shiji-Verlag, Shanghai 1928.
»Ausgewählte Gedichte von Heine«, übersetzt von Jian Bo, Asien-Verlag, Shanghai 1929.
»Die Heimkehr«, aus dem Englischen übersetzt von Du Heng, Shangzhi-Buchhandlung, Shanghai 1929.
»Sammlung Heinescher Gedichte«, aus dem Japanischen übersetzt von Lei Shiyu, Wenhui-Buchhandlung, Guilin 1942.
»Die Heimkehr«, übersetzt von Fan Jimei, Mujian-Buchhandlung 1943.
»Neuer Frühling«, übersetzt von Liao Xiaofan, Sichuan 1946.
»Deutschland. Ein Wintermärchen«, übersetzt von Ai Siqi, Chongqing 1946.
»Weberlied«, übersetzt von Lin Lin, Hongkong 1949.
»Ausgewählte Gedichte von Heine«, übersetzt von Feng Zhi, Beijing 1956.
»Buch der Lieder«, »Neue Gedichte«, »Romanzero«, übersetzt von Qian Chunqi, Shanghai 1957.
»Die Nordsee«, aus dem Englischen (»The Poems of Heine«, übersetzt von E. A. Bowring) übersetzt von Wu Boxiao, Shanghai 1957.
»Deutschland. Ein Wintermärchen«, übersetzt von Feng Zhi, Beijing 1978.
»Atta Troll. Ein Sommernachtstraum«, übersetzt von Qian Chunqi, Beijing 1979.
»Heine-Auswahl: Gedichte«, hrsg. von Zhang Yushu, Beijing 1985.
»Junge Leiden«, übersetzt von Zhang Yushu, Beijing 1987.
»Die beste Lyrik von Heine«, übersetzt von Qian Chunqi, Shanghai 1989.
»Heines Gedichte«, übersetzt von Qian Chunqi, Shanghai 1990.
»Auswahl der Gedichte von Heine«, hrsg. von Qian Chunqi, Taiyuan 1994.
»100 lyrische Gedichte von Heine«, übersetzt von Yang Wuneng, Guilin 1995.
»Ausgewählte lyrische Gedichte von Heinrich Heine«, übersetzt von Feng Zhi, Qian Chunqi, Yang Wuneng, hrsg. von Yang Wuneng, Zhejiang 1997.

Sekundärliteratur

Ku Hung-Ming, M. A.: Papers from a Viceroy's Yamen. Shanghai 1901, S. 114, 116, 126, 127. ..1996, 1. 185, 104. 105, 108, 118. 119. 120. 121.
Hu Shi: Übersetzung eines Heineschen Gedichts. ..In: Jahrbuch der in den USA Studierenden, Nr. 2, 1913.

Zhou Zuoren: Notizen zur schönen Literatur. ..In: Monatsmagazin der chinesischen Schriftstellerkreise, Nr. 2, 1914.

Yu Dafu: Blick auf die deutsche Literatur nach Goethe. ..In: Zeitschrift zur Kritik der modernen Literatur, Oktober 1931.

Lu Xun: Nachwort zu der Übersetzung »Heine und die Revolution«. ..In: Monatsschrift der Moderne vol. 4, Nr. 1, November 1933.

Zhi Yun: Der Dichter des Jungen Deutschlands Heine ..zu seinem 80. Todestag. ..In: Aussichten für die Bücher, vol. 1, Nr. 7, Zhejiang 1936. S. 17.22.

Ai Siqi: Heines politische Lyrik. ..In: Chinesische Monatszeitung, vol. 2, Nr. 7, Shanghai 1934. Später in Ai Siqi: Über Kultur und Kunst, Ningxia 1982, S. 184.191.

Jing Wen: Vorwort zu Lin Lin (übers.): Weberlied. Hongkong 1949. S. 1.33.

Feng Zhi: Vorwort zu »Ausgewählte Gedichte von Heine«. Volksliteraturverlag, Beijing 1956. S. 1.22.

Wu Boxiao: Der revolutionäre Dichter und Kämpfer ..zum 100. Todestag Heinrich Heines. ..In: Renmin Ribao (Volkstageszeitung), 17. Februar 1956.

Liao Fushu: Die Freundschaft zwischen Heine und Marx. ..In: Tianjin-Tageszeitung, 21. Februar 1956.

Zhang Peifen: Der Dichter Heine. ..In: Volksliteratur, April 1956. S. 123.125.

Yi Fu: Dem großen Dichter Heine zum Andenken. ..In: Guangming-Tageszeitung, 27. Mai 1956.

Mao Dun: Alle unsterbliche Kunst ist für den Frieden und das Glück der Menschheit (Auszug). In: Renmin Ribao (Volkstageszeitung), 28. Mai 1956.

Feng Zhi: Heines »Die schlesischen Weber«. ..In: Wenyi Xuexi, Mai 1956. S. 13.14.

Luo Yujun: Dem großen revolutionären Dichter Heine zum Andenken. ..In: Befreiungstageszeitung, 9. Juni 1956.

Wu Boxiao: Über Heine. ..In: Jiefangjun Wenyi, Juni 1956, S. 89.94.

Wu Peide: Eine großartige revolutionäre Symphonie ..zu Heines »Deutschland. Ein Wintermärchen«. In: Changjiang Wenyi, Juni 1956, S. 77.80.

Feng Zhi: Heines satirische Gedichte. ..In: Wenyi Bao, November 1956, S. 41.43.

Ma Jiajun: Heines »Deutschland. Ein Wintermärchen«. ..In: 55 Kurse in ausländischer Literatur (Bd. 2), Guizhou 1980, S. 84.99.

Ma Jiajun: Ausgezeichneter Dichter, wirksames Gedicht ..Heines »Die schlesischen Weber«. ..In Ma Jiajun: Erläuterungen ausgewählter ausländischer Literaturen. Schensi 1981, S. 103.110.

Zhang Yushu: Der Denker Heine. ..In: Heine-Auswahl, hrsg. von Zhang Yushu. Volksliteraturverlag, Beijing 1984.

Zhang Yushu: Der Dichter Heine. ..In: Heine-Auswahl·Gedichte, hrsg. von Zhang Yushu. Volksliteraturverlag, Beijing 1985.

Ma Jiajun: Die Romantik in der frühen Lyrik Heines. ..In: Journal der Universität der Inneren Mongolei, 1986, Nr. 4, S. 46.50.

Ma Jiajun: Heines »Buch der Lieder«. ..In: 30 Kurse in ausländischer romantischer Literatur. Guizhou 1986, S. 119.129.

Ma Jiajun: Flügel der Phantasie, Funke der Satire ..Heines »Wintermärchen«-Gedicht. ..In: Auslese der westlichen Poesie. Yuwen-Verlag 1986. S. 156.168.

Chen Shunji: Der große deutsche revolutionäre Dichter Heinrich Heine. Beijing 1987.

Zhang Yushu: Heine Schiller Zweig. Verlag der Peking-Universität 1987.

Heine-Studien. Schriftensammlung des Heine-Symposiums '87 in Peking. Hrsg. von Zhang Yushu. Verlag der Peking-Universität 1988.

Zhang Yushu: Lu Xun und Heine. ..In: Journal der Peking-Universität, Nr. 4 1988, S. 1.8.

Zhang Yushu: Heine in China. ..In: HJb 1990, S. 184.193.
Zhang Yushu: Atta Troll und Heines Angst vor dem Kommunismus. ..In: Sprache, Literatur und Kommunikation im kulturellen Wandel. Festschrift für Eijiro IWASAKI anläßlich seines 75. Geburtstages. Hrsg. von Tozo Hayakawa, Takashi Sengoku, Naoji Kimura, Kozo Hirao. DOGAKUSHA. S. 465.682.
Zhang Yushu: Chinesische und Heinesche Poesie – zur Beliebtheit Heines in China. ..In: HJb 1994, S. 179.193.
Zhang Yushu(Hrsg.): Zum Genießen berühmter Dichtung von Heine. Beijing 1996.
Liu Min: Heine und die Romantik. ..In: Journal der Peking-Universität, Nr. 3 1997, S. 130.133.
Ma Wentao: Heines Texte im Deutschstudium in China. ..In: Hrsg. von Joseph A. Kruse, Bernd Witte und Karin Füllner. Stuttgart, Weimar 1998, S. 760.768.
Zhang Yushu: Das Heine-Bild in China. In: Aufklärung und Skepsis. Internationaler Heine-Kongreß 1997 zum 200. Geburtstag. Hrsg. von Joseph A. Kruse, Bernd Witte und Karin Füllner. Stuttgart,·Weimar 1998, S. 751.759.
Zhang Yushu: Heine und seine Gedichte. ..In: Erfassung der Weisheit: »Führung durch die berühmten Werke« der Peking-Universität. Hrsg. von Yang Chengyun, Lin Jiangchu, Beijing 1998. S. 264.295.
Fan Chunli: Denk ich an Heine bei seinen Gedichten (außerschulische Aufsatzübung), S. 425.426.
Yu Tao: Gefühle und Gedanken beim Lesen von Heines Gedichten (außerschulische Aufsatzübung), S. 427.
Zhang Yushu (Hrsg.): Heine gehört auch uns: Tagungsband des Internationalen Heine-Symposiums '97 Beijing: Verlag der Peking-Universität, 1998.
Zhang Yushu: Der Dichter Heine und seine Prosa (Vorwort). ..In: Lutezia: Sammlung Heinescher Prosa, übers. von Zhang Yushu. Beijing 1999.
Liu Min: Heines Lyrik in China ..vom Anfang bis 1949. ..In: HJb 2002, S. 130.160.

Anmerkungen

Die Zitate aus der chinesischen Literatur wurden, wenn nicht ausdrücklich anders gekennzeichnet, von der Verfasserin übersetzt.

1 Vgl. den Bericht über das Symposium in Zhang Yushu: Heine in China. ..In: HJb 1990, S. 184.186.

2 In: Heine-Studien. Schriftensammlung des Heine-Symposiums '87 in Peking. Hrsg. von: Zhang Yushu. Verlag der Peking-Universität, S. 5.6 (in chinesischer Sprache). Übers. von Zhang Yushu in: Heine in China [Anm. 1], S. 184.185.

3 In: Heine-Studien [Anm. 2], S. 17 (in chinesischer Sprache). Übers. von Zhang Yushu in: Heine in China [Anm. 1], S. 186.

4 In: Heine Studien [Anm. 2], S. 14.16 (in chinesischer Sprache). Übers. von der Germanistin Zhao Leilian.

5 Ebd., S. 19.20 (in chinesischer Sprache).

6 Vgl. ebd., S. 22.

7 Ebd., S. 11 (in chinesischer Sprache).

8 Ebd., S. 397.402.

9 Ebd., S. 385.389.

10 Über die Schrift von Ai Siqi vgl. Liu Min: Heines Lyrik in China ..vom Anfang bis 1949. ... In: HJb 2002, S. 130..160; bes. S. 149..152.

11 Sun Fengcheng: Vergangenheit, Gegenwart und Zukunft ..Heine in China. ..In: Heine-Studien. [Anm. 2], S. 26..34; Zitat: S. 31 (in chinesischer Sprache).

12 He Shan: Über die künstlerischen Eigenarten der früheren Lyrik Heines. ..In: Heine-Studien. [Anm. 2], S. 122..155 (in chinesischer Sprache).

13 Ebd., S. 124.

14 Vgl. ebd.

15 Ebd., S. 128.

16 Vgl. ebd., S. 129.

17 Vgl. ebd., S. 131.

18 Vgl. Liu Min: Heines Lyrik in China [Anm. 10], S. 155..157.

19 Vgl. Jin Han/Feng Yunqing/Li Xinyu (Hrsg.): Neue Entwicklungsgeschichte der chinesischen Gegenwartsliteratur. Verlag der Hangzhou-Universität 1997, S. 18.

20 Guo Moruo: Romantik und Realismus. ..In: Hongqi (Rote Fahne), 1958, Nr. 3, S. 1..8. Zitat: S. 4.

21 Zhang Yushu: Der Dichter Heine. ..In: Heine-Auswahl·Gedichte (in chinesischer Sprache). Hrsg. von Zhang Yushu. Volksliteraturverlag, Beijing 1985, S. 18..19.

22 Vgl. Zhang Yushu: Der Kämpfer Heine. ..In: Heine-Studien [Anm. 2], S. 431..450 (in chinesischer Sprache); s. S. 446.

23 In: Heine-Studien [Anm. 2], S. 189..193.

24 Ebd., S. 180..188.

25 Vgl. Anhang II. Sekundärliteratur.

26 Qian Chunqi (Übers.): Buch der Lieder. Nachwort (in chinesischer Sprache). Shanghai 1956. S. 347..355. Zitat: S. 351.

27 In: Lukács' Schriften zur Literatur (in chinesischer Sprache). Werkauswahl. Band I: Zur deutschen Literatur. Hrsg. von Fan Dachan. Volksliteraturverlag, Beijing 1986. S. 367..443.

28 Yang Wuneng: Vorwort zu Ausgewählte lyrische Gedichte von Heinrich Heine. Hrsg. von Yang Wuneng. Zhejiang 1997. Zitat: S. 3.

29 In: Zhang Yushu (Hrsg.): Lexikon der ausländischen Lyrik mit Interpretationen. Beijing 1991. S. 937.

30 Ebd., S. 928.

31 Zhang Yushu (Hrsg.): Zum Genießen berühmter Dichtung von Heine. Beijing 1996. S. 5.

32 Ebd., S. 7.

33 Ebd., S. 94 f.

34 In: Erfassung der Weisheit: »Führung durch die berühmten Werke« der Peking-Universität. Hrsg. von Yang Chengyun, Lin Jianchu. Beijing 1998. S. 264..295.

35 Fan Chunli: Denk ich an Heine bei seinen Gedichten. ..In: Erfassung der Weisheit [Anm. 34], S. 425..426. Zitate: S. 425.

36 Zhang Yushu: Lu Xun und Heine. ..In: Journal der Peking-Universität, 1988, Nr. 4. Verlag der Peking-Universität. S. 1..8. Zitat: S. 4.

37 Vgl. ebd., S. 6.

38 Vgl. ebd., S. 5.

39 Zhang Yushu: Chinesische und Heinesche Poesie ..zur Beliebtheit Heines in China. ..In: HJb 1994. S. 179..193. Zitat: S. 180.

40 Ebd., S. 181.

41 Ebd., S. 185.

42 Ebd., S. 187.

43 Ebd., S. 181.

44 Ebd., S. 187.

45 Ebd.

46 Ebd., S. 191.

47 Ebd., S. 192.

48 Liu Min: Heine und die Romantik. ..In: Journal der Peking-Universität, 1997, Nr. 3, S. 130..133.

49 Ebd., S. 130.

50 In: Aufklärung und Skepsis. Internationaler Heine-Kongreß 1997 zum 200. Geburtstag. Hrsg. von Joseph A. Kruse, Bernd Witte und Karin Füllner. Stuttgart, Weimar 1998, S. 751..759.

51 Ma Wentao: Heines Texte im Deutschstudium in China. ...In: Aufklärung und Skepsis [Anm. 50], S. 760..768, Zitat: S. 767

52 Ebd., S. 768.

53 Vgl. Eröffnungsrede und Grußworte. ...In: Heine gehört auch uns ...Tagungsband des Internationalen Heine-Symposiums 97 Beijing. Hrsg. von Zhang Yushu. Verlag der Peking-Universität. Beijing 1998. S. 3..16.

54 Yao Li: Über das Studium der Poesie in der Prosa »Die Harzreise« von Heinrich Heine. ... In: Heine gehört auch uns [Anm. 53], S. 201..208. Zitat: S. 201.

55 In: Heine gehört auch uns [Anm. 53], S. 384..393.

56 Ebd., S. 452..457.

57 Liu Min: Zur Rezeption und Wirkung Heinescher Lyrik in China. ..In: Heine gehört auch uns [Anm. 53] S. 172..179. Zitat: S. 178.

58 Ebd., S. 179.

59 Li Changke: Heines »Idee« und ihre Bedeutung für die Gegenwart. ..In: Heine gehört auch uns [Anm. 53], S. 38..50. Zitat: S. 40.

60 Ma Wentao: Heine und seine Heimat. ..In: Heine gehört auch uns [Anm. 53] S. 458..470. Zitate: S. 461 f.

Wolfgang Menzel. Sein Leben
Teil 2

Von Gerhart Söhn, Düsseldorf

Der Redakteur des »Literatur-Blatts«

Im Jahre 1824 hielt es Menzel im Glauben an bessere Arbeitsbedingungen für angezeigt, sein Domizil von Aarau nach Heidelberg zu verlegen, um sich dort um eine Existenzgrundlage zu bemühen und seine »Geschichte der Deutschen« abzuschließen. Während ihm der Besuch der Bibliothek nützlich war, ereiferte er sich auf der anderen Seite über die Ansichten und Aktivitäten des Kirchenrates Heinrich Eberhard Gottlob Paulus (1761–1851), der ihn angeblich als »Demagogen« angeschwärzt hatte, sowie über den alten Johann Heinrich Voß (1751–1826), literarisch sogleich verarbeitet in der Broschüre »Voß und die Symbolik«.[1]

Da kam ihm im März 1825, auf einer geplanten Reise nach München, in Stuttgart der Ruf Cottas auf den Redakteursposten des »Literatur-Blatts« zum »Morgenblatt für gebildete Stände«[2] sehr gelegen. Das »Morgenblatt« wurde zu jener Zeit von Johann Friedrich von Cotta (1764–1832) und Johann Georg von Cotta (1796–1863) selbst geleitet, nachdem es mit Therese Huber, seit 1817 Redakteurin der Publikation, zu Auseinandersetzungen gekommen war. Vom 1. Januar 1827 bis zu seinem Tode im November des gleichen Jahres war Wilhelm Hauff (1802–1827) Redakteur für den belletristischen Teil, ihm folgte der ältere Bruder Hermann Hauff (1800–1865).

Durch die Publikation seiner »Streckverse« und die Mitherausgabe der »Europäischen Blätter« sowie seiner inzwischen in Zürich erschienenen »Geschichte der Deutschen«[3] hatte sich der junge Menzel die Voraussetzungen zu diesem Engagement geschaffen. Der Kontrakt, der zunächst auf jeweils drei Jahre, später auf jeweils fünf Jahre abgeschlossen wurde, ist immer wieder erneuert worden. Menzel wurde damit Nachfolger von Adolf Müllner (1774–1829), der seit 1820 Redakteur war, jedoch als streitsüchtig, hämisch und arrogant gegenüber den Autoren galt und sich durch seine persönlichen Aggressionen eine Vielzahl von Prozessen eingehandelt hatte. Den Lesern des »Literatur-Blatts« wurde zunächst mitgeteilt, man habe es für ratsam gehalten, die Redaktion des Literaturblattes mit dem Jahre 1826 einem anderen, verdienten Gelehrten zu übertragen.

Stuttgart blieb, nachdem er die »Entlassung aus dem preußischen Unterthanenverbande« (S. 207)[4] erhalten und das Bürgerrecht für Württemberg erworben hatte, Menzels ausschließlicher Wohnort. Hier heiratete er am 9. März 1826 die junge Johanna Christiane Bilfinger (1806.1875), Tochter des Pfarrers Johann Wenzel Bilfinger aus Oppelsbohm, mit der er sich im Vorjahr verlobt hatte, eine Verbindung, der zwei Töchter und sechs Söhne entsprossen. Während das junge Paar zunächst eine kleine Mietwohnung bezog, konnte Menzel 1833 ein Haus mit Garten an der damaligen Kasernenstraße erwerben.

Umtriebig, wie Menzel war, fand er neben seiner Redaktionstätigkeit offensichtlich genügend Zeit, sich ständig mit eigenen literarischen Arbeiten zu beschäftigen. Für das 1826 bei Metzler, Stuttgart, erschienene Taschenbuch »Moosrosen«, das er herausgab, übersetzte er 3000 Verse aus der »Kaiserchronik« des 12. Jahrhunderts unter dem Titel »Faustianus« ins Neuhochdeutsche. Ferner brachte diese Ausgabe seinen dramatischen Erstling »Popanz«, in dem die bezeichnenden Verse zu finden sind:

> Ich bin der Autor, Mädchen, ich
> Und kann mit einem Federstrich
> Zum Teufel alle Wölfe schicken.

Schließlich reizten ihn, angeregt durch Ludwig Tieck, Märchenstoffe, die in den Publikationen »Rübezahl« und »Narzissus« ihren Niederschlag fanden. Und ab 1830 fungierte er als Herausgeber des »Taschenbuchs der neuesten Geschichte«, von dem unter seiner Regie bis 1834 fünf Bände erschienen.

Im Jahre 1828 erschien sein umstrittenes Werk »Die deutsche Literatur« mit neuerlichen Attacken gegen Goethe und Voß und mit der bemerkenswerten Sentenz in der Einleitung: »Die Vielschreiberei ist eine allgemeine Krankheit der Deutschen [ ]. Schreiber, wohin man blickt.«[5] Der Effekt der Publikation war bemerkenswert und führte zu kontroversen Meinungsäußerungen. Bezeichnete man seine Literaturbetrachtung auch als ober ächlich und kritisierte vor allem seine Goethe-Angriffe, war die Aufnahme im wesentlichen dennoch positiv. Selbst Heine, der zu jener Zeit noch nicht mit Menzel zerstritten war, äußerte sich wohlwollend und nannte im Brief vom 12. Januar 1828 seine »Deutsche Literatur« »ein Weltmeer, worinn die Sterne der Literatur sich spiegeln.« (HSA XX, 315) Bemerkenswert bleibt immerhin, dass 1836 bereits eine erweiterte Neuau age erscheinen konnte, die Publikation ins Englische, Französische, Italienische, Holländische und Russische übersetzt wurde und dass Menzels »Deutsche Literatur« von 1828 das einzige Menzel-Werk bleibt, welches in unserer Zeit einer Neuau age (als Reprint) für würdig befunden wurde.

Ab der ersten Nummer des Jahrgangs 1830 des »Literatur-Blatts« wurde Menzel auch offiziell als Redakteur genannt und sein Name erschien hinfort im Kopf des

Blattes. Menzel hatte damit eine Plattform gefunden, seinen völkisch-nationalen Ideen Nachdruck zu verleihen, konnte er im »Literatur-Blatt« jetzt doch durch fortgesetzte Kritik dem literarischen Geschehen seinen Stempel aufdrücken. In dieser ersten Ausgabe des Jahres 1830 gab er seinen Vorstellungen von Kritik wie folgt Ausdruck:

> Die Kritik ist Organ der öffentlichen Meinung. Sie hat das Publikum zu vertreten, nicht den Schriftsteller. [ ] Sie ist die tribunicische Gewalt, die ihr das Publikum anvertraut hat, um seine Rechte gegen die Schriftsteller zu schirmen, um diesen zu sagen, was dem Publikum frommt oder nicht, um alles Nützliche und Schöne der Bücherwelt allgemein zu empfehlen und zu verbreiten, alles Unnütze, Schädliche, Verkehrte zu verbannen.[6]

In seinen »Denkwürdigkeiten« erklärte er im Alter: Freilich hätte es da eines Herakles bedurft, um den Augiasstall auszuräumen (S. 240). Praktisch hatte er in seiner jetzigen Stellung nunmehr die Gesamtproduktion des Büchermarktes zu verfolgen: das philosophische, historische, naturkundliche, volkswirtschaftliche, staatsrechtliche, parteipolitische Schrifttum so gut wie die »schöne« Literatur. Ein weites Feld, welches er, selbstbewusst wie er war, glaubte beackern zu können, was ihm jedoch schon frühzeitig harsche Kritik einbrachte, wie etwa von Franz Kottenkamp in seinem »Anti-Menzel«: »Als Recensent hat er die üble Gewohnheit angenommen, über Alles mitzusprechen und in Alles hineinzureden.« Und als Resümee konstatiert er »einen geringen Fond an Kenntnissen, ein seichtes Urtheil und ober ächliche Bildung«.[7]

Als Redakteur des »Literatur-Blattes« kam Menzel hinfort eine Machtstellung zu, die ihn zu dem gefürchtetsten und bestgehassten Kritiker werden ließ. An ihm führte so gut wie kein Weg vorbei. In der Akademie der Wissenschaften in Berlin werden aus dem Nachlass rund 3.000 ungedruckte Briefe an ihn aufbewahrt . . meist Bittschreiben, in denen wohlwollende Rezensionen erbeten werden . .,.die von seiner singulären Stellung zeugen. Sein Urteil entschied vielfach über Aufstieg oder Ende einer Schriftstellerlaufbahn. »Sein Briefwechsel gibt von dem Umfang seiner Macht eine erstaunliche Vorstellung«, schreiben Meisner und Schmidt in ihrer Briefausgabe.[8] »Menzel nahm eine Stellung ein, die den kühnsten Ehrgeiz befriedigen konnte. [ ] Er schien der Lektor des deutschen Volkes.« Unter den Briefabsendern an den »lieben Freund«, »Herrn Doktor«, »Verehrtesten«, »Ew. Wohlgeboren«, »Herrn Hofrath« fehlt kaum ein Name aus dem Kreise derjenigen, die zu jener Zeit von sich reden machten. Von Alexis, Börne, Freiligrath, Grabbe, Gutzkow, Hebbel, Heine, Kerner, Mörike bis zu Tieck, Uhland und vielen anderen. Selbst Justus Liebig bat Menzel um Aufnahme seiner naturwissenschaftlichen Arbeiten im »Literatur-Blatt«. Und der Kronprinz Maximilian von Bayern titulierte ihn »Herr Professor«. Als Menzel im Jahre 1831 mit Gutzkow Verbindung aufnahm und ihm die Mitarbeit in Stuttgart anbot, lockte er mit dem Hinweis auf 500..600 unrezensierte Bände. »Alle schmeichelten mir, empfahlen mir ihre Sachen und suchten sich gut mit mir zu stellen« (S. 274), resümiert er in seinen »Denkwürdigkeiten«.

Aber nicht nur das. Menzel war überall zu finden: Als Abgeordneter in der Württembergischen Kammer, als Vorstandsmitglied des »Literarischen Vereins« in Stuttgart und des neu entstandenen »Germanischen Nationalmuseums« in Nürnberg, als Mitbegründer des Stuttgarter »Vereins für vaterländische Naturkunde«, im »Schiller-Verein«, in der sogenannten »Museumsgesellschaft«, als Mitarbeiter im »Württembergischen Alterthums-Vereins«, als Mitbegründer eines »Elternvereins«, in der »Maturitäts-Prüfungs-Commission« usf.

Eine Reise nach Österreich unternahm Menzel im Jahre 1831. Sie fand Niederschlag in einer Buchpublikation, die Gutzkow später als »eine der Leichtgläubigkeit aufgebundene Mährchensammlung« bezeichnete, »die nur für den Heraldiker wegen der beigegebenen Abhandlung über den goldenen Vließorden von Interesse« sei.[9] 1831 war zudem das Jahr, in dem er als Abgeordneter des Bezirks Balingen in die Württembergische Kammer gewählt wurde, und hinfort als »Liberaler« auf den Bänken der landstädtischen Opposition saß, eine Position, die er bis 1838 innehatte, die jedoch nicht sehr aufwendig gewesen ist, da die Kammer nur sporadisch zusammentrat.

Ungeachtet dessen kam es ihm sehr gelegen, dass der junge Karl Gutzkow (1811...1878), den er als talentierten Schriftsteller und Kritiker erkannte, nach dessen vergeblichem Bemühen mit dem »Forum der Journal-Literatur«[10] ein eigenes Literaturblatt zu schaffen (von Menzel im »Literatur-Blatt« positiv gewürdigt[11]), im Herbst 1831 seiner Aufforderung, als Mitarbeiter in die Redaktion des »Literatur-Blatt« nach Stuttgart zu kommen, Folge leistete. Gutzkows Aufenthalt in Stuttgart dauerte jedoch nur bis zum April 1832, als er die Stadt zur Fortsetzung seines Studiums wieder verließ, weiterhin jedoch eifriger Mitarbeiter des »Literatur-Blatts« bleibend, wie man sagte als Menzels »Adjutant«. So bezeichnete Gutzkow in der Korrespondenz mit seinem Mentor ihn weiterhin als »lieben Freund«, ehe es Ende 1834 zum fortdauernden Kon ikt kam, nicht zuletzt durch die Begegnung mit anders Gesinnten, wie Heinrich Laube, dem Redakteur der »Zeitung für die elegante Welt« in Leipzig, mit dem er 1833 er nach Italien reiste.

Im Frühjahr 1835 entschloss auch Menzel sich zu einer Reise nach Italien, die ihn von Stuttgart über Trient, Verona, Mailand, Livorno, die Insel Korsika und Neapel nach Rom führte. Dort konnte er zahlreiche deutsche Künstler kennen lernen, insbesondere aber den dänischen Bildhauer Bertel Thorvaldsen, der mit der Schaffung eines Schiller-Denkmals für Stuttgart beauftragt war, um das sich Menzel ebenfalls kümmerte. So widmete er seine ausführliche, launige Reisebeschreibung schließlich auch Thorvaldsen und C. Reinhart.[12] Die Rückreise führte ihn über Spoleto, Assisi, Perugia, Florenz, Ferrara und Padua wieder nach Stuttgart.

Das gravierendste Ereignis in Menzels Biographie war ohne Zweifel das Geschehen im Herbst des Jahres 1835, als es zu der berühmt-berüchtigten preußischen Ministerialverfügung vom 14. November 1835 gegen das »Junge Deutschland« kam und dem anschließenden Bundestags-Beschluss vom 10. Dezember 1835 mit dem Verbot der Schriften von Karl Gutzkow, Heinrich Laube, Ludolf Wienbarg, Theodor Mundt und Heinrich Heine[13], Beschlüsse, die nicht zuletzt auf die Aktivitäten Wolfgang Menzels zurückgeführt wurden, mit der Folge der erbittertsten Fehden im Literaturgeschehen der ersten Hälfte des 19. Jahrhunderts.

Eine wichtige Rolle spielte Wolfgang Menzels vernichtende und bösartige Kritik des Gutzkow-Romans »Wally, die Zwei erin«[14], im »Literatur-Blatt« vom 11. und 14. September 1835, die, nichts Gutes verheißend, anstatt mit den sonst vorangestellten Vignetten wie Lorbeerkränze und Blumenkörbe, mit aus dunklen Wolken zuckenden Blitzen versehen war. Die Besprechung des Buchs des von ihm abgefallenen Karl Gutzkow, der zum Ärger Menzels inzwischen selbst Redakteur der Literaturbeilage zum Frankfurter »Phönix« geworden war, wurde zu einem Fanal, indem Menzel den Roman als blasphemisches, gotteslästerliches Musterbuch des Jungen Deutschland diffamierte. »Herr Gutzkow hat es über sich genommen, diese französische Affenschande, die im Arme von Metzen Gott lästert, aufs neue nach Deutschland überzup anzen [ ]«. Für Menzel war Gutzkow nun »ein frecher Gotteslästerer« und »Nuditätenmaler«. Sein Resümee: »Aber ich will meinen Fuß hineinsetzen in euern Schlamm, wohl wissend, daß ich mich besudele. Ich will den Kopf der Schlange zertreten, die im Miste der Wollust sich wärmt«. Und: »Es ist Zeit, ihm [dem Jungen Deutschland] nicht die mindeste Schonung mehr angedeihen zu lassen, sondern es bis zur Vernichtung zu bekämpfen.«[15] Es war der Beginn seiner fortgesetzten Attacken gegen die jungen Literaten und deren Schriften.

Menzels Besprechung der ebenfalls der Zensur verfallenen »Aesthetischen Feldzüge« von Ludolf Wienbarg, 1834 bei Hoffmann und Campe in Hamburg erschienen, endete, bei aller Aggressivität gegen die unmoralische Literatur , mit einem Nachsatz, der die Ambivalenz der menzelschen Haltung deutlich macht: Er distanzierte sich von dem Begriff »junges Palästina« (den man gelegentlich ihm zuschreibt), verwahrte sich dagegen, dass man den Christenhass allgemein dem Judaismus zur Last legte, und verwies darauf, »mit wieviel Wärme« er sich »immer jener Emancipation [der Juden] angenommen habe.«[16] In den Auseinandersetzungen im württembergischen Landtag und in seiner Rezension der Schrift des Kirchenrats Paulus gegen die Judenemanzipation und der Entgegnung Gabriel Riessers darauf hatte Menzel tatsächlich für Riesser und die Juden Partei genommen.[17]

In den Begebenheiten des Herbstes 1835 liegt die entscheidende Zäsur in den Beziehungen Menzels zu den jungen Literaten, die bis dahin zumindest als wohlwollend bezeichnet werden konnten. Nicht nur mit Heine war die Verbindung von

Wally,

die

Zweiflerin.

Roman

von

Karl Gutzkow.

— Des Friedens Wund' ist Sicherheit,
Sorglose Sicherheit; doch weiser Zweifel
Wird Leuchte der Vernunft, des Arztes Sonde,
Der Wunde Grund zu prüfen.
Shakspeare.

Mannheim.

C. Löwenthals Verlagshandlung.

1835.

Titelblatt Karl Gutzkow: Wally, die Zwei erin. C. Löwenthal, 1835 beiderseitigen Interessen geprägt (im Jahre 1831 hatte er Heines »Nachträge zu den Reisebildern« und die Vorrede zu »Kahldorf über den Adel« noch positiv gewürdigt[18]), vor allem die Verbindung zu Karl Gutzkow konnte als beinahe freundschaftlich bezeichnet werden. Es ist in diesem Lebensabriss Wolfgang Menzels nicht der Platz, das Zustandekommen der staatlichen Maßnahmen des Jahres 1835 erneut in allen Details zu durchleuchten. Hier sei auf die ausführlichen Recherchen in den umfangreichen Dokumentationen zum »Jungen Deutschland« verwiesen[19], die deutlich machen, dass sich die staatlichen Maßnahmen bereits weit vor der Menzel-Kritik anbahnten, etwa durch Ereignisse, wie die Juli-Revolution von 1830, das »Hambacher Fest« am 27./28. Mai 1832, Vorkommnisse, denen bereits verschärfte Zensurmaßnahmen folgten. Schließlich war es möglicherweise die Affinität des durch Wienbarg und Gutzkow ins Spiel gebrachten Namens »Junges Deutschland« zu den Einheitsbestrebungen des Italieners Guiseppe Mazzini (1805... 1872) in der Schweizer Emigration mit seinem Begriff des »Giovine Italia« und der von ihm gegründeten Bewegung »Junges Europa«, von Johannes Proelß allerdings dahingehend kommentiert, dass es für die Annahme, die Zensurbehörden hätten eine Verbindung zu den Aktivitäten in der Schweiz gesehen, keine konkreten Beweise gäbe.[20] Jedenfalls waren den Herbstereignissen des Jahres 1835 bereits zahlreiche Buchverbote vorausgegangen. Gutzkows Ausgabe von »Schleiermacher's Vertraute Briefe über die Lucinde«[21] war bereits am 21. April 1835 in Preußen verboten worden, Theodor Mundts »Madonna«[22] am 1. Mai, und Ludolf Wienbargs »Wanderungen durch den Thierkreis«[23] am 28. September. Heinrich Laube hatte eine neunmonatige Untersuchungshaft in Berlin verbüßen müssen und Heines »Salon« I wurde bereits Ende Dezember 1833 in Preußen verboten. Letztlich spielten die Interventionen seitens der Beauftragten des Fürsten Metternich eine entscheidende Rolle.

Fest steht allerdings, dass die Attacken Menzels bei dem Zustandekommen der Maßnahmen von erheblichem Gewicht gewesen sind, indem die mit dem Geschehen befassten Kommissionen offensichtlich von seinen Beurteilungen der inkriminierten Werke beein usst waren. Man möchte sagen, Menzel brachte das Fass zum Überlaufen. Seine zum Teil verleumderischen Philippiken gegen Gutzkow in den September-Ausgaben des Jahres 1835 hätten jedoch alleine wohl kaum dazu ausgereicht, eine ganze Phalanx von Autoren ans Messer zu liefern, wenn nicht durch den Begriff »Junges Deutschland« eine Zusammengehörigkeit der inkriminierten Poeten und Schriftsteller unterstellt worden wäre. Gutzkows Verurteilung zu einem Monat Gefängnis und die Schließung der Löwenthal'schen Buchhandlung in Mannheim, die Gutzkows »Wally« herausgebracht hatte, sowie das Scheitern der von Wienbarg und Gutzkow konzipierten »Neuen Revue« hängen sicherlich ursächlich mit den Menzel-Invektiven zusammen.

Was hinfort von allen Seiten an Kommentaren und Pamphleten der Betroffenen zu Papier gebracht wurde, zählt nicht zu den Ruhmesblättern in der deutschen Literaturgeschichte, macht im übrigen aber deutlich, dass es eine organisierte Bewegung »Junges Deutschland« faktisch nicht gegeben hat, wenn vor allem Wienbarg und Gutzkow ein derartiger Zusammenschluss auch vorgeschwebt haben mag, nicht zuletzt artikuliert in ihrem Programm zur geplanten »Neuen Revue«.

Menzel hatte Gutzkow vorgeworfen, mit Unzucht die Welt verbessern zu wollen, aber auch Theodor Mundt, dem Gutzkow nie recht wohlgesonnen war, verurteilte die »Wally«. Heinrich Laube, der sich dezidiert vom Jungen Deutschland absonderte, nannte sie eine »dämonische Ausgeburt«.[24] Einig waren sich die denunzierten Autoren aber in der Leugnung der Zugehörigkeit zu einer »Sekte«, wie Menzel es nannte und in ihrer Verachtung für ihn. So schrieb Heine im November 1835 an Heinrich Laube: »Daß man mit Herrn Menzel just zu schaffen hat, ist ekelhaft. Es ist ein schäbiger Bursche, an dem man sich nur besudeln kann. Er ist durch und durch ein heuchlerischer Schurke.« (HSA XXI, 126)

Jedenfalls waren die verschärften Zensurbestimmungen und Veröffentlichungsverbote für die Betroffenen existenzgefährdend; doch wurden sie schon Mitte Februar 1836 durch den preußischen Staatsminister von Rochow wesentlich abgeschwächt und das allgemein gefasste Verbot modifiziert. Auch durch die seinerzeitige Vielstaaterei gab es Abmilderungen und Schlup öcher. In Preußen wurde das Verbot im Februar 1842 offiziell wieder aufgehoben unter dem Vorbehalt, dass die betroffenen Autoren sich schriftlich verp ichteten, alles Religion und Staatsverfassung Beleidigende zu vermeiden. Gutzkow, Mundt und Laube unterschrieben.

Gutzkow ließ Menzel zunächst jedoch eine Duellforderung zugehen, die Menzel aber ablehnte. Heine reagierte Anfang 1837 mit seiner viel zitierten Schrift »Ueber den Denunzianten« als »Vorrede zum dritten Theile des Salons«, Börne mit seiner Schrift »Menzel, der Franzosenfresser«[25], nachdem auch er ..von Menzel zunächst zurückhaltend kommentiert ..in seinem »Literatur-Blatt« nachdrücklich kritisiert worden war.

Menzels engstirnige Aggressivität musste auch von seinem Verleger immer wieder in ihre Schranken verwiesen werden, ungeachtet dessen, dass das Verhältnis, sowohl zu Johann Friedrich von Cotta, den er in seinen Briefen stets mit »Euer Hochwohlgeboren« anredete, als auch zum Sohn Johann Georg von Cotta, hier war seine Anrede »Verehrter Herr und Freund«, als gut bezeichnet werden kann. In einem Schreiben vom 12. Januar 1842, als es um eine Neuau age der »Geschichte der Deutschen« ging, bemerkte Johann Georg von Cotta hö ich, vor allem auch im Hinblick auf seine österreichische Klientel: »Darf ich bei dieser Gelegenheit den Wunsch aussprechen, daß Sie die herben Urtheile über Katholicismus und die kath. Kirche zu mildern im Stande seyn möchten. Ich hoffe, Sie nehmen mir diese Aeußerung nicht übel, die gewiß eben so sehr im Interesse Ihres herrlichen Werkes als in Betracht der Zeitumstände und des gewünschten größeren Absatzes gemacht ist, von welch' Letzterem ich weiß, daß er in Bayern aus dem angeführten Grunde und nicht minder in Oesterreich sehr verkümmert und fortwährend angefochten wird.«[26] Auch bezüglich Menzels Goethe-Kritik hielt ihm der Verleger bei anderer Gelegenheit entgegen: » De mortuis nil nisi bene! [ ] Goethe ist seit langen Jahren mein Freund, ich gehöre mit Tausenden zu seinen Verehrern, meine Verehrung beruht nicht nur auf seinen Schriften, sondern auch auf seinen Handlungen.«[27]

Die Auseinandersetzungen mit den zum »Jungen Deutschland« gezählten Schriftstellern blieben für die im Jahre 1836 in vier Teilen erscheinende Neuau age von Menzels »Die deutsche Literatur« nicht ohne Folgen. Zurückhaltung war jetzt nicht mehr angezeigt. Er bejammerte die neue »Gallomanie«, insbesondere Börnes und Heines, beschuldigte Heine, er verhöhne »das Christenthum auf die frechste Weise« und behauptete, »eine Anzahl junger Leute, sämmtlich aus Norddeutschland«, habe sich vereinigt »in einer Coterie, die antichristlichen Lehren Heines systematisch in Deutschland auszubreiten.« Und das waren dann Wienbarg, Gutzkow, Laube, Mundt.[28] So »gipfelt die zweite Au age der Deutschen Literatur von 1836 in der Rechtfertigung seines im Solde der Nationalliteratur geführten Vernichtungskrieges gegen das Junge Deutschland«, war Jenals Resumée.[29]

Die Folgejahre machten schnell deutlich, dass es eine wie immer geartete feste Gruppierung »Junges Deutschland« faktisch nicht gegeben hat. Heine saß in Paris, Börne war 1837 gestorben, und die Exponenten der Bewegung ..Wienbarg, Gutzkow, Mundt ..wandten sich ausgeprägt anderen Themen zu. Laube, der 1837/38 für achtzehn Monate auf das Pücklersche Anwesen Muskau verbannt war, distanzierte sich später wiederholt vom »Jungen Deutschland«. Das Thema, welches über ein knappes Jahrzehnt hinweg so viel Aufruhr verursacht hatte, war Ende der 30er Jahre praktisch beendet[30], und damit auch die Aufmerksamkeit, die Wolfgang Menzel mit seinen Philippiken auf sich gelenkt hatte.

Menzels spektakuläre Zeit war vorüber. Nun versuchte er sein schon aus Turner- und Burschenschaftszeiten stammendes Streben nach einer Überwindung der deutschen Kleinstaaterei, dem er bis zum Lebensende folgte, in der 1839 erschienenen Publikation »Europa im Jahr 1840«, der ersten Schrift, in der er mit einem politischen Programm an die Öffentlichkeit trat, zu artikulieren. Ein Podium bot ihm zusätzlich die von Cotta im Jahre 1838 ins Leben gerufene »Deutsche Vierteljahrs-Schrift«, »welche wissenschaftliche Gegenstände weltmännisch behandeln und die Wissenschaft dem Leben so nahe bringen« sollte als möglich, eine Publikation für die Gustav Pfizer (1807..1890), Friedrich von Kölle (1781..1848) und Menzel verantwortlich zeichneten.

Um diese Zeit kam der General Theodor Heinrich Rochus von Rochow, der Bruder des preußischen Staatsministers, als preußischer Gesandter nach Stuttgart. Zu ihm bahnten sich offensichtlich engere Beziehungen an, hat Rochow doch immer wieder Menzels Meinungen nach Berlin kolportiert. Als Anerkennung für die von Rochow dem seit 1840 regierenden König Wilhelm IV. zugesandte Menzel-Publikation »Europa im Jahr 1840« soll ihm der König eine Auszeichnung zugedacht haben, die von Menzel aber, nach eigener Version, um seine Unabhängigkeit zu bewahren, abgelehnt wurde. Ungeachtet dessen hätte ihn die preußische Regierung 1841/42 gerne nach Berlin berufen, um ihm die Hauptredaktion der preußischen Staatszeitung zu übertragen. Aber auch hiervor scheute Menzel, in der Furcht seine Selbstständigkeit zu verlieren, zurück.

Wolfgang Menzel (1798–1873) nach einem Gemälde von Holder um 1840

Nachdem die hektischen Auseinandersetzungen vorbei waren, wurde es kontinuierlich ruhiger um Menzel und sein »Literatur-Blatt«, das, wie die meisten Publikationen des geschmeidigen Cotta, durch alle Fährnisse der Zeit segelte (im Gegensatz zu den Veröffentlichungen des renitenten Verlegers Brockhaus in Leipzig).

Wie Menzel sich in seinen »Denkwürdigkeiten« erinnert, waren in den Jahren 1840 und 1841 drei große Volksfeste erwähnenswert: Die Enthüllung der Schiller-Statue von Thorvaldsen, »die wir mit so viel Ausdauer endlich zu Stande gebracht hatten«, »das vierhundertjährige Jubiläum der Buchdruckerkunst«, wo er »auf dem Marktplatz von einer Tribüne herab die Festrede hielt« und das Jubiläum der fünf und zwanzigjährigen Regierung des Königs von Württemberg«. (S. 362) Überall, wo ein Sprecher oder Organisator gebraucht wurde, war Menzel zur Stelle, sei es als Redner beim »Liederkranz-Fest«, als Festredner beim »Schillerfest« oder als Mitglied des Ausschusses der »Museumsgesellschaft«, die das »Museum« genannte Institut mit seinen Sälen, Lesezimmern, Billard- und Wirtschaftszimmern unterhielt. Nicht unerwähnt bleibt in seinen »Denkwürdigkeiten«, dass er selbst gern und gut Billard spielte, bis 1851 ein Gichtanfall seine rechte Hand ein wenig schwächte. Auch das Turnwesen behielt er im Auge. So besprach er mit Genugtuung im »Literatur-Blatt« vom 16. Mai 1842 einige Publikationen zum Thema mit dem Fazit: Die politische Besorgnis vor kletternden und springenden Knaben sei lächerlich gewesen. Dagegen wäre es würdiger gewesen, wenn man »das Turnwesen als Vorbereitung zum Kriegsdienst allgemein eingeführt und statt gelehrten Ideologen vielmehr derben Praktikern vom Militär anvertraut hätte«.

Neben den politischen Themen waren es die Probleme der Kirche und des Glaubens, die ihn umtrieben. In seinen »Denkwürdigkeiten« heißt ein Kapitel »Meine Kämpfe gegen den Unglauben«, Kämpfe, die ihn jedoch immer wieder durch die Verquickung mit der Tagespolitik und der Wissenschaft in Verlegenheit brachten. Hegels Philosophie nannte er eine »Selbstvergötterungslehre« (S. 318). Mit dem Erscheinen des die Christusgläubigen aufreizenden »Leben Jesu« von David Friedrich Strauß tat sich für den Altlutheraner Menzel, der im übrigen bereits seit Jahren mit dem Kirchenrat Paulus, der ebenfalls eine Schrift zum Leben Jesu publiziert hatte, auf Kriegsfuß lebte, ein weiterer Kontrahent auf, dem er vorwarf, sich trotz »so viel Freiheit des Geistes, als ihm eigen war, zu einer Sünde gegen den h. Geist« erniedrigt zu haben (S. 323). Ironie des Schicksals war, dass sich Menzel und Strauß 1848 schließlich als konservative Abgeordnete in der Württembergischen Kammer beieinander fanden. Selbst seine evangelische Kirche brachte ihn zur Verzwei ung, und er glaubte sich in einer verkehrten Welt, indem man sähe, »wie grade in der Priesterschaft der irreligiöse Geist um sich« greife. (ebd.)

Als sich im Jahre 1846 ein voraussichtliches Ende des Cotta'schen »Literatur-Blatts« abzeichnete, entsann sich Menzel erneut seiner Beziehungen nach Berlin, suchte den preußischen Gesandten Radowitz am badischen Hof in Karlsruhe auf und erklärte, sich der preußischen Regierung zur Verfügung stellen zu wollen, ein Vorhaben, das sich jedoch zerschlug, da Cotta seinen Vertrag mit Menzel nochmals verlängerte.

Im Juli 1847 unternahm Menzel zusammen mit Hauptmann von Dürrich im Auftrag des württembergischen Altertumsvereins eine Untersuchung alter Totenhügel im Oberamt Heidenheim. Und auch für die literarische Verarbeitung dieser Forschungstätigkeit fungierte er als Herausgeber.[31]

Auf der Bühne der großen Politik standen jedoch viel gravierendere Probleme an. Das, was wir heute als den »Deutschen Vormärz« bezeichnen, tangierte Menzel nur marginal. Neben Heinrich Heine machte eine Phalanx junger Dichter von sich reden: Georg Herwegh, Ferdinand Freiligrath, August Heinrich Hoffmann von Fallersleben, Franz Dingelstedt u. a., die mit ihren politischen Dichtungen die gesellschaftlichen Verhältnisse unter die Lupe nahmen und bekämpften, immer wieder mit der Notwendigkeit, den Strafverfolgungen durch Emigration zu entgehen. Bezeichnenderweise wurde dieses Wirken »junger Deutscher«, wie sie sich gelegentlich im Gegensatz zum »Jungen Deutschland« bezeichneten, von Menzel weitgehend ignoriert. In seiner Publikation »Deutsche Dichtung von der ältesten bis auf die neueste Zeit« aus den Jahren 1858/59 erklärt er zurückblickend, dass »die deutsche Poesie von dieser dämonischen Gier nach dem Umsturz alles Bestehenden« ergriffen gewesen sei. Sie habe eine »auffallend undeutsche und unchristliche, vorzugsweise französische und jüdische Färbung« angenommen, nach seiner Ansicht: »demokratische Delirien der vierziger Jahre«.[32]

Der Februar-Revolution in Frankreich 1848 folgte die März-Revolution in Deutschland und Österreich mit dem Sturz und der Flucht des Kanzlers Metternich am 13. März 1848. Menzels Ambitionen, in der Politik zu agieren, und seine Beziehungen sowohl zu dem preußischen Gesandten von Rochow als auch zum württembergischen Souverän führten dazu, dass er am Vorabend der März-Revolution im Jahre 1848 im Auftrag des württembergischen Königs Wilhelm nach Berlin reiste, um Reformen zu erwirken. Am 17. März wurde er von König Friedrich Wilhelm IV. empfangen, ohne dass seine Mission jedoch von Erfolg gekrönt war.

Bezeichnend bleibt seine Darstellung des Berlin-Besuches in seinen »Denkwürdigkeiten«, in der er dem preußischen König den Vorwurf macht, »den offenen Aufruhr des von elenden Juden gehetzten Stadtpöbels« nicht bis zum Ende mit Waffengewalt niedergeschlagen zu haben, und den »treuen Truppen nicht erlaubte, ihren Sieg zu vollenden.« (S. 401 f.)

Sein Wunsch, nach der Niederschlagung der 48er Revolution wie Gustav Pfizer, Ludwig Uhland und andere als Abgeordneter in die Frankfurter Nationalversammlung gewählt zu werden, ging allerdings nicht in Erfüllung. Nach seiner eigenen

Meinung wurde er jedoch, gleichsam zur Entschädigung, von Tuttlingen in den württembergischen Landtag gewählt.

Was sich schon in den Vorjahren abzeichnete, wurde dann Realität. Zum 1. Juli 1849 teilte die J. G. Cotta'sche Buchhandlung lakonisch mit: »Verhältnisse, welche ihre Ursache einzig in den auch auf dem literarischen Verkehr schwer lastenden Zeitumständen finden, veranlassen uns, vom 1. Juli ab das Literaturblatt aufhören zu lassen.« Menzel war damit seine Aktionsbühne als Mitarbeiter des Cotta-Verlages entzogen, womit logischerweise auch erhebliche finanzielle Einbußen verbunden waren. Für ihn war das Anlass, sich erneut an den preußischen Gesandten Radowitz in Karlsruhe zu wenden und mit einem Schreiben vom 8. Januar 1850 Preußen seine Dienste anzubieten: »Ich bitte daher Ew. Exzellenz dringend, mich bei Se. Majestät Ihrem König in Erinnerung bringen und mir eine Möglichkeit, einen Dienst, eine Wirksamkeit in Preußen zu eröffnen«.[33]

Die beiden letzten Jahrzehnte seines Lebens ist Menzel dann tatsächlich mit Wirkung vom 1. April 1850 als preußischer Korrespondent in Stuttgart tätig gewesen. Seine Vorstellung, in Berlin ein Literaturblatt herauszugeben, ließ sich jedoch nicht verwirklichen, was ihn schließlich im Jahre 1852 bewog, das von Cotta eingestellte Journal mit dem Titel »Wolfgang Menzels Literaturblatt« als Verleger und verantwortlicher Redakteur in eigener Regie wieder herauszugeben. Die Publikation erschien bis zum Jahre 1869 zweimal wöchentlich in Kommission bei Neff in Stuttgart, durchweg mit Besprechungen von Bucherscheinungen der unterschiedlichsten Provenienz, die er dazu nutzte, seine persönliche Meinung kund zu tun. Lediglich zum Jahreswechsel trat er in Form einer »Neujahrsbetrachtung« mit einer persönlichen Beurteilung des Zeitgeschehens an die Öffentlichkeit, was dann so aussehen konnte, dass er nach vierzigjähriger Friedenszeit zur Beseitigung ungesunder Fehlentwicklungen einem »gesunden Krieg« das Wort redet.[34]

Zu den diskutierten Publikationen Menzels zählt die schon zitierte dreibändige Rückschau auf die »Deutsche Dichtung« aus den Jahren 1858/1859, worin er in der Vorrede bereits die eingeschlagene Richtung klarlegte: »Ich halte [ ] den christlichen Glauben und das christliche Sittengesetz für die höchste Autorität und das christliche Moment für maaßgebend, wie das nationale.«[35] Da übertraf dann keiner die Franzosen so sehr in der Grazie des Wollüstigen wie Christoph Martin Wieland. Und den Dichtern, die gegen das Christentum zu Felde zogen, geht der berühmte Lessing voran. Zu Goethes »Egmont« erklärt er, dass man kaum etwas, was alberner wäre, ersinnen könne. Und natürlich der unvermeidliche gehässige Feldzug gegen »die tiefste Corruption der deutschen Dichtung«, in welchem er sich noch einmal gegen »affenartiges Zähneblecken«, »Vergötterung der Fleischeslust«, »Federn«, die zu »Kothschleudern« werden, »Moschus- und Knoblauchgeruch« auslassen konnte, womit er auf seine Art die Dichter des »Jungen Deutschlands« charakterisierte.

Das Jahr 1858 brachte Menzel aber auch, auf Grund einer am 30. Juni in seinem »Literaturblatt« in der Rubrik »Länder und Völkerkunde« veröffentlichten Rezension der dreibändigen Publikation »Die deutsche Schweiz und die Besteigung des Mönchs« von der Gräfin Dora d'Istria, in welcher er sich kritisch über Heinrich Zschokke geäußert und diesen als »käu ichen Speichellecker der Gewalt« bezeichnet hatte[36], eine Klage der Erben des Schriftstellers wegen »Ehrenkränkung und Verläumdung«. Der vor dem königlichen Kriminalamt zu Stuttgart geführte Prozess endete am 22. Februar 1859 mit der Verurteilung zu achttägiger Festungshaft, die er auf dem hohen Asperg, der Festung, auf der einst Schubart etliche Jahre als Gefangener verbringen musste, abgesessen hat.[37] Das Urteil hatte er in seinem »Literaturblatt« zu veröffentlichen. Menzels vor dem Kriminalamt in Stuttgart gehaltene Verteidigungsrede erschien als Publikation im Verlag von Adolph Krabbe in Stuttgart sowie in seinem »Literaturblatt«.[38]

Seine Bemühungen, politische Veränderungen zu bewirken, ließen ihn immer wieder zur Feder greifen (er spricht von seiner »rastlosen literarischen Tätigkeit«), um seine Ansichten publik zu machen: »Geist der Geschichte« (1834), »Europa im Jahre 1840« (1839), »Deutschlands auswärtige Politik« (1848), »Die Aufgabe Preußens« (1854), »Preußen und Österreich im Jahre 1866« (1866), »Unsere Grenzen« (1868), »Was hat Preußen für Deutschland geleistet« (1870), »Elsaß und Lothringen sind und bleiben unser« (1870), abgesehen von seinen umfangreichen Werken zur deutschen Geschichte und zur Weltgeschichte. In seinen »Denkwürdigkeiten« gesteht er aber selbst die Vergeblichkeit seiner Bemühungen ein: »Meine Flugschrift fand kein Gehör.« (S. 562) Und zum Dänen-Kon ikt meint er, dass er vielleicht der einzige gewesen sei, der ihn als unvernünftig und für beide Teile schädlich bezeichnet habe. »In jeder wichtigen Krise Deutschlands, in der ich meine Warnungsstimme hatte vernehmen lassen, war regelmäßig das Gegentheil von dem erfolgt was ich angedeutet hatte.« (S. 575)

Von einer gewissen Skurrilität sind manche seiner Spekulationen. So die in seiner Publikation »Geist der Geschichte« formulierte Hypothese, dass die Ausrichtung der Erde nach Norden (zum Polarstern) der Bevölkerung des Nordens eine höhere Wertigkeit verschaffe: »Die edelsten Menschenracen leben auf der Nordseite der Erde«, während die in Äquatornähe wohnenden »thierähnlich« seien.[39] Oder seine in den »Denkwürdigkeiten« formulierten deutschen Machtansprüche:

> Ich hielt es im Interesse Gesammtdeutschlands für unerläßlich, den Hafen von Triest am Mittelmeer zu haben, und hielt die deutsche Race für vollkommen berechtigt, unter den barbarischen Völkern an der unteren Donau zu germanisieren. Ich hielt die Donau unbedenklich für einen deutschen Strom, der bis an seine Mündung deutsch werden müsse [ ].

Und dass die »Civilisirung Asiens« Sache der Deutschen sei, »dieses unser Recht ist mir nie zweifelhaft gewesen.« (S. 560)

Ein weiteres Kapitel seiner unermüdlichen Schreibbesessenheit, neben der Sammlung »Gesänge der Völker«[40] und einem Roman »Furore«[41], war die Mythologie und das Christentum. Bereits 1842 war bei Cotta ein kleiner Band »Mythologische Forschungen und Sammlungen« erschienen, 1854 trat er mit einem umfangreichen Band »Christliche Symbolik« an die Öffentlichkeit, der bei Manz in Regensburg erschienen ist, und 1855 mit einer stupenden Arbeit »Odin. (Zur deutschen Mythologie)«, die er Jacob Grimm widmete, der es mit gewissen Einschränkungen anerkannte: »Es ist schwer ein Urteil zu fassen und zu fällen über ein Buch wie das Ihrige. Sie haben darin eine Fülle von sinnigen Kombinationen ver ochten, deren viele ansprechen, viele auch Zweifel hinterlassen.«[42] Im Alter brachte er dann auch noch seine »Vorchristliche Unsterblichkeitslehre« zu Papier. Auch hier wieder mit der Betonung des herausragenden Germanentums. Dass er schließlich mit seinem Buch »Die Naturkunde im christlichen Geiste aufgefasst« (1856) Wissenschaft und Christentum verquickt, liegt auf gleicher Ebene. Zu seinen letzten Publikationen zählen schließlich noch »Rom's Unrecht«[43] und eine »Geschichte der neuesten Jesuitenumtriebe in Deutschland«[44].Verleger für seine Publikationen zu finden, wurde jedoch immer schwieriger.

Die letzten Lebensjahre Menzels scheinen relativ friedlich verlaufen zu sein. Beinahe täglich stand er an seinem Stehpult, um mit seiner fahrigen, schwer lesbaren Handschrift, zum großen Teil ohne Interpunktion, ein Werk nach dem anderen zu produzieren. Nach eigenen Angaben in seinen »Denkwürdigkeiten« zog er sich mit Missmut mehr und mehr aus all den Vereinigungen zurück, in die er sich eingebracht hatte, nicht zuletzt, weil er wohl zunehmend fehl am Platze war, d. h. nach seiner Auslegung, weil sich allerlei »unberufene Leute eindrängten« (S. 529). Er scheint oft in seiner näheren Umgebung wanderfreudig unterwegs gewesen zu sein, worüber er in seinen »Denkwürdigkeiten« berichtet, ebenso wie über Reisen nach Berlin, Dresden, Nürnberg, Innsbruck, Ulm. Und die Bequemlichkeit der inzwischen entstandenen Eisenbahnrouten benutzte er schließlich gerne zu Fahrten an den Bodensee. Im August 1863 nahm er an der Einweihung des List-Denkmals in Reutlingen teil, auch hier als Mitglied des »Comités«, ungeachtet dessen, dass sein Verhältnis zu dem verdienstvollen Friedrich List, der sich 1846 das Leben genommen hatte, und mit dem zusammen er in der Schweiz die »Europäischen Blätter« herausgegeben hatte, nicht immer ungetrübt gewesen ist, wenn er ihn in seinen »Denkwürdigkeiten« auch als alten Freund bezeichnet.

Die Ereignisse der 60er Jahre mit dem Auftreten Bismarcks ab 1862, den kriegerischen Auseinandersetzungen zwischen Deutschland und Dänemark im Jahre 1864, Deutschland und Österreich 1866 sowie Deutschland und Frankreich 1870/71 versetzten ihn, in der Überzeugung, dass Preußen damit wieder den Geist von 1813 entfaltet habe, in Begeisterung. Ostern 1866 wurde er anlässlich eines Aufenthaltes in

Berlin nochmals vom König empfangen, und auch mit Bismarck und dem Kriegsminister Roon konnte er ein Gespräch führen. Dem Krieg des Jahres 1866 widmete er eine zweibändige Publikation[45], den Anspruch auf Elsaß und Lothringen formulierte er in einer Broschüre des Jahres 1870.[46] Und auch eine Geschichte des deutsch-französischen Krieges von 1870/71, an dem zwei seiner Söhne als Offiziere teilgenommen hatten, brachte er zu Papier[47], Publikationen, die ihm offensichtlich nochmals Aufmerksamkeit und Zustimmung bescherten.[48] Und mit Genugtuung konnte er im Jahre 1872 auch noch die sechste Au age seiner erstmals in den Jahren 1824/25 erschienenen »Geschichte der Deutschen« registrieren.

Im Jahr 1869 hatten die Altersbeschwerden Menzels soweit zugenommen, dass er sich im November veranlasst sah, seiner verbliebenen Klientel die Einstellung seines »Literaturblatts« zu vermelden: »Wegen Alter und Krankheit sieht sich der Herausgeber des Literaturblattes genötigt, dasselbe nur noch bis zum Jahreschluß fortzuführen und von da an aufzugeben.« Eine Epoche fand ihr Ende.

Am 23. April 1873 starb Wolfgang Menzel, nach der Todesanzeige seiner Frau Johanna Menzel, die ihn nur zwei Jahre überlebte, »sanft nach längerem Leiden« in Stuttgart. Bestattet wurde er auf dem Stuttgarter Hoppenlau-Friedhof. Sein mit einem Porträt versehener Grabstein wird heute noch auf dem gep egten Friedhof gezeigt, soll nach Auskunft des Stuttgarter Garten- und Friedhofsamtes jedoch nicht mehr in der originalen Fassung und nicht mehr exakt an der Bestattungsstelle stehen, an welcher ihm anlässlich der Wiederkehr seines 100. Geburtstags nach Zeitungsberichten nochmals eine Huldigung zuteil geworden war.

Zur Person gibt es im Nekrolog der »Allgemeinen Zeitung« eine bezeichnende Schilderung:

> Menzels äußere Erscheinung dürfte in Wahrheit eine imponierende genannt werden. Wer den stattlichen Mann, mit dem auf breiten Schultern sitzenden Kopf, von welchem das Haar bis zum Nacken herabrollte, mit einem einfachen grauen Rocke bekleidet, ein dickes spanisches Rohr in der Linken und unter dem rechten Arm einen Pack Bücher, aus dem kleinen freundlichen Häuschen, das in einem Obstgarten in der Nähe der alten Stadtmauer in einer wenig besuchten Straße Stuttgarts stand, heraustreten und festen Schrittes durch die Straßen dahin schreiten sah, mußte sagen daß derselbe ganz dazu geschaffen war eine gewisse Ehrfurcht einzu ößen und das Auge der ihm Begegnenden auf sich zu heften [49]

Die Bemühungen des Sohnes Konrad Menzel, einen Verlag für die hinterlassenen und vom ihm bearbeiteten »Denkwürdigkeiten« des Vaters zu finden, gestalteten sich schwierig. Sowohl Menzels Verleger Cotta hatte die Bitte des Sohnes zur Herausgabe wegen der »zahlreichen polemischen Stellen« abgelehnt als auch der A. Kröner Verlag mit Schreiben vom 23. Juni 1873, weil die »hinterlassenen Familien schwer betroffen« sein könnten. Im Jahre 1877 war dann schließlich der Verlag Velhagen & Klasing bereit, Menzels Selbstbetrachtung herauszugeben.

Grabstein Wolfgang Menzel. Hoppenlau-Friedhof, Stuttgart

Als Fazit der Biographie des viel diskutierten, und wenig lesenswerten Schriftstellers möchte man heute dazu neigen, das gängige Urteil, das auf den Begriff »Denunziant« zu bringen ist, zu relativieren. Ohne Zweifel war Menzel, den Jost Hermand in seiner Publikation zum Deutschen Vormärz einen »reaktionären Finsterling« nennt[50], zu einem der aggressivsten und fanatischsten Gegner der unter dem Begriff »Junges Deutschland« subsumierten Schriftsteller geworden und als Redakteur des »Literatur-Blatts« von nachdrücklichstem Ein uss. Letztendlich lagen alle seine Aktivitäten durchgehend auf der gleichen Ebene des bornierten, engstirnigen Nationalismus und einer prüden Sittenstrenge und machten ihn, abgesehen von seinem

Streben nach Überwindung der Vielstaaterei, zum Handlanger eines reaktionären Systems. Als viel gravierender für die historische Weiterentwicklung bis in die jüngste Vergangenheit möchte man heute eher seinen gepredigten Nationalismus, »Racenstolz«, und religiösen Eifer als Vorbeter eines christlich-germanischen Bewusstseins einstufen. Mit seinem Antisemitismus und Frankreich-Hass wirkte Menzel nach Schuppe auf eine geistige Isolierung hin, die zwangsläufig den Tod der gemeinsamen abendländischen Kultur zur Folge gehabt hätte.[51] Mitgestalter der historischen Entwicklung des 19. Jahrhunderts ist er trotz seiner vielfältigen Unternehmungen nicht gewesen. Als Faszinosum bleibt, dass Menzel als Literat von einer stupenden Emsigkeit gewesen ist, vor allem jedoch, dass sich in der Person Wolfgang Menzels, quasi als Kristallisationspunkt, über zwei Jahrzehnte hinweg die geistige Entwicklung einer Nation spiegelte.

Anmerkungen

1 Voß und die Symbolik. Eine Betrachtung. Stuttgart 1825, 56 S.

2 Gegründet 1807. Ab 1816 bzw. 1817 zwei selbstständige Beilagen »Kunst-Blatt« und »Literatur-Blatt« (bis 1849). Ab 1837 mit dem Titel »Morgenblatt für gebildete Leser«.

3 Geschichte der Deutschen. Für die reifere Jugend und zum Selbstunterricht faßlich geschrieben. 3 Bde. Zürich 1824..1825.

4 Wolfgang Menzel's Denkwürdigkeiten. Herausgegeben von dem Sohne Konrad Menzel. Bielefeld und Leipzig 1877; Zitate werden durch Angabe der Seitenzahl im Text nachgewiesen.

5 Die deutsche Literatur. Erster Theil; Zweiter Theil. Stuttgart 1828, S. 3. Reprograph. Druck d. Ausgabe in e. Band, m. e. Nachwort v. Eva Becker. Hildesheim 1981 (Texte zum literarischen Leben um 1800. Hrsg. v. Ernst Weber).

6 Literatur-Blatt, 1830, Nr. 1.

7 Franz Kottenkamp: Anti-Menzel oder Wolfgang Menzel vom Standpunkte der historischen Kritik aus betrachtet. Stuttgart 1835, S. 36.

8 Briefe an Wolfgang Menzel. Für die Literaturarchiv-Gesellschaft herausgegeben von Heinrich Meisner und Erich Schmidt. Berlin 1908.

9 Karl Gutzkow: Erklärung gegen Dr. Menzel in Stuttgart. .. In: »Allgemeine Zeitung«, 1835, Nr. 262.

10 Forum der Journal-Literatur. Eine antikritische Quartalsschrift. Verlag Wilhelm Logier. Berlin 1831, gewann nur 70 Abonnenten und musste im gleichen Jahr wieder eingestellt werden.

11 Literatur-Blatt, 1830, Nr. 20.

12 Wolfgang Menzel: Reise nach Italien im Frühjahr 1835. Stuttgart, Tübingen 1835.

13 Vgl. Jost Hermand (Hrsg.): Das junge Deutschland .. Texte und Dokumente. Stuttgart 1966.

14 Karl Gutzkow: Wally, die Zwei erin. Mannheim 1835. Die Veröffentlichung des Romans führte zu einem Prozess, in dem der Autor zu einem Monat Gefängnis verurteilt wurde.

15 Literatur-Blatt Nr. 93, S. 369..372; Nr. 94, S. 373..376, Zitate S. 373 f.; außerdem: Zweite Abfertigung des Dr. Gutzkow und Dritte Abfertigung des Dr. Gutzkow in den Nrn. 99 und 107.

16 »Literaturblatt« Nr. 110 vom 26. Okt. 1835, S. 440.

[17] Vgl. Schriften über die Emancipation der Juden. ..In: Literatur-Blatt, Nrn. 120 und 121 vom 25. und 29. 11. 1833, S. 477.484.

[18] Literatur-Blatt, Nrn. 79 und 80 vom 3. und 5. 8. 1831, S. 313.316 und 318 f.; Nr. 111 vom 2. 11. 1831, S. 442 f.

[19] H. H. Houben: Jungdeutscher Sturm und Drang. Ergebnisse und Studien. Leipzig 1911; Johannes Proelß: Das Junge Deutschland. Stuttgart 1892; Jost Hermand [Anm. 13]; Alfred Estermann (Hrsg.): Politische Avantgarde 1830.1840. Eine Dokumentation zum Jungen Deutschland. 2 Bde. Frankfurt a. M. 1972.

[20] Johannes Proelß [Anm. 19], S. 658 ff.

[21] Schleiermacher's Vertraute Briefe über die Lucinde. Mit einer Vorrede von Karl Gutzkow. Stuttgart 1835.

[22] Madonna. Unterhaltungen mit einer Heiligen. Hrsg. v. Theodor Mundt. Leipzig 1835.

[23] Ludolf Wienbarg: Wanderungen durch den Thierkreis. Hamburg 1835.

[24] Zit. nach Estermann [Anm. 19], S. 112.

[25] Ludwig Börne: Menzel der Franzosenfresser. Paris 1837.

[26] Württembergische Landesbibliothek, Cod.hist.2,821, Brief Nr. 185.

[27] Zit. nach Marbacher Magazin Nr. 59/1991, S. 260.

[28] Wolfgang Menzel: Die deutsche Literatur. Zweite vermehrte Au age. Stuttgart, 1836, Vierter Teil, S. 338 und 341.

[29] Emil Jenal: Wolfgang Menzel. 1937, S. 95.

[30] Der Zensor John des Oberzensurkollegiums stellte in einem Bericht vom 21. April 1841 fest, dass die jungdeutschen Schriften fast gar keinen Ein uss mehr hätten; vgl. Walter Dietze (Hrsg.): Wienbarg: Ästhetische Feldzüge. Berlin 1964, S. XLIV.

[31] Die Heidengräber am Lupfen (bei Ober acht). Im Auftrag des württembergischen Alterthumsvereins geöffnet und beschrieben von Hauptmann v. Dürrich. Stuttgart 1847.

[32] Deutsche Dichtung von der ältesten bis auf die neueste Zeit. 3 Bde. Stuttgart 1858/59. Bd. III, S. 451 u. 457.

[33] Zit. nach Franz Jahn: Wolfgang Menzel als politischer Charakter. Berlin 1928, S. 52.

[34] Literaturblatt, Nr. 1 vom 2. 1. 1858.

[35] Deutsche Dichtung [Anm. 32], S. IX.

[36] Literaturblatt, Nr. 52 vom 30. 6. 1858.

[37] Anklageschrift und Urteil in der Handschriftenabteilung der Württembergischen Landesbibliothek, Cod.hist.2,821, Fasz.VII. Ferner veröffentlicht in Wolfgang Menzels Literaturblatt, Nr. 19 vom 5. 3. 1859.

[38] Wolfgang Menzel: Vertheidigungsrede gegen die Familie Zschokke. Gehalten am 22. Februar 1859 vor dem Criminalamt in Stuttgart. Stuttgart 1859. Ferner veröffentlich in Wolfgang Menzels Literaturblatt, Nr. 20 und Nr. 21 vom 9. und 12. 3. 1859.

[39] Geist der Geschichte. Stuttgart 1835, S. 20.

[40] Die Gesänge der Völker ..Lyrische Mustersammlung in nationalen Parallelen. Leipzig 1851.

[41] Furore ..Geschichte eines Mönchs und einer Nonne aus dem Dreißigjährigen Kriege. Leipzig 1851.

[42] Briefe an Wolfgang Menzel [Anm. 8], S. 68.

[43] Rom's Unrecht. Stuttgart 1871.

[44] Geschichte der neuesten Jesuitenumtriebe in Deutschland (1870.1872). Stuttgart 1873.

[45] Der deutsche Krieg im Jahr 1866. Stuttgart 1867.

[46] Elsaß und Lothringen sind und bleiben unser. Stuttgart 1870.

47 Geschichte des französischen Krieges von 1870./71. Stuttgart 1871.

48 Vgl. Wilhelm Winkler: Wolfgang Menzels Bedeutung in den geistigen Auseinandersetzungen des 19. Jahrhunderts. Breslau 1938, S. 94.

49 Zit. nach Marbacher Magazin, 59/1991, Der Stuttgarter Hoppenlau-Friedhof als literarisches Denkmal. S. 257.

50 Hermand [Anm. 13], S. 374.

51 Erwin Schuppe: Der Burschenschafter Wolfgang Menzel. Frankfurt 1952, S. 76.

Kleinere Beiträge

»An Heine war alles verlogen« Zu einer rezeptionsgeschichtlichen Panne

Von Peter Rippmann, Basel

»Alles verlogen« ... vor gut fünfzig Jahren sagt das einer von Heine und legt ihm an anderer Stelle zur Last, er habe sich »mit abgefeimten Gauklerkünsten daran [gemacht], die Welt mit seiner Person zu hypnotisieren«.[1] Autor der hier zitierten Grobheiten ist nicht etwa ein dilettantischer Außenseiter, sondern der Germanist Walter Muschg (1898–1965), von 1936 bis zu seinem Tod Ordinarius für neuere deutsche Literatur an der Universität Basel, ein Wissenschaftler, der sich durch eigenwillige Publikationen internationale Anerkennung verschaffte und beißende Kritik provozierte[2], ein Kenner der Mystik[3] und ein Wiederentdecker von Jeremias Gotthelf[4], einer außerdem, dessen besonderes Interesse dem deutschen Expressionismus galt.[5] Die nachstehend zur Diskussion gestellten hämischen Kommentare Muschgs zu Heinrich Heine sind allesamt seinem opus magnum entnommen, der »Tragischen Literaturgeschichte«, die vor allem mit der stark erweiterten zweiten Au age von 1953 großes, oft genug unliebsames Aufsehen erregte, um nach dem Tod des Autors im Jahr 1965 ungewöhnlich schnell aus dem germanistischen Diskurs zu fallen.

Walter Muschg schuf eine originelle Typologie dichterischen Seins und Schaffens, dessen formale Seiten ihn nur am Rande interessierten. Wer seine Botschaft begreifen will, muss sich zunächst mit der zeitgeschichtlichen Positionierung des Autors befassen. Sein Wirken setzt in der Zwischenkriegszeit ein; auf vielen germanistischen Lehrstühlen der traditionsreichen mitteleuropäischen Universitäten schien zunächst der courant normal das Feld zu beherrschen. Der Akzent wurde auf ästhetische Fragestellungen gesetzt, die nicht zuletzt bestimmt waren von der fortgeschriebenen, oft geradezu hagiographischen Würdigung zum Beispiel Rilkes oder Hofmannsthals. Demgegenüber war Muschg sensibilisiert von den Verwerfungen seiner Zeit, erschreckt von der sich ankündigenden Ideologisierung (schein-)wissenschaftlicher Tätigkeit, verstört auch von der leisetreterischen Haltung vieler Fachkollegen gegenüber dem Phänomen des Totalitarismus.[6] Diese beunruhigenden Prozesse forderten zu mehr heraus als nur zur Erörterung bildungsbürgerlicher

Aspekte der Literaturgeschichte. Mit der Interpretation der Werke der Großen nicht nur der deutschen, sondern der Weltliteratur wollte Muschg vorstoßen zu den tradierten Werten der abendländischen Kultur und gleichzeitig in den politischen Alltag hineinwirken; in Muschgs, sein eigenes Werk kommentierender Sicht: »Ein aus der Erschütterung unserer Zeit entstandenes Buch vom Wesen der Dichtung und vom Schicksal der großen Dichter.«[7]

Als leidenschaftlicher Polemiker reagierte er auf die Herausforderungen der Zeit. Sein Lehrstuhl genügte ihm für die Vermittlung seiner Vorstellungen nicht. Viele seiner kritischen Essays finden sich in der Tagespresse oder in nonkonformistischen parlamentarischen Vorstößen, zu denen er zur Zeit des Zweiten Weltkriegs während einer Legislaturperiode als eidgenössischer Parlamentarier Gelegenheit hatte. Zu beiden Bereichen seien hier nur zwei von Muschg in spätem Rückblick formulierte Befunde gestreift; der erste stammt aus dem Feld der Politik: »Es besteht« ..schreibt er im Blick auf die Schweiz ..»ein grotesker Widerspruch zwischen der Wirklichkeit und den patriotischen Phrasen, mit denen wir diese Wirklichkeit dekorieren«[8]; der zweite Beleg aus der Perspektive des Literaturwissenschaftlers: Hier beklagt er in seinem Todesjahr 1965, es seien in der Nachkriegszeit zu viele der bedeutendsten literarischen Werke des 20. Jahrhunderts, darunter Barlachs »Gestohlener Mond«, Jahnns »Fluß ohne Ufer« oder Döblins »Hamlet«, einer »Nichtbeachtung« anheim gefallen, »die im Grunde die literarische Barbarei des Dritten Reiches fortsetzte.«[9]

Schließlich sei das Bild des unkonventionellen Wissenschaftlers abgerundet mit einem Blick auf seinen Essay zu Josef Nadlers, die nationalsozialistische Ideologie vorwegnehmenden Konzept einer völkisch zu definierenden Literaturlandschaft. Man muss im Zusammenhang mit Heine von diesem Aspekt aus einem besonderen Grund Kenntnis nehmen: Damit lässt sich von vornherein jeder Verdacht ausräumen, bei der radikalen Verurteilung von Heinrich Heines Person und Werk könnten antisemitische Motive im Spiel sein. Davon kann in der Tat keine Rede sein. Muschg war vielmehr angewidert von Nadlers Theorie; die »Literaturgeschichte des Deutschen Volkes« brandmarkte er als »ragendes Monument einer dem chauvinistischen Rassenwahn verfallenen Literaturwissenschaft«.[10] In Reaktion auf die antisemitische Politik des deutschen Regimes nach 1933 setzte er sich während der ganzen Zeit seines Wirkens für verfemte jüdische Schriftsteller ein und erteilte Nadlers Literaturtheorie eine grundsätzliche Absage. Seine Antrittsvorlesung über »Josef Nadlers Literaturgeschichte« erschien gedruckt erstmals in den »Basler Nachrichten« vom 31. Dezember 1937. Im letzten Satz eines späteren Nachtrages zu diesem Text fasst er seine Kritik an Nadler wie folgt zusammen: »Wie jede nicht von der Sache, sondern von einem Dogma ausgehende Methode kann sie [die historisch-nationale Betrachtung] nur noch zum politischen Missbrauch der Dichtung führen, der heute im Namen vieler Dogmen getrieben wird.«[11]

Es wird in diesen zusammenfassenden Zeilen deutlich geworden sein, dass Walter Muschg gegen den Stachel seiner Zunft löckte. Unbekümmert um den Kanon seiner Fachkollegen interpretierte er in bisher in akademischen Verlautbarungen nicht üblicher ungeschminkter Direktheit die großen Werke der deutschsprachigen und der Weltliteratur. In der Intensität seines Lehrens und Schreibens blieb seinen Schülern (zu denen der Schreibende gehörte)[12] die spärliche methodische Grundlage der Argumentation verborgen. Als bewegendes Beispiel für seine Ausstrahlung ist Max Frischs emphatische Charakterisierung zu zitieren:

> Er sagt nicht, Jean Paul war ein Sprühgeist, sondern er sprüht. Er sagt nicht: Kleist war zerrissen. Sondern er ist zerrissen und mitgerissen und reißt mit [ ]. Oh, wären doch alle, die diesen Titel tragen, Professoren, das heißt Bekenner.[13]

Auch den Verehrern des Meisters konnte allerdings nicht entgehen, dass der engagierte Umgang mit der Literatur den begeisterten und begeisternden Lehrer nicht vor Überzeichnungen und Übertreibungen, gelegentlich auch Fehlschlüssen feien konnte, auf die unter anderen Paul Kluckhohn schon 1951 und ein halbes Jahrhundert später mit vergleichbarer Akzentsetzung Muschgs Nachfolger Karl Pestalozzi aufmerksam machten[14]: aber solche Mängel verloren (und verlieren) ihren skandalösen Charakter, weil hinter ihnen die jeder Eitelkeitspose entratende Leidenschaftlichkeit steht, der sich Muschgs Hymnen und Verwünschungen verdanken und die wohl wesentlich dazu beigetragen hat, dass trotz methodischer Unschärfen insgesamt eine erstaunliche Sicherheit des Urteils zu registrieren bleibt.

Umso ratloser bleibt man im Blick auf den Bannstrahl, den Walter Muschg auf Heinrich Heine richtete. Die im Titel und einem ersten Zitat der vorliegenden Studie wiedergegebenen Verunglimpfungen sind beileibe nicht die einzigen. Sie müssen, obschon das schmerzt, ergänzt werden durch weitere auf Heine bezogene Textstellen, die anschließend einer kritischen Würdigung unterzogen werden sollen. Zunächst muss allerdings noch Muschgs generell zwiespältige Haltung gegenüber der Romantik – genauer: der Spätromantik – thematisiert werden. Nur auf diese Weise kann man erkennen, dass seine schroffe Ablehnung Heines nicht nur der Person des Dichters galt, sondern – jedenfalls in Teilen – auch der literarischen Epoche, in der er ihn sehen wollte: der Romantik. Kritische Bemerkungen gelten mit Vorliebe romantischer Gebrochenheit und romantischer Ironie. So schreibt Muschg, das Thema der »Lüge« variierend und von Nietzsche redend, dieser sei selber ein »unheilbarer Romantiker« gewesen und habe deshalb seinen Hass »zeitweise auf die Kunst schlechthin erweitern und den Dichter als bösartigen Lügner entlarven« können. Und dann folgt eine pauschale Bemerkung zur Romantik: »Alle großen Dichter der Romantik erlebten ihre Kunst als eine tödliche Gefahr. Sie war ein Weg in den Abgrund, den sie zu Ende gingen oder vor dem sie zurückschreckten.« (TL 96) Von Victor Hugo, diesen ebenfalls der Romantik zuordnend, schreibt Muschg, er sei »unfähig, seine dämonische Ekstase von göttlicher Inspiration zu unterscheiden«, und halte sich »als berauschter Magier für einen mystisch Auserwählten.« Doch handle es sich hier lediglich um »blendende Phrasen eines im Grunde rationalistischen, atheistischen Geistes.« (TL 95)

Tonlage und Duktus der hier zitierten Texte finden sich bis hinein in einzelne Formulierungen auch in den Heinrich Heine gewidmeten Abschnitten der »Tragischen Literaturgeschichte«. Im Kapitel »Die Magier« nimmt sich der Verfasser, von der französischen Romantik ausgehend ..»Rauschhaftigkeit kennzeichnet alle romantischen Franzosen, Balzac wie Delacroix und Berlioz« (TL 93) ..,.Heine vor:

> Von allen Deutschen bewunderte man hier [in Paris] am meisten den Hexenmeister Hoffmann und den zauberisch gleißenden Heine. In Paris begriff auch Heine das Verführerische, Betäubende der romantischen Kunst und machte sich mit abgefeimten Gauklerkünsten daran, die Welt mit seiner Person zu hypnotisieren. Sie erlag diesem Meisterstück der Blendung vollkommen. Die zuerst von Byron in großem Stil erprobte Mischung von Zynismus und sentimentalem Mitleid mit sich selbst erfuhr neue unwiderstehliche Steigerungen. Die Zeit wollte dieses zweideutige Kennertum; es war die Sensation, die ihre verdorbenen metaphysischen Instinkte am erregendsten befriedigte. Seitdem er in Paris lebte, durchschaute Heine die Romantik als dekadente Illusion, war aber doch Deutscher genug, um sie zu lieben. Daraus entstand der einzigartige Tonfall seiner Sprache. Man hielt und hält ihn für einen begnadeten Dichter, während er doch nur ein äußerst raffinierter literarischer Schwarzkünstler war. (TL 91)

Zwischen den Zeilen kann man unschwer erkennen, wie gut Muschg Heine kannte und wie hoch er an sich dessen perfekte Beherrschung der sprachlichen Mittel einschätzte. Man ist geradezu versucht, in der polemischen Schärfe seiner hämischen Analyse eine Spiegelung von Heines eigener Diktion zu vermuten: »Die romantische Schule« insbesondere gefällt sich in polemischen Seitenhieben auf alles, was als romantisch deklariert wird, nicht zuletzt auf die katholische Kirche. Da liest man, zum Beispiel, schon auf der dritten Seite des Ersten Buches, »die kristkatholische Weltansicht« habe »ihre Endschaft erreicht. Denn jede Zeit ist eine Sphynx, die sich in den Abgrund stürzt, sobald man ihr Räthsel gelöst hat.« (DHA VIII, 127) Solchen schroffen Urteilen stehen indessen sowohl in Heines literarischen-philosophischen Texten wie in seinen Dichtungen Passagen gegenüber, die als Signale der Identifikation mit romantischer Seins- und Ausdrucksweise zu verstehen sind. Eine ambivalente Haltung der hier angedeuteten Art gehört geradezu konstitutiv zum Konzept schon der frühromantischen Bewegung. Warum Walter Muschg hinter diesem Phänomen im Zusammenhang mit Heine nur Negatives sehen will, die Antwort auf diese Frage bleibt er schuldig. Indessen kann die offene Verächtlichkeit, mit der er Heine begegnet, besser verstanden werden, wenn zwei weitere Passagen der »Tragischen« ins Blickfeld genommen werden; die erste stammt aus dem mit dem Titel »Die Gaukler« versehenen Kapitel:

> Die Romantik ging an der romantischen Ironie zugrunde. Sie parodierte wirklich sich selbst, und in Heinrich Heine trat der Gaukler aller Gaukler auf, der das Todesurteil an sich und ihr vollstreckte.[15] Heine steigerte in jungen Jahren den Spielmannszauber Eichendorffs und Brentanos zu einer Virtuosität, die alle Welt für den Gipfel volkstümlich-einfältigen Singens hielt, ohne das Gift in ihr wahrzunehmen. Als Flüchtling in Paris warf er sich zum ersten deutschen Publizisten von französischem Witz und Charme auf, auch das gelang ihm vollkommen. In den lyrischen Travestien »Atta Troll« und »Deutschland« mischte er den Volksliedzauber mit dem Journalismus zu einem Trank, der es erlaubte, Sentimentalität und Zynismus in einem Zug zu genießen. So gekonnt salopp und frech hatte noch keiner mit dem Magischen gespielt, nur er konnte das Zerstörungswerk noch mit seinem letzten Gedichtband überbieten. Der »Romanzero« zauberte noch einmal die »mondbeglänzte Zaubernacht« der Romantik mit dem ganzen Karneval ihrer Lieblingsfiguren herauf, um gellend das Ende, den welthistorischen Sieg des Gemeinen zu verkünden und die verblühte blaue Blume dem Sturm der Zeit zu übergeben. Aber nicht nur die Romantik, die Dichtung selbst erhielt hier den Abschied. Heine prostituierte sie, indem er sie scheinbar vollendete. In ihm schlug die Ironie ins Teu ische um. Der Satanismus verfeinerte sich zum Narkotikum, das als Trank des Lebens ausgegeben wurde und den Glauben an die Reinheit der Kunst zerfraß. Hermes, der Alleskönner und Allesverfälscher, trat in der Maske Apollons auf und mimte den Untergang des Geistes. An Heine war alles verlogen, sein Stolz wie seine Verzwei ung, seine Gottlosigkeit wie seine Bekehrung, sein Deutschtum wie sein Franzosentum. (TL 288)

Hier lässt sich der Verfasser hinreißen vom aggressiven Furor seines Schreibens (wobei man allerdings hinzufügen möchte, dass Heine damit nur posthum erntete, was er etwa im Blick auf August von Platen oder Ludwig Börne und Jeanette Strauß-Wohl selbst gesät hatte!). Angesichts des schweren Geschützes, das aufgefahren wird, muss man nach den methodischen Grundsätzen fragen, die eine derart radikale akademische Médisance begründen oder rechtfertigen könnten. In anderem Zusammenhang hat Karl Pestalozzi eine Antwort versucht, die von Respekt gegenüber dem temperamentvollen Vorgänger zeugt, im übrigen aber deutlich macht, dass Muschg seinen Lesern kein brauchbares analytisches Instrument in die Hand gibt, mit dem seine Thesen überprüft oder nachvollzogen werden könnten. Auf einen Passus seiner Gotthelf-Monographie anspielend, in dem eine Figur in »Geld und Geist« mit »jahrtausendalten Mysterien« in Beziehung gebracht wird, erklärt Pestalozzi: »Solche Hinweise auf archaische Tiefen sind völlig ungeschützt«, will sagen: sowohl einschlägige Belegstellen wie auch fassbare methodische Grundlagen fehlen. Es handle sich, so weiter Pestalozzi, um »indikativische Behauptungen, deren Wahrheit in der Evidenz liegt und in der suggestiven Sprachkraft, mit der sie vorgetragen werden.«[16]

Was den Basler Literaturhistoriker zu seinen gegen Heine geschriebenen und geschrieenen Schmähungen provoziert haben könnte, muss offen bleiben. Immerhin kann man versuchen, das Rätsel wenigstens teilweise zu entschlüsseln, indem man Muschgs tiefsitzende Aversion mit seiner in der »Tragischen Literaturgeschichte« ausgebreiteten Lieblingskonfiguration in Beziehung setzt; Pestalozzi schreibt, seinen Vorgänger interpretierend:

> Große Dichtung entsteht aus einer erzwungenen Differenz zur herrschenden Auffassung. Dazu braucht es Armut, Leiden und Schuld, das ist die ihr innewohnende, unerlässliche Tragik. Hier bereitete Muschg jene Umwertung innerhalb des Pantheons der Dichter vor, die seither dazu geführt hat, dass heute solche Autoren und Werke am höchsten rangieren, denen Gefährdung, Brüchigkeit, Misslingen eingeschrieben sind.[17]

Dass Muschg bei Heine und in dessen Werk Befindlichkeiten wie Armut, Leiden oder Schuld offenbar nicht zu erkennen vermochte, belegt nur die große subjektive Komponente, die solchen Beurteilungen innewohnt. Es erstaunt ganz besonders, dass Heine nur negative Affekte auszulösen vermochte, obwohl er jedenfalls in den späten Pariser Jahren ein zentrales Kriterium optimal zu erfüllen scheint: »Alle große Dichtung ist eine Frucht des Leidens«. (TL 427) Leiden ist in Heines Leben und Schaffen durchaus gegenwärtig; nur setzt er sich auf besondere Weise mit solchen existenziellen Nöten auseinander. Er verarbeitet oder überspielt die Widerwärtigkeiten des Seins mit Sarkasmus und Ironie und sucht mit seiner scheinbar heiteren Extrovertiertheit existenzielle Bedrohungen zu bewältigen. Dass selbst die Dichtungen aus der Matratzengruft nicht aus blutendem Herz zu ießen scheinen, dass vielmehr auch der Schmerz ironisch bewältigt zu werden scheint, muss für den Verfasser der »Tragischen Literaturgeschichte« geradezu ein Ärgernis gewesen sein.

Ein weiteres kommt hinzu: Muschg war fasziniert von archaischen und chthonischen, von mythischen und mystischen Phänomenen, die man bei Heine, wenn sie au euchten, in der Regel in der verfremdeten Form der Ironie kennt. Heine schien damit dem verletzlichen Ernst zu trotzen, der in Muschgs Sicht gefährdete und gefährdende Literaturwerke auszeichnet. Ob solche Hinweise tauglich sind zur Erklärung des pauschalisierenden Anti-Heine-Affekts, bleibe hier unerörtert. Doch kann vielleicht eine letzte Passage aus der »Tragischen Literaturgeschichte« ein erhellendes Licht auf diese wohl ungewöhnlichste Tirade des literaturhistorischen Diskurses werfen:

> Auch Heine, der gefährlichste literarische Gegner der deutschen Fürsten, vermochte niemals eine große dichterische Vision gegen sie auszuspielen. Er trumpfte mit dilettantischen Utopien auf, die er selbst später mit Lächeln las. Als vom Heimweh getriebener Emigrant reiste er 1843 in das Land seiner Väter, und das Wintermärchen »Deutschland«, das dieses Wiedersehen schildert, ist das schlimmste Pamphlet, das je gegen die Deutschen geschleudert wurde. Heine wütet gegen sich selber, indem er alles Deutsche in den Schmutz tritt, und weiß, dass es so um ihn steht: dort, wo er im Kölner Dom seinen Dämon die Statuen der heiligen drei Könige erschlagen lässt und blutüberströmt erwacht. Er schließt das Buch mit einer Warnung an den preußischen König, die lebenden deutschen Dichter besser zu behandeln, da sie ihn sonst wie Dante in eine Hölle ohne Erlösung verdammen könnten. Aber er irrte sich. Nicht jeder Verfolgte verfügt über Dantes bindende und lösende Gewalt. Ein Feuerwerk ist kein ewig brennendes Höllenfeuer, die welterschütternde Vision entsteht nicht auf der Bank der Spötter. Nur das reine Herz kann erleuchtet werden, der Hass allein hat keine befreiende Kraft, er ist nur

eine andere Form der Verblendung. Unbesiegbar macht einzig der Glaube und die Bereitschaft, ihm das höchste Opfer zu bringen. Aber Liebe und Verzeihung, Demut und Opferbereitschaft sind Eigenschaften des Dichters, nicht des Literaten. (TL 407)

Man erkennt sogleich: Zu den problematischen Seiten einer »ethisch« dominierten literaturgeschichtlichen Sicht gehört die an dieser Stelle vollzogene Differenzierung zwischen dem Dichter und dem Schriftsteller, als dessen verächtlichste Variante der »Literat«, an dieser Stelle explizit Heine, erscheint. Noch entscheidender in unserem Zusammenhang ist die hier offen zu Tage tretende Motivation des Verfassers der »Tragischen«: Sein Anspruch an die Dichtung oder genauer: an die Dichter ist moralischer, oft auch moralisierender Art; zwar werden die ethischen Grundlagen eines solchen Konzepts im einzelnen nicht konkretisiert; doch nehmen sie Konturen an, wenn man sie in Beziehung bringt zu weiteren Aussagen Muschgs, beispielsweise einer pathetischen, von ihm unter dem Titel »Der Wiederaufbau der deutschen Literatur« gestellten und vor dem Börsenverein des deutschen Buchhandels in Frankfurt am Main gehaltenen Rede aus dem Jahr 1957. Da sucht der Redner die Frage zu beantworten, was die heutige Jugend suche, nämlich:

nicht faszinierende Zweideutigkeit und den Wortrausch verspielter Virtuosen, sondern Wahrhaftigkeit und Einfachheit [ ]. Das Verhältnis von Literatur und Moral ist das größte Problem des modernen Schrifttums [ ] unter Moral ist in unserem Zusammenhang nichts anderes zu verstehen als die im Wesen der Literatur selbst liegende geistige Verantwortung, von deren Anerkennung es abhängt, ob einem Zeitalter, einem Autor das Attribut der Größe zukommt.[18]

Wer so argumentiert, wird vor der Überlegenheitsgeste des Zynikers zurückschrecken, als der Heine gelegentlich erscheinen kann. Und um die eigene These nicht zu verraten, wird er, wie es sich Heine von Muschg gefallen lassen musste, versucht sein, Phänomene auf der anderen Seite des moralischen Spektrums mit negativen Epitheta zu versehen.

Zum Schluss drängt sich die Frage auf, ob es sich überhaupt rechtfertigen lasse, das Heine-Verdikt der »Tragischen Literaturgeschichte« noch nach fünfzig Jahren der Vergessenheit zu entreißen. Die Antwort auf diese Frage sei, ebenso banal wie naheliegend, nachstehend versucht. Eine Rezeptionsgeschichte des Faches Deutsche Literatur, die diesen Namen verdient, hat selbstverständlich nicht nur die germanistischen Selig- und Heiligsprechungen zu erfassen, sondern gewissermaßen auch ihr Gegenteil, die Verdammungen ..und dies sowohl auf der Seite der Schriftsteller wie auch auf derjenigen ihrer Kritiker. Und wenn aus welchen Gründen auch immer einmal das Wirken von Interpreten oder Interpretierten verschwiegen, verdrängt oder auch bloß vergessen wurde, so kann und soll das innert nützlicher Frist ..und hier konkret aus Anlass der 50jährigen Wiederkehr dieser Kontroverse ... nachgeholt werden.

Im vorliegenden Fall rechtfertigt sich dies umso mehr, als die Sekundärliteratur in der Regel die gegen Thomas Mann oder Rilke gerichtete Antipathie Muschgs erörtert, seine handfesten Angriffe auf Heine jedoch unkommentiert lässt.[19] Die einzige Buchbesprechung, in der die »Tragische Literaturgeschichte« mit Heine in Beziehung gebracht wird ..diejenige von Walter Boehlich in der »Neuen Schweizer Rundschau« des Jahrgangs 1955 ..bezeichnet die »Tragische« zwar als »ein wirres, aber schönes Buch«[20] und zitiert zu dessen Charakterisierung die Passage, wonach bei Heine alles verlogen sei. Diese Verächtlichmachung Heines wird indessen als solche nicht abgelehnt; ganz im Gegenteil: Es habe, so Boehlich unter Bezugnahme auf weitere auffällige Charakterisierungen in der »Tragischen«, einer »endlich einmal gesagt, was gerade durch die geisteswissenschaftliche Forschung der letzten Jahrzehnte verschleiert« worden sei.[21] Mit Händen greifbar wird hier die Dynamik des germanistischen Diskurses: Seit den fünf Jahrzehnten, die uns von Boehlichs Sicht trennen, ist dank intensiver Forschung nicht zuletzt im Rahmen des Heinrich-Heine-Instituts, Düsseldorf, eine Korrektur der Korrektur erfolgt. Über alle Meinungsdifferenzen hinweg wird man heute von Heines ungebrochener Sprachmächtigkeit ausgehen. Wichtiger als die Frage, ob er »lügt« oder nicht, muss die andere bleiben, ob er lebt! Und das tut er ..selbst in der rezeptionsgeschichtlichen Panne, als die man Walter Muschgs Invektiven bezeichnen darf.[22]

Anmerkungen

1 Walter Muschg: Tragische Literaturgeschichte. Zweite, umgearbeitete und erweiterte Au age. Bern 1953, S. 93; im weiteren Text mit TL und Seitenzahl nachgewiesen. Der (alles andere als systematische) Aufbau des Werks soll hier durch die Wiedergabe der Kapitelüberschriften angedeutet werden: Die Weihe. Die Magier. Die Seher. Die Sänger. Die Entweihung. Die Gaukler. Die Priester. Die Poeten. Die Armut. Das Leiden. Die Entsagung. Die Schuld. Die Phantasie. Das Wort. Die Vollendung. Der Ruhm.

2 [Eine Anmerkung, die zusammen mit weiteren bibliographischen Hinweisen des vorliegenden Textes als Baustein für eine Rezeptionsgeschichte der TL benützt werden mag!] Wie sehr das Werk polarisierte, geht hervor aus der »Bibliographie der deutschen Literaturwissenschaft 1945...1953«. Frankfurt a. M. 1954, mit der Kennzeichnung des Werks als »umstrittenes, aber zweifellos bedeutendes Buch von den Formen der Dichtung und den Schicksalen der Dichter mit ganz anderem Ziel als die landläufigen [ ] der Wissenschaft« (Bd. I, S. 34). ..Auch der Tübinger Germanist Paul Kluckhohn setzt sich in »Deutsche Vierteljahrsschrift für Literaturwissenschaft«, 1951, Heft 1, S. 126 mit Respekt, aber im ganzen doch kritisch mit der TL auseinander, bemängelt u. a. die fehlende Systematik des Werks und den Verzicht des Autors auf die Erörterung der Sekundärliteratur. W. M., so wörtlich, vergreife »sich wohl auch im Ton, so daß manches blasphemisch oder sittenrichterlich klingt« (S. 130). Wesentlich positiver und differenzierter Leonard Forster in seinem knappen Nachruf in »German Life and Letters«, Bd. XIX, Nr. 3, April 1966. Forster spricht von Muschgs »trenchant criticism« und fährt fort: »The circumstance that much of his scholarly work

was sublimated poetry made more pedestrian spirits regard him with suspicion. But even they had no doubt of his calibre. It was significant, that a perspective observer outside the academic sphere, Rudolf Walter Leonhardt, could put Muschg among the three writers who had achieved die eindruckvollsten wissenschaftlichen Auseinandersetzungen der letzten Jahre mit der deutschen Literatur (Der Sündenfall der deutschen Germanistik, 1959)«. ..Erich Brock bietet in seiner vierseitigen Rezension in Heft 11 der »Neuen Schweizer Rundschau« vom März 1949 (Zürich 1949) eine unausgewogene Abrechnung mit Muschgs Werk; in geradezu mitleidloser Schärfe listet er die Schwächen der TL auf; z. B.: »Allzuviel spannt sich zwischen verzückten Dithyramben und zuweilen würdelosem Schelten.« (S. 689) Dem Muschg'schen Aphorismus »Alle große Dichtung ist eine Frucht des Leidens« (TL 426), setzt Brock die Bemerkung entgegen: »Aus Leid allein entsteht kein geistiges Werk« (S. 690). Oder, immer noch unter dem gleichen Gesichtspunkt: »Wer Leiden sucht, zeigt dadurch nichts als dass er nichts vom Leiden weiß« (ebd.), eine Bemerkung, die klar macht, dass hier ein Moralist gegen einen anderen Moralisten zu Felde zieht.

3 Die Mystik in der Schweiz 1200..1500. Frauenfeld, Leipzig 1935.

4 Gotthelf. Die Geheimnisse des Erzählers. München 1931; unveränderter Nachdruck München 1967.

5 Von Trakl zu Brecht. Dichter des Expressionismus. München 1963.

6 Muschgs akademischer Lehrer, der Zürcher Lehrstuhlinhaber Emil Ermatinger hatte sich noch 1937 dem Dritten Reich angedient als Gastredner bei der Reichstagung der »Deutschen Christen« in Eisenach, ein Vorgang, der die Nichtwahl Ermatingers als Rektor der Universität Zürich zur Folge hatte. Im übrigen sind grobe antisemitische Ausfälle Ermatingers z. B. gegen Alfred Döblin dokumentiert. Umgekehrt muss an dieser Stelle angemerkt werden, dass Ermatinger nicht Wegbereiter von Muschgs grundsätzlicher Heine-Aversion war. Im zweiten Band seiner Monographie über »Die deutsche Lyrik seit Herder« (Leipzig und Berlin 1925) gilt das gesamte dritte Kapitel des 5. Buches über »Die Lyrik der forcierten Talente« dem Thema »Heine« (S. 249..267). Ermatinger setzt sich darin zwar durchaus kritisch mit Heine auseinander, so etwa mit der Bemerkung, es habe ihm »wie allen forcierten Talenten« »das im tiefsten Sinne Schöpferische« gefehlt (S. 258). Aber im Ganzen erweist sich seine Würdigung als durchaus differenziert. Dazu noch ein Kuriosum: Der Zürcher Germanist scheint den Titel der Festschrift für Joseph A. Kruse über »Heinrich Heines dialektisches Denken« (hrsg. v. Bernd Kortländer und Sikander Singh. Bielefeld 2004) vorwegzunehmen; auf S. 54 f. schreibt er: »Auch die Weltanschauung war für seinen [Heines] durch und durch intellektualistischen Geist nicht Überzeugung, sondern das Durchführen eines philosophischen Grundsatzes. In dieser logischen Dialektik war er, auch über die Zeit seines saint-simonistischen Sensualismus, Hegelianer geblieben. Und er hatte nur darin Unrecht, daß er bestritt, es nach seiner Bekehrung nicht mehr zu sein. Denn auch die Rückkehr zum persönlichen Gott des Judentums war nur ein Zustand in dem dialektischen Prozesse seiner geistigen Entwicklung; es war ein Zufall, daß es der letzte war.« Auf S. 56 liest man von Heines »proteische[r] Dialektik«! ..Muschgs Zürcher Kollege und Antagonist Emil Staiger war von 1932 bis 1934 Mitglied der mit dem Dritten Reich sympathisierenden Nationalen Front der Schweiz; vgl.: Internationales Germanistenlexikon, 1800..1950. Berlin, New York 2003, Artikel Ermatinger und Staiger.

7 Text auf dem Umschlag der 1. Au age, Bern 1948, überliefert von Paul Kluckhohn, vgl. Anm. 2.

8 Pamphlet und Bekenntnis. Olten 1968, S. 348, Erstpublikation 1962.

9 Ebd., S. 378, Erstpublikation 1965.

10 Nachdruck in: Die Zerstörung der deutschen Literatur. Bern 1956, S. 152. Aufschlussreich für die Kontroverse erweist sich ein dem Nachdruck hinzugefügtes Nachwort von 1965, in dem sich

Muschg mit Nadlers nach Kriegsende unternommenen, peinlich opportunistischen Versuchen auseinandersetzt, die braunen Spuren seines Schreibens zu tilgen.

11 Ebd., S. 152. ..Nach der Veröffentlichung der Antrittsvorlesung protestierte Nadler bei der Philosophisch-Historischen Fakultät der Universität Basel: Muschg habe die Standesp ichten wissenschaftlicher Rede verletzt; der Dekan erteilte Nadler eine knappe grußlose Abfuhr. Vgl. Karl Pestalozzi: Walter Muschg als Literaturwissenschaftler. ..In: Walter Muschg zum 100. Geburtstag. Basler Universitätsreden, hrsg. v. Karl Pestalozzi u. Martin Stingelin, 98. Heft. Basel 1999, S. 13.

12 P. R. promovierte 1951 bei Walter Muschg mit einer Arbeit über Werk und Fragment. Georg Christoph Lichtenberg als Schriftsteller. Bern 1953. Nach Muschgs Tod veröffentlichte er, noch ganz im Banne seines Lehrers stehend, in einem Beiblatt der nonkonformistischen Zeitschrift »neutralität. kritische schweizer zeitschrift für politik und kultur« Nr. 11, Basel 1965, einen Nachruf; daraus ein Zitat: »Walter Muschg hat seinen Erfolg [ ] errungen [ ] aufgrund von Voraussetzungen, die sonst im Wissenschaftsbetrieb eher verpönt sind [ ]: Leidenschaft, Hingabe, Besessenheit [ ]. Walter Muschgs Schriften gehören nicht zur Sekundärliteratur wie fast alles, was von der Akademie kommt . Vielmehr sind viele von ihnen eigene dichterische Schöpfungen [ ] hier zeigt sich, dass Einwände, die von außen an einzelne Thesen herangetragen werden können, die innere Wahrheit des Verkündeten nicht zu tangieren vermögen.« Im übrigen gehörte W. M. in dieser Zeit des Kalten Krieges zu den Sponsoren der unkonventionellen kleinen Zeitschrift, wie einem Kommentar des Herausgebers und Redaktors der »neutralität«, Paul Ignaz Vogel, auf dem oben erwähnten Beiblatt zu entnehmen ist.

13 Max Frisch: Vivant Professores. Porträtchen. ..In: Zürcher Illustrierte Nr. 17, 1934, S. 193; zitiert nach Christoph Lönig: Wissen, Werte, Institutionen. ..In: Zeitenwechsel. Germanistische Literaturwissenschaft vor und nach 1945. Hrsg. v. Wilfried Barner und Christoph König. Frankfurt a. M. 1996, S. 374.

14 S. Anm. 11, S. 11.

15 Wenn Muschg hier Heine bezichtigt, gewissermaßen der Totengräber der Romantik gewesen zu sein, so gibt es gegen eine derart pauschalisierende Sicht in der Sekundärliteratur differenzierende Gegenstimmen. So stellt Detlev Kremer in: Romantik. Lehrbuch Germanistik, Stuttgart, Weimar 2001, S. 313 die Frage, ob Heines »Umgang mit Versatzstücken des Romantischen in jedem Fall und in erster Linie als Verfahren kritischer Entzauberung oder nicht auch zu einem Teil als genuin romantisches Spiel mit Inventaren und Zitaten zu verstehen ist.« Vgl. dazu auch Markus Winkler (Hrsg.): Heinrich Heine und die Romantik. Erträge eines Symposiums an der State Pennsylvania University. Tübingen 1997, darin besonders: Joseph A. Kruse: Heine und Fouqué. Romantischer Ausgangspunkt mit emanzipatorischen Folgen, S. 15.39. ..Ähnliche Fragestellungen auch in Gerhard Höhn: Heine-Handbuch. Zeit, Person, Werk. Stuttgart 1987. Heines Verhältnis zu Aufklärung, Klassik und Romantik lasse sich, so Höhn, »als kritisch und differenziert bis ambivalent bezeichnen, zwischen Ablehnung und Zustimmung schwankend.« (S. 253).

16 S. Anm. 11, S. 11.

17 Ebd., S. 16.

18 Walter Muschg: Rede aus Anlass der »Cantate-Feier 1957« des Börsenvereins des deutschen Buchhandels in Frankfurt a. M., Privatdruck ohne Jahr, Ort, Verlag und Drucker, S. 6 f.

19 Dazu Karl Pestalozzi [Anm. 11], S. 15: »Hofmannsthal, Rilke und [ ] Thomas Mann sind leider nachhaltige Opfer von Muschgs Verdammungsurteilen. Er brauchte die Polemik, um die eigene Position zu klären.« ..Analoge Erwähnung von Rilke und Hofmannsthal, aber ebenfalls ohne Nennung von Heine in Paul Kluckhohns Rezension der TL, [Anm. 2], S. 130. ..W. M. wirft Thomas Mann »bastardierende[s] Dichtertum« vor (1. Au ., Bern 1948; S. 254). Zu Rilke: »Rilkes

wollüstig rinnende Formlosigkeit [!] hat ihn zum Abgott aller weiblichen Gemüter gemacht« (TL 166). Dazu noch eine (möglicherweise nur mündlich tradierte) Kurzdefinition von Rilke als dem »Mönch in Lackschuhen«. ..Zu Hofmannsthal: »Auch Hofmannsthal war Epigone, arm an Ideen, aber von einem seltenen Sinn für das Dekorative« (TL 377).

20 Walter Boehlich: Zu Walter Muschgs Tragischer Literaturgeschichte. ..In: Neue Schweizer Rundschau. Heft 11, Zürich 1955, S. 686.

21 Ebd. S. 682.

22 Weiterführende Einschätzungen zum Thema der Heine-Rezeption bei Joseph A. Kruse: Zwischen Weltschmerz und Engagement: Heine. ..In: Lothar Ehrlich/Hartmut Steinecke/Michael Vogt (Hrsg.): Vormärz und Klassik. Bielefeld 1999, S. 33.47. Obwohl Kruse offensichtlich nicht auf Walter Muschg zielt, spricht er doch im Zusammenhang mit Heine von der »in der Literaturgeschichte tatsächlich einmaligen Rezeption des Dichters als einem Streit- und Diffamierungsgeschehen« (S. 36). ..Besonderheiten der Heine-Rezeption nimmt auch Manfred Windfuhr in sein Blickfeld: Im Heine-Jahrbuch 1995 geht er unter dem Titel »Spannungen als autorspezifischer Strukturzug. Friedrichs Sengles Heinebild und der Stand der Heinediskussion« (S. 183.202) u. a. der »Spannung zwischen einer bürgerlich formbetonten und einer marxistisch thematisch orientierten Deutung« nach, aber auch das ohne Seitenblick auf Walter Muschgs (unideologische) Polemik.

Politik und Staat in der modernen Gesellschaft Soziologische Überlegungen mit einigen Bezügen zu Heinrich Heine*

Von Manfred Mai

Zu fragmentarisch ist Welt und Leben!
Ich will mich zum deutschen Professor begeben.
Der weiß das Leben zusammenzusetzen,
Und er macht ein verständlich System daraus;
Mit seinen Nachtmützen und Schlafrockfetzen
Stopft er die Lücken des Weltenbaus.

(Heinrich Heine: »Die Heimkehr« LVIII)

Nicht nur Heinrich Heine ist die Welt zu Anfang des 19. Jahrhunderts »fragmentarisch« vorgekommen. Es war die Zeit gewaltiger politischer und sozialer Umbrüche und vor allem war es die Zeit der Revolutionen: politischer, industrieller und wissenschaftlicher. Mitten in dieser Phase des Umbruchs wurde von Auguste Comte einer neuen Wissenschaft der Name Soziologie gegeben. Auguste Comte hätte sich von Heines Gedicht durchaus angesprochen fühlen können, war er es doch, der die »Soziologie als eine abstrakte Wissenschaft verstanden wissen« wollte.[1]

Die Soziologie ist ein Kind des 19. Jahrhunderts, wenngleich seine Eltern und Paten aus der Philosophie, Geschichtswissenschaft, Ökonomie, Rechtswissenschaft und teilweise auch aus den Naturwissenschaften weitaus älter waren. Der Anspruch der Soziologie war immer auch die Aufklärung der Gesellschaft über sich selbst.[2] Auguste Comte ging es aber nicht nur um Aufklärung. Er hegte auch die Hoffnung, dass die Soziologie, als »Kernstück der positivistischen Philosophie« eine wissenschaftliche Politik ermöglicht.[3] Er steht damit in der Tradition von Antoine Condorcet und Claude-Henri Saint-Simon.

Nur aufgeklärte Gesellschaften sind in der Lage, vermeintliche geschichtsphilosophische Gewissheiten über die Entwicklung der Gesellschaft zu transzendieren. Dies ist eine der Voraussetzungen dafür, dass gesellschaftliche Akteure zu Subjekten der Geschichte werden und selbst gestellte Ziele erreichen können. Insofern knüpft die Soziologie unmittelbar an dem Verständnis von Aufklärung an, wie es Immanuel Kant definiert hat, als den Mut sich seines eigenen Verstandes zu bedienen. Kant wusste aber auch, dass es »für jeden einzelnen Menschen schwer [ist], sich aus der ihm beinahe zur Natur gewordenen Unmündigkeit herauszuarbeiten«.[4]

Heinrich Heine konnte das Bemühen der heutigen Soziologie, die »Lücken des Weltenbaus« zu stopfen, nicht kennen. Es ist in vielen Theorien des sozialen Wandels nicht zu übersehen. Beim Versuch, die moderne Gesellschaft auf den Begriff zu bringen, nimmt die Soziologie das Risiko in Kauf, das Fragmentarische zugunsten stimmiger Systementwürfe aus dem Blick zu verlieren. Die damit verbundene »Tragik der Begriffsbildung« hatte schon Georg Simmel darin gesehen, »daß der höhere Begriff die Weite, mit der er eine wachsende Zahl von Einzelheiten umfaßt, mit wachsender Leere an Inhalt bezahlen muß«.[5] Was unterscheidet nun moderne Gesellschaften von vormodernen und was heißt das für die Funktionen von Politik und Staat?

Politik in modernen Gesellschaften

In der Soziologie gibt es mehrere Theorien darüber, wie sich die moderne Gesellschaft aus ihren Vorläufern entwickelt hat. Einige dieser Theorien stellen jeweils eine Entwicklung, einen Trend ..etwa die Zunahme der Rationalisierung, der Arbeitsteilung und der Säkularisierung ..in den Mittelpunkt. Andere Theorien sehen in der Ausdifferenzierung und Verselbstständigung gesellschaftlicher Teilbereiche wie Wissenschaft, Kunst, Recht und Ökonomie sowie ihrer Absicherung in den Verfassungen das wichtigste Kennzeichen der Moderne.

In der soziologischen Systemtheorie werden z. B. aus den wichtigsten Funktionssystemen der Gesellschaft (z. B. Wirtschaft, Politik, Recht) so genannte Subsysteme, die »ihre Kommunikation durch einen binären, zweiwertigen Code [strukturieren], der unter dem Gesichtspunkt der jeweils spezifischen Funktion universelle Geltung beansprucht«.[6] Mit der Entstehung der funktionalen Differenzierung werde die Fähigkeit der Gesellschaft, mit komplexen Problemen umzugehen, erheblich gesteigert. Der Preis für diese Fähigkeit ist allerdings eine fast völlige Abschottung der jeweiligen Subsysteme gegeneinander.

In diesem Modell sind sie füreinander Umwelt und können nur die Signale von anderen Subsystemen aufnehmen, die dem jeweils eigenen spezifischen Code entsprechen. So versteht die Wirtschaft nur die Sprache des Geldes, die Politik nur die der Macht und die Wissenschaft nur die der Wahrheit. Die moderne Gesellschaft sei nun durch die Dominanz dieses funktionalen Differenzierungstyps gekennzeichnet, der andere Formen gesellschaftlicher Differenzierung ..der segmentären, der stratifikatorischen und der Differenzierung zwischen Zentrum und Peripherie ..weitgehend ablöst.[7]

Diese soziologischen Befunde über die moderne Gesellschaft haben für die Funktionen des Staates und der Politik Konsequenzen. Sowohl der Staat als auch die Politik sind nach dem Modell der Systemtheorie selbst zu Subsystemen geworden ..und werden damit ihrer herausgehobenen Position beraubt, die sie in vormodernen Gesellschaften zu haben schienen: »Auch die Operationen des politischen Systems [folgen] dem allgemeinen Duktus ausdifferenzierter Funktionssysteme [ ]. Somit ist es wenig sinnvoll, dem politischen System eine gesellschaftliche Sonderposition, eine Art Führungsrolle oder eine Pauschalverantwortung für die Lösung ökologischer Probleme zuzuweisen. Auch das politische System kann nicht außerhalb des eigenen Code oder ohne eigene Programme handeln.«[8]

Dieser Befund der Systemtheorie wird scheinbar bestätigt durch die Erkenntnis, dass es immer schwerer wird, politische Ziele durchzusetzen. Diese Tatsache wird von konservativer Seite als Souveränitätsverlust (Ernst Forsthoff) und von linksliberaler Seite (Martin Jänicke) als Steuerungskrise beklagt.[9] Der Souveränitätsverlust sei der Tatsache geschuldet, dass organisierte Interessen ..als Ausdruck des gesellschaftlichen Pluralismus ..immer mehr zu nicht legitimierten Nebenregierungen werden.

Insbesondere die Entwicklung der Industriegesellschaft und der Aufstieg von Technik und Wissenschaft hätten zu einer Entmachtung des Staates und zur Aushöhlung des Rechts geführt, da die Expertise des interessierten Sachverstandes die eigentliche Machtressource ist. Je mehr die ökonomischen und technologischen Sachgesetzlichkeiten die moderne Gesellschaft prägten, umso mehr sei der Sachverstand technokratischer Experten gefragt und umso mehr werden demokratische Strukturen und Verfahren dysfunktional. Der Politik verbliebe in einer von industrieller Technik dominierten Gesellschaft nur der Vollzug dessen, was Experten für richtig halten.[10] Max Weber hatte dafür die Formel »Herrschaft kraft Wissen« geprägt, die er zwar auf die idealtypische Bürokratie gemünzt hatte, heute aber eher auf die von Schelsky beschriebene Abhängigkeit der Politik von Experten passt.

Auch eher linksliberale Autoren sahen im Aufstieg von Industrie und Technik eine Ursache für die Steuerungskrise des Staates, die sie allerdings nicht durch einen starken Staat überwinden wollten, sondern durch eine radikale Demokratisierung aller gesellschaftlichen Entscheidungen. Der Staat selbst sei Teil eines technokratischen Komplexes geworden, den es als Ganzes zu überwinden gelte. »Die Universalität der Bürokratie im Bereich der Politik hat ähnliche Gründe wie die Universalität der Industrie im Bereich der Ökonomie: Spezialisierung, Zentralisierung, Rationalisierung, Routinisierung und Hauptberu ichkeit geben beiden Organisationsformen ihre Überlegenheit gegenüber dezentraleren und einfacheren Formen von Politik und Ökonomie.«[11]

Ob Souveränitäts- oder Steuerungsverlust: Tatsache ist, dass der Staat der modernen Gesellschaft mehr oder weniger autonomen Akteuren und organisierten

Interessen gegenübersteht, die er zur Durchsetzung und Formulierung seiner Ziele braucht. Politik als der Bereich der Gesellschaft, in dem kollektiv verbindliche Entscheidungen getroffen und durchgesetzt werden, hat somit die Struktur eines Netzwerks von Verhandlungssystemen in allen Politikbereichen und -ebenen.[12] Regieren in der modernen Gesellschaft heißt, Abschied nehmen von der hierarchischen Intervention und dem Anspruch, alle Lebensbereiche regeln zu können. Der Staat ist zwar nicht ein Subsystem unter vielen, das nur noch seinen eigenen Operationen folgt, sondern er ist immer noch eine Institution mit herausgehobener Kompetenz, die in der Verfassung abgesichert ist. Dem widerspricht nicht die Tatsache, dass er mit anderen Akteuren auf gleicher Augenhöhe verhandelt. Als die Spinne im Netz der Akteure kann er immer noch Regeln bestimmen, Rahmen setzen und Anreize schaffen. Eine Allzuständigkeit des Staates wäre nicht nur ordnungspolitisch fragwürdig, sondern auch sachlich unangemessen. Die Vielfalt und Vielzahl von gesellschaftlichen Bereichen regeln zu wollen, überfordert allein schon die Fähigkeit staatlicher Institutionen, relevante Informationen aus diesen Bereichen zu erhalten und zu verarbeiten.

Regieren als Verhandlung ..Korporatistische Arrangements im »Schatten der Hierarchie«

Die von den Medien und Bürgern dennoch immer wieder eingeforderte Letztverantwortung des Staates ..sei es für verspätete Züge oder für zu hohe Telefongebühren ..setzt eine Allkompetenz des Staates voraus, die dieser nicht hat. Da sich aber der Staat nicht mit Hinweisen auf seine Unzuständigkeit aus der politischen Verantwortung ziehen kann, bleibt ihm nur das Aushandeln von Leistungsparametern und Qualitätsstandards, die andere Akteure einzuhalten sich verp ichten (»dezentrale Kontextsteuerung«).[13]

Indem der Staat einen Teil seiner Kompetenz an andere, in der Regel korporative Akteure abgibt, sichert er seine Macht und seinen Ein uss. Es ist der »Schatten der Hierarchie«[14], der dieses neokorporatistische Arrangement ermöglicht. Es hängt vom jeweiligen Politikfeld und seiner Bedeutung für die Gesellschaft ab, wie weit dieser Schatten reicht. Die Länge dieses Schattens hängt aber auch davon ab, inwieweit korporative Akteure in der Lage sind, diese Ordnungsfunktion ..als wichtiger Beitrag zur Staatsentlastung ..zu übernehmen. Für die organisierten Interessen bedeutet diese Übernahme von Teilverantwortung immer eine Gratwanderung zwischen der Orientierung an ihren Mitgliedern und am Gemeinwohl. Es ist müßig, den organisierten Interessen Klientelpolitik vorzuhalten, aber ohne ein gewisses Maß an Gemeinwohlorientierung verlieren sie ihre Legitimation als Partner der Politik.

Die gesellschaftlichen Subsysteme sind in den Parlamenten und Policynetzwerken nicht als abstrakte Größen präsent, sondern in Form von Institutionen, organisierten Interessen oder individuellen Akteuren. Das bedeutet, dass die Bestimmung von politischen Zielen und ihre Umsetzung nur *mit* diesen Akteuren und nicht gegen sie möglich sind. Damit nimmt die Politik ein Dilemma in Kauf: Was an Effizienz gewonnen wird, geht an Transparenz und Legitimation verloren.

Dieses grundlegend geänderte Verhältnis zwischen Staat und Gesellschaft ist nicht nur die Folge der erstarkten gesellschaftlichen Akteure, sondern auch Ausdruck einer Schwächung des Rechts als Steuerungsinstrument. »An die Seite des Einzeleingriffs, der im Bereich der Ordnungsverwaltung seinen Platz behält, treten daher indirekt wirkende Steuerungsmittel, vor allem finanzielle Anreize [ )] Im selben Maß, wie der Staat auf den Einsatz imperativer Steuerungsmittel verzichtet, entbindet er freilich auch die Steuerungsadressaten von ihrer Gehorsamsp icht.«[15] Was in der Tradition der konservativen Staatstheorie[16] als Beleg für die Aushöhlung staatlicher Hoheitsrechte gilt, erweist sich aus dem Blickwinkel der Steuerungstheorie als angemessenes Vorgehen. In einer demokratisch verfassten und gefestigten Gesellschaft kann es kein Zurück zur hierarchischen Intervention geben. Die Einbindung gesellschaftlicher Interessen in die Formulierung und in den Vollzug der Gesetze ist also auch demokratietheoretisch geboten.

Soziokulturelle Vielfalt statt systematische Einfalt

Die moderne Gesellschaft ist vor allem pluralistisch und multikulturell. Je mehr sie sich von der Agrar- über die Industrie- zur heutigen postindustriellen oder Informationsgesellschaft[17] entwickelt hat, umso mehr wandelten sich soziale Klassen in Schichten und schließlich in vielfältige Milieus.[18] Damit werden die Wertgrundlagen, die eine Gesellschaft zusammenhalten, ebenfalls immer vielfältiger und kon iktträchtiger. Es gibt neue Kon iktlinien (»cleavages«), die die alten überlagern und sich im Strukturwandel politischer Parteien und Verbände zeigen. In fast allen politischen Organisation sind die Kon ikte zwischen Traditionalisten und Modernisierern, zwischen Jungen Wilden und Besitzstandswahrern, zwischen Pragmatikern und Ideologen zu beobachten. Das ist auch ein Zeichen dafür, dass der soziale Wandel von der Industrie- zur Informationsgesellschaft nicht nur zur Entstehung neuer Organisationen geführt hat, sondern auch bestehende erfasst. Sich diesem Wandel nicht zu stellen, kann den Weg in die politische Bedeutungslosigkeit bedeuten. Es scheint, als habe die Marktforschung den sozialen Wandel schneller begriffen und daraus Konsequenzen gezogen als politische Akteure.[19]

Ehemals selbstverständliche Werte, die eine Partei zusammenhielten wie Solidarität oder Gerechtigkeit, sind nicht mehr eindeutig und werden in unterschiedlichen Milieus jeweils unterschiedlich ..z. B. als Chancengerechtigkeit oder als Verteilungsgerechtigkeit ..interpretiert. Die Suche nach Mehrheiten als Voraussetzung politischer Macht gelingt nur noch Parteien, die möglichst viele dieser Milieus ansprechen und auf eine Plattform einigen können ..und auch das nur bis zur nächsten Wahl. Das bedeutet nicht das Ende der Politik. Aber das bedeutet für die bestehenden Parteien, dass sie über neue Formen der Interessenbündelung und -vertretung nachdenken müssen. Sie müssen künftig noch mehr experimentieren mit Kandidaten, die keiner Partei angehören und sie müssen ihre internen Diskussionen noch mehr auch für Nichtmitglieder öffnen. Andernfalls droht ihnen ein weiterer Bedeutungsverlust in der Gesellschaft und vor allem die Konkurrenz populistischer Parteien, wie sie in allen Ländern Europas zu finden sind.

In der modernen Gesellschaft haben bestimmte Bereiche wie Kunst, Wissenschaft, Medien und die Wirtschaft eine weitgehende rechtlich abgesicherte Autonomie. Die Verfassungen zumindest aller demokratischen Staaten kennen nicht nur das Prinzip der Gewaltenteilung, sondern auch das der Garantie von Autonomierechten für Wissenschaft, Medien und Kunst. Dies ist keineswegs das Ergebnis eines quasi naturwüchsig ablaufenden Differenzierungsprozesses, sondern das Ergebnis teilweise jahrhundertelanger Emanzipationsbemühungen dieser Bereiche. Nicht nur in totalitären Regimen sind diese Autonomiespielräume bedroht. Auch in demokratisch verfassten Gesellschaften sind die Autonomie und die Unabhängigkeit von Justiz, Kunst, Medien und Wissenschaft nur insoweit gesichert, als eine kritische Öffentlichkeit bereit ist, für die verfassungsmäßigen Garantien einzutreten und eine politische Kultur existiert, die die Unabhängigkeit dieser Bereiche als ein Wert an sich schätzt.

Politik in »Echtzeit« ..Regieren in der Mediengesellschaft

Die moderne Gesellschaft ist wesentlich eine Informations- und Mediengesellschaft. Politische Akteure und Institutionen stehen heute unter permanenter Beobachtung durch die Medien. Nie zuvor in der Geschichte des Rundfunks gab es so viele Sendungen, die sich auf die Berichterstattung aus der Politik konzentrieren. In Deutschland gibt es z. B. seit Mitte der 90er Jahre mit den Sendern »Phoenix« (in öffentlich-rechtlicher Regie), N 24, n-tv und Bloomberg TV eine kontinuierliche Berichterstattung über Ereignisse (nicht nur) aus der Politik, die die anderen Vollprogramme ergänzen. Vorbild dieser Nachrichtensender waren CNN und C-Span in den USA.

Die Forderungen nach Transparenz des Regierungshandelns und nach Pressefreiheit waren ein fester Bestandteil der Freiheitsbewegungen im 19. Jahrhundert, für die auch Heinrich Heine Partei ergriff. Viele kritische Publizisten und Schriftsteller mussten dafür mit Zensur und Verfolgung rechnen. Heute gehört die Meinungsfreiheit zu den Grundrechten: Artikel 5 GG. Er verp ichtet den Staat zur Errichtung einer positiven Rundfunkordnung. Was die uns wert ist, zeigen die Diskussionen über die Höhe der Rundfunkgebühren und .. damit zusammenhängend .. über Legitimation und Auftrag des öffentlich-rechtlichen Rundfunks.

Weder die kritischen Publizisten des 19. Jahrhunderts noch Jürgen Habermas, der 1976 in seiner Studie über den »Strukturwandel der Öffentlichkeit« ein Modell des Verhältnisses von Politik, Öffentlichkeit und Medien vorgeschlagen hat, das nicht nur in der Soziologie großen Ein uss hat, konnten sich vorstellen, dass allein die Menge an politischen Informationen, die die Massenmedien und insbesondere das Internet anbieten, eher zur Desorientierung als zur Orientierung beiträgt. Wenn Politik quasi in Echtzeit stattfindet, wenn jede Parlamentsdebatte live übertragen wird, wenn unmittelbar danach Stellungnahmen von Experten und Betroffenen folgen, die später durch Gesprächsrunden noch vertieft werden, ist dem normalen Bürger eine re ektierte Meinungsbildung zu konkreten politischen Themen kaum möglich. Nutznießer davon sind allenfalls Informationseliten oder Strategen der politischen Kommunikation. Eine Erhöhung der individuellen Medienkompetenz, die in der Informationsgesellschaft eine Voraussetzung für Politikkompetenz ist, wird das Problem der Informationsüber utung und -selektion kaum lösen.

Die Unterscheidung von Wichtigem und Unwichtigen, von drängenden und weniger drängenden Problemen in der Politik ist bei dieser Informationsfülle kaum möglich. Weil alles als gleich wichtig erscheint ..weil es ja in den Medien vorkommt .. ist auch alles scheinbar gleich-gültig. Das verändert die politische Agenda: Längerfristig zu lösende und grundlegende Probleme .. Max Weber würde sagen: das Bohren dicker Bretter .. werden zugunsten kurzfristiger Entscheidungsbedarfe, die die Medien herbeireden, verdrängt.

Medienkompetenz hat aber noch eine andere Bedeutung: Es geht nicht nur um den selbstbestimmten und kreativen Umgang mit Medien durch die Rezipienten. Es geht auch um die Inszenierungspraxis politischer Debatten und die Vermittlung von Inhalten durch politische Akteure und Institutionen. In einer Mediengesellschaft konkurrieren auch politische Inhalte um das knappe Gut Aufmerksamkeit ... das einzige, was in der Informationsgesellschaft wirklich knapp ist.

Die politischen Akteure und Institutionen stehen damit vor der Frage, ob sie ihre Inhalte an die spezifische Rationalität der Medien .. Personalisierung, Emotionalisierung, Verkürzung .. anpassen wollen oder nicht.[20] Wenn sie es nicht tun besteht die Gefahr, dass die Nachricht zum falschen Zeitpunkt auf die falsche Zielgruppe in der falschen Form trifft. Im anderen Fall besteht die Gefahr, dass der politische Inhalt bis zur Unkenntlichkeit durch die Form verzerrt wird und nur noch aus konsensfähigen aber nichtssagenden Worthülsen besteht. Politische Inhalte haben in der Mediengesellschaft nur dann eine Chance, wahrgenommen zu werden, wenn sie dem Verarbeitungsmodus der Medien sowie den Rezeptionsgewohnheiten und der Medienkompetenz der Bürger entsprechen. Dies scheint am ehesten bei einer Verpackung politischer Inhalte mit Formen der Unterhaltung, dem Infotainment , der Fall zu sein.[21]

Thomas Meyer kritisiert dies als »Kolonisierung der Politik durch die Medien«.[22] Man kann aber die Präsenz der Medien in unserer Gesellschaft nicht wesentlich zurücknehmen. Medienpolitik kann natürlich gewisse Strukturen beein ussen, ob die private oder öffentlich-rechtliche Säule unseres dualen System gestärkt wird oder ob die Fusion von Zeitungsverlagen erlaubt wird oder nicht. Ein Ausstieg aus der Mediengesellschaft ist gleichwohl nicht möglich. Sie ist eine Bedingung der Moderne, auf die sich die Politik einstellen muss.

Qualität und Quantität der medialen Dauerbeobachtung haben nicht nur die Art der politischen Meinungsbildung und die Art, wie politische Inhalte vermittelt werden verändert, sondern auch die politischen Institutionen selbst einschließlich der Verfassungsorgane.[23] Dies zeigt sich besonders am Parlament.[24] Sein Machtverlust gegenüber der Exekutive wird schon von Max Weber beschrieben und hat zunächst nichts mit den Medien zu tun.[25]

Mit der Ausdifferenzierung moderner Gesellschaften entstanden auch immer mehr Politikfelder und damit Regelungsaufgaben für den Staat. Dieser Zuwachs der Staatsaufgaben hat vor allem Regierung und Verwaltung gestärkt. Der Legislative, die »virtuelle Einheit der Nation«[26], verbleibt in einer Verhandlungsdemokratie häufig kaum mehr als die Ratifizierung von Ergebnissen, die die Vertreter der Regierung mit denen organisierter Interessen ausgehandelt haben. Durch die Medialisierung wird die Funktion des Parlaments, über die wesentlichen Ziele der Gesellschaft zu beraten und zu bestimmen, weiter geschwächt. Immer häufiger werden von Politikern zunächst in Interviews oder Talkshows Standpunkte geäußert, Initiativen angekündigt und Strategien erläutert, die erst später im Parlament auf die Tagesordnung kommen ..nebenbei eine eindrückliche Bestätigung der Agenda-setting-Theorie.[27]

In der Öffentlichkeit entsteht damit der Eindruck, dass die Arena der politischen Meinungs- und Willensbildung nicht in den Parlamenten zu suchen ist, sondern in den Magazinen des Rundfunks. Die Suche nach Lösungen eines politischen Problems wird somit kaum als Diskurs zwischen Regierung und Opposition, zwischen Experten und Abgeordneten erkennbar, sondern eher als ein Zufallsprodukt im Rahmen einer Talkshow mit gemischten Gästen aus Sport, Unterhaltung und eben auch aus der Politik.

Es liegt auch an der Politik selbst, wie sie die Mediengesellschaft gestaltet und ihre Spielräume nutzt. Das Verhältnis zwischen Politik und Medien war immer ein sehr enges und beinahe symbiotisches. Das zeigt sich nicht zuletzt in der Präsenz von Mandatsträgern in den Organen der Rundfunksender und Landesmedienanstalten. In den verschiedenen Rundfunkräten und -kommissionen werden wichtige Personal- und Strukturentscheidungen getroffen. Sie können zwar nicht das Mediensystem als Ganzes umsteuern, aber doch Akzente setzen, etwa in der Frage der Vertretbarkeit bestimmter Sendeformen und -formate.

Die Moderne als gefährdetes Projekt der Aufklärung

Die moderne Gesellschaft ist nicht auf einen einzigen Trend reduzierbar. Sie ist gleichzeitig Arbeits- und Mediengesellschaft, Risiko- und Vollkaskogesellschaft, sie ist auch zugleich Spaß- und Terrorgesellschaft. Die Moderne ist gerade durch das Fragmentarische, durch das Nebeneinander gegensätzlicher Entwicklungen geprägt, durch die »Gleichzeitigkeit des Ungleichzeitigen« (Ernst Bloch). So existieren in den Metropolen der westlichen Welt virtuelle Unternehmen der new economy neben Familienbetrieben ethnisch geschlossener Gemeinschaften, existieren weltoffene Eliteuniversitäten neben religiösen Anstalten, die nur eine Wahrheit lehren. Je weniger es der Politik gelingt, die Verlierer des Modernisierungsprozesses zu integrieren, umso größer ist die Gefahr, dass sich soziale Gruppen und Milieus, die sich als Verlierer sehen, fundamentalistischen Ideologien zuwenden.[28] Die Moderne hat immer auch ihre Gegner und Feinde wie einen Zwillingsbruder mit sich geführt. In jeder Epoche haben sich die Modernitätsgegner unterschiedlich organisiert: sei es als Gegenreformation , Restauration , konservative Revolution oder als Fundamentalisten .. als politische Kräfte sind sie bis in die Gegenwart präsent.[29]

Die Errungenschaften der modernen Gesellschaft, die Gewaltenteilung, die Sicherung der Menschenrechte und die Freiheit von Wissenschaft und Kunst sind daher keine Selbstläufer. Sie bedürfen vielmehr der Unterstützung und Verteidigung einer aufgeklärten Gesellschaft und entschlossener Individuen. Niemand wusste das mehr als Heinrich Heine, der sich mit seiner Vorstellung von Freiheit als einer subjektiven Kategorie von der Vorstellung Hegels abgrenzte, der Freiheit als eine objektive Kategorie verstand. Gesellschaftlicher Fortschritt und soziale Emanzipation sind für Heine mitnichten zwangsläufig, wie die Geschichtsphilosophie Hegels nahe legt: »Jeder Zoll, den die Menschheit weiter rückt, kostet Ströme Blutes, und ist das nicht etwas zu teuer?«[30]. Die Moderne ist das Ergebnis politischer Revolutionen und Entscheidungen ... und kann daher bei anderen Mehrheitsverhältnissen zumindest in Teilbereichen wieder zur Disposition gestellt werden. »Es ist jederzeit möglich, dass die Funktionsbereiche von Ökonomie, Politik, Recht und Wissenschaft jegliche Eigenständigkeit verlieren und unter einer einheitlichen Herrschaft gleichgeschaltet werden.«[31] Das kann in einem revolutionären Umschwung oder in kleinen Schritten geschehen: hier ein bisschen Einschränkung der Pressefreiheit, dort die Kürzung von Zuwendungen für Wissenschaft und Kultur. Auf diese Weise können auch demokratisch verfasste Gesellschaften der Gegenwart wieder auf den Stand des Vormärz zurückfallen, dessen Erfahrungen Heine in seiner Auffassung bestärkte, dass es eben keine automatische Entwicklung zum Besseren gibt.

In der modernen Gesellschaft werden auch weiterhin kollektiv verbindliche Entscheidungen zu treffen, Rechte zu schützen, Gefahren abzuwehren und Maßnahmen zur Daseinsvorsorge vorzunehmen sein. Das kann nur ein Staat leisten, der sich von der Vorstellung verabschiedet, alles regeln zu können. Er wird schlanke und dezentrale Strukturen haben müssen, um die Dynamik und Komplexität des sozialen Wandels gestalten zu können. Für die immer vielfältiger werdenden Problemlagen werden immer weniger Standardlösungen, sondern maßgeschneiderte, problemadäquate Lösungen, die zudem immer kurzfristiger wirken, gefragt sein. Statt großer Reformwerke (wie etwa in der Gesundheits- und Rentenpolitik) wird es immer häufiger zu kurzfristigen Novellierungen kommen; statt großer Projekte, wie sie eine planungsoptimistische Bundesregierung in fast allen großen Politikbereichen in den frühen 70er Jahren auf den Weg brachte, bestimmen heute und in absehbarer Zukunft allein schon aus Gründen der Haushaltskonsolidierung eher die kleinen Schritte zur Beseitigung akuter Problemlagen die Politik.

Nicht zuletzt aus Gründen der Haushaltskrise wird dieser Staat künftig mehr auf die Selbstregulierungspotenziale und auf das soziale Kapital der Gesellschaft setzen müssen. Er kommt damit auch dem gestiegenen Bedürfnis nach Selbstverwaltung kleinerer Einheiten und Selbstverantwortung der Bürger entgegen.[32] »Parallel zur Entzauberung des Staates werden in der Öffentlichkeit in auffälliger Weise wieder die brachliegenden Ressourcen der Bürger entdeckt.«[33] Aus der haushaltspolitischen Not kann eine zivilgesellschaftliche Tugend werden.

Der Staat der modernen Gesellschaft wird auch zunehmend mit Prozessen der Entgrenzung und der Au ösung politischer und sozialer Strukturen konfrontiert. Dies zeigt sich etwa in der Zunahme von Einpersonhaushalten (Singles) zu Lasten von Familiengründungen. Allein diese Tatsache erfordert grundsätzliche Änderungen in der Sozial-, Bildungs- und Wohnungsbaupolitik. Besonders deutlich wird der Prozess der Entgrenzung bei der Bedrohung durch Terror und organisierte Kriminalität. Die Feinde in diesem Krieg kennen weder rationale Ziele noch fühlen sie sich an die Traditionen des Völkerrechts oder von Friedensschlüssen, wie es sie in Europa seit dem Dreißigjährigen Krieg gibt, gebunden. Das macht Verhandlungen nach den Regeln der rational choice unmöglich.[34]

Politische Maßnahmen und Strategien gegen diese Herausforderungen werden dadurch erschwert, dass es keine handlungsfähigen internationalen Institutionen gibt, die die Legitimation und zugleich die Macht hätten, diesen Herausforderungen zu begegnen. Das Vorgehen der einzigen Weltmacht gegen den Irak hat dieses Defizit deutlich bewusst gemacht. Es scheint nicht nur am Beispiel des Irakkrieges, sondern auch in der Klima- und Menschenrechtspolitik sichtbar zu werden, als würden kurzfristige nationale Interessen gegenüber globalen Herausforderungen dominieren.

In der Industriegesellschaft war der Nationalstaat die Voraussetzung dafür, dass sich die Gesellschaften in sicheren Grenzen entfalten konnten ..er war auch der Rahmen für die Entfaltung des Sozial- und Wohlfahrtsstaats.[35] Je mehr die Gesellschaft durch globale Risiken bedroht wird, umso mehr wird heute der Nationalstaat mit seiner begrenzten rechtlichen Kompetenz zum Hindernis. Es muss offen bleiben, ob supranationale Bündnisse wie die EU an die Stelle der alten Nationalstaaten treten können. Nicht erst der gescheiterte EU-Gipfel über die Verfassung 2003 und die ablehnenden Voten in den dazu durchgeführten Volksabstimmungen in Frankreich und den Niederlanden 2005 deuten darauf hin, dass dies nicht ganz der Fall sein wird: Die Bereitschaft der europäischen Staaten ..erst recht von denen, die erst nach dem Zusammenbruch des Ostblocks ihre Souveränität erlangt haben ..weitere Kompetenzen an die EU abzugeben, hält sich in Grenzen. Es passt in dieses Bild, dass unmittelbar nach dem gescheiterten Verfassungsgipfel die Regierungen der Nettozahler in der EU zu verstehen gaben, dass sie mit Rücksicht auf die eigenen Wähler keinesfalls mehr zu zahlen bereit sind. Auch die Weltgipfel zum Welthandel, Klima, zur Informationsgesellschaft u. a. zeigen immer häufiger, dass sie eher eine Bühne für NGOs sind, als Entscheidungsarenen für globale Probleme. Die ernüchternden Ergebnisse dieser Gipfel wirken eher indirekt, indem sie der Realpolitik immer wieder das Scheitern vorhalten.

Es ist auch kaum zu erwarten, dass sich ein Weltbürgertum den Risiken der Globalisierung stellt, wie es z. B. Ulrich Beck mit seiner Forderung »Weltbürger aller Länder ..vereinigt euch!« erhofft.[36] Dagegen spricht etwa das wachsende Bedürfnis immer kleinerer soziokultureller und regionaler Einheiten nach Abgrenzung durch Staatenbildung etwa in den Gesellschaften der ehemaligen Sowjetunion und auf dem Balkan. »Der Nationalstaat bleibt aufgrund des Mangels an tragfähigen Alternativen und der Schwäche supranationaler Strukturen zentraler Ort der Politik bei generellem Verlust politischer Steuerungsfähigkeit.«[37]

Das heißt: Politik wird auch in der modernen Gesellschaft, nicht zuletzt deshalb, weil sie immer auch Unzeitgemäßes mit sich führt, am effektivsten im nationalstaatlichen Rahmen stattfinden. Nichts anderes bedeutet auch das Subsidiaritätsprinzip der EU. Hinzu kommt, dass sich die Regierungen eher am nationalen Souverän und an den heimischen Medien – hier macht sich auch das Fehlen transnationaler Öffentlichkeitsstrukturen und Medien bemerkbar – orientieren, die primär die Berücksichtigung der nationalen Interessen einfordern. Es sind in erster Linie die Vertreter sozialökonomischer Interessengruppen, »die Europa vor allem aus der partikularistischen What's in it for me? -Perspektive betrachten.«[38] Aber auch die Ignoranz einiger Staaten gegenüber eindeutigen Vorgaben der EU bezüglich der Stabilitätskriterien belegt den Primat nationaler Interessen.

Die Welt zur Zeit Heinrich Heines war zweifellos fragmentarisch. Sie ist es auch heute noch. Es gibt nicht nur zwischen verschiedenen Staaten unterschiedliche Geschwindigkeiten, sondern auch innerhalb einer Gesellschaft. Der idealtypische Modernisierungsprozess, wie ihn vor allem soziologische Systemtheorien beschreiben, existiert allenfalls als Insel in einigen Gesellschaften, die umgeben und durchdrungen ist von archaischen und restaurativen Kräften. Diese Inseln der Modernität trennen die Weltgesellschaft in solche, die die Moderne als Versprechen und Ziel und solche, die sie als Bedrohung und Feindbild sehen.

Die Soziologie sollte nicht wie in dem Gedicht von Heinrich Heine versuchen, aus den Fragmenten der Welt ein verständliches System zusammenzusetzen – es kann dabei nur ein Prokrustesbett herauskommen. Kunst und Literatur sind jeder Wissenschaft darin überlegen, die Moderne mit ihren Widersprüchen und Konflikten darzustellen, die nicht nur die Gesellschaft, sondern auch das Individuum betreffen. Heinrich Heines Schriften, Alfred Döblins »Berlin Alexanderplatz«, Samuel Becketts »Warten auf Godot« und andere Werke haben die Gesellschaft zu ihrer Zeit jeweils treffender charakterisiert, als es die zeitgenössischen Soziologen vermochten – wenngleich um den Preis der Subjektivität und Mehrdeutigkeit, wie sie Kunstwerken zu eigen ist.

Die Soziologie mit ihren zahllosen Einzelforschungen, Fallstudien und »Theorien mittlerer Reichweite« (Robert K. Merton) kann aber dazu beitragen, diese Zerrissenheit und Widersprüchlichkeit der Gesellschaft als Voraussetzungen und Herausforderung einer Politik zu sehen, die sich eben dieser Widersprüchlichkeit stellen muss und nicht auf widerspruchsfreie Systemkonstruktionen hoffen kann. Je mehr die Soziologie – wie alle Wissenschaften – in kaum noch integrierbare »Schulen«, Bindestrich-Soziologien und neue Paradigmen (Genderforschung, Cultural studies) mäandert, umso mehr sinkt die Chance, konsensfähige und nachvollziehbare Modelle zu entwickeln, denen auch die Politik folgen kann und will. Zumindest ein Hauptanliegen des Gründers der Soziologie, Auguste Comte, ist auch heute noch aktuell: den gesellschaftlichen Fortschritt durch einen aufgeklärten Staat und Souverän zu ermöglichen.

Anmerkungen

* Überarbeitete Fassung der Antrittsvorlesung am 2. Dezember 2003 in der Philosophischen Fakultät der Heinrich-Heine-Universität, Düsseldorf.

1 Heinz Maus: Zur Vorgeschichte der empirischen Sozialforschung. ..In: René König (Hrsg.): Handbuch der empirischen Sozialforschung. Bd. I: Geschichte und Grundprobleme. Stuttgart 1967, S. 21.56, hier S. 21.

2 Heinz Maus: Bemerkungen zu Comte. ..In: Heinz Maus: Die Traumhölle des Justemilieu. Erinnerungen an die Aufgaben der Kritischen Theorie. Hrsg. von Michael Th. Greven und Gerd van de Moetter. Frankfurt a. M. 1981, S. 349.366, hier S. 350.

3 Maus [Anm. 1], S. 21.

4 Immanuel Kant: Was ist Aufklärung. ..In: ders.: Der Streit der Fakultäten und kleinere Abhandlungen. Werke VI. Köln 1995, S. 162.170, hier S. 163.

5 Georg Simmel: Philosophie des Geldes. Frankfurt a. M. 1989.

6 Niklas Luhmann: Ökologische Kommunikation. Opladen 1986, S. 75.

7 U. Schimank: Theorien gesellschaftlicher Differenzierung. Opladen 1996, S. 150.

8 Luhmann [Anm. 6], S. 174; ..s. Helmut Willke: Ironie des Staates. Grundlinien einer Staatstheorie polyzentrischer Gesellschaft. Frankfurt a. M. 1992; ...zur Kritik dieses Ansatzes s. F. W. Scharpf: Politische Steuerung und politische Institutionen. ..In: Politische Vierteljahresschrift, 1989, S. 10.21; Renate Mayntz: Steuerungstheoretische Metatheorie. ..In: H.-P. Burth/A. Görlitz (Hrsg.): Politische Steuerung in Theorie und Praxis. Baden-Baden 2001, S. 17.27; Manfred Mai: Die blinden Flecke der autopoietischen Gesellschaftstheorie. Bemerkungen aus steuerungstheoretischer Perspektive. ..In: Burth/Görlitz, S. 167.186.

9 Ernst Forsthoff: Der Staat der Industriegesellschaft. München 1972; ..Martin Jänicke: Staatsversagen. Die Ohnmacht der Politik in der Industriegesellschaft. München, Zürich 1987.

10 Helmut Schelsky: Der Mensch in der wissenschaftlichen Zivilisation. ..In: ders.: Auf der Suche nach der Wirklichkeit. Gesammelte Aufsätze. 1961, S. 439.480.

11 Jänicke [Anm. 9], S. 24.

12 Renate Mayntz: Policy-Netzwerke und die Logik von Verhandlungssystemen. ..In: Adrienne Héritier (Hrsg.): Policy-Analyse. Kritik und Neuorientierung. PVS-Sonderheft 24 (1992), S. 39.56; ..Roland Czada/Manfred G. Schmidt (Hrsg.): Verhandlungsdemokratie, Interessenvermittlung. Regierbarkeit. Opladen 1993. Fritz W. Scharpf: Interaktionsformen. Aktenzentrierter Institutionalismus in der Politikforschung. Opladen 2000, S. 319.

13 Manfred Glagow/Helmut Willke (Hrsg.): Dezentrale Gesellschaftssteuerung. Wiesbaden 1987.

14 Renate Mayntz: Gesellschaftliche Modernisierung und die veränderte Rolle des Staates. ... In: Max-Planck-Gesellschaft Jahrbuch. Göttingen 1995, S. 57..70.

15 Dieter Grimm: Die Zukunft der Verfassung. Frankfurt a. M. 1991, S. 169.

16 S. Forsthoff [Anm. 9].

17 Daniel Bell: Die nachindustrielle Gesellschaft. Frankfurt a. M., New York 1977.

18 S. Peter L. Berger/Stefan Hradil (Hrsg.): Lebenslagen, Lebensläufe, Lebensstile. Soziale Welt, Sonderband 7. Göttingen 1990; ..Michael Vester: Von der Integration zur sozialen Destabilisierung: Das Sozialmodell der Bundesrepublik und seine Krise. ..In: C. Leggewie/Richard Münch (Hrsg.): Politik im 20. Jahrhundert. Frankfurt a. M. 2001, S. 75.121.

19 Rainer Diaz-Bohne: Milieumodelle und Milieuinstrumente in der Marktforschung. ..In: Sozialwissenschaften und Berufspraxis. 2003, S. 365.380.

20 Albrecht Müller: Von der Parteiendemokratie zur Mediendemokratie. Beobachtungen zum Bundestagswahlkampf 1998 im Spiegel früherer Erfahrungen. Opladen 1999.

21 Andreas Dörner: Politainment. Politik in der medialen Erlebnisgesellschaft. Frankfurt a. M. 2001.

22 Thomas Meyer: Mediokratie. Die Kolonisierung der Politik durch die Medien. Frankfurt a. M. 2001.

23 Winand Gellner/Gerd Strohmeier (Hrsg.): Repräsentation und Präsentation in der Mediengesellschaft. Baden-Baden 2003.

24 Stefan Marschall: Das Parlament in der Mediengesellschaft. ...In: PVS 42, S. 388.413; ... Manfred Mai: Das Parlament in der Mediengesellschaft. Parlamentarische Debatte oder Talkshow? ... In: Gellner/Strohmeier [Anm. 23], S. 13.26.

25 Max Weber: Das Parlament als Staatsorgan und das Problem der Verwaltungsöffentlichkeit. ... In: ders.: Wirtschaft und Gesellschaft. 5. Au . Tübingen 1980.

26 Klaus von Beyme: Der Gesetzgeber. Der Bundestag als Entscheidungszentrum. Opladen 1997.

27 Maxwell E. McCombs/Donald L. Shaw: The agenda-setting function of mass media. ..In: Public Opinion Quaterly 36 (1972), S. 176.187.

28 Thomas Meyer: Fundamentalismus. Aufstand gegen die Moderne. Reinbek 1989, S. 65; ... Vester [Anm. 18]; S. 118.

29 U. Menzel: Globalisierung versus Fragmentierung. Frankfurt a. M. 1998.

30 Zit. nach: Christian Liedtke: Heinrich Heine. 4. Au . Reinbek 2001, S. 54.

31 Münch [Anm. 1], S. 27.

32 Martin Greiffenhagen: Politische Legitimität in Deutschland. Gütersloh 1997, S. 287.

33 Ulrich von Alemann/Rolf G. Heinze/Ulrich Wehrhöfer: Die Zukunft der Bürgergesellschaft. Wo stehen wir, wohin gehen wir? ..In: dies. (Hrsg.): Bürgergesellschaft und Gemeinwohl. Opladen 1999, S. 13.21, hier S. 13.

34 Herfried Münkler/Eberhard Sens: Postklassische Kriege. Staatszerfall und Gewaltepidemien im Schatten der Globalisierung. ..In: Lettre international 5 (2002), S. 14.19.

35 Dieter Grimm: Recht und Staat der bürgerlichen Gesellschaft. Frankfurt a. M. 1987.

36 Ulrich Beck: Schöne neue Arbeitswelt. Vision: Weltbürgerschaft. Frankfurt a. M., New York 1999, S. 178.

37 Dirk Messner: Die Transformation von Staat und Politik im Globalisierungsprozeß. ..In: ders. (Hrsg.): Die Zukunft des Staates und der Politik. Möglichkeiten und Grenzen politischer Steuerung in der Weltgesellschaft. Bonn 1998, S. 19.

38 Ruud Koopmans: »Brüssel« als Schwarzer Peter. Massenmedien und europäische Integration. ..In: WBZ-Mitteilungen H. 102, 2003, S. 33.36, hier S. 35.

Der Ort der Musik in Heinrich Heines Schriften

Von Thorsten Palzhoff, Berlin

Die Suche nach dem Ort der Musik in Heinrich Heines Schriften stellt weniger die Frage nach Heines Kompetenz in musikalischen Dingen als vielmehr die nach der Position der Musikre exion im gedanklichen Gefüge seiner dichterischen, kritischen und theoretischen Werke. Gibt es hier, so die Frage, nicht mehr als scheinbar willkürlich wechselnde Urteile, schöne Textpassagen und beißende Polemik? An Beispielen aus Heines in seine Korrespondenzartikel eingestreuten Musikkritiken soll im folgenden versucht werden, das Methodische dieser Besprechungen aufzuzeigen, um von hier aus die Musikdarstellung im Novellenfragment »Florentinische Nächte« zu erörtern.

In den 1822 für den »Rheinisch-westfälischen Anzeiger« geschriebenen »Briefen aus Berlin« bereitet der Korrespondent seine Leser auf die Methodik seiner Berichterstattung vor, indem er erklärt: »Nur verlangen Sie von mir keine Systematie; das ist der Würgengel aller Korrespondenz. [ ] Assoziation der Ideen soll immer vorwalten.« (B II, 10) Mit der Methode der Ideenassoziation verknüpft der Sterne-Leser Heine in den folgenden drei Briefen nicht nur Berichte über das Tagesgeschehen aus dem politischen, kulturellen und gesellschaftlichen Berlin, sondern bringt in diesem assoziativen Nebeneinander das Berichtete gelegentlich in eine Konstellation, in der das eine das andere kritisch in Frage stellt. So wird dem assoziierenden Blick des Flaneurs das Stadtbild zuweilen zum Denkbild. Kein Zufall, legt der Korrespondent nahe, dass etwa der Dom und die Börse nebeneinander gelegen sind, denn in solchem Nebeneinander setzt sich die Konversion von der kirchlichen zur ökonomischen Heilslehre ins Bild. Auf diese Weise liest der Berichterstatter aus den Bauten, Ansichten, Ereignissen und Physiognomien des Stadtbilds die Entwicklungen und Zustände der Zeit heraus.

Ganz in diesem assoziativen Neben- und Gegeneinander verfährt Heine auch bei der Darstellung musikalischer Ereignisse. Die mitgeteilten Neuigkeiten und Anekdoten von Musikern sind im Berliner Tagesgeschehen nur einige bunte Mosaiksteinchen unter vielen anderen. Den Anspruch eines professionellen Musikkritikers erhebt Heine erst gar nicht und erklärt anlässlich der Beurteilung einer Komposition von Gasparo Spontini:

> Ich bin zu sehr Laie im Gebiete der Tonkunst, als daß ich mein eignes Urteil über den Wert der Spontinischen Kompositionen aussprechen dürfte, und alles, was ich hier sage, sind bloß fremde Stimmen, die im Gewoge des Tagesgesprächs besonders hörbar sind. (B II, 30)

Im zweiten Brief gibt Heine in seinem Bericht über Spontinis Oper »Olympie«[1] diese fremden Stimmen auf satirisch-humoristische Weise wieder. So äußert das Publikum die Kritik an der aufgeblasenen Instrumentierung und der allzu pompösen Inszenierung der Oper, bei der man sogar einen leibhaftigen Elefanten auf die Bühne bringt. Man erzähle sich, so Heine, dass man mit der dröhnenden Musik die Haltbarkeit der Mauern im neuen Schauspielhaus probieren wolle, dass selbst Taube diese »dicke Musik mit den Händen fühlen« (B II, 31) könnten und dass Spontini nun eine Oper mit obligaten Kanonen schreiben werde.

Neben Spontinis »Olympie« wird in diesem zweiten »Brief aus Berlin« Carl Maria von Webers Oper »Der Freischütz« besprochen. Den Bericht über deren Erfolg legt er wiederum dem Publikum in den Mund, allerdings wesentlich wohlklingender; vom frühen Morgen bis zum späten Abend, so der Referent, verfolge ihn auf den Straßen Berlins ein von den Leuten des gewöhnlichen Volks gesungenes Lied aus dem »Freischütz«. Dies wird in einer literarischen Episode ausführlich dargestellt, wobei durch das vierfach wiederkehrende Liedzitat die Form des Opernlieds selbst ins Literarische übertragen wird.

Die Darstellung der Publikumswirkung der beiden Opern steht im Zusammenhang mit einem Bericht über den in Berlin schwelenden Streit zwischen den Anhängern Webers und Spontinis. Dieser entbrannte mit dem seit der Berliner Uraufführung am 18. Juni 1821 anhaltenden Erfolg des »Freischütz«. Heine berichtet von ähnlichen Erfolgen dieser Oper in Wien, Dresden und Hamburg und konstatiert:

> Dieses beweiset hinlänglich, daß man Unrecht hatte, zu glauben: als ob diese Oper hier nur durch die antispontinische Partei gehoben worden sei. *Antispontinische* Partei? Ich sehe, der Ausdruck befremdet Sie. Glauben Sie nicht, diese sei eine politische. Der heftige Parteikampf von Liberalen und Ultras, wie wir ihn in andern Hauptstädten sehen, kann bei uns nicht zum Durchbruch kommen, weil die königliche Macht, kräftig und parteilos schlichtend, in der Mitte steht. Aber dafür sehen wir in Berlin oft einen ergötzlichern Parteikampf, den in der Musik. (B II, 29)

Getreu der Methode der Ideenassoziation bringt Heine die musikalischen mit politischen Parteien zusammen und wertet die Auseinandersetzung um die Musik als Ersatz für die im monarchischen Preußen unterdrückte politische Debattenkultur. So nehmen die musikalischen Parteien den Ort von verhinderten politischen ein. Daher ist es bedeutsam, dass in der literarischen Szene Webers Musik explizit im Alltag des Volks geortet wird, während Spontinis dick aufgetragene Musik mit ihrem Inszenierungsbombast als völlig publikumsfremd erscheint. Die von Heine an der Zensur vorbeigeschmuggelte kulturpolitische Aussage wird besonders deutlich, wenn man sich Spontinis damalige Stellung in Berlin vor Augen führt. Spontini wird von Friedrich Wilhelm III. gegen den Widerstand der Intendanz am 1. Februar 1820 nach Berlin geholt und per Dekret für zehn Jahre zum Generalmusikdirektor ernannt ..ein musikhistorisch folgenreicher Titel, der eigens zu diesem Anlass erfunden wird. Seinem Eintreffen in Berlin am 30. Mai 1820 eilt der Ruhm der glanzvollen Premiere der »Olympie« am 15. November 1819 in Paris voraus; die Ankunft des Komponisten wird mit einer großen Aufführung der »Vestale« gefeiert, und E. T. A. Hoffmann veröffentlicht am 6. Juni in der »Vossischen Zeitung« seinen emphatischen »Gruß an Spontini«.[2] Spontinis Anstellung war an die von ihm gestellte Bedingung geknüpft, dass ihm mit dem Titel des Generalmusikdirektors die »unumschränkte Herrschaft über alles, was die Oper und die Hofmusik angeht«[3], verliehen werde. In dieser Funktion komponiert er für außen- wie innenpolitische Repräsentationszwecke wie etwa den in die Hymne »Heil Dir im Siegerkranz« mündenden »Preußischen Volksgesang«, der von 1820 bis 1840 alljährlich am 3. August zum Geburtstag Friedrich Wilhelms im Berliner Opernhaus aufgeführt wurde. Die musikkulturelle Macht Spontinis ist also durchaus Ausdruck der aristokratischen Macht des preußischen Hofs. In Heines galliger Auskunft über Spontinis angeblichen Plan einer Komposition mit obligaten Kanonen wird diese Verbindung von Musik und absolutistischer Macht ins Bild gesetzt. Und in der Tat wurde Spontini nicht nur als Günstling des Königs, sondern auch als Italiener von der volks- und deutschtümlichen Partei um Weber angefeindet.

In der Literarisierung des »Freischütz«-Lieds wie auch in anderen Schriften aus dieser Zeit, etwa im Aufsatz zu Albert Methfessel von 1823[4], lässt sich in Heines Musikurteilen die Hervorhebung der Melodie beobachten. So bemerkt er zum »Freischütz«-Lied: »Doch glauben Sie nicht, daß die Melodie desselben wirklich schlecht sei. Im Gegenteil, sie hat eben durch ihre Vortrefflichkeit jene Popularität erlangt.« (B II, 29) Doch Heines offensichtliche Bevorzugung des Liedhaft-Melodischen erfährt eine Revision. In den 1836/37 im Pariser Exil geschriebenen Artikeln »Über die französische Bühne« bespricht Heine im Vergleich von Gioacchino Rossini und Giacomo Meyerbeer die alte Frage, ob in Sachen des musikalischen Ausdrucks der Melodie oder der Harmonie Vorherrschaft zukommt. Wieder verbindet Heine die musikalische Frage mit einer politisch-gesellschaftlichen:

> [A]uf den Wogen Rossinischer Musik schaukeln sich am behaglichsten die individuellen Freuden und Leiden des Menschen; [   ] alles ist hier das isolierte Gefühl eines Einzelnen. Charakteristisch ist daher in der Musik Rossinis das Vorwalten der Melodie, welche immer der unmittelbare Ausdruck eines isolierten Empfindens ist. Bei Meyerbeer hingegen finden wir die Oberherrschaft der Harmonie; in dem Strome der harmonischen Massen verklingen, ja ersäufen die Melodien, wie die besonderen Empfindungen des einzelnen Menschen untergehen in dem Gesamtgefühl eines ganzen Volkes, und in diese harmonischen Ströme stürzt sich gern

> unsre Seele, wenn sie von den Leiden und Freuden des ganzen Menschengeschlechts erfaßt wird und Partei ergreift für die großen Fragen der Gesellschaft. (B III, 335)

Anderthalb Jahrzehnte nach den »Briefen aus Berlin« gibt Heine der harmonisch-akkordisch organisierten Musik den Vorrang vor der liedhaften. An Meyerbeers Oper »Les Huguenots«, die den sich zum Pogrom der Bartholomäusnacht zuspitzenden Glaubenskampf zwischen Katholiken und Protestanten behandelt, lobt Heine nun vor allem die großen Chöre. So wenig spezifisch diese Kritik auch ist, so trifft Heine mit ihr doch den Kern der Operndramaturgie, arbeitet doch Meyerbeer die mit den beiden Glaubensparteien verknüpfte Motivik gerade in den Chören heraus. Heine behauptet nun, dass in den Chören die Konflikte der Gegenwart ausgetragen würden und folgt hierin den offensichtlichen Stilisierungen der Opernprotagonisten zu Parteien, in denen sich auch ohne viel Fantasie die der zeitgenössischen Restauration und eines moralistischen Jakobinismus erkennen ließen, sodass die Oper allerorten von der Zensur verfremdet, in Berlin sogar verboten wurde. Solche politischen Subtexte der Operndramaturgie spielen in Heines Urteil hinein, wenn er behauptet, dass in Einwirkung von Meyerbeers Musik »unsre Seele […] Partei ergreift für die großen Fragen der Gesellschaft«.

Dass Rossinis schwelgerische Melodien dagegen als Ausdruck des isolierten Gefühls eines Einzelnen erscheinen, ist nicht ein ihnen an sich anhaftendes Defizit, sondern wird erst in der Gegenüberstellung mit der harmonischen Musik Meyerbeers und der Politisierung der Melodie-Harmonie-Debatte als Mangel deutlich. Noch 1828 sieht die Beurteilung der Rossinischen Musik ganz anders aus. Seit Heines damaliger Italienreise ist zu beobachten, dass er das Volkstümliche nicht mehr in der deutschen, sondern in der italienischen Musik sucht.[5] Wie in der italienischen Melodie, die, wie es heißt, »ganz Rossinische Weise« ist, die Volksseele unmittelbar zum Ausdruck kommt, zeigt eine Passage aus der »Reise von München nach Genua«:

> Dem armen geknechteten Italien ist ja das Sprechen verboten, und es darf nur durch Musik die Gefühle seines Herzens kund geben. All sein Groll gegen fremde Herrschaft, seine Begeisterung für die Freiheit, sein Wahnsinn über das Gefühl der Ohnmacht, seine Wehmut bei der Erinnerung an vergangene Herrlichkeit, dabei sein leises Hoffen, sein Lauschen, sein Lechzen nach Hülfe, alles dieses verkappt sich in jene Melodieen […]. Das ist der esoterische Sinn der Opera Buffa. (B II, 353)

Ein knappes Jahrzehnt vor dem Vergleich mit Meyerbeer ist die Rossinische Melodie also nicht nur Ausdruck eines isolierten Privatgefühls, sondern das Musik gewordene Dokument politischer Unterdrückung, denn sie findet anstelle des unter der österreichischen Hegemonie verbotenen Sprechens statt. Diese Denkfigur ähnelt deutlich der in den »Briefen aus Berlin« vorgebrachten Interpretation des musikalischen Parteikampfs um Spontini und Weber. Um solche Zusammenhänge, um also den von Heine genannten »esoterischen Sinn« dieser Musik zu begreifen, bedarf es einer Kenntnis der historisch-politischen Situation eines Volks. So erklärt der Erzähler des Reiseberichts, dass man, um die heutige italienische Musik zu verstehen, das italienische Volk selbst vor Augen haben und seine Geschichte von Romulus bis zur neuesten Zeit kennen müsse.

Wer solche Voraussetzungen der Musikkritik nicht bloß als eine der Fiktion geschuldete Marotte ansieht, dem wird deutlich, dass er an Heines Musikkritiken weniger die Frage nach dem musikalischen Sachverstand ihres Autors als vielmehr die nach seiner analytischen Absicht stellen muss. Heine sucht in der Musik den Ausdruck gegenwärtiger Verhältnisse und befragt sie daher nach ihrer Aktualität. So erscheint ihm in der »Französischen Bühne« Rossinis Musik im Vergleich zu Meyerbeers Opern als

> angemessener für die Zeit der Restauration, wo, nach großen Kämpfen und Enttäuschungen, bei den blasierten Menschen der Sinn für ihre großen Gesamtinteressen in den Hintergrund zurückweichen mußte, und die Gefühle der Ichheit wieder in ihre legitimen Rechte eintreten konnten. (B III, 335)

Den musikalischen Ausdrucksformen kommt für Heine also ein Zeitindex zu, denn nur so kann er der Musik der Restaurationszeit ihre nun zwar verjährten, damals aber *legitimen* Rechte zuerkennen. Der Vergleich von Meyerbeer und Rossini erhält so eine Ebene zeitlicher Zuordnungen, auf der die Frage nach ihrer Aktualität angesichts herrschender politisch-gesellschaftlicher Zustände diskutiert wird. Für diese Diskussion ist die Melodie-Harmonie-Debatte in der Tat ein Indiz, denn sie verweist auf den zeitgenössischen Übergang von der italienischen Belcanto-Oper zur französischen Grand Opéra.

Wenn sich Musik oder künstlerische Ausdrucksformen überhaupt als eine Art Seismograph des historischen Zustands einer Kultur eignen, dann ist es die Aufgabe des Kritikers, aus den Kunstwerken die Zeichen der Gegenwart zu lesen. Deutlicher spricht Heine dies in seinem Bericht über die Gemäldeausstellung von 1843 aus:

> Ich quale mich vergebens, dieses Chaos im Geiste zu ordnen und den Gedanken der Zeit darin zu entdecken oder auch nur den verwandtschaftlichen Charakterzug, wodurch diese Gemälde sich als Produkte unsrer Gegenwart kundgeben. Alle Werke einer und derselben Periode haben nämlich einen solchen Charakterzug, das Malerzeichen des Zeitgeistes. (B V, 480)

Bei der Suche nach dem Gedanken der Zeit kommt dem Kritiker eine wichtige Rolle zu, denn die Male der Gegenwart drückt der Künstler ganz unbewusst aus. So heißt es etwa in einer Stelle der »Französischen Bühne«, dass die französischen Dichter, wenn sie geschichtliche Stoffe aus der Zeit des Mittelalters oder der letzten Bourbonen behandelten, oft »*ohne es zu wissen*« eine »modern-liberale Opposition gegen den alten König oder Ritter« einnehmen, den sie doch eigentlich feiern wollten (B III, 312, H. v. m.).

Wie an den Beispielen Spontini / Weber und Rossini / Meyerbeer deutlich wird, stellt Heine, um in seinen Musikkritiken zeitgenössische Tendenzen zu analysieren, zwei in diesen Tendenzen als Extrempole gedachte Musiker gegenüber. Für dieses methodische Vorgehen der Analyse in Konstellationen findet Heine in der zeitlich der »Französischen Bühne« nahestehenden »Romantischen Schule« (1836) ein astrologisches Bild. In diesem Bild begreift er die großen Fakta und großen Bücher als Resultate übergeordneter Ideen, die wie die Gestirne einen unerklärlichen Ein uss auf die geistigen Erzeugnisse der Menschen ausübten. Es sei also an der Zeit, so Heine, »eine literarische Astrologie zu schreiben und die Erscheinung gewisser Ideen, oder gewisser Bücher worin diese sich offenbaren, aus der Konstellation der Gestirne zu erklären« (B III, 466). Ein solches astrologisches Denkbild findet sich mit erstaunlicher Ähnlichkeit und ebenfalls als methodologische Re exion bei Walter Benjamin. In der »Erkenntniskritischen Vorrede« zum »Ursprung des deutschen Trauerspiels« postuliert Benjamin, dass sich die Phänomene der Erscheinungswelt nicht an sich, sondern nur als Teil einer Konstellation erschließen lassen. Wie Heine beschreibt er diesen Befund in einem astrologischen Bild: »Die Ideen verhalten sich zu den Dingen wie die Sternbilder zu den Sternen.«[6] Innerhalb der Konstellation, in der das einzelne Phänomen wie ein Licht im Sternbild aufgehoben ist, zeigten sich in den Extremen die die Zeit durchwirkenden Kräfte. Die von Benjamin geforderte Analyse der Extreme als den dialektischen Polen einer Entwicklung erinnert an Heines Konzept der Musikkritik in der Analyse antagonistischer Komponistenpaare und der mit ihnen assoziierten Phänomene.

Der Vergleich mit Benjamins astrologischem Denkbild verdeutlicht, dass Heines Methode der Musikkritik mit der Theodor W. Adornos verwandt ist.[7] Adorno stellt der Einleitung seiner »Philosophie der neuen Musik« (1949) einen Satz aus Benjamins »Erkenntniskritischer Vorrede« voran, der das astrologische Denkbild als methodologische Re exion zusammenfasst. Wie Heine stellt Adorno in der »Philosophie der neuen Musik« Komponisten als dialektische Extrempole einer Entwicklung einander gegenüber; könnte es bei Heine »Meyerbeer und der Fortschritt«, »Rossini und die Restauration« heißen, so sind die beiden Abschnitte in Adornos Abhandlung mit »Schönberg und der Fortschritt« und »Strawinsky und die Reaktion« betitelt. Wo Adorno in der Spur von Hegel den Begriff des musikalischen Materials als Summe der kompositorischen Mittel bestimmt, in denen »Male des geschichtlichen Prozesses« erkennbar werden, welche anstatt freier Willkür des Komponisten »historische[r] Notwendigkeit«[8] unterliegen, da erkennt Heine die historischen »Bedingnisse« von Kunst, die wie »die Kunst des Zeichnens und die Farbenlehre, oder gar Palett und Pinsel nicht die Malerei sind, sondern nur notwendige Mittel« (B III,

333) ..Mittel, durch die sich wie unterm Ein uss der Gestirne das Malerzeichen der Zeit in den Kunstwerken ausdrückt. Und Heines mit seinem Gegensatzpaar Rossini ..Meyerbeer verbundene Differenzierung von Melodie und Harmonie, die er durchaus im Sinne einer Philosophie der Musik vornimmt, korrespondiert mit Adornos philosophischer Scheidung der ihrem Wesen nach zur Polyphonie tendierenden schönbergschen Zwölftontechnik und dem in harmonischen Blöcken organisierten Kompositionsprinzip des Neoklassizismus. Die Verhältnisse scheinen nach einem Jahrhundert verkehrt: Korrespondiert das harmonische Prinzip nun mit der Tilgung des Subjekts in einem Kollektiv, in dem jenes nicht auf- sondern untergeht, so steht das Prinzip der Polyphonie ..das jedoch selbst eher mit Meyerbeers Montage der Chöre als mit Rossinis melodischen Kompositionen vergleichbar wäre ... für eine »ideale Kollektivität«.[9]

Wie Adorno ist auch Heine ein ätzender Kritiker der Kulturbetriebs. So finden sich in den Artikeln der »Lutetia« immer wieder polemische Glossen gegen die im Paris der 40er Jahre aufblühende Musikindustrie. Auch hier betrachtet Heine nicht die Phänomene isoliert, sondern stets in Konstellationen. So assoziiert er die mechanische Fingerfertigkeit des grassierenden Virtuosentums mit der maschinellen Beschleunigung des Transportwesens und der Arbeitsprozesse; die allgemeine Bewunderung für die Triumphe großer Ingenieursleistungen korrespondiert nach Heines Analyse mit der Bewunderung für die so virtuose wie stumpfsinnige Überwindung technischer Schwierigkeiten am Musikinstrument.[10] Das Virtuosentum unterhält für Heine zudem Beziehungen zum marktschreierischen Starkult um den Musiker, und so wird ihm auch Liszt verdächtig, als der die nicht nur im verhassten Preußen grassierende Lisztomanie genießt. Heine fragt nach dem Grund für den immensen Jubel um Liszt und konstatiert: »Die Lösung der Frage gehört vielleicht eher in die Pathologie als in die Ästhetik.« Zur Analyse der Wirkung des Phänomens Liszt zieht er einen »Arzt [hinzu], dessen Spezialität weibliche Krankheiten sind« (B V, 533), und deckt damit die erotisierende Wirkung des Musikers im bürgerlichen Starkult auf, welche durchaus im Kalkül der Virtuosen liegt.

Mit der Analyse solcher Veränderungen in den sozialen Bedingungen von Musik revidiert Heine zuweilen das Urteil über einzelne Musiker. Ein Beispiel ist, wie gezeigt, Rossini, ein anderes Liszt, der zunächst bewundert, zuletzt mit hämischer Polemik bedacht wird. Eine Revision seines Urteils über Meyerbeer lässt sich in den Änderungen aufzeigen, die Heine in den Artikeln der »Lutetia« für die Buchfassung von 1854 vornimmt. Spricht Heine der Musik Meyerbeers 1841 noch die Kraft einer die Nationen verbindenden »Universalsprache« zu (B V, 1010), so findet sich in der Buchfassung statt dieses Lobs eine beißende Kritik an Meyerbeer, der »nicht bloß Generalmusikdirektor aller Königl. Preuß. Musikanstalten, sondern auch der Kapellenmeister des Meyerbeerschen Ruhmes ist« (B V, 363). Meyerbeers Kunst der

Instrumentation, heißt es nun, bestehe vor allem im zweifelhaften Gebrauch der Presse, der Politik und der bezahlten Claque. In diese Kritik geht die Analyse der sich formierenden Werbeindustrie ein, zu der auch die organisierte Korruption der Presse gehört, wie Heine sie im Artikel vom 26. März 1843 am Beispiel des gekauften Erfolgs des Komponisten Dessauer bloßlegt.

Neben der Etablierung der Kulturindustrie macht Heine in den 40er Jahren als eine weitere Entwicklung die an der deutschen Musik beobachtete Tendenz zur Vergeistigung aus. Er setzt sie in Konstellation zur deutschen Philosophie und richtet seine Analyse an der Dichotomie von Sensualismus und Spiritualismus aus. Diese Dichotomie, die die Extreme der neuen Konstellation benennt, hat Heine in der Abhandlung »Zur Geschichte der Religion und Philosophie in Deutschland« als kultur- bzw. religionshistorisches Begriffspaar eingeführt. Dort bezeichnen sie die als Grundmerkmale der hellenisch-griechischen und der mosaisch-christlichen Kulturreligion vorgestellte Verherrlichung des zum einen rein Materiellen, zum anderen rein Geistigen. Geschichtsphilosophisch stellt Heine die ideelle Entwicklung der europäischen Kultur als eine Bewegung zwischen den beiden Extrempolen dar. In der zeitgleich verfassten »Romantischen Schule« überträgt Heine dieses Konzept explizit auf die Literatur der deutschen Romantik, und in der »Lutetia« bezeichnet er nun die deutsch-romantische Musik mit ihrem Hang zur Vergeistigung, zur Konzentration auf Form und Architektonik zumal in der Instrumentalkomposition als »spiritualistische Zeitkrankheit«.[11] In der Spur von Hegels Ästhetik begreift er sie in ihrer Hinwendung zum Abstrakten als einen Endpunkt in der Dialektik von Geist und Materie:

> Mit der Ausbildung des Bewußtseinslebens schwindet bei den Menschen alle plastische Begabnis, am Ende erlischt sogar der Farbensinn, der doch immer an bestimmte Zeichnung gebunden ist, und die gesteigerte Spiritualität, das abstrakte Gedankentum, greift nach Klängen und Tönen, um eine lallende Überschwenglichkeit auszudrücken, die vielleicht nichts anderes ist, als die Au ösung der ganzen materiellen Welt: die Musik ist vielleicht das letzte Wort der Kunst, wie der Tod das letzte Wort des Lebens. (B V, 357)

Als »letztes Wort« steht Musik auf der historischen Schwelle zu einem negativen Endpunkt der Kunst wie auf der Schwelle zwischen Leben und Tod. Sie markiert demnach den Ort des Übergangs, den Heine an Beethovens Spätwerk exemplifiziert; für den tauben Komponisten, berichtet er, bestünden seine letzten Werke am Rande des Todes nur noch aus »Erinnerungen eines Tones, Gespenster verschollener Klänge, und seine letzten Produktionen tragen an der Stirne ein unheimliches Totenmal« (B V, 358). Findet sich in »Über die Französische Bühne« noch die Auffassung, dass die Musik »zwischen Gedanken und Erscheinung« und als »dämmernde Vermittlerin [   ] zwischen Geist und Materie« (B III, 332 f.) steht, so erkennt Heine in der »Lutetia« in der Musik die Tendenz zum rein Spiritualistischen, zur »Au ösung der ganzen materiellen Welt«.

Im Novellenfragment »Florentinische Nächte« (1837) arbeitet Heine in literarischer Form mit dem Thema der Vermittlung von Geist und Materie. Der Erzähler Maximilian verhandelt dieses Thema in episodischen Erzählungen, deren Auslöser eine Assoziation am Krankenbett seiner Zuhörerin Maria ist; diese Assoziation ruft ihm ein Kindheitserlebnis in Erinnerung, bei dem er sich eines Nachts wie im Traum in den Marmortorso einer im Gras liegenden Statue verliebt und sie geküsst hat. In der Beschreibung dieses Vorgangs wird immer der Kontakt zu einer zwischen den Extremen arbeitenden poetologischen Konstellation gewahrt: Die Szene spielt sich ab zwischen Kunst und Natur, Erinnern und Vergessen, Wachen und Traum, Leben und Tod. In Folge dieser Urszene einer seltsamen Liebe zu einer Kunstgestalt stellt Maximilian in den Episoden seiner Erzählung andere Liebschaften vor, die allesamt ebenfalls auf der Schwelle zwischen Kunst und Leben oder Geist und Materie stehen. Da entbrennt er für die Figur der »Nacht« des Michelangelo, für ein Madonnenbild, für die tote, als Erinnerung geisternde Very und für ein ganz abstraktes Wesen, das er nur im Schlaf geträumt hat. In der Folge von Plastik, Madonnengemälde, Erinnerungsbild und gesichtslosem Traumwesen scheint sich eine ironische Variante von Hegels Hierarchisierung der Künste nach dem Grad ihrer Vergeistigung auszusprechen. Maximilians Geliebte verlieren Schritt für Schritt jede Materialität.

Nach den Erzählungen von diesen Geliebten berichtet Maximilian von einem Opernbesuch, bei dem er ganz im Sinne des Musikkritikers Heine die Reaktionen des Publikums beobachtet hat. Dem Flaneur mit dem musikalischen zweiten Gesicht zeigt sich das esoterische Wissen um geschichtliche Erfahrungen an den beobachteten Wirkungen der Musik; denn es

> gibt sich uns auch das ganze Leben der schönen Italienerinnen kund, wenn wir sie in der Oper sehen; die wechselnden Melodien wecken alsdann in ihrer Seele eine Reihe von Gefühlen, Erinnerungen, Wünschen und Ärgernissen, die sich alle augenblicklich in den Bewegungen ihrer Züge, in ihrem Erröten, in ihrem Erbleichen, und gar in ihren Augen aussprechen. Wer zu lesen versteht, kann alsdann auf ihren schönen Gesichtern sehr viel süße und interessante Dinge lesen, Geschichten die so merkwürdig wie die Novellen des Boccaccio, Gefühle die so zart wie die Sonette des Petrarcha, Launen die so abenteuerlich wie die Ottaverime des Ariosto, manchmal auch furchtbare Verräterei und erhabene Bosheit, die so poetisch wie die Hölle des großen Dante. (B I, 569)

Das Lesen der Wirkung der Musik auf den Gesichtern der schönen Italienerinnen, so Maximilian, offenbare ihm den ihnen »innewohnenden Geist«. Ihr Geistiges ist vorgeprägt von den in der Literatur- bzw. Kulturgeschichte sublimierten Erregungen. Im Rahmen der poetologischen Konstellation der Novelle tritt hier nach der

Reihe der sich entmaterialisierenden Geliebten eine Wendung zu einer durch die Wirkung der Musik wiedererlangten Körperlichkeit des Geistigen ein. Wie in der weiter oben zitierten Bemerkung aus der »Französischen Bühne« tritt auch hier die Musik also als eine Vermittlerin zwischen Geist und Materie auf.

Ihrem Ort des Übergangs entsprechend, bleibt die Musik auch für den Rest des mit »Erste Nacht« betitelten Abschnitts Thema. Nachdem Maximilian von Rossini und Bellini berichtet hat, gibt er nun eine Beschreibung eines Paganini-Konzerts. Entgegen seiner vorhergehenden Rolle des Beobachters in der Oper schildert er nun ausführlich die Wirkung, die Paganinis Musik *auf ihn selbst* ausübt. Dabei handelt es sich um Bildvisionen, denn Maximilian hat die »Begabnis, bei jedem Tone, den ich erklingen höre, auch die adäquate Klangfigur zu sehen« (B I, 578). Der Prozess ist also eine Steigerung des Vorgangs in der Oper; liest Maximilian dort von den Gesichtern der schönen Italienerinnen ihr durch die Musik sichtbar werdendes Geistiges, so transformiert sich jetzt die Musik selbst in eine Art höhere Materialität. Maximilian setzt in seinen Visionen Elemente der sich um Paganini rankenden, ihn zum Teufelsgeiger dämonisierenden Legenden ins Bild. Die schauerromantische Bilderut mündet schließlich in eine rein abstrakte, platonische Sphärenharmonie, und diese besteht, wie Maximilian berichtet, aus »Klänge[n], die nie das Ohr hört, sondern nur das Herz träumen kann, wenn es des Nachts am Herzen der Geliebten ruht« (B I, 584). Damit wird die rein geistige Materialität der Klangfiguren wieder zurückgebunden an die Sinnlichkeit der körperlichen Nähe einer Geliebten.

Laurence, die erzählchronologisch letzte in der Reihe von Maximilians Geliebten, ist denn auch die einzige, mit der er tatsächlich ins Bett geht. Gerade als Tänzerin steht ihr Körperliches im Mittelpunkt von Maximilians Interesse. Zugleich aber drückt sich in ihrem seltsamen Tanz wie in einer Chiffrensprache etwas Gespenstisch-Geistiges aus. Maximilian ergründet, dass Laurence von ihrer hochschwanger und nur scheintot begrabenen Mutter im Sarg entbunden wurde. Die Tanzbewegungen Laurences, vor allem das Neigen des Ohrs zum Boden, entpuppen sich als die traumatische Wiederkehr des Lauschens am Grab, aus dem sie als Kind die Stimme ihrer Mutter zu hören glaubte .. eine allerdings von einem Bauchredner simulierte Stimme. Im getanzten Rätsel drückt sich also die erinnerte, vielleicht nur eingebildete Stimme einer Toten aus, und es ließe sich fragen, ob sich Maximilian bei seinen seltsamen Vorlieben nicht eher von diesem Gespenst eines Gespensts als von Laurence angezogen fühlt.

Nimmt also im poetologischen Konzept der »Florentinischen Nächte« die Musik den Ort des Übergangs zwischen Geist und Materie und zwischen Leben und Tod ein, so sind dies die gleichen Pole einer Konstellation, in der Heine in den späteren »Lutetia«-Artikeln die Tendenz der deutschen Musik ortet. Dort markiert sie einen Endpunkt in der gegenwärtigen Entwicklung der Künste. Im Gesamtgefüge der Korrespondenzartikel nimmt die Musik aber zunächst einmal den Ort eines Gegenwartsphänomens unter vielen ein. Sie wird nicht für sich, sondern in Abhängigkeit und Wechselwirkung mit dem Publikum gesehen. Die Methode zur Analyse ihrer Tendenzen ist die bereits in den »Briefen aus Berlin« formulierte Ideenassoziation, die zu immer komplexeren Konstellationen von Musikern und Phänomenen der Zeit führt. Dieses Verfahren lässt sich in der methodologischen Vorgeschichte zu Adornos »Philosophie der neuen Musik« orten.

Anmerkungen

1 Heine nennt die Oper »Olympia« und folgt darin der Änderung des Titels, die E. T. A. Hoffmann in seiner Übersetzung des Librettos vorgenommen hatte. Diese Übersetzung ist nachzulesen in: E. T. A. Hoffmann: Schriften zur Musik. Singspiele (Gesammelte Werke in Einzelausgaben, Bd. IX). Berlin, Weimar 1988, S. 523.557.

2 E. T. A. Hoffmann: Gruß an Spontini, ebd., S. 349 f.

3 Zitiert nach: Kommentar zu Gruß an Spontini, ebd., S. 727.

4 Dort heißt es: »Wahrlich, man kann jene Komponisten nicht genug ehren, welche uns Liedermelodien geben, die von der Art sind, daß sie sich Eingang bei dem Volke verschaffen, und echte Lebenslust und wahren Frohsinn verbreiten.« (B I, 429). Heine fordert hier vor allem »Reines, Schlichtes, [ ] Natürliches« von den Komponisten.

5 Zu diesem Ergebnis kommt auch Michael Mann im Vorwort zu seiner Sammlung von Heines Musik- und Kunstrezensionen: »Wahre Volkstümlichkeit findet Heine vor 1828 in der deutsch-romantischen Oper (,Briefe aus Berlin') und im schlichten deutschen Lied, nach 1828 zunächst in der italienischen Musik.« (Heinrich Heine. Zeitungsberichte über Musik und Malerei. Hrsg. v. Michael Mann. Frankfurt a. M. 1964, S. 15.

6 Walter Benjamin: Ursprung des deutschen Trauerspiels. In: Ders.: Gesammelte Schriften, Bd. I.1. ..Hrsg. v. Rolf Tiedemann und Hermann Schweppenhäuser, Frankfurt a. M. 1991, S. 203... 430, hier S. 214.

7 Auch Corina Caduff weist auf diese Verwandtschaft hin: »Wie später Adorno favorisiert auch Heine die Formierung von antipodischen Komponisten-Paaren, anhand derer er kontrastierende (Musik)Typen sichtbar zu machen sucht [ ].« (Corina Caduff: Die Literarisierung von Musik und bildender Kunst um 1800. München 2003, S. 330, Anm. 49.).

8 Theodor W. Adorno: Philosophie der neuen Musik. Gesammelte Schriften. Hrsg. v. Rolf Tiedemann. Bd. XII. Frankfurt a. M. 1997, S. 38. ..Adornos auch polemischer Materialbegriff erlangte einige Popularität und beein usste durch seine äußerst problematische Rezeption z. B. die Entwicklung der seriellen Musik der 50er Jahre, welche bei Adorno selbst auf Ablehnung stieß.

9 Ebd., S. 26. Dort heißt es auch: »Polyphone Musik sagt wir , selbst wo sie einzig in der Vorstellung des Komponisten lebt und keinen Lebenden sonst erreicht.«

10 Vgl. hierzu z. B. den Entwurf der Journalfassung des »Lutetia«-Artikels vom 20. März 1843, B V, 997. ..Michael Mann verkennt die enge Verknüpfung von Heines Beobachtung der Technisierung des Alltags und seiner Virtuosenkritik, die zu einer Kulturanalyse tendiert. So sucht er den Grund für die scharfe Kritik in persönlichen Motiven: »Die darin [in Heines Musikerlebnis] zu verzeichnenden Wandlungen sind mit Heines notorischer und stets zunehmender Klangempfindlich-

keit in Verbindung zu bringen. Aus ihr erklärt sich gewiß z. T. Heines wachsende Abneigung gegen den lauten Konzertbetrieb, und aus dieser wiederum z. T. die merkwürdige Entwicklung seines philosophischen Begriffs der Musik.« (Heinrich Heine. Zeitungsberichte über Musik und Malerei, a. a. O. (Anm. 5, S. 12.).

[11] Hier bezogen auf Franz Liszt; die Stelle findet sich in der Journalfassung der »Musikalischen Saison« von 1844 und ist zitiert nach: Rainer Kleinertz: »Wie sehr ich auch Liszt liebe, so wirkt doch seine Musik nicht angenehm auf mein Gemüt.« Freundschaft und Entfremdung zwischen Heine und Liszt. In: HJb 37 (1998), S. 107-139, hier S. 122.

Die kulinarische Metaphorik im Gesamtwerk Heinrich Heines

Von Cordula Hupfer, Düsseldorf

1.

Auch wenn es den Verehrern idealistischer Dichtung nicht schmecken mag …mit Heinrich Heine lässt es sich gut leben. Liebte er doch den Hellenismus vor allem wegen der darin sich manifestierenden Lust am Leben und Genießen. Und wer sich in Zeiten, in denen kritische Beobachter die »esskulturelle Wüste Deutschland«[1] beseufzen, noch Geschmack bewahrt hat, dem läuft bis heute das Wasser im Munde zusammen bei der Lektüre so mancher Speise- und Zechpassage im Werk Heines.

Man kann ihm allerhand nachsagen, doch nicht, dass er der Völlerei verfallen oder zum Trinker geworden sei, oder die humanitäre Frage des Hungers und seiner Beseitigung ignoriert hätte. Jedenfalls hat Heine alles literarisiert …Krebse, Austern und Bücking, altgermanische und französische Küche, »schwärmerisch schwimmende[n] Klößchen« (B I, 499) und »Schweinskopf, wie gewöhnlich sauersüß lächelnd mit einer Zitronenscheibe im Maul« (B II, 296), roten Bordeaux und Johannisberger vom Rhein …und das meiste auch genossen. Nur die deutsche Gans nicht, denn »Sie hat vielleicht mich einst geliebt, / Als wir beide noch jung gewesen«.

Die Verehrer idealistischer Literatur kommen bei soviel beredten Gaumenfreuden durchaus nicht zu kurz, sie müssen sich allerdings auf überraschende Wendungen gefasst machen. Wie bei besagter deutscher Gans, von der es in Heine-typischer Überführung eines pietistischen Leitmotivs ins Kulinarische und zurück heißt: »Sie blickte mich an so bedeutungsvoll, / So innig, so treu, so wehe! / Besaß eine schöne Seele gewiß, / Doch war das Fleisch sehr zähe« (B IV, 599).

2.

Heinrich Heine hat eine sinnliche Literatur geschrieben, bestimmt von der europäischen Kultur, wozu seiner Überzeugung nach die Kultur des Essens und Trinkens zählt. Markant im Hinblick auf diese in allen Schreibphasen und allen großen Werkthemen präsenten Szenen ist nicht schon die Bildlichkeit an sich …von einer

Bildoriginalität Heines kann, verfolgt man die Spuren der Ess- und Trinkmotivik von der Antike bis in die Lebens- und Schaffenszeit des Dichters, nicht gesprochen werden . .„.sondern ihre Weiterentwicklung zu einer zwischen Wörtlichem und Übertragenem changierenden, gesellschaftskritischen, besonders auch politischen Metaphorik. Essen und Trinken bei Heine sind erstens stilistische Mittel und zweitens nicht ausschließlich stilistische Mittel: Der Leser kann und sollte sie beim Wort nehmen, um so Heines Intention gemäß seinen Geschmackshorizont um jenes zu erweitern, das es an Essbarem noch zu entdecken gilt.

Essen und Trinken sind bei Heine also weit mehr als unverbindliche Plauderei, Dekoration, Amüsement oder gelegentliche Quelle für Bonmots, wie es humorig grundierte Anmerkungen in Vorträgen und Aufsätzen zuweilen nahe legen. Wann immer der Dichter auftischt, wird Fragwürdiges verhandelt. Wenn Gerichte Erwähnung finden, geht er zugleich mit etwas ins Gericht. Essen und Trinken sind zentrale Komponenten seiner artistischen, assoziativen Schreibweise.

Heine hat sich nicht damit begnügt, kulinarische Reise-Impressionen bloß zu dokumentieren, wie es viele seiner Zeitgenossen im Fahrwasser des Hochkonjunktur-Phänomens »Reiseliteratur« taten. Auch das blühende gastronomische Leben seines prägenden Pariser Exils, an dessen Schlemmertafeln Frankreichs Bürgertum den Adel längst abgelöst hatte, beschäftigt nur den Genießer Heine affirmativ; der Dichter setzt sich vom damals in Deutschland, besonders aber in Frankreich orierenden Genre der Feinschmeckerliteratur ab, deren Verfasser . . professionelle Gastronomiekritiker, Köche, private Feinschmecker . . sich als Theoretiker mit gastronomischen Details befassen. Während beispielsweise Honoré de Balzac, ein Kollege, Freund, Tischgenosse und Gastgeber Heines, über seine Romane hinaus auch eine Sammlung gastronomischer Texte veröffentlicht, konzentriert sich Heines Schreiben auf die im Alltagsphänomenen Essen und Trinken gelegenen poetischen Möglichkeiten.

Es gilt, Heines spezifische Handhabung der zeitgenössischen »Rede über das Essen« ins Visier zu nehmen: die Weiterentwicklung der in der Literatur seit jeher verwendeten Bildlichkeit des Essens und Trinkens zu einer differenzierten Metaphorik, die wie kaum ein anderer Metapherntypus zusammen zu bringen vermag, was gemeinhin als klarer Gegensatz gewertet wird, oder, um es mit Heines vielfach genutzten, aber nicht abgenutzten Worten zu sagen: deren Besonderheit es ist, den »uralten, ewigen Kon ikt zwischen dem Geist und der Materie« versöhnen zu können.

Neben der Literarisierung der zeitgenössischen Mahlzeitenkultur, der darin enthaltenen Würdigung und Aufwertung konkreter Alltagsrealitäten sowie des Interesses an der menschlichen Körperlichkeit, womit der Dichter sich klar von der idealistischen Diätetik absetzt, ist Heine auch über die Literatur hinaus als . . freilich literarischer ..Promoter des guten Essens herauszustellen. Es gibt gegenwärtig einen neuerlichen Trend des Schreibens über das Essen, in Form unendlich diversifizierter Kochbücher, die keine Zielgruppe vernachlässigen, aber auch in Form kritischer Auseinandersetzungen mit dem gegenwärtigen Stand der Esskultur, die den Leser wieder dafür sensibilisieren wollen, in welchem Maße »ein selbst gemachter Braten, ein Fisch, eine Suppe aus ordentlichen Zutaten, ein Stück ofenwarmes Brot« Glück schenken können, auch wenn »schwer zu sagen ist, woher genau dieses Glück kommt«;[2] die eine Bresche schlagen wollen für das feine und gute Essen, für die Verwandlung der großen, von der Industrie auf konfektioniertes Futter geeichten Fressklasse zu »bewussten, sinnenfrohen Essern«.

Dieser dergestalt beschworenen Kultur des Geschmacks, für die Heine wie kaum ein zweiter deutscher Autor steht ..womit er folglich bis in die Gegenwart aktuell geblieben wäre ..entspricht bei Heine eine Hochschätzung der gesamten menschlichen Sinnenwelt. Dem Dichter, dessen erklärte Absicht es war, die Literatur mit politischer Wirkung auszustatten, ist allerdings auch die sozialpolitische Relevanz des Essens bewusst. Die kahlen Tatsachen von Armut und Not, die Spaltung der Gesellschaft in Hungerleider und Satte, hat er immer wieder aufgegriffen. Es sind exakt jene Punkte in seinem Werk, an denen die Würdigung des guten Essens, das sich nicht an den Zwängen der Notwendigkeit, sondern an den Möglichkeiten des Geschmacks orientiert, umschlägt in kritisches Hinterfragen, wie im Gedicht »Anno 1829«:

> Sie essen gut, sie trinken gut,
> Erfreun sich ihres Maulwurfsglücks,
> Und ihre Großmut ist so groß
> Als wie das Loch der Armenbüchs. (B IV, 378)

Rechnen muss der Leser mit den kulinarischen Bildern des kritischen Essers Heinrich Heine in allen Werkphasen. Bereits in der frühesten Lyrik avanciert das Essen zum kalkulierten, für den Leser überraschenden Stimmungsbruch:

> Ich wollte, meine Lieder
> Das wären Blümelein:
> Ich schickte sie zu riechen
> Der Herzallerliebsten mein.
>
> Ich wollte, meine Lieder
> Das wären Küsse fein:
> Ich schickt sie heimlich alle
> Nach Liebchens Wängelein.

Ich wollte, meine Lieder
Das wären Erbsen klein:
Ich kocht eine Erbsensuppe,
Die sollte köstlich sein. (B I, 232 f.)

Ist dies nicht bereits die Stimme des Romantikkritikers Heine, dem die dünn-poetischen »Blümelein« und »Küsse fein« fadenscheinig und fragwürdig geworden sind, der stattdessen nach Handfestem verlangt? Dahinter steht der romantische und doch schon nicht mehr nur romantische Dichter Heine, der den ironischen Bruch einsetzt, um fade gewordene romantische Klischees wie »Blümelein« und »Küsse fein« zu konterkarieren, zu erden.

Am Ende der Lebens- und Schaffenszeit Heines steht der folgende Vers, der die platonischen »Gesundheitsliebe« des kranken Dichters zu seiner letzten Liebe, der Mouche, in kulinarische Bilder umsetzt:

Worte! Worte! keine Taten!
Niemals Fleisch, geliebte Puppe,
Immer Geist und keinen Braten,
Keine Knödel in der Suppe! (B VI/1, 343)

Dazwischen begegnet der Leser dem Düsseldorfer Knaben, dem die Reiterstatue des Kurfürsten Johann Wilhelm auf dem heimischen Marktplatz ein denkwürdiges Rätsel aufgibt:

> [ ] und nun stand ich stundenlang vor dem Reuterbilde, und zerbrach mir den Kopf: wie viel silberne Löffel wohl darin stecken mögen, und wie viel Apfeltörtchen man wohl für all das Silber bekommen könnte? (B II, 261 f.)

Ist dieser Umsetzungsversuch des Nicht-Essbaren, Repräsentativen ins Ess- und Genießbare nicht schon ein sozial brisantes Unterfangen, mithin ein Hinweis auf die soziale Wurzel der heineschen Essmetaphorik? Schließlich waren Apfeltörtchen damals seine Passion, »jetzt ist es Liebe, Wahrheit, Freiheit und Krebssuppe«, betont der Erzähler, und hält damit Sinnliches und Idealisches paritätisch in der Waage, zeigt damit zugleich an, wofür eine Politik nach seinem Geschmack zu sorgen hätte.

3.

Die literaturwissenschaftliche Forschung hat sich lange Zeit kaum mit dem Thema des Essens in der Literatur beschäftigt. Jahrzehnte lang erschien ihr eine Auseinandersetzung mit einem derart alltäglichen, niederen, körperbezogenen, mithin banalen Gegenstand als wenig einträgliche Beschäftigung.[3] Die Dominanz eines idealistischen Literaturbegriffs hat eine Auseinandersetzung mit der Thematisierung konkreter Alltagsrealitäten in literarischen Texten über lange Strecken verhindert. Und dies selbst dort, wo eine solche Akzentuierung von den Schriftstellern explizit intendiert ist.

Und so ist es nicht verwunderlich, dass eine der wenigen Untersuchungen, die sich explizit dem Essen bei Heine widmet ..Terence James Reeds Betrachtung über »Heines Appetit« von 1983 ..mit der viel sagenden Eröffnung »Das Thema mag befremden« sogleich zur unbehaglich anmutenden Kernfrage überleitet: »Welche Bedeutung ließe sich einem so trivialen menschlichen Attribute [dem Appetit] abgewinnen [ ]?« Tatsache aber bleibe, »daß Heine als dichterisches Ich und als empirische Person nicht nur seinen Gefühlen, sondern auch seinem Appetit überaus oft Ausdruck gibt.«[4]

Heine unter dem Gesichtspunkt seines Appetits lesen, heißt folglich, den eingangs formulierten Zweifel gründlich widerlegt finden. Zwar deutet Reed manche Speiseszene noch getreu der konventionellen Zweiteilung »hohe geistige Werte .. niedere Bedürfnisse« als »kurze Windstille zwischen zwei satirischen Böen«[5], als »Hervorkehren der irdisch-allzuirdischen Seite von Heines literarischer Persönlichkeit um des komischen Effekts willen«[6], als Schwanken und Rückfälligwerden, nachdem er sich zuvor zu höheren Dingen bekannt hat; zugleich liest er sie jedoch auch tiefgründiger als Plädoyer für »praktische Lebenswerte, für eine unpathetische, illusionslose Lebensanschauung«[7], wie auch, nicht zuletzt, als »Ausdruck eines tiefen Unbehagens an der Diskrepanz von poetischen und gesellschaftlichen Werten in einer komplexen Übergangszeit«[8].

Reeds Aufforderung, »Heines Komik ernst zu nehmen«, lässt ihn dann auch die »zentrale Funktion der Heineschen Nahrungsbilder, nämlich die politische«[9], ins Visier nehmen und von »großen Ideen« sprechen, die in »einfachen Nahrungsbildern« gemeint waren, deren wiederum großer Vorteil in ihrer Konkretheit liege. Seine abschließende Diagnose vom »skeptischen Realismus« Heines, der sich in seinen Nahrungsbildern spiegelt, verdient Zustimmung; über das Essen als literarisches Mittel, die stilistische Seite der Mahlzeitenbeschreibungen, ihre Besonderheit im Vergleich mit anderen Motiven ist hier indes wenig zu erfahren.

In dieser Hinsicht viele Fragen offen lässt auch die einzige größere Arbeit über »Das Motiv des Essen und seine Bedeutung für das Werk Heinrich Heines« von Bernd Wetzel aus dem Jahr 1972, die das Essen bei Heine schwerpunktmäßig vor dem Hintergrund der gastrosophischen Literatur seiner Zeit betrachtet. Wetzel setzt sich dabei entschieden von Georg Brandes Einschätzung[10] ab, der den Essensbezug bei Heine parallel zu Aristophanes als eine »gewisse Art von Komik« betrachtet, welche »die Lachlust des am wenigsten entwickelten Publikums« reizen sollte. Er favorisiert stattdessen die Einschätzung Werner Vortriedes[11], der Heine als Schöpfer des

Essliedes, als Eroberer eines bis dato für die Dichtung verschlossenen Bereichs einordnet. Und er würdigt auch den irdischen Charakter der Essensbilder, der den anderen für Heine typischen Bildern fehle.

Wetzels Arbeit erweist sich indes über lange Strecken als Inventarisierung von Essszenen bei Heine, ohne dass ihre stilistischen Eigenheiten und ihre Funktion im Kontext genauer betrachtet würden. Er bescheinigt Heine zwar, die Essensbezüge im Vergleich mit den Gastrosophen wie mit den Dichtern seiner Zeit »mit größerer Raffinesse« konstruiert und »die Beziehung zwischen der Speise und dem betreffenden Gegenstand immer mehr vertieft«[12] zu haben; er spricht zwar von einer »speziell die poetische Gestaltung betreffenden Funktion« des Essens, unterschätzt aber gerade diese oftmals, wenn er beispielsweise den plötzlichen thematischen Umschwung von der Glaubenslehre auf die Beschreibung eines Mittagessens in der »Harzreise« lediglich als »Essensplauderei« deutet, die den »ernsten Ton« unterhaltsam au ockern soll. Oder, wie es an anderer Stelle heißt: »Leckerkeit und Banalität aber machen das Essen zum idealen Requisit für die Nachahmung ober ächlichen, unverbindlichen Geplauders«.[13]

Wetzel verkennt eine entscheidende Grunddisposition Heines, wenn er schlussfolgert: »Es ist also eine schwache Seite der menschlichen Existenz, die die Bedeutung von Heines Essthematik bedingt«.[14] Auch sein Verweis auf den »Signaturcharakter des Essenmotivs«, auf das Motiv, das »zum Zeichen wird«, erweist sich letztlich auch als Verweis auf eine wissenschaftstypische Sichtweise, die den speziellen Charakter der heineschen Essensbilder verkennt, indem sie ihn zu abstrahieren sucht.

Es ist ein spezielles Merkmal vieler literaturwissenschaftlicher Beiträge zur Mahlzeitenforschung, dass sie das Essen letztlich doch noch als etwas Niedriges, die banale Komödie von der hohen Tragödie Abgrenzendes betrachten. Heine rechnete wohl noch für eine Reihe komischer Effekte auf eben dieses Faktum, zugleich hat er die Sichtweise umgekehrt: Bei ihm, dem »Makkaroni und Geistesspeise« etwas galten, dessen dichterisches Ich von außergewöhnlicher Leibhaftigkeit gekennzeichnet ist, der zu jenen Autoren gehört, die nicht hinter ihrem Werk ins Nichts versanken, ist das Essen niemals banal. Auch dann nicht, wenn er darüber Negatives zum Ausdruck bringt. Es gibt bei ihm gutes und schlechtes Essen, gutes und schlechtes Essverhalten, aber keine Banalisierung von Essbedürfnissen.

4.

Vor allem bei der Behandlung begrifflich abstrakter Problemstellungen greift Heine immer wieder auf Kulinarisches zurück. Der Regress auf eine konkrete, allgemein verbindliche und jedermann einprägsame Bildlichkeit verschafft dem Dichter neue

Möglichkeiten der Vermittlung. Heine knüpft an die Realitäten der Zeit an, es sind eigene Beobachtungen und Erfahrungen, aus denen er poetische Bilder schlägt. So hat er stets die kulinarischen Vorzüge seines Pariser Exils gepriesen, wobei dem antispiritualistischen Lobpreis der französischen Küche immer schon die Deutschlandkritik implizit ist. Im Gegensatz zu Frankreich ging es damals an Deutschlands Tafeln monoton und defizitär zu. Einfache Kartoffelmahlzeiten dominierten, Heine sprach spöttisch vom »deutschen Kartoffelland«[15].

Im Vergleich mit anderen Metapherntypen zeichnet sich die Ess- und Trinkmetaphorik mit ihrem hohen affektiven Gehalt dadurch aus, dass sie zugleich wörtliche als auch übertragene Wirkung entfaltet, das heißt zugleich nicht-metaphorische und metaphorische Wertigkeit hat. Wer über Geist und Gaumen verfügt, wird von diesem Metapherntypus stets auf beiden Ebenen vitalisiert. Linguistische Metaphernmodelle, die eine metaphorische Äußerung darüber definieren, dass ihr wörtliches Verständnis in der gegebenen Situation keinen Sinn ergibt, erweisen sich folglich als zu schematisch für die nähere Bestimmung der Essmetaphorik. Von einer totalen Metaphorik kann hier keine Rede sein. Da die reale Ebene .. das Essen als elementarer, Geschmack aktivierender, vielfältige Assoziationen weckender Bestandteil menschlichen Lebens .. hier stärker präsent ist als bei anderen Metapherntypen, muss von einer .. unumgänglich .. partiellen Metaphorizität des Essens gesprochen werden.

Hinter der Speisemetaphorik steht Heines schriftstellerische Absicht, die Literatur für neue, alltagsweltliche Themen zu öffnen, indem die Facetten der zeitgenössischen Esskultur mit einbezogen werden. Umgekehrt wird durch die wachsende Literarizität des Themas das Essen vom Verdikt der Niedrigkeit befreit, der Essgenuss durch seine Ästhetisierung aufgewertet und die Arbeit des Kochs, die Erzeugnisse der Gastronomie in den Rang einer Kunstform erhoben. Wie man von einem guten Essen sagt, es sei »ein Gedicht«, erheben die Dichter das gute Essen durch künstlerische Umsetzung.

Schon der sprachliche Genuss der Thematisierung von Essen und Trinken ist bei Heine Verlockung; umso mehr, da er die Gerichte und einzelnen Speisen zugleich assoziativ ausdeutet, politisch ironisiert, provozierend frivolisiert, um über das Essen hinaus noch mehr zu sagen. Die Strategie der Vormärz-Dichtung .. das Locken des Lesers durch Unterhaltung, die unterhaltsame Tarnung brisanter Inhalte vor dem Zugriff des Zensors .. geht auf.

Der Regress auf eine jedermann einprägsame und bekannte Bildlichkeit verschafft dem Dichter die Möglichkeit, auch die abstraktesten Ideen mundgerecht, volksmundgerecht zu machen. Das Elementare des Essens und Trinkens ermöglicht das unmittelbare, persönliche Ansprechen des Lesers, das automatische Beschwören von Assoziationen .. Grundlagen der Wirkung des Essmotivs.

Was das Trinken betrifft, so ist besonders der Wein bei Heine der gleichfalls besondere Saft für alle (metaphorischen) Gelegenheiten, oder, wie er selbst schrieb: »Alles erblick ich im Glas«[16]. Für den Dichter, der in »Ideen. Das Buch Le Grand« seine Herkunft wie folgt beschreibt: »[D]as Licht der Welt erblickte ich an den Ufern jenes schönen Stromes, wo auf grünen Bergen die Torheit wächst und im Herbste gepflückt, gekeltert, in Fässer gegossen und ins Ausland geschickt wird« (B II, 257), ist der Rhein der Heimatstrom und der Wein eine Art Himmelsstrom, an dem alle, wie auch an Brot, Rosen und Myrten, Schönheit, Lust und Zuckererbsen, teilhaben sollen, um ihr Glück bereits auf Erden zu finden. Heine hat mehrere Hymnen an den Rebensaft geschrieben, in der sich die Welt fröhlich-versöhnlich im Weinrausch dreht. Noch aus der Matratzengruft geht die Kunde von erinnerten Glanzzeiten des berauschenden Elixiers. Zum festen Begriff ist indes auch die negativ akzentuierte, einprägsame Metaphorik von der öffentlichen Wasserpredigt und dem heimlichen Weingenuss einer heuchlerischen Obrigkeit in »Deutschland. Ein Wintermärchen« geworden. In Verbindung mit zeitgenössischen Personen und Personengruppen gebraucht Heine die Rausch-Metapher in desillusionierender Absicht, etwa um den Wirkungsoptimismus der Tendenzdichter lächerlich zu machen. Positiv apostrophiert steht das Trinken bei Heine für die Daseinsfreude, für die Freiheit des Denkens und Sprechens, für (Selbst-)Erkenntnis und Reflexion.

5.

Heine arbeitet zwar noch bevorzugt mit dem romantischen Stilmittel, die Natur, die Dinge sprechen zu lassen, überführt dieses Verfahren jedoch durch den metaphorischen Gebrauch von Essen und Trinken ins Repertoire seines aufklärerisch orientierten, populär ausgerichteten Schreibkonzepts.

Die Literatur zu Heines Zeit spiegelt ein idealistisches Selbstverständnis, weshalb sie, sofern Essen und Trinken explizit Thema waren, eher einer idealistischen Diätetik den Vorzug gab. Heine hat sich gegen einen verabsolutierten idealistischen Literaturbegriff und gegen eine idealistische Diätetik gewendet, insofern damit, wie Kant es formuliert, »die Macht der Vernunft im Menschen, über seine sinnlichen Gefühle durch einen sich selbst gegebenen Grundsatz Meister zu sein« gemeint war. Von der ganzheitlichen, aus der Antike überlieferten, von Idealismus und Romantik wieder aufgenommenen Diätetik mit ihrer Beziehungssetzung von Leib und Seele ist bei Heine, dem es um die Emanzipation der »unabweislichen Bedürfnisse der sinnlichen Natur« (B II, 484) ging, lediglich das so genannte esspsychologische Sprechen geblieben, getreu dem Satz »Man ist wie und was man isst«.

Die Romantiker interessierten sich weniger für die Möglichkeiten der Sättigung, vielmehr für den Hunger, wenngleich nicht als physiologische oder soziale Kategorie, sondern als Stifter metaphysischen oder naturphilosophischen Sinns. Man denke an Goethes »Wahlverwandtschaften«, an Eduard und an Ottilie, die sich aus Schuldgefühlen zu Tode hungert; oder an Werther, den wohl berühmtesten Vegetarier in der Literatur, dessen Leiden ihm die Lieblingsgerichte gründlich verhageln: »Werther, Sie sind sehr krank, Ihre Lieblingsgerichte widerstehen Ihnen«. Bei Heine dominieren dagegen der genießerische und der soziale Aspekt. Vorbildliche, sympathische, des Lesers Mitleid verdienende Hungerleider sind in seinem Werk rar. Zu den Ausnahmen zählt jener nach dem Vorbild des historischen Jesus geformte Mönch, über den es in »Die Stadt Lucca« heißt:

> »Gegen *den* Mann will ich nicht schreiben«, sprach ich zu mir selbst. »Wenn ich wieder zu Hause in Deutschland, auf meinem Lehnsessel, am knisternden Öfchen, bei einer behaglichen Tasse Tee, wohlgenährt und warm sitze und gegen die katholischen Pfaffen schreibe .. gegen *den* Mann will ich nicht schreiben.« (B II, 484)

Heines Formel vom »Ende der Kunstperiode« hängt mit seiner Absage an die klassisch-romantische Kunstauffassung zusammen: Was er als Autorität nicht mehr anerkennt, ist die Vorstellung von einem »freien poetischen Kunstwerk«, das nach Hegels Ästhetik eine für sich abgeschlossene Welt, ein freies Ganzes bildet. Heine strebt mit Beobachtungen, Erinnerungen, Re exionen und Kommentaren, mit Exkursen, Einfällen, Essays und satirischen Einschüben einen ständigen Wirklichkeitsbezug an. Er will ein »neues Lied, ein besseres Lied« dichten, und dieses kündet von »Zuckererbsen nicht minder«.

6.

Bei Heines Bewertung von Speisen und Speisegewohnheiten dominiert die Perspektive des fortschrittlich gesinnten, städtischen, kosmopolitischen Essers, der Genussfähigkeit und Urteilsvermögen als zivilisatorische Leistung betrachtet. Seine Metaphorik ist ein literarischer Beitrag zur Geschmacksbildung, deren kulinarische Variante in der gegenwärtigen Imbiss-Kultur kaum mehr Felder zur Entfaltung findet.

Eine solche Gesellschaft täte gut daran, sich auf eine hoch entwickelte Esskultur, wie sie in Heines Werk zu finden ist, zu besinnen. Sich diese zu vergegenwärtigen heißt, von einer literarischen Bildungswelt zu kosten, die Geistiges und Konkretes umfasst. Mit Heine ist gut leben .. wer solch ein Fazit zieht, sollte bedenken, dass literarisches Essen dennoch immer etwas grundlegend anderes ist als eine dokumentarisch motivierte Inventarisierung von Gerichten, wie sie vielfach den wissenschaftlichen Blick auf das Thema bestimmt. Es mag lohnend sein, die Erwähnung von Kartoffeln in einem literarischen Text zum Anlass zu nehmen, um über die Geschichte der Kartoffel zu forschen. Doch geht eine allzu global verstandene kulturwissenschaftliche Perspektive am Spezifischen der Literatur, an einer poetischen Sinnlichkeit, für die Heine wie nur wenige deutsche Autoren Zeugnisse liefert, gründlich vorbei.

Bei allen konkreten Aussagen über die kulinarischen Varietäten des 19. Jahrhunderts, in dem die Franzosen als erste Nation im Restaurant aßen, steht bei Heine die Literatur unverrückbar im Vordergrund. Durch die literarische Darstellung eben dieser Esskultur hat er sich am aktuellen, ja modischen Gesprächsthema seiner Zeitgenossen beteiligt und doch seinen eigenen, den metaphorischen Weg eingeschlagen. Er hat das Essen ..auch ? dazu eingesetzt, eine Figur oder ein Milieu als progressiv zu kennzeichnen oder aber im Gegenteil durch die Hervorhebung altgedienter Muster einen fortschrittsfeindlichen Provinzialismus, mangelnde Flexibilität und rückwärts gewandte Einstellungen zu verdeutlichen.

Heine, der mit seiner Metaphorik die Feinschmeckerei aus moraltheologischen Verstrickungen zu befreien suchte, sollte nicht als unkritischer Befürworter der bürgerlichen Esskultur missverstanden werden. Seine Texte bezeugen vielfach eine dekonstruktive, desillusionistische Sichtweise, die sich in skeptischer Infragestellung konkretisiert. Wermutstropfen bleiben indes die zeittypische, mehr oder minder subtil diskriminierende Kulinarisierung der Frau, welche mehrfach als Nascherei, als Leckerbissen oder als dessen genaues Gegenteil beschrieben wird ..man denke an die deutsche Gans, deren Fleisch sich als »sehr zähe« erweist?, wie auch die Diffamierung deutscher Regionalspeisen, die bis heute nachwirkt.

Als Fazit bleibt allerdings festzuhalten: In eben dem Maße, in dem das Zeitgedicht »Doktrin« mit seiner beschwörenden Formel »Schlage die Trommel und fürchte dich nicht« von der Forschung als »kleine Poetik« (Walter Hinck) des Dichters Heine gewertet wird, müsste künftig auch folgende, in den frühen »Briefen aus Berlin« formulierte Erkenntnis als Leitmotiv eben jenes Dichters Heinrich Heine Anerkennung finden:

> Haben Sie die Idee eines Mittagessens begriffen, mein Lieber? Wer diese begriffen hat, der begreift auch das ganze Treiben der Menschen. (B II, 19)

Anmerkungen

[1] Diese Einschätzung stammt von Ulrich Fichtner, der mit seinem Buch »Tellergericht. Die Deutschen und das Essen« (München 2004) eine Analyse der gegenwärtigen kulinarischen Un-Kultur liefert und zugleich für eine neue Kultur des Geschmacks und des Genusses wirbt

2 Ebd., S. 233.

3 Bezeichnend für diese Einschätzung ist, dass Essen und Trinken bis heute keine Aufnahme in germanistische Standardwerke wie beispielsweise Elisabeth Frenzels Nachschlagewerk »Motive der Weltliteratur« gefunden haben.

4 Terence James Reed: Heines Appetit. .. In: HJb 1983, S. 9.

5 Ebd., S. 10.

6 Ebd., S. 12.

7 Ebd., S. 14.

8 Ebd.

9 Ebd., S. 17.

10 Siehe Georg Brandes: Heinrich Heine. Vierter Heine-Gedächtnisdruck. Hamburg, Berlin 1922.

11 Siehe Werner Vortriede: Heine-Kommentar. München 1970.

12 Bernd Wetzel: Das Motiv des Essens und seine Bedeutung für das Werk Heinrich Heines. München 1972, S. 60.

13 Ebd., S. 172.

14 Ebd., S. 198.

15 Zitiert nach Wolfgang Hädecke: Heinrich Heine. Eine Biographie. München 1985, S. 494. An dieser Stelle sei eine kritische Anmerkung erlaubt: Durch die Reduzierung von Regionalspeisen auf dumpf-deutsche Nationalklischees (Sauerkraut, Klöße) hat Heine allerdings auch mitgearbeitet an deren kontinuierlicher Abwertung, die für deutsche Verhältnisse so charakteristisch geworden ist. Wer hierzulande etwas gelten will, sucht sein Heil nicht in der Weiterentwicklung oder Verfeinerung der heimischen Küche, sondern meist im Fremden, Exotischen, so dass das ursprünglich Eigene fremd geworden ist. Wer mit dem Schlagwort »deutsche Küche« konfrontiert wird und nicht gerade in südlichen Landstrichen beheimatet ist, denkt folglich erst einmal an schwere Eintöpfe und ans ewige Fleisch-Gemüse-Kartoffel-Einerlei, wie es unter dem meist Übles verheißenden Etikett »gutbürgerlich« serviert wird.

16 Aus dem »Nordsee«-Gedicht »Im Hafen«, B I, 209.

Die Renovierung der Heine-Büste in Cleveland / USA

Von Jeffrey L. Sammons, New Haven

In den Vereinigten Staaten gibt es zwei Heine-Denkmäler. Das bekannte ist der monumentale Loreley-Brunnen von Ernst Herter im New Yorker Stadtteil Bronx. Er war mit der Zeit sehr stark beschädigt worden, konnte aber durch den unermüdlichen Einsatz von Freiwilligen, vor allem der Municipal Art Society, wie auch durch Spenden ..teilweise aus Deutschland ..und nach politischen Bemühungen erfolgreich renoviert und im Juni 1999, genau hundert Jahre nach seiner ursprünglichen Errichtung, endlich wieder eingeweiht werden.[1] Das andere, weniger bekannte Denkmal ist die Bronzebüste von Isenstein im Deutschen Kulturgarten von Rockefeller Park an der Ostseite von Cleveland, Ohio.[2]

Die Kulturgärten, früher Poets' Gardens, von Cleveland bestehen aus einer weitläufigen Anlage, wo die verschiedenen nationalen und ethnischen Gruppen der Stadt seit fast einem Jahrhundert ihre speziellen Erinnerungsstätten und Denkmäler, vornehmlich von Dichtern und Musikern, pietätvoll p egen. Der Deutsche Dichtergarten ist 1929 eingeweiht worden, und zwar mit der Versetzung eines Abgusses des Weimarer Goethe- und Schillerdenkmals[3] aus einem angrenzenden Park, wo es ursprünglich 1909 aufgestellt worden war. Hinzu sind Denkmäler von Beethoven, Bach, Lessing, Friedrich Froebel, Friedrich Jahn, Alexander von Humboldt und Heine gekommen.[4] In meiner Heimatstadt Cleveland gehörten Schulaus üge in die Kulturgärten zu den Bemühungen, bei den Schülern Verständnis für die verschiedenen Volksgruppen in der zum beträchtlichen Teil aus europäischen Immigranten und ihren Nachkommen zusammengesetzten Einwohnerschaft zu wecken. Besonders das Goethe-Schiller-Denkmal und die Heine-Büste sind mir visuell in Erinnerung geblieben. Zwar habe ich nicht bewusst die Heine-Büste als Omen erkannt, aber wer weiß?

Ebenso wie der Loreley-Brunnen in New York sind die Kulturgärten in Cleveland in den letzten Jahrzehnten durch Vernachlässigung und Vandalismus stark beschädigt worden. Das Humboldt-Denkmal z. B. ist wohl wegen seines Metallwerts gestohlen worden und konnte erst in letzter Minute von einem Schrottplatz gerettet werden. In neuerer Zeit hat es Anstrengungen gegeben, den Schaden zu reparieren. Eine Dachorganisation von deutsch-amerikanischen Vereinen in Cleveland

hat die Verantwortung für den deutschen Garten übernommen und sich bislang für die Denkmäler von Heine, Bach, Jahn und Humboldt eingesetzt. Im Falle von Heine wurde beschlossen, eine genaue Reproduktion der Bronzebüste gießen zu lassen und sie gegen das Original auszutauschen, um dieses zu schützen.[5] Die neue Büste wurde am 12. September 2004 bei einer One-World-Day-Feier enthüllt. Diese Feier findet jedes Jahr in einem anderen Garten statt; mit der Auswahl des deutschen Gartens wurde 2004 das Engagement der deutsch-amerikanischen Vereine ausgezeichnet. Nach Reden und Darbietungen sind bei dieser Feier auch wie jedes Jahr neue Staatsbürger aus den verschiedensten Ländern von einer besonders dazu beauftragten Bundesrichterin vereidigt worden.

Die Heine-Büste ist das Werk des deutsch-jüdischen Bildhauers Kurt Harald Isenstein. 1898 in Hannover geboren, hatte er sich schon in relativ jungen Jahren durch Porträtbüsten von Emil Ludwig und besonders Albert Einstein (beide 1924) einen Namen gemacht; 1931 sollte er den Reichspräsidenten von Hindenburg porträtieren. Die Heine-Büste wurde dem Bürgermeister von Cleveland im selben Jahr, am 14. Juni 1931, überreicht. Nach einer Aufführung von Heine-Liedern sprachen zur Einweihung Professor Ernst Feise von der Johns-Hopkins-Universität als Fachmann für Heines Metrik und der damals prominente Rabbiner Barnett R. Brickner. Zwei Jahre später musste Isenstein aus Deutschland vor den Nazis nach Dänemark iehen; 1943 fand er Zu ucht in Schweden. Nach dem Krieg ist er nach Kopenhagen zurückgekehrt, wo er sich unter dem Namen Harald Isenstein als Bildhauer und Kunstlehrer auszeichnete. Zu seinen in Dänemark geschaffenen Porträtskulpturen gehören die von Martin Andersen Nexø (1933), Karen Blixen (1935), Niels Bohr (1935 und 1955) und Käthe Kollwitz (1953). 1980 ist er in Kopenhagen gestorben.[6]

In der Geschichte der Heine-Denkmäler verdient das Kunstwerk von Isenstein durchaus berücksichtigt zu werden. Es zeigt, so scheint mir, eine gelungene Fusion von Willensfestigkeit und poetischer Sensibilität. Isenstein hat in einer Mitteilung an Walter Berendsohn die Absicht betont, »[d]ie Jugendfrische und Aktualität, die uns bis auf diese Stunde aus jeder Heinischen Zeile entgegenweht [ ], auch seinem Äusseren entströmen« zu lassen. Zu Isensteins Vorbildern heißt es:

> Ich fand sie mehr oder minder auch in einigen zeitgenössischen Darstellungen wie den Bildnissen Oppenheims und Grimms, in dem erst vor einigen Jahren aufgetauchten ausserordentlich eindrucksvollen Bilde von Gottlieb Gassen, ganz hervorragend in der geistvollen Medaille, die man dem französischen David d'Angers zuschreibt. Erschütternd aber wurde für mich der Blick auf die Totenmaske, die den bärtigen Dichter als einen trotz seiner Leiden geistig ungemein überlegenen (keineswegs romantischen) Lyriker, einen nicht einmal ermatteten Kämpfer verewigt.[7]

Das Heine-Denkmal in Cleveland bleibt nach beinahe einem Dreivierteljahrhundert ein Zeichen für normale Verhältnisse zwischen Deutschstämmigen und ihren jüdischen Mitbürgern, so wie sie besonders in Amerika gedeihen. Das zeigte schon die Annahme und Errichtung des Loreley-Brunnens am Ende des neunzehnten Jahrhunderts in New York wie auch der gleichberechtigte Auftritt eines Germanisten und eines Rabbiners als Redner bei der Einweihung der Heine-Büste in Cleveland 1931. Die Einweihung des Lessing-Denkmals in den Kulturgärten im Jahre 1929 wurde als Zweihundertjahrfeier für Lessing und Moses Mendelssohn begangen. Auch bei dieser Gelegenheit redeten ein Germanist, Professor Robert Waller Deering von der Western-Reserve-Universität, und ein Rabbiner, der später zu nationalem Ruf gelangte, Abba Hillel Silver. Die Zusammenarbeit von Juden und Nichtjuden in den deutsch-amerikanischen Vereinigungen ist immer eine Selbstverständlichkeit geblieben. Aus dieser Sicht erscheint ein Land unnormal und unbegrei ich, das sowohl den Dichter Heine wie auch den Bildhauer Isenstein ins Exil getrieben hat.

Anmerkungen

1 S. dazu Paul Reitter: Heine in the Bronx; Jeffrey L. Sammons: The Restoration of the Heine Monument in the Bronx. ..In: Germanic Review 74 (1999), S. 327.336, 337.339.

2 S. dazu Hugo Lachmanski: Eine neue Heine-Büste im Deutschen Dichtergarten in Cleveland. ..In: C-V-Zeitung 11, Nr. 9 v. 26. 2. 1932, S. 80. Es ist bedauerlich, dass die Beschreibung des Loreley-Brunnens bei Dietrich Schubert: »Jetzt wohin?« Heinrich Heine in seinen verhinderten und errichteten Denkmälern. Köln (u. a.) 1999, S. 112.114, abgeschlossen wurde, bevor die Renovierungsarbeit wahrgenommen werden konnte, sie betont also den vormaligen beschädigten Zustand. Die Heine-Büste in Cleveland kommt bei Schubert nicht vor.

3 Einer von drei Abgüssen in den USA; die anderen befinden sich in San Francisco (1901) und Saint Paul (1908). Informationen über den Deutschen Kulturgarten finden sich im Internet: http://clevelandmemory.org/ebooks/tpap/pg47.html.

4 Froebel wird in Amerika als Förderer des Kindergartens verehrt; Jahn bleibt als Gründer der einst weitverbreiteten Turnvereine in Erinnerung, sonst vage als Streiter für die Freiheit. Die Humboldt-Büste war ein Geschenk der Deutschen Demokratischen Republik.

5 Die North American Heine Society konnte einen Beitrag zu den Kosten leisten.

6 Zu Isenstein s. Weilbach: Dansk kunstnerleksikon. Kopenhagen 1994.2000, Bd. III, S. 502... 503.

7 Walter A. Berendsohn: Der lebendige Heine im germanischen Norden. Kopenhagen 1935, S. 133; auf dem Einband und vor der Titelseite findet sich ein Foto von einem offensichtlich aus Ton modellierten »Entwurf zum Heine-Denkmal, errichtet in Cleveland (Ohio) 1931.«

Heinrich-Heine-Institut. Sammlungen und Bestände. Aus der Arbeit des Hauses

»Ich hatte mir so oft vorgenommen Ihnen zu schreiben« Neue Heine-Briefe (Berichtszeitraum Mitte 1996 – Ende 2004)

Von Joseph A. Kruse und Marianne Tilch

Die letzte große Verzeichnung von neuen Heine-Briefen fand im Heine-Jahrbuch 1996 statt und folgte dem Bericht aus dem Heine-Jahrbuch 1983. Das Heine-Jahrbuch 2004 enthielt fünf unbekannte Briefe von und an Heine, die im Zuge der Arbeiten für die Datenbanken des Heinrich-Heine-Portals von Bernd Füllner und Christian Liedtke in verschiedenen Archiven neu aufgefunden worden waren. Im vorliegenden Heine-Jahrbuch 2005 bietet sich wiederum eine umfangreichere ergänzende Mitteilung an. Es werden im Folgenden jene Brief-Autographe von und an Heine aufgeführt bzw. publiziert, die seither in das Archiv des Heinrich-Heine-Instituts gelangt sind. Immerhin konnten im Berichtszeitraum 36 Briefe von Heine und drei Briefe an ihn erworben werden.

Dass immer wieder Überraschungen geschehen und glücklicherweise auch gänzlich unbekannte oder bisher jedenfalls ungedruckte Briefe auftauchen, vom Heine-Archiv erworben und damit für die Forschung nutzbar gemacht werden können, zeigt sich diesmal an 11 bisher ungedruckten Briefen von Heine, also immerhin fast einem Drittel des gesamten neu hinzu gekommenen Heine-Briefbestandes, und an den drei bisher unbekannten Briefen an Heine. Durch das oben bereits genannte, seit einiger Zeit im Heinrich-Heine-Institut im Aufbau befindliche Heinrich-Heine-Portal (vgl. außer dem genannten Beitrag im HJb 2004 auch schon das HJb 2003) werden sich gerade für die korrekte Darbietung der Briefe in Zukunft erfreuliche Fortschritte ergeben.

Die Erwerbungspraxis kennt ihre eigenen verschlungenen Wege. Dazu gehört beispielsweise, dass der Brief Heines vom September 1841 an Cyprien-Marie Tessié-Dumotay, der offenbar Sekundant beim Duell mit Salomon Strauß war, als noch nicht dem Heine-Archiv gehörend im HJb 1996 nach einem französischen Autographenkatalog teilweise mitgeteilt worden ist. Schön lässt sich jetzt Heines Beziehung zu Joseph Lehmann dokumentieren. Eine Nachfahrin aus New York hat sich in einer Londoner Auktion von dem Nachlass getrennt, der teilweise sofort, teilweise erst nach und nach in das Heine-Archiv gelangt ist. Interessant verhält es sich mit den französischen Briefpartnern, deren Handschriften offensichtlich erst spät an das Licht der Öffentlichkeit gezogen werden. Von besonderer Originalität erweist sich Heines Brief aus dem Jahre 1826 an Eduard Hitzig, den Freund E. T. A. Hoffmanns. Der Eingangssatz bildet den Titel dieses Beitrags. Das Autograph war bereits 1917 bei Sotheby's in London versteigert worden und befand sich seitdem in Privatbesitz. Aus dem Eigentum von Diana Vierny, Paris, Freundin und Modell von Aristide Maillol, dessen Torso »Harmonie« (Vierny darstellend) das Heine-Denkmal im Düsseldorfer Hofgarten bildet, stammen die Autographe der Briefe an Heines Schwester Charlotte Embden, drei Briefe an seine Frau Mathilde und der Brief an Caroline Jaubert. Schließlich sei erwähnt, dass Heines Brief von 1846 an Alexandre Weill ursprünglich, als Geschenk des Kronprinzen Rudolf an seine Mutter, der Kaiserin Elisabeth von Österreich und somit der größten Heine-Verehrerin und Sachwalterin seines Nachruhms gehört hat. Ohne ihren gescheiterten Düsseldorfer Denkmalsplan gäbe es nicht die Heine-Sammlung und das daraus erwachsene Heine-Archiv im Heinrich-Heine-Institut, Düsseldorf.

1. Neue Heine-Briefe im Archiv des Heinrich-Heine-Instituts

1.1 Bisher ungedruckte oder nur teilweise gedruckte Briefe von Heine

An Johann Valentin Teichmann in Berlin

Hamburg, 10. September 1823

Ich grüße Sie herzlich, lieber Teichmann, und hoffe Ihnen bald in Berlin mündlich sagen zu können ..daß ich Sie liebe und wünsche durch Ihre Beywirkung den Ratklif auf die berliner Bühnen gebracht zu sehen.

H. Heine.

Überlieferung

H Heinrich-Heine-Institut, Düsseldorf

ERLÄUTERUNGEN

Am unteren Blattrand und auf der Rückseite Notizen mit Tinte und Bleistift von mindestens zwei fremden Händen:

Am unteren Rand: Dieß Blatt wurde am 10. Spbr 1823 in Hamburg in meine Brieftasche geschrieben, aus der es später für H. Hofrath Teichmann geschnitten ist *(?)* Jos (?)

Auf der Rückseite Namen und Berliner Adressen von Schriftstellern und Theaterleuten.

An Julius Eduard Hitzig in Berlin

Hamburg d 22 May 1826.

Herr Criminalrath!

Ich hatte mir so oft vorgenommen Ihnen zu schreiben, ich habe Ihnen auch so vieles zu schreiben, und ich wartete immer auf eine fügliche Gelegenheit .. und nun diese erschienen, so fehlt es mir wieder an Zeit, an Laune, an .. *je ne sais quoi.*

Nein, ich weiß wohl woran es mir in diesem Augenblick fehlt, nemlich an Ruhe, an Mäßigung, an konvenzionelle Kälte .. in der Brust ist es mir so voll, so heiß, so überbrausend, daß ich wahrhaftig die Feder fortlegen muß, wenn ich nicht tolle Worte zu Tage fördern soll. Und es lebt auch in mir das Dankbarkeitsgefühl für so vielen Antheil den Sie an meinem Leben und Streben genommen haben .. Mein Freund Moser hat mir immer Ihre gütigen Aeußerungen mitgetheilt, u in der einsamen, kranken Ferne warens immer Balsamtropfen für mein Herz!

Lieber, theurer Geistesgenosse! bleiben Sie mir nur immer recht liebevoll geneigt, und wenn ich auch jetzt Ihre Güte noch nicht ganz verdiene, so werde ich derselben doch einst ganz werth seyn. Ich sage dies nicht aus Eitelkeit sondern aus religiösem Gefühl des täglich Besserwerdens. Das Büchlein das ich Ihnen heute übersende enthält wahrlich nur wenige Klänge, die eine solche bessere Periode ankündigen, aber es bezeichnet doch schon eine Uebergangsperiode, u mag also in dieser Hinsicht Ihr Interesse erregen. Der gröste Theil des Buches wird Ihnen schon bekannt seyn, wenigstens das Meiste der Harzreise, die ich, weil sie sich im Gesellschafter so elendig präsentirte, ganz umgearbeitet u erweitert habe. Ich hätte aber das ganze Buch noch nicht herausgegeben wenn mich nicht äußere Verhältnisse dazu gezwungen hätten. Ich werde, wie es nun mahl unser Poetenschicksal ist, überall zurückgesetzt, zurückgedrängt, und hab meine Noth u Mühe wenn ich mich auf dieser Erde erhalten soll. Ich brauch Ihnen dieses wohl nicht auszumahlen, lieber Criminalrath, Sie haben Heinrich Kleist gekannt.

Der Troß der Ordinären, der Mittelmäßigen und der Unbedeutenden ist jetzt mehr als je verbrüdert, sie habens gleich ausgewittert wenn jemand etwas mehr ist

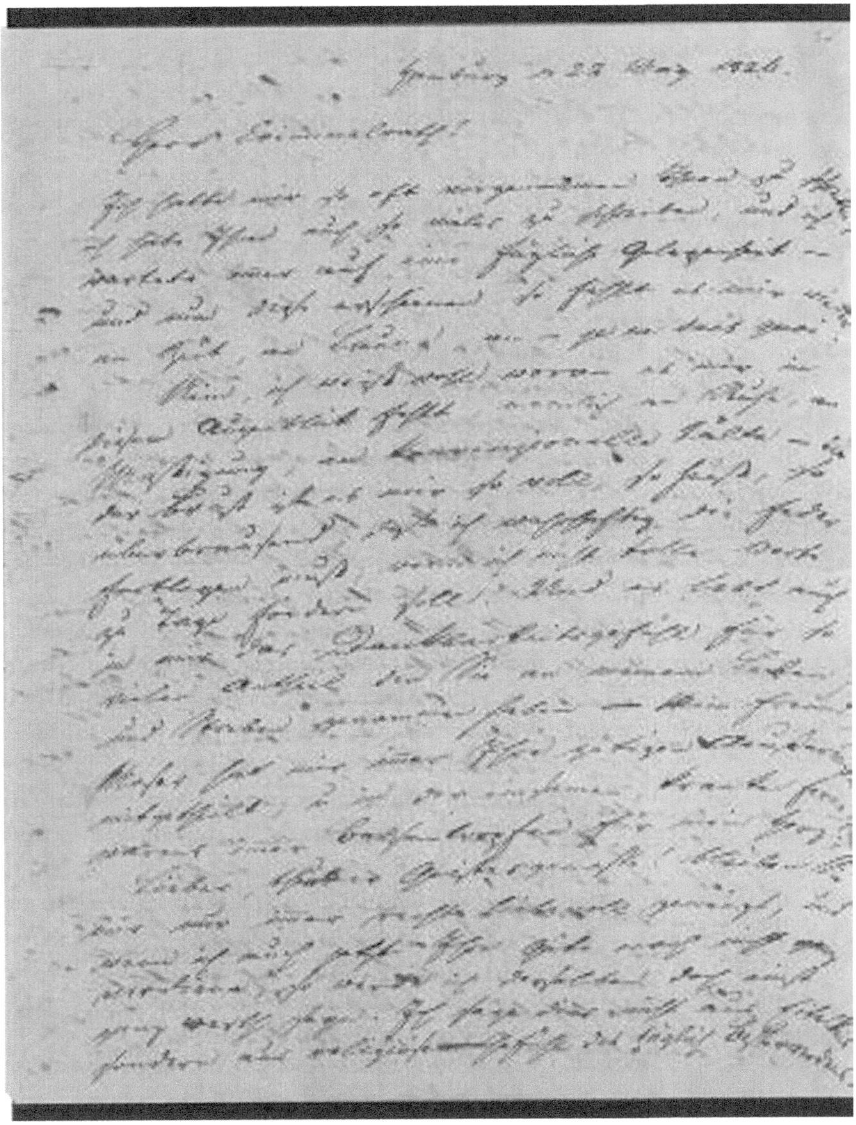

Heinrich Heine.
Eigenhändiger Brief an Julius Eduard Hitzig vom 22. Mai 1826

als ihre Wenigkeit, oder wenn jemand überhaupt etwas ist, und dann führen sie jenen Vernichtungskrieg, worin sie nur zu oft siegen. Und was hülfe uns auch wenn wir mahl die Sieger wären, wir liegen ja doch verblutend auf dem Schlachtfeld, und unsere Stirn ist kalt wenn der Kampfrichter [uns] den Lorbeer darauf legt. Sie, theurer Freund, waren ein solcher Kampfrichter bey einigen ausgezeichneten Geistern Deutschlands ..Nun, es ist doch wenigstens ein wohlthuendes Gefühl, wenn man weiß daß ein solcher Mann existirt.

Ich kann nicht diesen Brief schließen ohne Ihnen zu sagen, daß in den mühseeligsten Stunden meines Lebens meine Gedanken oft bey Ihnen waren, u daß ich mich gewiß an niemand eher als an Sie gewendet hätte wenn ich dort, in Berlin, irgend einer freundschaftlichen Verwendung bedürftig gewesen wäre. Aber ich trage ein Hauptmißgeschick wo wenig zu helfen ist, nemlich meine Krankheit u Empfindlichkeit. Mit ersterer bessert es sich täglich, durch letztere verscheuche ich mir alle Freunde, oder verstimme sie wenigstens, so z. B. macht ich es unlängst mit Moser. Wenn ich daher sehr freundlos dastehe, so ist es meistens meine eigne Schuld; und es wird, in dieser Hinsicht, noch schlimmer sich gestalten wenn die schonungslosen, rücksichtslosen nächsten Bände der Reisebilder erscheinen. Ich bitte Sie, lieber Criminalrath, sorgen Sie ein bischen daß der erste Band der Reisebilder eine gute Aufnahme beim Publikum finde, und zwar durch öffentliche Vorbesprechung. Ich kann es meinen Freunden nicht genug ans Herz legen, wie solche Vorsorge immer heilsam ist, just in diesem Augenblick mehr als je, und zwar wegen meiner heillosen äußeren Verhältnisse. Ihnen, der Sie eine Menge kritischer Freunde gleich bey der Hand haben, ist es ein Leichtes in dieser Hinsicht so Bedeutendes für mich zu thun. Die liebe Mittelmäßigkeit hat es in der letzten Zeit nur gar zu gut verstanden sich breit zu machen, als daß man nicht besorgt seyn müßte wenigstens Schritt zu halten. ..Wie lang ich hierbleibe ist noch unbestimmt. Die Luft hier ist mir heilsam, darum eile ich auch nicht. Ich arbeite viel u bin hinlänglich isolirt. Ein geistiges *Incognito* zu bewahren wird mir hier sehr leicht. ..Grüßen Sie mir viele gleichgesinnte Mitstrebende, unbekanterweise den Ref. Häring, den ich hoch schätze, so wie auch *Raupach*, dessen Lustspiele mich entzücken. Ich habe meinen Verleger *Campe* anzuregen gewußt daß er sich [ihren] *Raupach*sche Lustspiele zum Verlag verschafte. Ich bin übrigens mit *Campe* zufrieden. *Dümmler* hat für die Verbreitung meiner Tragödien gar zu wenig gethan. Können Sie mir nicht sagen ob er zufrieden ist? ..Doch, ich wollte nur wenige Zeilen schreiben, und komme unwillkürlich ins Schwatzen. Leben Sie wohl u bleiben Sie recht freundschaftlich gewogen

Ihrem gehorsamen
H. Heine.

Überlieferung
H Heinrich-Heine-Institut, Düsseldorf

An Christine de Belgiojoso in Paris

Paris, 17. April 1835

Princesse!

Je vous envoie ci-joint l'édition complète et augmentée de mes travaux sur l'Allemagne; ce n'est qu'une formalité par laquelle je voudrais exprimer mes hommages respectueuses. ..Je vous remerçie de votre billet; sans doute je viendrai me*r*credi. Si vous connaissiez toute l'étendue de mon malaise vous n'y feriez pas des allusions moquantes. Vous n'avez pas l'idée combien je souffre de la grande maladie humaine. Et les douleurs dont je suis accablé sont si humillantes! J'ai le coeur plein de larmes.

Mais tout cela disparaitra comme la neige qui est tombée cette nuit. En peu de jours nous aurons le printemps, les eurs, le soleil, peut-être même un soleil trop chaux. Alors, en riant, je vous remercierai de la bienveillance avec laquelle vous avez daigné vous occuper de moi pendant mes jours de tristesse.

Votre tout devoué
Henri Heine.

ce 17 avril

Madame/la Princesse de Belgiojoso.

Überlieferung
H Heinrich-Heine-Institut, Düsseldorf

An Gustav Kolb in Augsburg

Paris, 1. März 1838

Liebster Kolb!

Ihr letzter Brief hat mir die Tiefe der Seele bewegt; mehr sage ich Ihnen nicht. ..Es ist zu spät, als daß ich die Anfragen darin beantworten konnte, denn ich wünsche nicht daß der einliegende Brief, den ich für die Allg. geschrieben nicht zur Zeit ankäme. Ich glaube er enthebt Sie der Verp ichtung das Publikum mit einem Donndorfschen Kunstbericht zu regaliren. Solcher Scandal wäre fürchterlich, gestern Abend lachte schon jeder im Voraus; dazu kommt die gewinnsüchtige

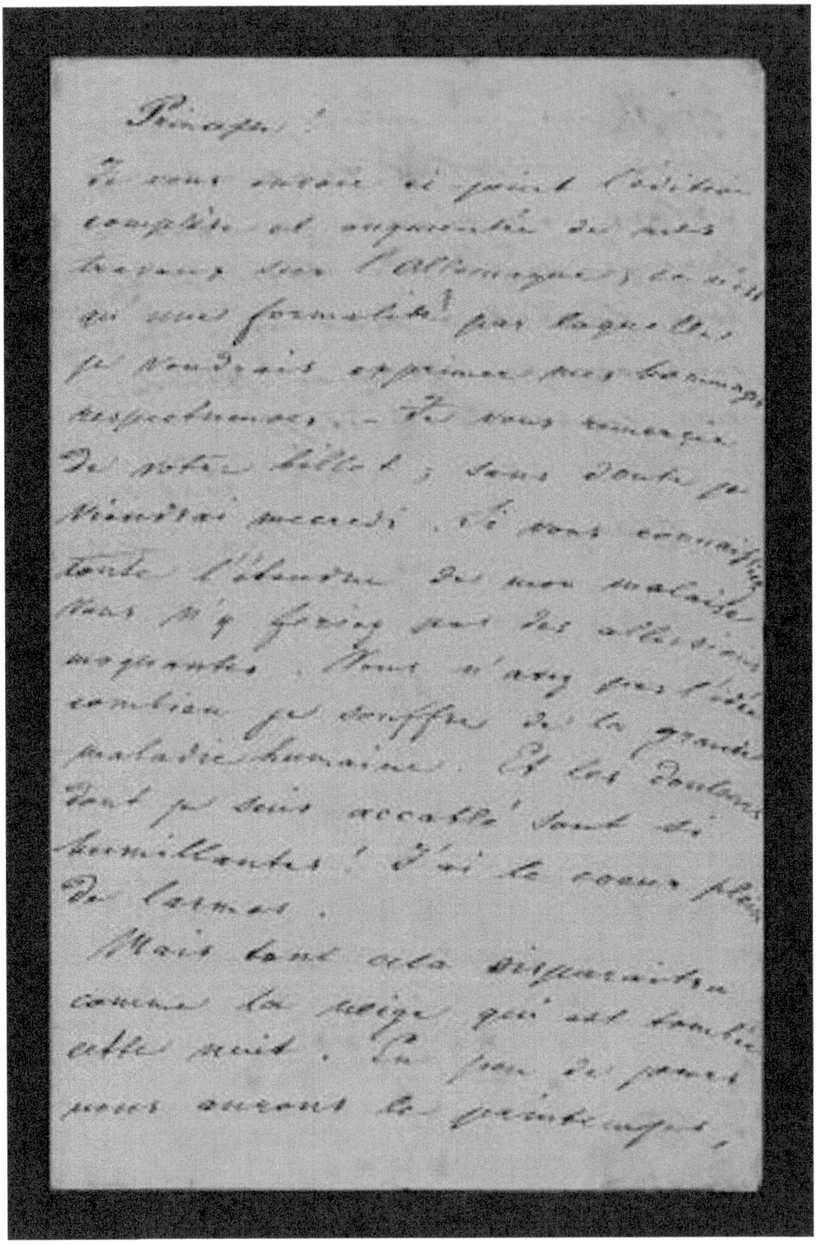

Princesse!
Je vous envoie ci-joint l'édition
complète et augmentée de mes
travaux sur l'Allemagne; ce n'est
qu'une formalité par laquelle
je voudrais exprimer mes hommages
respectueuses. – Je vous remercie
de votre billet; sans doute je
viendrai mercredi. Si vous connaissiez
toute l'étendue de mon malaise
vous n'y feriez pas des allusions
moqueuses. Vous n'avez pas l'idée
combien je souffre de la grande
maladie humaine. Et les douleurs
dont je suis accablé sont si
humiliantes! J'ai le coeur plein
de larmes.
Mais tout cela disparaitra
comme la neige qui est tombée
cette nuit. En peu de jours
nous aurons le printemps,

Heinrich Heine.
Eigenhändiger Brief an Christine de Belgiojoso vom 17. April 1835

Speichelleckerey. ..Ich empfehle Ihnen *Wenedey*, der Ihnen Correspondenzen von hier schicken kann. Er schreibt gut ist sehr honett und verdient Achtung. Grüßen Sie mir Lebrett. Nächster Tage werde ich Ihren Brief beantworten

Ihr Freund
H. Heine.

in großer Eil.

Monsieur/le Docteur Gustav Kolb/A u g s b o u r g /Baviere

ÜBERLIEFERUNG
H Heinrich-Heine-Institut, Düsseldorf

ERLÄUTERUNGEN
Die Datierung ergibt sich aus dem Pariser Poststempel: 1 Mars 1838.

An Cyprien-Marie Tessié Dumotay (?)

Paris, nach dem 7. September 1841

Si vous avez un moment à me donner dans la journée vous me ferez grand plaisir, car je ne peux pas venir chez vous accause de ma blessure qui a empirée depuis. Dans tous les cas faites moi le plaisir, vous et votre femme, de diner chez moi demain (vendredi); j'ai invité tous les allemands qui ne m'ont pas calomnié ..c'est à dire deux à trois personnes. (Je ne suis pas sûr du troisième.) ..Si vous ne venez pas me voir aujourd'hui, jeter moi un mot.

Tout à vous
Henri Heine

Jeudi matin.

ÜBERLIEFERUNG
H Heinrich-Heine-Institut, Düsseldorf

ERLÄUTERUNGEN
Tessié Dumotay war entweder Zeuge oder Sekundant bei Heines Pistolenduell mit Salomon Strauß, 7. September 1841 (s. Heine-Jahrbuch 1996).

An Sigismund Thalberg in Paris

Paris, 10. April (1843 ?)

Mein hochgeehrter Zeitgenosse!

Ich hätte große Lust Sie morgen zu hören, da ich aber nur mit meiner Frau ins Concert gehen kann, so müßte ich z w e y Billette von Ihnen erbitten. Haben Sie doch die Freundlichkeit mir dieselben zukommen zu lassen und empfangen Sie im Voraus den heitersten Dank

Ihres Bewunderers
Heinrich Heine.
46. Faubourg Poissonnière

d 10 April

Demandez (?) l'addresse:
rue neuve Saint-Marc N° 6.
chez Mrs Escudier.

Monsieur/Mr Thalberg/Hotel de Paris rue Richelieu

ÜBERLIEFERUNG
H Heinrich-Heine-Institut, Düsseldorf

ERLÄUTERUNGEN
Am 11. April 1843 gab Thalberg in Paris ein Konzert.
Der Brief ist auf dünnem Karton montiert, auf der Kartonrückseite ein Brief des französischen Schriftstellers Maurice Rheims.

An Didier Roth in Paris

Paris, September 1841 – März 1846

Liebster Roth!

Frank sagt mir, Sie besäßen meine Französischen Zustände. Sie würden mich unendlich verbinden, wenn Sie mir dieses Buch auf ein paar Tage leihen wollten. Geben Sie es dem Ueberbringer mit oder, im Fall Sie derselbe nicht zu Hause träfe, schicken Sie mir das Buch sobald als möglich.

Haben Sie nichts Besseres zu thun u wollten mich heute auf einige Augenblicke besuchen, so erfreuen sie sehr

Ihren
H. Heine
46 Faub. Poissonnière

Donnerstag

Monsieur/le Docteur Roth/21. Boulevard des Capucins.

ÜBERLIEFERUNG
H Heinrich-Heine-Institut, Düsseldorf

An Alfred Michiels in Paris

Paris, 13. Januar (1838–1848 ?)

Mon cher Mr Michels!

Nous sommes sur le point de nous absenter de Paris pour quelques jours. Je ne me gène guerre avec vous, et je n'ai pas voulu refuser d'assister aux noçes d'un de mes meilleurs amis, quoique cela me prive du plaisir de vous voir demain chez nous ... ma femme en est desolée.

tout à vous
Henri Heine

Dimanche 13 Janv.
Laissez moi votre Shakespear ..encore une quinzaine. ..Je vous ecris en grande hâte.

Monsieur/Mr Alfred Michiels/Boulevard Mont-Parnasse/N° 71.

Überlieferung
H Heinrich-Heine-Institut, Düsseldorf

An Madame Michiels in Paris

Paris (1841–1848?)

J'ai été ici avec ma femme, qui prie Me Michels de venir la voir demain; qu'elle vienne un peu de bonne heure.

H. Heine

Überlieferung
H Heinrich-Heine-Institut, Düsseldorf

Erläuterungen
Wegen der Verwendung von Tinte in den Briefen sind sie auf die Zeit vor Frühjahr 1848 zu datieren; die Erwähnung des Shakespeare-Buchs könnte die Zeit um 1838/39 nahelegen; dass Heine Mathilde »ma femme« nennt, könnte ein Argument sein, die Briefe erst auf die Zeit nach September 1841 zu datieren.

An Édouard Drouyn de Lhuys (?) in Paris

Paris, 16. Juli 1855

Monsieur,

Le gracieux accueil dont vous avez honoré mon livre de Lutèce m'encourage de vous envoyer un autre livre qui vient de quitter la presse. C'est une lecture qui vous convient peut-être dans un moment où vous n'êtes plus accablé d'affaires pressantes et où vous pouvez, au milieu de vos bosquets verdoyants, vous abandonner aux gazouillements des oiseaux et des poëtes. Dans un autre moment et dans une autre saison je me serais bien gardé de présenter des poësies à un homme d'état ; je crains trôp le sourire moqueur que les poëtes provoquent souvent avec raison sur les lêvres de toutes les personnes occupées d'intérêts positifs.

Je regrette beaucoup, Monsieur, que ma fatale infirmité m'empêche de vous présenter mes respects en personne. Je ne saurais dissimuler qu'une arrière-pensée bien humaine est pour quelquechose dans ces regrets : c'est que je m'occupe à cette heure d'un ouvrage en forme de mémoires où je m'évertue de dire la vérité et toute la vérité sur les hommes et les choses de notre société contemporaine. Je m'imagine qu'une causerie avec vous, Monsieur, m'aurait valu bien des renseignements véridiques sur la situation brillante et glorieuse dans laquelle nous pataugeons aujourd'hui. Un auteur ne pense qu'aux intérêts de son livre, mais cet égoisme devient pardonnable s'il s'agit d'un livre dont la publication doit être posthume.

Recevez Monsieur, l'assurance de ma considération la plus distinguée et agréez en l'expression respectueuse.

Henri Heiné

Paris ce 16 Juillet
1855.

Überlieferung
H Heinrich-Heine-Institut, Düsseldorf

Erläuterungen
Es handelt sich offensichtlich um den Brief, dessen Entwurf in HSA XXIII als Nr. 1660 abgedruckt ist. Ein ganz ähnlicher, aber ausführlicherer Entwurf ist unter Nr. 1657 mit dem Datum 7. Juli abgedruckt.

An unbekannten Empfänger

Paris, vor 1848 (?)

Gut für zwey hundert Gulden Cour. Münze

Heinrich Heine

Überlieferung
H Heinrich-Heine-Institut

Erläuterungen
Es handelt sich um die rechte Hälfte eines Prima-Wechsels, Ort und Datum fehlen.

1.2 Bereits gedruckte Briefe von Heine

Friedrich Bouterwek, Friedrich

E. Br. m. U., Göttingen, 8.3.1824
HSA XX, Nr. 99; zahlreiche Abweichungen in Orthographie und Zeichensetzung.

Brandus, Gemmy

Br. m. U. »p[ro]Heinrich Heine«; Paris 3.10.1848
HSA XII, Nr. 1249; Abweichungen in Orthographie und Zeichensetzung.

Campe, Julius

E. Br. m. U., [Paris], 30.3.1837
HSA XXI, Nr. 627; Abweichungen in Orthographie und Zeichensetzung.

Literärische Anzeige

E. Ms. m. U., Paris, 1.5.1837
HSA XXI, Nr. 635; DHA X, 302 f.; Beilage zum Brief an Julius Campe vom 3.5.1837.

Chevalier, Michel (?)

Br. (franz.) m. e. U. u. Adr.-Angabe, Paris, 28.7.1853
HSA XXIII, Nr. 1508; zahlreiche Abweichungen in Vokabular und Grammatik. Begleitbrief zur Übersendung von Eduard Vehses »Geschichte des östreichischen Hofs und Adels«, Teil 1–6 in 3 Bänden.

Duesberg, Julius

E. Br. m. U., o. O. u. D. [Paris, April 1842]
HSA XXII, Nr. 898.

Embden, Charlotte

E. Br. m. U., Paris, 26.12.1823
HSA XX, Nr. 88.

Halle, Therese

E. Br. m. U., o. O. [Hamburg], 3. 12. [1843]
HSA XXII, Nr. 974; zahlreiche Abweichungen in Orthographie und Zeichensetzung.

Betty Heine

E. Br. m. U., Paris, 17. 10. 1844
HSA XXII, Nr. 1043; zahlreiche Abweichungen in Orthographie und Zeichensetzung; es fehlt die Adresse: Madame/Betty Heine, née de Geldern./20, rue Dammthorstraße/Hambourg.

Heine, Charlotte

E. Albumblatt m. U., Düsseldorf, 20. 6. 1819
HSA XX, Nr. 6.

Heine, Mathilde

E. Br. (franz.) m. U., Hamburg, 2. 11. 1843
HSA XXII, Nr. 962.

Heine, Mathilde

E. Br. (franz.) m. U., Hamburg, 5. 11. 1843
HSA XXII, Nr. 964; einige Abweichungen in Orthographie und Zeichensetzung.

Heine, Mathilde

E. Br. (franz.) m. U., Hamburg, 19. 11. 1843
HSA XXII, Nr. 970; einige Abweichungen in Orthographie und Zeichensetzung.

Heine, Mathilde

E. Br. (franz.) m. U., Hamburg, 6. 12. 1843
HSA XXII, Nr. 976.

Jaubert, Caroline

E. Br. (franz.) m. U., o. O. [Paris], 22. 4. 1835
HSA XXI, Nr. 534; einige Abweichungen in Orthographie und Zeichensetzung.

Lehmann, Joseph

E. Br. m. U., Lüneburg, 3. 9. [recte: 3. 10.]1823
HSA XX, Nr. 78; zahlreiche Abweichungen in Orthographie und Zeichensetzung.

Lehmann, Joseph

E. Br. m. U., Lüneburg, 28. 11. 1823
HSA XX, Nr. 84; zahlreiche Abweichungen in Orthographie und Zeichensetzung. Depositum der Stadtsparkasse, Düsseldorf, im HHI.

Lehmann, Joseph

E. Br. m. U., Lüneburg, 23. 10. 1825
HSA XX, Nr. 154; zahlreiche Abweichungen in Orthographie und Zeichensetzung. Depositum der NRW-Stiftung im HHI.

Lehmann, Joseph

E. Br. m. U., Hamburg, 26. 5. 1826
HSA XX, Nr. 170; zahlreiche Abweichungen in Orthographie und Zeichensetzung.

Lehmann, Joseph

E. Br. m. U., Lüneburg, 16. 12. 1826
HSA XX, Nr. 205; zahlreiche Abweichungen in Orthographie und Zeichensetzung; es fehlt die Adressenangabe: Herrn Joseph Lehmann/p. Addr. dHerrn D. Veit, auf der/Heiligen-Geist-straße/in Berlin./franco.

Merckel, Friedrich

E. Br. m. U., o. O. u. o. D. [Hamburg, 20. 12. 1829; von Merckel eingesetzt]
HSA XX, Nr. 324.

Nisard, Charles

E. Br. [franz.] m. U., Boulogne sur mer, 14. 7. 1834
HSA XXI, Nr. 497; einige Abweichungen in der Orthographie.

Pückler-Muskau, Hermann Fürst von

Br. m. e. U., Paris, 9. 5. 1854
HSA XXIII, Nr. 1546.

Valentin, Nanette

E. Br. m. U., o. O. [Paris], 24. 12. 1834
HSA XXI, Nr. 508; einige Abweichungen in Orthographie und Zeichensetzung.

Weill, Alexander

E. Br. m. U., Barèges, 25. 6. 1845
HSA XXII, Nr. 1143; zahlreiche Abweichungen in Orthographie und Zeichensetzung.

2. Neue Briefe an Heine im Heine-Archiv des Heinrich-Heine-Instituts (bisher ungedruckt)

Von Alfred de Vigny

Paris, 8. (?) April 1835

je vous envoie, monsieur, non pas deux billets de loge, mais une loge entière. Si vous ne pouvez en disposer ce soir veuillez me la renvoyer. Depuis le jour ou vous m aviez bien voulu demander les billets, la maladie de *Joanny* a empêché la 27e représentation de ce Chatterton que vous verrez ce soir et dont je souhaite que vous soyez content. Vous voyez que je suis loin de vous oublier.

Alfd de Vigny

8. [2. ?] avril
1835

Überlieferung
H Heinrich-Heine-Institut, Düsseldorf

Von Edgar Quinet

Paris, 1836–1837

Mon cher Heine,

on m'a dit au *Courrier* qu'il avait été déjà question la [dessus?] ..de la Diète dans le n°. du 10 de ce mois. Mais j'ai insisté; et quelqu'un m'a promis de revenir fortement là dessus d'ici à deux ou trois jours. Si vous voulez, comme moi, que nous causions de toute chose [toutes choses ?] à notre aise, donnez moi un rendez-vous d'avance; mais ne venez pas un lundi! ...

Tout à vous
Ed. Quinet

Ce [Le ?] mardi.
rue du Colombin, hotel d'Angleterre.

Monsieur/Monsieur H. Heine/Cité Bergère n°. 3

Überlieferung
H Heinrich-Heine-Institut

Erläuterungen
Cité Bergère 3 war von Januar 1836 bis Ende 1837 Heines Adresse.

Von Edgar Quinet

Paris, 1836–1837 (?)

Ne m'en veuillez pas, mon cher Heine ..je ne peux pas m'engager à vous donner votre traduction d'ici à quinze jours [jour ?] ..j'ai trop peur de ne pas être exact; et puis je vais ce soir à la campagne ..excusez moi et pardonnez moi

votre
Ed Quinet

Monsieur Heine

Überlieferung
H Heinrich-Heine-Institut

Günter Grass: Die Blechtrommel, 1959
Vortrag zur Eröffnung der Reihe »Eine Stadt liest ein Buch« Oktober 2004

Von Helmut Frielinghaus

Vor Ihnen steht ein Ersatzmann. Dass Günter Grass heute morgen nicht selbst zu Ihnen sprechen kann, hat nicht nur mit seinem übervollen Terminkalender zu tun, sondern auch mit intensiver Arbeit an einem neuen, erzählerischen Prosawerk. Ich soll Ihnen aber sehr freundliche Grüße von ihm überbringen. Grass freut sich, dass die Stadt Düsseldorf, in der er mehrere Jahre gelebt, gelernt und studiert hat, in diesem Herbst seine »Blechtrommel« liest. Wenn Sie das Buch jetzt zum erstenmal lesen oder wiederlesen, werden Sie feststellen, dass Ihre Stadt darin eine große Rolle spielt, Sie werden etliche der Düsseldorfer Romangestalten erkennen oder wiedererkennen. Ich nehme an, dass unter Ihnen einige sind, die Günter Grass damals oder später begegnet sind, zum Beispiel dem Jazzmusiker Günter Grass, der, zusammen mit seinen Freunden Geldmacher und Scholl aus der damaligen Düsseldorfer Musikszene, in Ihrer Altstadt aufgetreten ist. Diejenigen unter Ihnen, die sich für bildnerische Kunst interessieren, werden sich daran erinnern, dass Günter Grass in Düsseldorf an Grabsteinen das Steinmetzhandwerk und später bei zwei berühmten Lehrern der Düsseldorfer Kunstakademie, Mages und Pankok, das Zeichnen und Bildhauern gelernt hat. Gerade in den letzten zwei Jahren hat Grass wieder viele neue Skulpturen in Ton geformt, die dann in Bronze gegossen wurden, darunter zwei Serien von Paaren, Tango tanzenden und sich liebenden Paaren, Skulpturen, die mit Gedichten und Grafiken in seinem Gedichtband »Letzte Tänze« in enger Beziehung stehen. In allerjüngster Zeit hat Grass Märchen von Hans Christian Andersen ausgewählt und mit wunderschönen Grafiken illustriert, Bildern, wie sie vielleicht nur ein in seiner Neugier, seiner Begeisterung und Lebenslust jung gebliebener weiser alter Mann ..ich vermeide jetzt absichtlich das beschauliche Wort Großvater ..zeichnen konnte. Grass übt, wie Sie sehen, nach wie vor aktiv seine verschiedenen Berufe aus und musste zwischenzeitlich lernen, sich mit einem relativ neuen, dem Stunden und Tage des Jahres verschlingenden Beruf des Nobelpreisträgers einzurichten.

Das Jahr 1959 war für die deutsche Literatur ein großes Jahr. Außer der »Blechtrommel« erschienen Uwe Johnsons »Mutmassungen über Jakob« und der Roman

»Billard um halbzehn« von Heinrich Böll. Von Paul Celan, dem Grass in Paris begegnet war, kam ein neuer Gedichtband, »Sprachgitter«, heraus, außerdem erschienen zwei Übersetzungen berühmter, ebenfalls noch heute lebendiger literarischer Werke: das Theaterstück »Das letzte Band« von Samuel Beckett und der Roman »Lolita« von Vladimir Nabokov.

Günter Grass war, als »Die Blechtrommel«, sein erster Roman, beim Luchterhand Verlag in Neuwied erschien, 32 Jahre alt. Er und seine erste Frau, die Balletttänzerin Anna Schwarz, hatten die vergangenen vier Jahre in Paris gelebt und zogen nun, im Herbst, kurz nach Erscheinen des Romans, mit ihren zweijährigen Zwillingssöhnen nach Berlin. Von der Frankfurter Buchmesse 1959 an war der »Blechtrommel« der Welterfolg sicher. Am Messestand wurden Übersetzungen in viele Sprachen vereinbart, die Verkaufszahlen der deutschen Ausgabe schnellten in die Höhe.

Der Erfolg hatte sich angekündigt, als dem Autor ein Jahr zuvor, nach der Lesung von zwei Kapiteln aus der »Blechtrommel«, der Preis der »Gruppe 47« verliehen wurde. Einer, der dabei gewesen ist, Hans Schwab-Felisch, der in Düsseldorf lebte, einer der großen deutschen Feuilletonisten und Literaturkritiker der Nachkriegsjahrzehnte, ein Gerhart Hauptmann-Spezialist und Beobachter der jungen deutschen Literatur, schrieb 1958 in der »Frankfurter Allgemeinen Zeitung«: »Sein Roman [ ] soll 700 Seiten stark werden und ist fast abgeschlossen. Grass las das 1. Kapitel« .. über die am Kartoffelfeuer sitzende Großmutter und den sich unter ihren vier, fünf Röcken verkriechenden Flüchtigen ..»und das 34. Kapitel [ ]« ... über die Ausreise von Danzig-Gdansk nach Stettin und Lüneburg im Juni 1945. »Sein Held«, so Schwab-Felisch weiter, »ist ein buckliger Trommler, der bei Beginn des Romans in einem Irrenhaus einsitzt. Grass verfügt über eine wilde, ungestüme und hart rhythmische Diktion, er hat ein Tempo am Leib, das einem oft den Atem verschlägt, er zeichnet mit scharfen Konturen eine Landschaft, Charaktere, eine Situation, verfügt über prächtige Bilder, beobachtet genau [ ] und spielt virtuos auf der Klaviatur der realistischen Stilelemente, mitunter ins Surrealistische übergreifend. Zwischen Ruhrgebiet und Polen ist sein Roman angesiedelt, er greift zurück in die vergangenen tausend Jahre , enthält Zeitkritik und ist, soweit das die Proben erkennen ließen, prall von simplizischem und bisweilen auch makabrem Humor.«

Es war dies die erste fundierte und, obwohl Schwab-Felisch nur Auszüge gehört hatte, überraschend treffsichere Äußerung eines Literaturkritikers über den in Deutschland anfangs, bei seinem Erscheinen, umstrittenen Roman, der in den folgenden Jahren unaufhaltsam zum festen Bestand der Weltliteratur werden sollte.

»Wenn es noch Kritiker in Deutschland gibt«, sagte Hans Magnus Enzensberger in einem umfangreichen Funkessay am 18. November 1959 im Süddeutschen

Rundfunk, »wird die Blechtrommel Schreie der Freude und Empörung hervorrufen.« Er hatte recht. Es gab diese Schreie. Die »Blechtrommel« war inhaltlich und sprachlich eine Herausforderung, auf die es in der damaligen Gesellschaft der Bundesrepublik keine gelassene Reaktion gab. Die Hymnen und Schmähungen würden ein Buch, so dick wie die »Blechtrommel« selbst, füllen.

Der erste der von Enzensberger vorausgesehenen Skandale ereignete sich, als der Bremer Senat der Entscheidung einer unabhängigen hochkarätigen Jury, Günter Grass für die »Blechtrommel« den Rudolf-Alexander-Schröder-Preis 1960 zu verleihen, die Zustimmung verweigerte. Der empörte, ausführliche Bericht, den, wiederum, Hans Schwab-Felisch daraufhin Ende Dezember 1959 in der »Frankfurter Allgemeinen Zeitung« veröffentlichte, war ein heftiges Plädoyer .. nicht für das Buch, sondern für die Freiheit der Literatur: »Hier geht es [ ] nicht mehr um die »Blechtrommel«, es geht um das Prinzip [ ]«.

Er hatte Recht, den Fall so klar und präzise darzustellen: Der Bremer Skandal war nur einer der Angriffe, die in den fünfziger und sechziger und noch in den siebziger Jahren nicht nur gegen Grass und seine frühen Romane, sondern gegen viele Autoren und gegen viele Bücher geführt wurden, Bücher, die eindeutig der Literatur zuzurechnen waren und sind: Meist waren diese Attacken Versuche engherziger kirchlicher Kreise oder von staatlicher Seite, unter Hinweis auf die sogenannte Gefährdung der Jugend (durch Obszönität, Pornographie oder Blasphemie) Zensur auszuüben, denn die indizierten Werke durften nicht mehr ausgelegt und offen verkauft werden.

Weil es, wie Schwab-Felisch sagte, um das Prinzip ging, mussten Autoren und Verlage, Kritiker und Leser diese ständigen Versuche, Bücher zu unterdrücken, ernst nehmen und abwehren. Ich erinnere mich aus meinen Verlagsjahren an aufwendige Verfahren, die am Ende übrigens immer von einzelnen, von engagierten und beherzten einzelnen, die sich als Zeugen in die Bresche warfen, zugunsten der Literatur entschieden wurden. Enzensberger war einer von ihnen, als es um die Novelle »Katz und Maus« von Grass ging, aber auch andere, zum Beispiel der damalige Hamburger Generalstaatsanwalt Buchholz, zählten zu den aufrechten Verteidigern der Freiheit der Literatur.

Das alles ist mehr oder weniger Geschichte ... und es wäre beinahe amüsant, wenn man bedenkt, was heute tagtäglich auf Kinder und Jugendliche losgelassen wird ... müssten wir nicht immer und überall aufpassen: Die Freiheit der Schreibenden, ob Dichter oder Journalisten, die Freiheit, frei von Zensur und Selbstzensur zu schreiben und zu veröffentlichen, und damit die Freiheit aller Lesenden ist immer gefährdet, offen oder versteckt, wenn nicht bei uns, dann doch in vielen Teilen der Welt. Amnesty International und die zum P. E. N. gehörende internationale Institution *Writers in Prison* berichten jeweils nur über die schlimmsten Fälle.

Ich habe in den letzten Wochen die »Blechtrommel« wiedergelesen und für mich neu entdeckt. Was für ein Buch! Natürlich war es vor 45 Jahren, als wir es das erste Mal lasen, etwas ganz und gar Neuartiges ..auch zum Beispiel gegenüber dem so genialen ironisch-satirischen »Krull« von Thomas Mann, der ein eleganter, die wilhelminische Gesellschaft belächelnder, ironisierender, aber doch noch ganz in dieser Gesellschaft verhafteter Roman war. Gemeinsam ist beiden Romanen ein von Phantasie und Zeitkritik be ügelter Übermut, die Lust, die Dinge auf die Spitze zu treiben, und die nie nachlassende äußerste Konzentration auf Form und Sprache. Aber die »Blechtrommel«, das spürten wir damals, hatte mehr Erde, mehr Kraft, war wilder, war mehr das, was wir »urig« nannten ..womit wir damals, in den fünfziger Jahren, die durch Traditionen und Tabus in vielen Bereichen noch unberührbare, mit Schweigen übergangene Wirklichkeit des Lebens meinten. Grass hatte sich sehr viel weiter von der Gesellschaft entfernt, er hatte mit dem Roman etwas riskiert, hatte sogar ..nicht nur für damalige Verhältnisse ..sehr viel riskiert, er scherte sich nicht um die gesellschaftlichen Konventionen der biederen fünfziger Jahre.

Die »Blechtrommel« hat, meine ich, nichts von ihrer unglaublichen erzählerischen Kraft, nichts von ihrer sprachlichen Vitalität eingebüßt. Sie hat keine Patina angesetzt, ich fand sie, beim Wiederlesen, spannend, mitreißend, komisch, traurig, manchmal außerordentlich hart, dann wieder überraschend weich, poetisch, ich musste oft laut lachen, musste manchmal schlucken, wie man beim Lesen oder im Kino an traurigen Stellen schluckt, war auch entsetzt über die *wahren* Grausamkeiten. Ich las mit neuem Entzücken, wie Oskar sich in die Seele von Menschen und Dingen hineintrommelt, wie er sich trommelnd kühne Wege öffnet, trommelnd Geschichten entdeckt, wie er Geschichten dem Vergessen entreißt, sich Geschichten, Lügengeschichten erfindet. Ich war verwundert, wie differenziert und heiter, ja lustig und poetisch die Passagen sind, die damals dem Vorwurf verdammenswerter, weil kränkender Blasphemie ausgesetzt waren ..sie haben nichts Gemeines, nichts übel Kränkendes, und wo sie anstößig sind, wollen sie es sein ..„.ich bewunderte das Zartgefühl, das spürbar hinter Passagen steht, die von derber Erotik und Sexualität handeln ..eine Haltung, so meilenweit entfernt von dem, was heute in Medien und Internet Tag für Tag an groben Sex- und Schlüssellochgeschichten geboten wird ..„. und ich spürte die Menschlichkeit und den Respekt vor dem Leben in den respektlosen und realistischen Beschreibungen brutaler Gewalt und Gewalttäter … Respekt, der in jedem Moment die Sprache des Autors bestimmt und der auch daher rührt, dass hinter allem, worüber Grass schreibt, ein breites Wissen steht, zum Beispiel geschichtliche Kenntnisse, auch theologische, und immer eine früh gewonnene menschliche Erfahrung.

Enzensberger hat es in seinem erwähnten Essay so formuliert:

Immer wieder tritt die Erzählung in jene verbotene Sphäre ein, wo sich Ekel und Sexualität, Tod und Blasphemie begegnen. Was Grass in dieser Hinsicht einerseits von aller Pornographie trennt und andererseits von dem sogenannten schonungslosen Realismus der amerikanischen Schule unterscheidet, was seine brüsken Eingriffe legitimiert, ja zu künstlerischen Ruhmestaten macht, das ist die vollkommene Unbefangenheit, mit der er sie vornimmt. Grass jagt nicht, wie Henry Miller, hinter dem Tabu her: er bemerkt es einfach nicht. Er ist dem Skandal weder aus dem Weg gegangen, noch hat er ihn gesucht; aber gerade das wird ihn hervorrufen, dass Grass kein schlechtes Gewissen hat, dass für ihn das Schockierende zugleich das Selbstverständliche ist.

Man könnte ergänzen, diese vollkommene Unbefangenheit wird nicht zuletzt durch die vom Autor gewählte überraschende Hauptgestalt hervorgehoben oder demonstriert: Oskar Matzerath, der mit drei Jahren sein Wachstum eingestellt hat, sich aber gleichwohl Wissen aneignet, nimmt die Welt und das Weltgeschehen aus einer eher uninteressierten, ablehnenden, allerdings auch wieder neugierigen Sicht wahr, die unverstellt ist von religiösen und gesellschaftlichen Tabus. Oskar hat, nicht nur wenn er mit seiner Stimme Glas zersingt, ein diebisches, ein ironisches, böses, hinterhältiges Vergnügen daran, Dinge zu tun und zu sagen, die »man« nicht tut und nicht sagt, seine Umgebung zu verstören.

In einem 1973 geschriebenen Rückblick auf die Entstehung des Romans berichtet Grass von der »Findung« seiner Hauptgestalt: »Bei banaler Gelegenheit, nachmittags, sah ich zwischen Kaffee trinkenden Erwachsenen einen dreijährigen Jungen, dem eine Blechtrommel anhing. Mir fiel auf und blieb bewusst: die selbstvergessene Verlorenheit des Dreijährigen an sein Instrument, auch wie er gleichzeitig die Erwachsenenwelt (nachmittäglich plaudernde Kaffeetrinker) ignorierte.«

Rund 25 Jahre später sieht Grass in Gdansk zum erstenmal den zwölfjährigen David Bennent mit den großen blauen Augen, der in der Verfilmung der »Blechtrommel« die Hauptrolle, Oskar Matzerath, spielt. Es ist der 18. September 1978. Nach Dreharbeiten in Zaghreb und in der Normandie dreht Volker Schlöndorff in Gdansk die polnischen Passagen. Einen Tag darauf führt man, etwas ängstlich, dem großen Autor die noch ungeschnittenen Muster vor. David, Oskar, mit seinen zwölf Jahren unglaublich ehrgeizig, ist nervös. Hinterher sagt er zu Schlöndorff, die Vorführung hätte Grass wohl nicht so gefallen. Er habe ihm, David, nur gesagt, er habe gut gespielt. Aber David Bennent irrt. Grass ist mit dem Gesehenen wie mit ihm, dem Hauptdarsteller, zufrieden.

Als ich merkte, dass der Schlöndorff jemand ist, der die Kraft und die Vorstellungskraft hat, aus *seiner* Ästhetik heraus, aus der Ästhetik des *Filmemachers* Stoff zu adaptieren, da war ich beruhigt,

sagt er später in einem Interview. Und über David Bennent, mit dem er auf Anhieb einverstanden ist, sagt er:

> Was mich ganz überzeugt, sofort überzeugt und was auch dem Buch entspricht: die Stärke der Augen .. die ist auch im Buch vorgegeben. Ich hab das gleich akzeptiert, dass er in der Rolle drinnen ist. Es gab ja große Schwierigkeiten in den Jahren davor bei den Leuten, die die *Blechtrommel* verfilmen wollten. Sie gingen immer davon aus .. das ist auch durch einen Teil der Literaturkritik mitverursacht .., sie sprachen immer von einem hässlichen Zwerg, von einem Gnom. Dabei macht das Buch deutlich: es ist ein Kind, das sein Wachstum eingestellt hat.

Der Film »Die Blechtrommel« ist eine der wenigen geglückten Literaturverfilmungen .. auch deshalb, wie Grass hervorgehoben hat, weil er ein selbstständiges, ein eigenständiges Kunstwerk ist. Ein Glücksfall.

Jahre später hat es eine weitere Begegnung zwischen Grass und einem jungen Blechtrommler gegeben, deren Zeuge ich wurde. Im Dezember 2002, auf einer Reise durch den Jemen, im Süden der arabischen Halbinsel, kamen Grass und seine arabischen und deutschsprachigen Begleiter in ein hoch und fernab gelegenes Gebirgsdorf in den Westkordilleren des Landes. Männer, die, farbenprächtig gekleidet, mit langen Stöcken und kurzen silbrigen Krummsäbeln zu Pfeifen- und Dudelsackmusik tanzten, empfingen uns. Nach langer Begrüßungszeremonie trat ein sieben- oder achtjähriger Junge mit einer ihm anhängenden Trommel aus den Reihen hervor, stellte sich vor den Ehrengast hin und begann zu trommeln. Dicht von den Besuchern umringt, trommelte er, trommelte laut und heftig, nicht mit kindlichem Eifer, sondern eher mit erwachsener Besessenheit und mit Kunst, und konnte nicht aufhören. Es war ein ergreifendes Schauspiel, eine Szene wie aus Tausendundeine Nacht, und Grass beugte sich zu dem Jungen hinunter, um ihm für diese besondere Ehrung zu danken, aber der Junge blickte kaum auf, lächelte auch nicht, und später sagte Grass, »Habt ihr die Augen des Jungen gesehen, das alte Gesicht?«

Grass sieht seinen Oskar Matzerath, durchaus selbstbewusst und mit Recht, in größeren literarischen Zusammenhängen und Nachbarschaften: Er sprach gelegentlich von der in Spanien erprobten Form des pikaresken Romans, der in Cervantes' Don Quijote seinen bis heute lebendigen großen Helden fand. Der Picaro hatte im Laufe der Geschichte etliche Nachfahren in der europäischen Literatur, in Voltaires Candide, in Laurence Sternes Tristram Shandy, in Charles de Costers Tyll Ulenspiegel und vor allem in Grimmelshausens Held Simplizius Simplizissimus. Grimmelshausen .. »Es hat mir so wollen behagen, mit Lachen die Wahrheit zu sagen«, schrieb er zu seinem Buch .. muss Grass besonders nahe sein. Man denkt in diesem Zusammenhang nicht nur an die Danziger Trilogie, den »Butt«, die »Rättin«, auch an »Das Treffen in Telgte«.

Oskar, der Blechtrommler, ist in der Ahnenreihe der Picaros der jüngste. Er ist der Picaro unserer Zeit, aber er hat vieles gemeinsam mit seinen listigen Vorläufern. Was sie verbindet, hat Grass erläutert, als ihm 1999 in Spanien der »Prinz von Asturien«-Literaturpreis verliehen wurde: Es ist der Blick *von unten*, aus dem Volk, auf die großen Geschehnisse, aus denen sich Geschichte zusammensetzt, ein Blick, der ein anderes Bild vermittelt, als die von Historikern aneinandergereihten Daten.

> Der Literatur Zeitzeugnisse gründen tiefer. Sie lassen die Verlierer zu Wort kommen: all jene, die nicht Geschichte machen, denen aber gleichwohl Geschichte unentrinnbar widerfährt, indem deren Diktat sie zu Tätern und Opfern, Mitläufern und Gejagten macht.

Ohne dass in der »Blechtrommel« Geschichte referiert würde, fügen sich die Geschichten, die hier einzelnen Menschen widerfahren, zu einem überraschend anschaulichen Geschichtsbild zusammen. Und wenn Oskar Matzerath skeptisch und böse seine Umwelt beobachtet, ist es ja buchstäblich und zugleich in vielfältigem Sinne der Blick von unten.

Der Blick von unten: Dieser Gedanke, den Grass in den letzten Jahren öfter geäußert hat, erscheint mir heute als ein Leitmotiv seines Schreibens überhaupt. Er bestimmt zum Beispiel ..und das besonders augenfällig ..jede der hundert Stories ..in dem 1999, zum Abschluss des 20. Jahrhunderts, erschienene Geschichtenbuch »Mein Jahrhundert«.

Geschichte und Literatur, Literatur und Geschichte: In der »Blechtrommel«, in der gesamten Danziger Trilogie spiegeln sich im Leben der Gestalten, in privaten und politischen Ereignissen die Geschichte Danzigs, deutsche und polnische Geschichte der ersten Hälfte des 20. Jahrhunderts wider, insbesondere die Geschichte der Hitlerjahre, des Zweiten Weltkriegs, der frühen Nachkriegsjahre. Aber dank der Perspektive, aus der erzählt wird, werden wir als Lesende, statt mit historischen Daten, mit Bildern konfrontiert, die der Autor zu sich fortsetzenden Bilderbogengeschichten aneinanderreiht. Das gilt ähnlich für die späten Prosawerke, für die »Unkenrufe«, vor allem aber für den Roman »Ein weites Feld«, der einhundertfünfzig Jahre deutscher Geschichte umspannt ..ein episches Werk, das in vielleicht nicht mehr ganz fernen Jahren auch in Deutschland noch richtig entdeckt und dann zu den Hauptwerken des Autors gezählt werden wird.

Aus diesem Geschichtsverständnis, dessen literarischer Grundstein mit der »Blechtrommel«, mit der Danziger Trilogie gelegt wurde, leitet Grass auch sein politisches Engagement ab. »Ein Schriftsteller«, heißt es im »Tagebuch einer Schnecke«,

> ist jemand, der gegen die verstreichende Zeit schreibt [ ] Eine so akzeptierte Schreibhaltung setzt voraus, daß sich der Autor nicht als abgehoben oder in Zeitlosigkeit verkapselt, sondern als Zeitgenosse sieht, mehr noch, daß er sich den Wechselfällen verstreichender Zeit aussetzt, sich einmischt, Partei ergreift [ ] Auch das Nachdenken über Deutschland ist Teil meiner literarischen Arbeit.

Unter solchem Blickwinkel sah Grass, dem die Erinnerung an den Krieg und an deutsche Verbrechen wie auch die Erinnerung an den Verlust der Heimat immer gegenwärtig blieb .. unter solchem Blickwinkel sah er seine aktive Beteiligung an Wahlkämpfen für Willy Brandt, für die SPD, und später seine zahlreichen politischen Einmischungen, Reden zur Vereinigung der beiden deutschen Staaten, Reden zum ersten und zum zweiten Golfkrieg, und so fort. Unter diesem Blickwinkel schrieb er, der nie Kommunist gewesen ist, sein Theaterstück über den Arbeiteraufstand am 17. Juni, »Die Plebejer proben den Aufstand«, unter diesem Blickwinkel ging er in den Zeiten der Mauer regelmäßig von Westberlin nach Ostberlin, um sich mit Schriftstellerkollegen der DDR zu treffen, und reiste als erster westdeutscher Schriftsteller nach dem Fall der Mauer nach Leipzig, Altdöbern, Bitterfeld. Er reiste und redete als Zeitgenosse zu denen, denen jetzt Geschichte widerfuhr. Seine Reden erregten Anstoß, vor allem die zornigen Reden von 1989 und 1990 .. später sagte Grass manchmal, es tue ihm selbst leid, dass er mit seinen kritischen Warnungen meistens Recht behalten habe.

Die versöhnliche, heiter-gelassene Haltung, mit der Grass sein .. aus der Perspektive eines Fontane-Nachgängers erzähltes .. Epos »Ein weites Feld« vorlegte, wurde bei uns von der Kritik missverstanden: Von denen allerdings, denen Geschichte widerfuhr, wurde das Buch begeistert gelesen. Ich frage, ob die zustimmenden und begeisterten Kritiken, die Grass für seine Novelle »Im Krebsgang« bekam, nicht teilweise auf einem bequemen Irrtum beruhten, auf einem Verkennen der Botschaft des Buches, das schnell und mit oft hörbarer Erleichterung unter der Rubrik »deutsches Leid« vereinnahmt wurde.

Ich denke, wir könnten, sollten stolz sein auf die deutschsprachigen Schriftsteller der Nachkriegsjahrzehnte wie Heinrich Böll, Siegfried Lenz und Günter Grass, die beharrlich politische Arbeit, auch tagespolitische Arbeit geleistet haben. Ich nehme an, ohne diese Vorläufer wären manche Bewegungen der späten sechziger und der siebziger Jahre nicht möglich gewesen.

»Die Blechtrommel«: Beim Wiederlesen, nun mit Kenntnis der späteren Werke, staune ich, wie viele Keime, Keime zu fast allen späteren Werken, dort verborgen waren und jetzt offen sichtbar sind. Grass hat sich in seinen Romanen nie wiederholt, nie inhaltlich kopiert, nie variiert. Aber der gleich in der »Blechtrommel« spürbar werdende autobiografische Untergrund ist so stark, dass Grass im Laufe der Jahrzehnte immer wieder dort schon ganz früh erwähnte Ereignisse oder Gestalten, die ans Licht wollten, aufgreifen konnte. Manche seiner Gestalten haben ihn durch mehrere Bücher, sein Leben hindurch begleitet. Oskar tritt kurz im »Butt« und dann mehrmals als »unser Herr Matzerath« in der »Rättin« wieder auf. Dann ist da die aus verschiedenen Grass'schen Romanen bekannte und berüchtigte, bei Lesern beliebte Tulla Pokriefke, in der »Blechtrommel« noch Luzie Rennwand genannt, »ein Luder besonderer Art«, wie Oskar sich in der »Rättin« erinnern wird. Tulla, in »Katz und Maus« eine frühreife Göre, die den Jungens beim Onanieren zusieht, wird in der Novelle »Im Krebsgang« zur Hauptgestalt avancieren. Auch das Unglücksschiff, die »Wilhelm Gustloff«, wird schon in der »Blechtrommel« erwähnt. Das ehemalige Düsseldorfer Tanzlokal Löwenburg, das im Roman von Oskar und seinem Freund Egon Münzer alias Klepp aufgesucht wird, ist Schauplatz eines der Gedichte, die Grass in dem kürzlich erschienenen Band »Letzte Tänze« versammelt hat ... ein Gedicht, das die lebenshungrige Stimmung der Jugend der Nachkriegsjahre einfängt.

Und für Grass waren dies eben die Düsseldorfer Jahre.

Grass hat oft etwas unwirsch reagiert, wenn er nach der Entstehung der »Blechtrommel« gefragt wurde: Das Buch sei ihm abhanden gekommen, der Zugang durch Urteile und Vorurteile versperrt worden, sagte er 1973 im Rahmen einer Sendereihe des Westdeutschen Rundfunks, und nach einigen Erinnerungen an Begleitumstände des Schreibprozesses, an Reisen, Begegnungen, auch früheste Entwürfe, nach ein paar selbstironischen Bemerkungen spricht er lieber genüsslich von dem Heizungsofen in der Pariser Avenue d'Italie 111, den er mit den Manuskripten der ersten und zweiten Fassung und schließlich dritten gefüttert habe, um sie vor Germanisten »und deren Geilheit nach Sekundärem« zu retten, oder er spricht davon, wie er als junger Autor und Familienvater die finanziellen Probleme löste.

Gesprächiger wird er, wenn er die Reise nach Gdansk-Danzig beschreibt, die 1958, bei den Schlussarbeiten an den Kapiteln über die Polnische Post nötig wurde.

> In Gdansk suchte ich Danzig [...] schritt Danziger Schulwege ab, sprach ich auf Friedhöfen mit anheimelnden Grabsteinen, saß ich (wie ich als Schüler gesessen hatte) im Lesesaal der Stadtbibliothek und durchblätterte Jahrgänge des *Danziger Vorposten,* roch ich Mottlau und Radaune. In Gdansk war ich fremd und fand dennoch in Bruchstücken alles wieder: Badeanstalten, Waldwege, Backsteingotik und jene Mietskaserne im Labesweg, zwischen Max-Halbe-Platz und Neuem Markt; auch besuchte ich (auf Oskars Anraten) noch einmal die Herz-Jesu-Kirche: der stehen gebliebene katholische Mief.

Nach der komischen Schilderung eines Besuchs bei seiner kaschubischen Großtante Anna schließt er diese polnische Passage mit einer hübschen Episode: Auf der Rückreise machte er damals, also 1958, in Warschau die Bekanntschaft seines späteren Erz-Kritikers Marcel Reich-Ranicki, der nach dieser kurzen Begegnung mit dem jungen Autor verstört den gemeinsamen Freund Andrzej Wirth anrief und sagte: »Pass auf! Das ist kein deutscher Schriftsteller. Das ist ein bulgarischer Agent.«

Düsseldorf. Hier beginnt die »Blechtrommel«: »Zugegeben, ich bin Insasse einer Heil- und Pflegeanstalt [...].« Grass erlebte in Düsseldorf, nach Krieg, Verwundung und Gefangenschaft die Nachkriegszeit ... Frieren, Hungern, Schwarzmarkt, später Währungsreform, Wiederaufbau, Wirtschaftswunder, auch die große Theaterzeit mit Gründgens, Hoppe, Flickenschildt. Bei Wedig in der Löwenburg trinken die Tanzenden, die »nicht stürzen«, weil sie ausgezeichnete Schieber- und Charleston-Tänzer sind, in der Pause Kaltgetränk mit Schuss und rauchen Amis vom Schwarzen Markt. Ein hübsches Detail sind in Oskars Erzählungen die auffallend vielen weißgekleideten Düsseldorfer Krankenschwestern mit den schönen Namen. Die Route der »letzten Straßenbahn« kann man nachfahren, andere im Roman erwähnte Stätten in der Stadt aufsuchen.

Mir fielen Parallelen auf: Auch in den Danzig-Kapiteln spielen die Straßenbahnen eine ungewöhnlich große Rolle, und wenn der Raskolnikoff genannte Kunststudent in der Düsseldorfer Kunstakademie das »ganz große Bild« »Madonna 49« malt ..Oskar sitzt nackt auf den Oberschenkeln des Modells Ulla ..,.denkt man natürlich an die Szene in der Danziger Herz-Jesu-Kirche, wo Oskar schließlich auf den Knien der Marienstatue sitzt und den Platz des Jesusknaben einnimmt, Jesus mimt. Merkwürdige Bilder, Parallelen, Spiegelungen, die immer wieder zu den Anfängen zurückführen: Oskar trommelt sich zurück. Oskar würde sich gern unter die Röcke der Großmutter oder Urmutter auf dem kaschubischen Kartoffelacker zurücktrommeln.

Danzig ..Gdansk. Die Zerstörung und der Verlust seiner Heimatstadt erwiesen sich als Stoff, den Grass als ein ihm vorgegebenes Thema empfand und versteht. Er sprach darüber am 7. Dezember 1999 in seiner Stockholmer Rede.

> Diese Stoffmasse, die sich, indem ich sie abzutragen begann, vergrößerte, war nicht wegzublinzeln. Zudem komme ich aus einer Flüchtlingsfamilie. Deshalb hat sich zu allem, was einen Schriftsteller von Buch zu Buch antreiben mag ..üblicher Ehrgeiz, Furcht vor Langeweile, das Triebwerk der Egozentrik ..,.die Gewißheit vom unwiderbringlichen Verlust der Heimat als anstiftende Kraft bewiesen. Erzählend sollte die zerstörte, verlorene Stadt Danzig, nein, nicht zurückgewonnen, jedoch beschworen werden. Diese Schreibobsession hat mich angestachelt.

Am 1. und 2. Oktober des Jahres 2000 begegneten sich in Vilnius vier Dichter, darunter drei Träger des Literaturnobelpreises: Wisława Szymborska aus Krakau, der kürzlich gestorbene Czesław Miłosz, der in Wilna aufwuchs, Tomas Venclova, der aus Kleipeda (Memel) stammt, und Günter Grass aus Danzig (Gdansk). Das Treffen in Vilnius diente dem gemeinsamen Nachdenken über die »Zukunft der Erinnerung«: Alle vier hatten bewusst die Schrecken des Krieges, die Vertreibungen, die erzwungenen großen Migrationen der Nachkriegsjahre erlebt. Drei hatten ihre Heimatstädte verloren. Schmerzlicher als die persönlichen Verluste sind ihnen andere Verluste: das jüdische Wilna, für immer verschwunden, die Folge von Mord und Krieg und, nach dem Krieg, die Folge der Bevölkerungspolitik Stalins. So wurde in vielen ethnisch bunten Städten, die auf natürliche, kaum noch vorstellbare Weise *europäische* Städte waren wie Vilnius (Wilna), Gdansk (Danzig) oder Kleipeda (Memel) das einst vielsprachige und vielfältige geistige und kulturelle Leben erstickt. »Ein Pole in Danzig zum Beispiel«, so Miłosz, »wird mit der deutschen Kultur konfrontiert, die sich jahrhundertelang aufgeschichtet hat [ ] Die Vergangenheit, die sich bei jedem Schritt durch Danzig oder Wilna in Erinnerung bringt, verlangt nach Wahrhaftigkeit, wenn wir über das, was war, nachdenken und schreiben.«

Das ist ein Erinnern und Gedenken, dem jede Form von Regressansprüchen, wie sie jetzt wieder in Deutschland und in Polen erhoben wurden, fremd ist. Es ist ein Erinnern, das, wie Grass sagte, die Macht hat, Verlorenes und Vergangenes davor zu bewahren, dass es im Vergessen versinkt.

Es ist kein Erinnern, das eine besonnte Vergangenheit, die nie existierte, beschwört. Es ist ein Wachhalten, das mich an das Bewahren des Gedächtnisses im Judentum erinnert: »Die Thora« schreibt die österreichische Schriftstellerin Anna Mitgutsch, »stellt den Menschen mit allen seinen peinlichen, auch kriminellen Schwächen dar. Dieses Erinnern ist stärker, ein Vergegenwärtigen und kann nicht der Geschichtsschreibung einverleibt werden, die Vergangenes in der Vergangenheit belässt.«

»Erinnern ist menschlich, wir können sagen, das Humane an sich«, schrieb der ungarische Schriftsteller György Konrád.

Für Grass ist die Fähigkeit, sich erinnern zu können, »Gnade und Fluch zugleich; Fluch, indem sie nicht von uns ablässt, Gnade, indem sie den Tod aufhebt. So reden wir in der Erinnerung mit Lebenden und Gestorbenen. Indem man sich an uns erinnern wird, werden wir überleben. Das Vergessen jedoch besiegelt den Tod.«

Ich kenne keinen anderen Schriftsteller der Gegenwart, in dessen Werk sich so viel an Erinnerung aufgeschichtet hat wie im Werk von Günter Grass. »Erzählend sollte die zerstörte, verlorene Stadt Danzig, nein, nicht zurückgewonnen, jedoch beschworen werden.« Dieser erzählerische Erinnerungsprozess begann bei Grass mit der »Blechtrommel«. Das beständige, für unsere Zukunft wichtige Erinnern, über das die aus Krakau stammende polnische Dichterin und die drei aus baltischen Gebieten stammenden Dichter im Oktober 2000 bei ihrem Treffen in Vilnius sprachen, setzte bei Grass schließlich auch einen bisher, wie er sagte, vernachlässigten Teil der »Stoffmasse« frei …die Geschichte des mit Flüchtlingen beladenen Unglücksschiffes »Wilhelm Gustloff«, die in ihren Folgen, so wie Grass sie dann in der Novelle »Im Krebsgang« erzählt hat, bis in unsere Gegenwart hineinreicht.

Hier möchte ich den in Gdansk lebenden polnischen Schriftsteller Paweł Huelle erwähnen, der sich ausdrücklich als Schüler von Günter Grass versteht und in seinen Danziger Erzählungen aus seiner Sicht, als Pole, die untergegangene Welt der einstigen deutschen Bewohner beschwört. Schriftsteller sind die besseren Brückenbauer.

Abschließend sei noch einmal Günter Grass zitiert, mit einem Satz aus der Stockholmer Rede:

> Ich wollte, nicht frei von Trotz, mir und meinen Lesern ins Bild bringen, dass das Verlorene nicht spurlos im Vergessen versinken muss, vielmehr durch die Kunst der Literatur wieder Gestalt gewinnen kann: in all seiner Größe und jämmerlichen Kleinlichkeit, mit seinen Kirchen und Friedhöfen, den Geräuschen der Schiffswerften und dem Geruch der matt anschlagenden Ostsee, mit einer längst verebbten Sprache, diesem stallwarmen Gemaule, mit Sünden, die zur Beichte taugten, und seinen geduldeten und verschuldeten Verbrechen, denen keine Beichte die erwünschte Absolution erteilen konnte.

Heinrich Heine: europäisch, musikalisch und kulinarisch
Das Düsseldorfer Studierenden-Kolloquium 2004 mit neuen Arbeiten über Heinrich Heine

Von Karin Füllner, Düsseldorf

Anders als in den vergangenen Jahren kam die Mehrzahl der Vortragenden beim siebten Düsseldorfer Studierenden-Kolloquium am 11. Dezember 2004 aus Düsseldorf, ein sehr erfreuliches Zeichen, dass an der Heinrich-Heine-Universität Düsseldorf wieder verstärkt über Heine gearbeitet wurde und wird. Zwei Vorträge aus Düsseldorf und Berlin präsentierten die Ergebnisse von Magisterarbeiten, eine Dissertation und ein Habilitationsprojekt aus Düsseldorf wurden vorgestellt.[1] »Auffallend kenntnisreich trauten sich die jungen Wissenschaftler an die größten akademischen Brocken und zeigten sich souverän im Umgang mit der teilweise scharfen Kritik der anwesenden Experten«, urteilte die Düsseldorfer Presse[2] und beschrieb damit das ausgesprochen hohe Niveau aller Vorträge wie auch die intensiv geführten Diskussionen.

»Bei allem kurzsichtig-politischen Gerangel um Europa .. wie wohltuend ist da ein intelligenter Blick zurück in die europäische Ideengeschichte«, hieß es vor allem im Hinblick auf die beiden Vormittagsvorträge, die »den europäischen Heine ins Visier« nahmen.[3]

Unter dem Titel »Den Europäer der Zukunft vorgebildet: Heinrich Heines kulturpolitischer Ein uss auf Friedrich Nietzsche« analysierte Stefanie Winkelnkemper (Düsseldorf) Spuren der Heine-Rezeption bei Nietzsche und trug damit Ergebnisse ihrer bei Prof. Dr. Gertrude Cepl-Kaufmann entstandenen Magisterarbeit vor. Schon in der Weise, wie Nietzsche den Lyriker Heine rühmt .. »Er besaß jene göttliche Bosheit, ohne die ich mir das Vollkommene nicht zu denken vermag« .. sieht sie eine kulturpolitische Dimension: Distanzierung durch Spott und Lachen gelte sowohl für Nietzsches als auch für Heines Verse. Heines Eintreten für die »Gottesrechte des Menschen« wirke, »als nähme er Nietzsches Höhenmenschentum vorweg«. Mit Gerhard Höhn verwies sie darauf, »dass Friedrich Nietzsche wohl als erster erkannt habe, dass Heine in seinem Werk permanent dafür gekämpft habe, Europas Freiheit und die notwendige Verständigung zu vermitteln«. Nietzsches Interesse für die französische Kultur, sein »bewusst gewählter Standpunkt zwischen den Nationen«, habe ihn mit Beginn der 1880er Jahre zur Hochschätzung Heines geführt. Heine ist ihm »historisches Vorbild, als er die Juden in sein Europa-Konzept fügt«: »Die Juden allein haben im modernen Europa die supremste Form der Geistigkeit gestreift [ ]. Mit Offenbach, mit Heinrich Heine ist die Potenz der europäischen Cultur wirklich überboten.« Bei aller Vorbildfunktion Heines für Nietzsches kulturpolitische Ideale machte Stefanie Winkelnkemper jedoch auch Unterschiede der Europa-Konzeptionen deutlich. Anders als bei Heine, der zwar Napoleon gerühmt habe, aber nicht das Muster eines neuen Menschen entwerfe, sei das Menschenbild Nietzsches geprägt von der »Idee elitärer Individuen«, »von unbedingter Macht der wenigen über viele«.[4]

Karl Solibakke ..soeben mit einer bei Prof. Dr. Bernd Witte entstandenen interdisziplinären Arbeit »Geformte Zeit. Musik als Diskurs und Struktur bei Bachmann und Bernhard« an der Heinrich-Heine-Universität Düsseldorf promoviert … stellte mit dem Vortrag »Zum europäischen kulturellen Gedächtnis Heinrich Heines« sein Habilitationsprojekt vor: »Zunächst geht es darum, den europäischen Kulturbegriff in Heines Prosaschriften der 1830er und 40er Jahre zu bestimmen. Zweitens soll das Archiv von Ausdrucksformen und Erinnerungsfiguren für das kulturelle Gedächtnis Europas kodifiziert und drittens sollen diese transnationalen, ja sogar hybriden Erinnerungssymbole in ihrem Zusammenhang mit dem gesellschaftlichen Bedeutungswandel erfasst werden«. Diese Fragestellungen untersuchte Solibakke vor allem mit Blick auf die Schriften »Zur Geschichte der Religion und Philosophie in Deutschland« und »Französische Zustände«. Sowohl in der Deutschland- wie auch der Frankreichschrift verwende Heine »Modelle kollektiver Bedeutungsproduktion« und re ektiere sie, eine doppelte Blickrichtung, in der Solibakke die »Aktualität des europäischen Geschichts- und Kulturverständnisses Heinrich Heines« begründet sieht: »Der Symbolisierungsprozess vermischt sedimentierte Ausdrucksformen mit fremden Mentalitätswerten und nimmt die Mischprodukte in das transkollektive Bewusstsein auf.« Wenn auch diese Vermischungen dem europäischen kulturellen Gedächtnis genuin seien, so kommt Solibakke zu dem Schluss: »Damit kann der Blick, der das Andere als Anderes gelten lässt und es nicht etwa für ein uniformes Europa vereinnahmt, als das politische Erbe Heinrich Heines gelten«.[5]

Die Referate des Nachmittags beschäftigten sich mit zwei sehr unterschiedlichen »Einzelthemen«, von denen jedes für sich aber durchaus zentrale Bedeutung für das Gesamtwerk Heines beanspruchen kann: zum einen Heines Musikre exionen, zum anderen seine Metaphern des Essens und Trinkens.

Thorsten Palzhoff präsentierte unter dem Titel »Der Ort der Musik in Heinrich Heines Schriften« Ergebnisse seiner bei Prof. Dr. Sigrid Weigel (Technische Universität Berlin) entstandenen Magisterarbeit. Schon in den »Briefen aus Berlin« erklärt der Korrespondent Heine dem Leser seine Methodik: »Assoziazion der Ideen soll immer vorwalten«[6], den Anspruch eines professionellen Musikkritikers erhebt er ausdrücklich nicht: »Ich bin zu sehr Laye im Gebiete der Tonkunst«.[7] In Folge der Arbeiten von Michael Mann und Corinna Caduff und in kritischer Auseinandersetzung mit ihnen fragt Thorsten Palzhoff daher nicht nach dem musikalischen Sachverstand Heines, sondern nach seiner analytischen Absicht, »aus den Kunstwerken die Zeichen der Gegenwart zu lesen«. Mit Bezug auf Walter Benjamins astrologisches Denkbild ..»Die Ideen verhalten sich zu den Dingen wie die Sternbilder zu den Sternen« ..zeigt er, wie sehr Heines Musikkritiken den späteren von Theodor W. Adorno entsprechen. »Wie Heine stellt Adorno in der Philosophie der neuen Musik Komponisten als dialektische Extrempole einer Entwicklung einander gegenüber«. Wenn etwa Adorno in der Kontrastierung von Strawinsky und Schönberg »Male des geschichtlichen Prozesses« verdeutlicht sehe, so habe Heine an Gegensatzpaaren wie Spontini ..Weber und Rossini ..Meyerbeer zeitgenössische sozial-politische Tendenzen expliziert. Und wie Adorno war auch Heine »ein ätzender Kritiker des Kulturbetriebs«. Abschließend untersucht Palzhoffs Beitrag, welche Bedeutung der Musik in den »Florentinischen Nächten« als Vermittlerin zwischen Geist und Materie zukommt. Da Heine in »Lutezia« konstatiert, die Musik sei »vielleicht das letzte Wort der Kunst«[8], vermag Palzhoff sehr interessant aufzuzeigen, wie Musik bereits im poetologischen Konzept des Novellenfragments »den Ort des Übergangs« markiert und Heines Gegenpole Sensualismus und Spiritualismus aneinander bindet und ineinander transformiert.[9]

»Die kulinarische Metaphorik im Gesamtwerk Heinrich Heines« analysierte Cordula Hupfer, die damit ihre bei Prof. Dr. Wilhelm Gössmann an der Heinrich-Heine Universität Düsseldorf entstandene Dissertation vorstellte. Die Ess- und Trinkmetaphorik entspreche Heines »sinnlicher Literatur«, sei aber weit mehr als »unverbindliche Plauderei, Dekoration, Amüsement oder gelegentliche Quelle für Bonmots«: »Wann immer der Dichter auftischt, wird Fragwürdiges verhandelt. Wenn Gerichte Erwähnung finden, geht er zugleich mit etwas ins Gericht.« Die Rede vom Essen und Trinken sei bei Heine weiterentwickelt zu einer »zwischen Wörtlichem und Übertragenem changierenden, gesellschaftskritischen, besonders auch politischen Metaphorik«. Ess- und Trinkmetaphorik habe einen hohen affektiven Gehalt und entfalte immer zugleich wörtliche sowie übertragene Wirkung: »Wer über Geist und Gaumen verfügt, wird von diesem Metapherntypus stets auf beiden Ebenen vitalisiert.« Spannend zu beobachten waren Parallelen der beiden letzten Kolloquiumsvorträge. Wie Palzhoff die Musik als »Ort des Übergangs« beschreibt, sieht Hupfer die Besonderheit der kulinarischen Metaphorik gerade darin, »den uralten, ewigen Kon ikt zwischen dem Geist und der Materie versöhnen zu können«. Und wie die Musikre exionen der Ideenassoziation im Kunstwerk Raum geben, so zeigte Cordula Hupfer, wie Heine mit kulinarischen Bildern gegen die klassisch-romantische Kunstauffassung »ein neues Lied, ein besseres Lied« dichtet, das von »Zuckererbsen nicht minder« kündet.[10] Hupfer bezieht sich auf Terence James Reed und Bernd Wetzel, grenzt sich aber von ihnen ab, versteht sie doch letztlich die Speisemetaphorik zum einen als Indiz von »Heines schriftstellerischer Absicht, die Literatur für neue, alltagsweltliche Themen zu öffnen« und zum anderen als eine Möglichkeit des Dichters, »auch die abstraktesten Ideen mundgerecht« zu machen.[11]

»Cordula Hupfer und Thorsten Palzhoff haben eins gemeinsam: ihre Begeisterung für Heinrich Heine«, hieß es im März 2005 in der Düsseldorfer Presse, als die beiden Nachwuchswissenschaftler im Heine-Institut den Preis für die besten Vorträge erhielten.[12]

Erwähnt werden soll schließlich noch ein besonders schöner Ausklang des Studierenden-Kolloquiums 2004: Nach den vier wissenschaftlichen Vorträgen präsentierten Nadine Alexander, Anne Backes, Stefan Führt, Iris Kuchta, Martin Schläger, Nils Werner und Tobias Wienke, Studierende der Heinrich-Heine-Universität Düsseldorf eine kreative Arbeit: das selbst produzierte Hörspiel »Heine trifft Börne«, eine Collage, die mit Originaltexten der beiden großen Schriftstellerkontrahenten eine fiktive Antwort zu geben versucht auf die Frage: »Was wäre wohl passiert, wenn Heinrich Heine und Ludwig Börne sich in Paris noch einmal begegnet wären?«[13] Die ideenreich auch mit Projektionen visuell unterstützte Vorführung des Hörspiels leitete über zum Festvortrag des Abends, zu dem Heine-Gesellschaft, Heine-Institut und Forum Vormärz Forschung eingeladen hatten, um sowohl den 207. Heine-Geburtstag zu feiern als auch die Referentin zu ihrem 80. Geburtstag zu ehren: Die Heine- und Börne-Expertin Dr. Inge Rippmann aus Basel sprach zum Thema: » Welch ein schönes Land und welche häßlichen Menschen! Mythos und Wirklichkeit der vormärzlichen Schweiz in Ludwig Börnes Sicht«.

Anmerkungen

1 Zu Konzeption und Organisation des von Heinrich-Heine-Institut, Heinrich-Heine-Gesellschaft und Heinrich-Heine-Universität gemeinsam veranstalteten Düsseldorfer Studierenden-Kolloquiums vgl. auch Karin Füllner: » eine neue Zeit mit einem neuen Prinzipe«. Das Düsseldorfer-Studierenden-Kolloquium mit neuen Arbeiten über Heinrich Heine. ..In: HJb 2001, S. 164.173; diess.: »Dieses ist die neue Welt!« Das Düsseldorfer Studierenden-Kolloquium 2001 mit neuen Arbeiten über Heinrich Heine. ..In: HJb 2002, S. 245.247; diess.: »und gerade Heine überzeugt mich«. Das Düsseldorfer Studierenden-Kolloquium 2002 mit neuen Arbeiten über Heinrich Heine. ..In: HJb 2003, S. 188.191 und diess.: »Europäischer Heine«. Das Düsseldorfer Studierenden-Kolloquium 2003 mit neuen Arbeiten über Heinrich Heine. ..In: HJb 2004, S. 277.281.

[2] Claus Clemens: Gerichte und Gericht. ..In: Rheinische Post, Düsseldorf, vom 14. Dezember 2004.

[3] Ebd.

[4] Zitiert nach dem von Stefanie Winkelnkemper vorgelegten Beitrag.

[5] Zitiert nach dem von Karl Solibakke vorgelegten Beitrag.

[6] DHA VI, 9.

[7] DHA VI, 25.

[8] DHA XIII, 125.

[9] zitiert nach dem von Thorsten Palzhoff vorgelegten Beitrag, der im vorliegenden Heine-Jahrbuch abgedruckt ist.

[10] DHA IV, 92 (»Deutschland. Ein Wintermährchen«).

[11] zitiert nach dem von Cordula Hupfer vorgelegten Beitrag, der im vorliegenden Heine-Jahrbuch abgedruckt ist.

[12] Rosa Moya: »Junge Heine-Forscher geehrt«. In: Rheinische Post, Düsseldorf, vom 9. März 2005. Zum dritten Mal hatte die Heine-Gesellschaft einen Preis ausgelobt. Neu war, dass in diesem Jahr der Jury (Dr. Karin Füllner. Prof. Dr. Wilhelm Gössmann, Prof. Dr. Joseph A. Kruse, Prof. Dr. Manfred Windfuhr) als Gastmitglied der Preisträger des letzten Jahres Dr. Claude Conter, angehörte. So sollen beim nächsten Studierenden-Kolloquium im Dezember 2005 Dr. des. Cordula Hupfer und Thorsten Palzhoff den/die neue Preisträger/in mitküren. Zur Preisverleihung im Heine-Institut am 8. März 2005 durch den 1. Vorsitzenden der Heinrich-Heine-Gesellschaft, Prof. Dr. Joseph A. Kruse, vgl. auch Westdeutsche Zeitung, Düsseldorf, vom 9. März 2005 und Neue Rhein-Zeitung, Düsseldorf, vom 9. März 2005.

[13] Das Hörspiel »Heine trifft Börne« ist als Projektarbeit entstanden aus meinem im Sommersemester 2004 an der Heinrich-Heine-Universität Düsseldorf (Germanistik II) gehaltenen Seminar (TPS) »Heines Börne-Buch«. Wir danken dem Medienzentrum Rheinland für die freundliche Unterstützung bei der Produktion.

Reden zur Verleihung des Heine-Preises 2004

Dankrede

Von Robert Gernhardt

Verehrte Anwesende, lieber Michael Maar, ich danke der Stadt Düsseldorf für den ehrenvollen Preis, ich danke für die preisträgerfreundlich plazierte Feierstunde, und ich danke für die wärmenden Worte, die ich hören durfte.

Sie haben meinen Verdacht erhärtet, daß der Mensch unbegrenzt belobbar ist … es tut gut, das hin und wieder am eigenen Leibe erfahren zu dürfen. Ich danke schließlich für die Möglichkeit, selber das Wort zu ergreifen ..ich möchte sie dazu nutzen, einige Gedanken zu einem Thema zu formulieren, das mir im Laufe der Zeit immer näher, man kann schon sagen: auf den Pelz gerückt ist:

Kann es das Dichten richten?

Vor zehn Jahren war das für mich noch keine Frage. Da leitete ich das achtzeilige Gedicht »Der Dichter« mit der vierzeilig vorgetragenen Gewißheit ein:

> Abends zählt er seine Leiden,
> tut sich an dem Vorrat weiden,
> wählt eins aus, bedichtet es,
> und das Dichten richtet es.

Das Fragezeichen, das ich heute hinter diese Behauptung setze, kommt nicht von ungefähr. Hätte ich den Heine-Preis vor zehn Jahren erhalten, ich wäre vermutlich der Frage nachgegangen, was es mit Heines Lachen auf sich hatte, und wieso er uns heute noch zum Lachen bringt. Doch wie das Leben so spielt, scheinen mir seit einiger Zeit Heines Leiden bedenkenswerter, was zugleich die Art und Weise meint, in der er, der Dichter, sie zur Sprache gebracht hat. Um Heines Eigenart genauer ins Auge fassen zu können, werde ich mich zum Vergleich etwas bei anderen Dichtern umschauen müssen, und bevor ich den Dichtern das Wort erteile, wird es nicht zu vermeiden sein, auch Fachleute sowie den Mann und die Frau von der Straße ein wenig zu Wort kommen zu lassen, Ärzte und Patienten also ..: Das Leiden ist ein weites Feld, was erst recht für das Reden vom Leiden gilt. Mehr als eine Suchbewegung vom Allgemeinen hin zu Heinen habe ich nicht anzubieten .. doch genug des vorbeugenden Verständnisheischens, reden wir drau os, allerdings nicht ohne zuvor ein Dichterwort als Orientierungsmal in den schwankenden Boden gerammt zu haben. Es stammt von Goethe, der es seinerseits einem Dichter, seiner Dramenfigur Torquato Tasso, in den Mund gelegt hat.

Und wenn der Mensch in seiner Qual verstummt,
Gab mir ein Gott zu sagen, wie ich leide.

Lassen wir die Frage beiseite, von welcher Qual hier die Rede ist, fragen wir stattdessen, ob sie Recht haben, die beiden Dichter: Verstummt er denn, der gequälte Mensch?

Erfahrungsgemäß nicht. Er seufzt, er stöhnt, er ächzt, er eht, er ucht, er betet, er bettelt, er weint, er winselt, er schreit auf, und bei diesen Lautäußerungen bleibt es nicht. Den Gequälten .. und damit meine ich jetzt: den Kranken .. drängt es, von seiner Qual .. und das meint: von seiner Krankheit .. zu erzählen, es fragt sich nur, ob er auch Zuhörer findet. Die behandelnden Ärzte fallen in der Regel aus. Nicht nur, daß ihnen meist die nötige Zeit fehlt, sie vermitteln dem Patienten zudem häufig das Gefühl, seine Qual nicht angemessen ausdrücken zu können .. immer wieder muß der nämlich mit anhören, wie sich die Mediziner untereinander in einer hochabstrakten, weitgehend unbegrei ichen Fachsprache über das unterhalten, was ihm doch so real auf den Nägeln brennt.

Zudem sind die Ärzte meist gesund, und die Gesunden sind per se ungeeignete Zuhörer für Krankengeschichten .. schierer Selbsterhaltungstrieb verbietet es ihnen, die Mitleidsfrage zu stellen, sie gar zu vertiefen: Allzu einseitig das zu erörternde Thema, viel zu unberechenbar der zu erwartende Redeschwall. Auch dazu hat ein Dichter, August von Platen, das zu Sagende gesagt, eigenwillig in der Diktion, doch von allgemeingültigem Inhalt:

Es liegt an eines Menschen Schmerz, an seines Menschen Wunde nichts,
Es kehrt an das, was Kranke quält, sich ewig der Gesunde nichts.

Bleibt als Zuhörer noch der andere Kranke, doch wer sich jemals in Wartezimmern, Klinik uren und Reha-Einrichtungen zum Zuhören vergattert sah, der weiß um das Fragwürdige seiner Rolle. Schließlich zählt ja auch er zu den Kranken, hätte auch er etwas zu erzählen, die Frage ist nur, ob er überhaupt zu Wort kommt oder ob der Wortwechsel zum schieren Wortduell verkommt: »Wie viele Bypässe hat man

Ihnen verpasst? Ach was .. nur eine Dilation? Ich habe drei!« »Vier!« trumpft ein Hinzugetretener auf, doch da nähert sich schon der Herztransplant, der nun wirklich etwas zu erzählen hat ... üchten oder standhalten?

Mehr Distanz zur Krankheit .. und damit mehr Freiheit gegenüber der Krankheit als das gesprochene Wort .. verspricht das gedruckte. Ratgeberliteratur sammelt sich im Bücherregal des Erkrankten, der sich in ihr zuverlässig als Fall mit all seinen Symptomen, selten jedoch als Person mit all ihren Gefühlen wiederfindet. Was soll er mit dem niederziehenden Befund der Diplompsychologin Petra Heisterkamp anfangen, verengte Herzkranzgefäße seien häufig die Folge seelischer Engpässe? Er wünscht der Schreiberin einen intellektuellen Bypass an den Hals resp. ins Hirn und wünscht sich eine Literatur in welcher nicht der Gesunde über den Kranken richtet, sondern in der von Krankheiten berichtet, und das meint: erzählt wird. Aber bitte mit entlastendem Abstand, was voraussetzt: mit gehörigem Kunstverstand.

Ein Bedürfnis, das der Kranke mit dem Gesunden zu teilen scheint: So eifrig der darauf bedacht ist, den mündlich vorgetragenen Krankengeschichten selbst ihm nahestehender Personen aus dem Wege zu gehen, so wenig scheinen sie ihn zu behelligen, wenn er ihnen in gebundener Form begegnet, bezogen auf ihm völlig fremde, weil erdachte Figuren. Ja, offenbar sucht er sie geradezu .. anders ist weder der Erfolg des Erzählers Thomas Mann zu erklären noch die Anteilnahme seiner Leser am Typhus des Hanno Buddenbrook, an der Cholera des reifen Aschenbach oder an der Tuberkulose des jungen Castorp, um nur drei Beispiele dieses krankheitsgesättigten Werkes zu nennen. Zugleich freilich stellt es eine Form der literarischen Krankheitsverwertung dar, die wir außer acht lassen können, da Thomas Mann keine dieser Qualen selbst hatte erdulden müssen: Nicht aus eigener Erfahrung, aus ärztlichen Standardwerken schöpfte er das nötige Wissen. Wer etwas über Thomas Manns persönliche Leiden erfahren will, ist auf seine Tagebücher und Briefe angewiesen, auf Mitteilungsformen also, die zwar mitunter der Literatur zugerechnet, von den Literaten jedoch zumeist ohne Kunstanspruch genutzt werden .. grad so also, wie sie dem in seiner Qual noch nicht verstummten schreibenden Menschen ebenfalls zu Gebote stehen.

Wie aber berichtet derjenige von seinen Leiden, der nicht nur informieren, sondern die Materie auch formen will, und das, solange das Eisen noch heiß ist?

Kann er akute Qual zum Anlaß fiktiven Erzählens machen, sie in die Form der Kurzgeschichte, der Novelle, gar des Romans gießen? Ich wüßte keine Beispiele zu nennen, was seinen Grund vermutlich darin hat, daß sich aktuelles Leid objektivierenden Mitteilungsformen entzieht, da es seiner Natur nach zu subjektivem Ausdruck drängt .. ein Befund, der uns immerhin so weit vorangebracht hat, daß jene Kunstform in den Blick gerät, welche es den Dichtern seit jeher geradezu abverlangt hat »Ich« zu sagen, das Gedicht.

»Ich« ..ergänze: liebe, hasse, besinge, verdamme, verehre, verwerfe, bejuble, verzwei e und nicht zuletzt »ich leide«. Nun wäre es ein Leichtes, auf geradestem Weg zu Heine vorzustoßen, dennoch möchte ich an dieser Wegmarke erst einmal das Terrain ein wenig sondieren, bevor ich bei ihm, dem Dichter im Pariser Exil, anlange.

Charles Baudelaire, auch er ein Dichter, auch er in Paris zuhause, hat es als das »wunderbare Vorrecht der Kunst« bezeichnet, »daß der rhythmisierte, gegliederte Schmerz die Seele mit ruhiger Freude« erfülle, doch welche Poeten vor Baudelaire waren sich dieses Vorrechts bewußt? Wer von ihnen hat es genutzt?

Vierzehn Jahre lang lebte Friedrich Schiller mit einer Krankheit zum Tode, welche zeitgenössische Ärzte als »kruppöse Pneumonie begleitet von trockener Rippenfellentzündung« bezeichneten, ohne dass der Dichter seine Schmerzen jemals eines Gedichts gewürdigt hätte. Er tat dies aus Prinzip nicht. In seinem Aufsatz »Vom Erhabenen« befindet er:

> Bloß darin muß unsere Freiheit bestehen, daß wir unseren physischen Zustand, der durch die Natur bestimmt werden kann, gar nicht zu unserem Selbst rechnen, sondern als etwas Auswärtiges und Fremdes betrachten, was auf unsere moralische Person keinen Ein uß hat.

Krankheit, gar eigene, war für den Dichter Schiller kein Thema, der Tod hingegen um so mehr. Ihm hatte er, der damals noch dichtender Mediziner war, bereits seine »Anthologie auf das Jahr 1782« gewidmet ..»Meinem Prinzipal dem Tod zugeschrieben« ..„.ihn ließ er als reifer Balladendichter für spektakuläre Gedichtanfänge sorgen, wie in den »Kranichen des Ibykus«, und für pointierte Gedichtschlüsse, wie im »Ritter Toggenburg«. Dieser Ritter ist zum Klausner geworden, seit seine Liebste den Nonnenschleier genommen hat; von seiner Hütte erhascht er Jahr für Jahr einmal am Tag das Bild seiner sich am Klosterfenster zeigenden Angebeteten:

> Und so saß er viele Tage,
> Saß viel Jahre lang,
> Harrend ohne Schmerz und Klage,
> Bis das Fenster klang.
>
> Bis die Liebliche sich zeigte,
> Bis das teure Bild
> Sich zum Tal herunterneigte,
> Ruhig, engelmild.
> Und so saß er, eine Leiche,
> Eines Morgens da,
> Nach dem Fenster noch das bleiche,
> Stille Antlitz sah.

»Ohne Schmerz und Klage« ..so sauber, so kostengünstig, so p egeleicht, da so gar kein P egefall, so unrealistisch und so effektvoll, so gänzlich bildlos und so völlig gefühllos, mit einem Wort: so unpoetisch läßt ausgerechnet jener Dichter seinen Helden sterben, der uns viel über Todesnähe und Schmerzen hätte erzählen können, diese Erfahrungen jedoch nur dem Gespräch und Briefen anvertraute. Schillers Biograph Safranski berichtet davon, wie der Dichter mit seinen Schmerzen lebte: »Man muß sie, so äußert sich Schiller einmal in einem Gespräch, als einen unliebsamen Hausgenossen ansehen, der sich zwar aufdrängt, den man aber, da man ihn nicht loswerden kann, in die Familie so aufnimmt, daß er möglichst wenig stört.«

Hier spricht der Dichter: Zwar sagt er das Gleiche wie der Philosoph, und doch ist es nicht dasselbe, ob man den konkreten Schmerz zu etwas »Auswärtigem und Fremden« abstrahiert oder ob man ihn als unliebsamen Hausgenossen und unwillkommenes Familienmitglied personifiziert.

Krankheit bedichtet man nicht ..wie Schiller denkt das Gros der Dichterkollegen. Die Musenalmanache der Schillerzeit sind voll von Gedichten, die vom Tod handeln ..das, was zum Tode führt, bleibt in der Regel ebenso ausgespart wie das, was sein Eintreten verhindern soll, die Medizin und der ärztliche Eingriff also. Um so überraschender, wenn Johann Gottfried Seume, der Zeitgenosse Schillers, all das zur Sprache bringt, was all die anderen Dichter sorgsam verschweigen. Ende Juli 1803 schreibt er an Carl August Böttiger, den Mitarbeiter an Wielands Zeitschrift »Neuer Teutscher Merkur«:

> Man hat mir wegen einer Quetschung, die ein ziemliches Geschwür verursachte, einen Zoll vom Junkturknochen am Auge herausgenommen und mich sonst in der Gegend gelegentlich noch ein bißchen geschnitten [ ] Verse habe ich in meiner Blindheit gemacht, die toll genug sind. Vielleicht schicke ich sie Ihnen nächstens mit.

Seume beließ es nicht bei dieser Ankündigung, und im Oktober 1803 war das Gedicht im »Neuen Teutschen Merkur« zu lesen, zehn Strophen lang und mit »tolle Verse« zutreffend charakterisiert, auch wenn der Dichter nicht an den Doppelsinn gedacht haben konnte, der das Wort »toll« heutzutage auszeichnet. Das Poem ist »Wider die Ordonnanz« überschrieben ..was es damit auf sich hat, habe ich der »Geschichte der operativen Chirurgie« des Frankfurter Medizinhistorikers Michael Sachs entnehmen können: »Vielleicht schrieb Seume das Gedicht trotz des Lese- und Schreibverbots der behandelnden Ärzte.«

Die erste Strophe stützt diese Deutung:

> Nun darf ich nicht lesen, nun darf ich nicht schreiben,
> Und muß mir mit Grillen die Tage vertreiben;
> Da sitz' ich denn hier, ich erbärmlicher Tropf,
> Mit brausendem übel zerstoßenem Kopf.

Sein Augenlicht mag er verloren haben, der zerstoßene Kopf, seinen Witz hat er bewahrt: Wer schreibt, daß er nicht schreiben kann, löckt nicht nur wider die Vorschrift der Ärzte, sondern auch wider den Stachel der Logik. Dann freilich macht Seume erst einmal ernst:

> Herr Eckold, der Meister, schnitt rüstig und blickte,
> Was unter und über dem Schlafe mich drückte,
> Und sondete klüglich bis nah an das Ohr,
> Und drehte ein Knochenfragmentchen hervor.
>
> Das dröhnte, das wühlte, das brannte von innen,
> Als wollte das Hirn in dem Kasten zerrinnen,
> Als bräche der Knöchler von oben herein:
> So löst sich mit Wuth nur ein Zöllchen Gebein.

Da haben wir ihn, den kunstvoll rhythmisierten, gegliederten Schmerz .. aber erfüllt er unseren Geist mit ruhiger Freude? Nicht eher mit einem Gemisch aus Anteilnahme und Lachlust .. zu sehr kontrastiert das schlimme Mitgeteilte mit dem munteren Parlando der Mitteilung, zu drastisch malt der Operierte sich und die Situation, in welcher er sich befindet:

> Hier lungr' ich indessen, mit Blindheit geschlagen,
> Bey schuftigem Schädel und herrlichem Magen,
> Den Kopf in der Binde, und träume mit Ruh
> Von Hirngicht und Knochenfraß etwas dazu.

Hie der Alptraum von Hirngicht und Knochenfraß .. hier ein heiteres Reim-dich-oder-ich-freß-dich-Spiel, das Seume in der sechsten Strophe auf die Spitze, sprich: zu einer unverstellt komischen Pointe treibt:

> Der Schmerz ist ein Übel von Leipzig bis Goa,
> Trotz aller Behauptung der Herrn aus der Stoa

.. aber der Schmerz beherrscht das Feld nicht allein. Seume bekennt sich zu weiser Standfestigkeit:

> Was wäre denn unsere Philosophie?
> Hilft sie nicht, wenn's Noth ist, so braucht man sie nie.

.. und er sieht ein Licht am Ende des Tunnels:

> Schon wird es, Dank sey es der Zang' und dem Messer,
> Schon wird es um's Auge mir leichter und besser.

> Der Unfug hat Luft und die Splitterchen drehn
> Sich sanft, um ganz sanft ihrer Wege zu gehn.

Was toll begann, endet sanft, sanft: An Seumes Krankengedicht läßt sich ablesen, was diese Mitteilungsform der Krankengeschichte voraus hat. Ein Gedicht erzählt nicht drau os, es folgt Regeln, sprachlichen Vorgaben, die sich der Dichter selber gesetzt hat und denen er sich dieses eine Gedicht lang freiwillig unterwirft. Eine Bindung, die für den Leser Freiheit bedeutet: Er ist gegenüber dem mitleiderregenden Was so frei, es ganz mitleidlos daraufhin zu überprüfen, *wie* es ihm mitgeteilt wird. Kunstanspruch ist Kunstanspruch, ob der Dichter von Liebesleid oder Körperleiden singt: Jedwedes Vorhaben kann an seinem Gelingen gemessen werden. Was im Falle des Seume'schen Gedichts bedeutet, daß der Leser ..wenn ihm danach ist ..zum Diagnostiker werden und über den Gesundheitszustand des Gedichts befinden kann: Nach welchem Gesetz ist es angetreten? Erfüllt es die selbstauferlegten Gesetze? Erfüllen die ihren Zweck ..wenn ja: welchen? Was beispielsweise bringt der stete Wechsel von weiblichen und männlichen Paarreimen? Wie wirkt er sich auf das vierhebige Metrum aus?

Reim und Metrum: Scheinbar haben wir uns weit von Hirngicht und Knochenfraß entfernt, dennoch sind wir ganz beim Thema: Kann es das Singen bringen?

Was es dem Leser bringt, wurde gesagt: Freiheit. Doch was bringt es dem Sänger?

Hören wir dazu einen Dichter des vorigen Jahrhunderts. Im Dezember 1995 ging es mit dem am Kehlkopfkrebs erkrankten Heiner Müller zu Ende, fünf Jahre später erinnert sich Jörg Magenau in der »Frankfurter Allgemeinen« der letzen Wochen des Dichters:

> Der Tod ist Müllermaterial, das Sterben Anlaß für letzte Gedichte [ ] Strenge Formen sind gut gegen Schmerz, entdeckte er im Krankenhaus und verriet es dem Forscherfreund Alexander Kluge. Allerdings dürfe der Reim nicht fehlen. Ohne Reim reicht die lindernde Wirkung nicht aus.

Hätte der kranke Dichter Heine dem zugestimmt? Mit welchem Material hatte er es zu tun?

Im »Bertelsmann Literaturlexikon« lese ich: »Der Zusammenbruch im Mai 1848 geht auf eine myatrophische Lateralsklerose zurück.« Das »Klinische Wörterbuch«, der »Pschyrembel«, führt die »Charcot-Krankheit« als Synonym an und sagt zu Wesen und Verlauf der Erkrankung unter anderem: »progressive degenerative Erkr. des 1. u. 2. motorischen Neurons mit leichter Androtropie [ ] Manifestation meist zw. dem 40. u. 65. Lj. Progn.: schlecht; die Fünf-Jahres-Überlebensrate beträgt ca. 20 %« ..ein Fünftel, zu dem auch Heine zählte, da er acht Jahre lang ans Bett gefesselt war in seinem ..sagte ich jetzt »Krankenzimmer«, ein Chor von Gegenstimmen fiele mir ins Wort: »In seiner Matratzengruft!«

Ein Hammerwort! Wann immer ich im Vorfeld meiner Überlegungen davon berichtete, ich sei dabei, die Geschichte des erkrankten Heine zu lesen, bekam ich zu hören, wie sehr sich dieser Begriff in die Hirne auch jener eingehämmert hatte, die von Heines Leiden und Dichten ansonsten keinen rechten Begriff hatten: »Matratzengruft!« echote es fast automatisch, kaum daß ich begonnen hatte.

Woher rührt diese Wirkung? Die Wortpaarung findet sich in keinem Gedicht des Erkrankten, Heine verwendet sie im Nachwort des »Romanzero«:

> Ach, um diese Bäume und ihr frisches Wehen beneide ich dich, College Merlinus, denn kein grünes Blatt rauscht herein in meine Matratzengruft zu Paris, wo ich früh und spat nur Wagengerassel, Gehämmer, Gekeife und Claviergeklimper vernehme.

»Wagengerassel«, »Claviergeklimper« .. dem Leser wäre es nicht aufgefallen, hätte Heine für seinen Pariser Aufenthaltsort ein ähnlich geläufiges Kompositum benutzt, »Krankenzimmer« zum Beispiel. Doch auch der Einfall, mit dem banalen Begriff »Matratze« anzuheben, hätte zu ebenso banalen Weiterungen führen können: Matratzenzimmer, Matratzenkammer, Matratzenlager. Erst der Dreh, die modeste Matratze mit der Majestät des Todes zu kombinieren, verschafft dem Doppelwort jene glänzende Aura, die bis heute einleuchtet. Allerdings hätte auch diese Schiene im Halbherzigen stranden können: Matratzenbahre .. das endet au, weil nicht einsilbig; Matratzensarg, Matratzengrab .. beide allzu a-lastig, auch fehlt allen drei genannten Beispielen der Bezug zum Raum: Einzig Matratzengruft vereint Gehäuse und Grab, Häuslichkeit und Ewigkeit, Unten und Oben .. auf Matratzen bettet sich selbst der Clochard, die Gruft ist dem Fürsten vorbehalten.

Eine, um es moderat auszudrücken, äußerst talentierte Wortschöpfung, die höchst charakteristisch ist für Heines Vermögen, die Welt in Worte zu fassen und für seine Kunst, die Worte so aufzuladen, daß, wer über Heines Krankheit spricht, dies wie zwangsläufig in Heines Worten tut.

Gustav Pfizer, ein eifernder Kritiker des Dichters, gebärdet sich in einem Zeitungsartikel aus dem Jahre 1838 als rechtes Huhn, findet jedoch trotz blindwütigen Gegackers ein brauchbares Korn: »Ein weiterer Übelstand an Heines Styl und Witz ist, daß er alles gern materialisiert; es ist dies eine Übertreibung des Strebens nach Anschaulichkeit und objektiver Bezeichnung« .. es ist dies naturgemäß auch ein probates Mittel, sich wenigstens ein Gedicht lang all das vor Augen zu stellen, und das meint: vom Leibe zu halten, was Körper und Geist quält: den Schmerz, die Sorge, das Unglück.

Den »Lamentazionen«, dem zweiten Buch des »Romanzero«, hat Heine ein zweistrophiges Gedicht als Motto vorangestellt. In der ersten Strophe malt er das Glück, das er als »leichte Dirne« und » atterhaft« bezeichnet. So weit, so üblich, doch läßt er in der zweiten Strophe eine sinistre Gegenspielerin auftreten, die sich so .. so unheimlich bieder .. bisher in keinem Gedicht materialisiert hatte:

Frau Unglück hat im Gegentheile
Dich liebefest an's Herz gedrückt;
Sie sagt, sie habe keine Eile,
Setzt sich zu dir an's Bett und strickt.

Diese wenig bestrickende Person ist nicht der einzige weibliche Gast in Heines Matratzengruft:

An meinem Bett in der Winternacht
Als Wärterin die Sorge wacht

vor allem darüber, daß der Kranke sich nicht verliert in Träumen von Glück und Mai und Mückenschwarm. Dafür sorgt zuverlässig ihr Tabakbehälter:

Da knarrt die Dose .. daß Gott erbarm,
Es platzt die Seifenblase ...
Die Alte schneuzt die Nase.

Drei weitere, ebenfalls unheilvolle Frauen schließlich bestimmen die Geschicke des ans Bett Gefesselten. Die erste dreht die Spindel, die zweite läßt den Rocken tanzen und

Es hält die dritte Parze
In Händen die Scheere,
Sie summt Miserere;
Die Nase ist spitz, drauf sitzt eine Warze.

Rund dreißig Jahre später wird Wilhelm Busch noch einen draufsetzen, wenn er seinen Helden Tobias Knopp in unverkennbarer Heine-Nachfolge abserviert:

In der Wolke sitzt die schwarze
Parze mit der Nasenwarze,
Und sie zwickt und schneidet, schnapp!!
Knopp sein Lebensbändel ab.

Bei Heine ließ sich die Parze Zeit. Daß sie »den Faden, den bösen« bald zerschneiden möge, eht der Kranke sie an, doch er wird noch zwei Jahre warten müssen, bevor er von seinem »schrecklichen Lebensleide« genesen ist. Dabei hatte er seine Leser bereits 1851, im Nachwort zum »Romanzero«, mit dieser Möglichkeit vertraut gemacht: »Doch Geduld, alles hat sein Ende. Ihr werdet eines Morgens die Bude geschlossen finden, wo Euch die Puppenspiele meines Humors so oft ergötzten.«

Die Bude wurde erst 1856 geschlossen, und Heine hat sie bis zu seinem letzten Augenblick bespielt, als Theaterdirektor, vor allem aber als Schauspieler, der in seinen Gedichten von einer Rolle in die andere schlüpft, quer durch Mythen, Religionen und Kulturkreise. Er ist Orpheus und König Tantalus, aber auch ein Sänger, der sich von »Davidis frommem Harfenklang« begleiten läßt. In der Hiobnachfolge hadert er, schlägt Gott gegenüber jedoch einen unangemessen sarkastischen Ton an, der in der Drohung gipfelt:

> Nimmt nicht der traurige Spaß ein End,
> So werd' ich am Ende katholisch.

Als Lazarus firmiert er seine Krankengeschichte, als Mond bescheint der unermüdliche Hauptdarsteller eine Lotosblume, doch die, seine letzte Liebe, tritt auch als Passionsblume auf, während er inmitten der Trümmer von Antike und Judentum den toten »Mann im schönen Marmorgrabe« gibt. In weitern Rollen erleben wir den Tod als Thanatos, als dunklen Reiter und als blassen Gesellen; zu Frau Sorge, Frau Unglück und den Parzen gesellt sich Frau Zarewna Proserpina, neben dem fahlen Roß des dunklen Reiters beleben weitere Tiere die Szene, die Zeit in Gestalt einer Schnecke und der Esel Barlaams in der Rolle des I-Ah wiehernden Störenfrieds; als Bühnenschauplätze dienen das antike Schattenreich, der christliche Himmel, das heidnische Feenland Avalun ... Heine leidet, doch er ist so frei, den Leidenden auch noch zu spielen, wobei er sich ausgerechnet auf *den* Dichter berufen könnte, der angesichts eigener Qual aus Prinzip verstummt war, auf Friedrich Schiller. Der nämlich gelangt im 15. seiner Briefe »Über die ästhetische Erziehung des Menschen« zu der Erkenntnis: »Um es endlich auf einmal herauszusagen, der Mensch spielt nur, wo er in voller Bedeutung des Worts Mensch ist, und er ist nur da ganz Mensch, wo er spielt.«

Lassen wir die Frage beiseite, wer seinen Leiden menschlicher begegnet ist, Schiller, der sie zu etwas ihm Fremden erklärte oder Heine, der sie zum Gegenstand seiner Spiele machte ... die Antwort liegt auf der Hand ..., schauen wir lieber dem Spieler Heine noch etwas auf die Finger.

Dessen Puppenspiele nämlich erschöpfen sich beileibe nicht in Maskeraden, im Durchspielen der Inhalte und Stoffe also, da er sie zugleich durchweg als Reim- und Regelspiele betreibt. Zugleich spielt Heine ein Doppelspiel: Während sich seine Reime immer häufiger über alle bis dato geltenden Reim-, Orthographie-, selbst Grammatikregeln hinwegsetzen, handhabt er Strophe und Metrum mit ausgesuchter Kunstfertigkeit.

Heine reimt »Xantuppe« auf »Wassersuppe«, »Philozopf« auf »Hirsetopf«, »Rotznas« auf »Mozart« ... und er tut dies, folgt man dem Marburger Germanisten

Wilhelm Solms, nicht aus humoristischen, sondern durchaus ernst zu nehmenden Gründen:

> Er hat die weichen, süßen, zarten Reime aus dem »Buch der Lieder« endgültig durch harte, saure und freche Reime ersetzt und sich dabei von den Reimregeln der Verslehren befreit.

Um so mehr Aufmerksamkeit schenkt Heine dem strengen Strophenbau, um so gelenkiger setzt er das Metrum ein. Drohte das regelmäßige Heben und Senken unzähliger Vierzeiler beim Leser seiner frühen Gedichte Ermüdung zu bewirken, so sorgt jetzt der Einsatz unterschiedlicher Gedicht- und Versformen vom Sonett bis zum Knittelvers für eine Abwechslung, die bei manchen Gedichten von Zeile zu Zeile ablesbar ist. Erinnern wir uns der Parze mit der Warze: Gemahnten die handfesten Reime nicht von ungefähr an Wilhelm Busch, so waltet im Metrum ein ungleich subtilerer, völlig buschferner Geist. Auf die dreihebige Anfangszeile folgen zwei zweihebige Zeilen, eine vierhebige bildet den Abschluss:

> O spute dich und zerschneide
> Den Faden, den bösen,
> Und laß mich genesen
> Von diesem schrecklichen Lebensleide!

Alles in Ordnung? lautet eine gängige Frage. Alles in Unordnung, antwortet der Kranke seufzend, und kranke Dichter machen da auf den ersten Blick keine Ausnahme. Am 25. Januar 1850 schreibt Heine seinem in Wien tätigen Freund Laube einen langen und lang aufgeschobenen Brief:

> Die Ursache meines Stillschweigens war immer das peinliche Gefühl, daß ich Dir nichts Gutes mitzutheilen hatte; ich wollte immer eine gesunde Stunde und ein erfreuliches Ereigniß abwarten, um Dir zu schreiben. Aber die Stunden und die Ereignisse haben sich seitdem immer verschlimmert, die Gerüchte, die über meinen Gesundheitszustand im Umlauf, sind leider mehr als wahr: Seit ein und drei viertel Jahr liege ich zu Bette, Tag und Nacht mich in den abscheulichsten Schmerzen umherwälzend, und an allen Gliedern gelähmt. beständige Krämpfe, die widerwärtigsten Contraktionen, schier gänzliche Erblindung .. ein Unglück, wie es selten vorkommt in den Annalen des menschlichen Leidens, ein unerhörtes, grauenhaftes, wahnsinniges Unglück!

So spricht der Mensch Heine in seiner Qual, zur gleichen Zeit aber ist der Dichter Heine dazu imstande, wenigstens für die Dauer eines fünfstrophigen Gedichts Ordnung zu schaffen. Ihm gelingt es, all die Leiden, die ihn drangsalieren, nicht nur zu materialisieren, sondern auch zu rhythmisieren und zu versifizieren, um sie sodann ausgesuchten Mitmenschen als Geschenk zu servieren:

Vermächtniß

Nun mein Leben geht zu End',
Mach' ich auch mein Testament;
Christlich will ich drin bedenken
Meine Feinde mit Geschenken,

Diese würd'gen, tugendfesten
Widersacher sollen erben
All mein Siechthum und Verderben,
Meine sämmtlichen Gebresten.

Ich vermach' Euch die Coliken,
Die den Bauch wie Zangen zwicken,
Harnbeschwerden, die perfiden
Preußischen Hämorrhoiden.

Meine Krämpfe sollt Ihr haben,
Speichel uß und Gliederzucken,
Knochendarre in dem Rucken,
Lauter schöne Gottesgaben.

Codizill zu dem Vermächtniß:
In Vergessenheit versenken
Soll der Herr Eu'r Angedenken,
Er vertilge Eu'r Gedächtniß.

Fromme Wünsche, die nicht nur den Dichter erleichtert haben werden, bissige Verse, die auch der Leser bis auf den heutigen Tag mit einem Gefühl der Erleichterung vernimmt. Verlangt ihm die Krankengeschichte unausweichlich Mitleiden ab, so beschert ihm das heinesche Krankengedicht gleich dreifache Freiheit gegenüber dem niederziehenden Stoff: Er kann seine Verarbeitung bewerten, er kann die Lösung belachen ..ganz im Sinne des Dichters, der sich bis an sein Ende als Humorist begriff ..„.und er kann sicher sein, daß ihm all das nicht allzu viel Zeit rauben wird ..das Gedicht verdichtet nun mal.

Es tut es bis auf den heutigen Tag, und es kommt mir so vor, als habe das Beispiel des Heine-Lazarus späteren Dichtern die keineswegs immer humoristische Zunge gelöst: Rainer Maria Rilke, der im letzten seiner Gedichte den Schmerz personifiziert ..»Komm du, du letzter, den ich anerkenne, / heilloser Schmerz im leiblichen Geweb« ..„.Hermann Hesse, der in Gedichten von Depression und Gicht berichtet, Erich Kästner, der sein »Tagebuch eines Herzkranken« in Strophenform verfaßt, Heiner Müller, der angesichts des Krebs' auf Reim und Regel pocht: Sie alle schreiben, um es in Heines Worten zu sagen Gedichte, »die der Augenblick erzeugt, womit ich meine Leiden verscheuche«, mit einem Wort: Krankengedichte.

Ihr Engel in den Himmelshöhn,
Vernehmt mein Schluchzen und mein Flehn;
Beschützt, wenn ich im öden Grab,
Das Weib, das sich geliebet hab.

er eht Heinrich Heine.

hebt mich auf die bahre, engel
schaffet mich ins hospital
wo die edlen ärzte warten
zu beenden meine qual

erbittet Ernst Jandl rund hundertvierzig Jahre später. Das ist unverstellter Heine-Ton, ungeachtet der Tatsache, ob der Dichter Heines Tonfall im Ohr und Heines Haltung vor Augen hatte: Was einmal gedacht und gedichtet worden ist, lebt auf verschlungensten Wegen weiter; das sagt einer, der sich selber unversehens auf bereits von Heine begangenen Pfaden wiederfand.

Naturgedichte kann man imaginieren, Liebesgedichte kann man phantasieren, Krankengedichte schreibt nur, wen Krankheit betrifft. Davon kann auch ich ein Lied singen ..richtiger: ich konnte und ich tat es, als die Diagnose Krebs vor zwei Jahren Operationen und Therapien nach sich zog. Ein ganzer, fünfzigteiliger Liederkranz war die Folge, »Die K-Gedichte«, allesamt aus unmittelbarem Erleben und Erleiden geschöpft und dennoch ..zumindest in einem Fall ..fremdem Erfinden und Erdichten verp ichtet.

Erinnern wir uns der Frau Sorge, die am Bett des kranken Heine sitzt und dessen Schlaf durch lautes Schneuzen stört, eine so belachbare wie beklemmende Trivialallegorie.

War sie mir bereits bei früherer Heine-Lektüre begegnet? Vermutlich. Wußte ich noch von ihr, als ich vor zwei Jahren in der Frankfurter Universitätsklinik das folgende Gedicht verfaßte? Auf Ehr' und Gewissen: Nein.

Das Treffen

Frau Sorge traf am Krankenbett
des Gernhardt den Herrn Kummer.
»Herr Kummer, das ist aber nett!
Wir wolln den Gernhardt-Schlummer
nicht störn, doch wenn er mal erwacht,
läuft die bewährte Nummer:
Sie kümmern sich, daß er sich sorgt,
ich sorge für den Kummer.«

Keine Sorge ..ich habe nicht die Absicht, derart kummervoll zu enden, im Gegenteil. Hören wir noch einmal, zum letzten Mal Heinrich Heine:

Das Glück ist eine leichte Dirne,
Und weilt nicht gern am selben Ort;
Sie streicht das Haar dir von der Stirne
Und küßt dich rasch und attert fort.

Das mag ja sein, doch bevor es sich aus Düsseldorf davon gemacht hat, das Glück, möchte ich noch rasch festhalten, daß ich diesen, den heutigen 13. Dezember, unter meine glücklichen Geburtstage rechne. Noch einmal herzlichen Dank allen, die zu diesem Glück beigetragen haben.

Laudatio

Von Michael Maar

Sehr verehrte Damen und Herren .. lieber Robert Gernhardt,
vor nunmehr fast fünfzig Jahren stand der Gymnasiast vor der Aufgabe, beim mündlichen Deutsch-Abitur ein Gedicht eigener Wahl auswendig vorzutragen. Er entschied sich für ein Herbst-Gedicht Georg Trakls:

Die Pendel brauner Uhren nicken leise.
Der Abendmond verläßt sein bleiches Bett.
Ein Jäger einsam bei dem Hasel steht.
Die schwarzen Vögel ziehen leichte Kreise.

Der Lehrer, der diese Zeilen ausdeutete und ihre poetische Qualität rühmte, war Robert Gernhardts erstes Opfer. Denn bei den vorgetragenen Versen handelte es sich keineswegs um ein Sonett Georg Trakls, sondern um eine Eigenanfertigung des Schülers, dessen Entree in die Welt der Literatur also in einem gewissen Zwielicht liegt.

Womit haben wir es zu tun bei diesem Parodisten und Stimmenimitator, dessen unverwechselbare eigene Stimme ihm heute den Heine-Preis einträgt? Er beginnt als Satiriker und Sänger des blühenden Nonsens, und dann wird er allmählich seriös: So will es das Klischee, das wie jedes Klischee nicht ganz falsch ist.

Paulus schrieb an die Apatschen:
Ihr sollt nicht nach der Predigt klatschen.

Das, meine Damen und Herren, ist der Gernhardt der siebziger Jahre, nicht der Gernhardt von heute. Dagegen das Folgende:

Paulus schrieb an die Navajo:
Man ißt Oblate nicht mit Majo …

dies dagegen ist überhaupt nicht mehr Gernhardt, sondern ein unbekannter gelehriger Schüler, der im Sinne des Meisters weitergedichtet hat. Auch Gernhardt ist, wie Georg Trakl, nicht gegen die mimetische Anverwandlung gefeit. Und er hat Schule gemacht, wie der Dichter, in dessen Namen er heute gerühmt wird.

Ohne Zwang läßt sich die Behauptung vertreten, daß es in der Geschichte des Heine-Preises schwerlich einen Erkorenen gab, den diese Ehrung berechtigter traf. Das beginnt mit der Koinzidenz, daß sie am gleichen Tag ihren Geburtstag feiern, und es endet nicht mit der Hommage, die der Preisträger seinem großen Kollegen in dem Band »Klappaltar« macht, dessen linker Flügel eine Reihe von Gedichten im Heine-Ton versammelt. Das Sprechen in fremden Zungen ist für Robert Gernhardt so charakteristisch wie für Heinrich Heine. Bei beiden ist der Ton von Anfang an uneigentlich, antipathetisch, ironiegetränkt; beide umspielen Formen, die naiv nicht mehr zu verwenden sind. Bei beiden wird der ursprünglich mimetisch-parodische Ton zum neuen Originalton. Beide haben an allen Töpfen geleckt und sind mit allen Wassern gewaschen. Beide verfügen über eine stupende Vielfalt der Formen, sind Prosaautoren von Rang, Essayisten, Kunstkritiker und politische Wachhunde; bei beiden ist das Beständigste vielleicht das Gelegenheitsgedicht. Daß einer der beiden auch noch als Maler und Zeichner brilliert, wollen wir aus Hö ichkeit gegenüber Heine nur am Rande erwähnen. Beide sind exzentrische Häupter von Schulen: der romantischen oder der Neuen Frankfurter. Beiden wurde die höchste und sublimste Gestalt des Ruhms zuteil: das Zurücksinken ins Anonyme. Der Klospruch, der einen Zweizeiler Gernhardts leicht verstümmelt wiedergibt, oder die Loreley ..beide Male ist die Erfindung so eingängig und zwingend, daß sie zum Gemeingut wird und sich ablöst von der Individuation des Schöpfers. Dabei handeln beide vornehmlich von dem Thema, das Gernhardts Roman in den bündigen Titel faßt: »Ich Ich Ich«. Der autobiographische Furor hindert bei beiden nicht die wachste Aufmerksamkeit für die tausend Dinge der Welt und einen unerhört weitgespannten Horizont. Bei beiden ist der Witz unerschöp ich. Ob in den Versen aus der Matratzengruft oder in den K-Gedichten aus Gernhardts jüngstem Band: beide lassen sich vom Ernst des Lebens nicht vorschreiben, wann sie mit dem Scherzen gefälligst aufzuhören hätten. Selbst den, der am Ende immer gewinnt, überziehen sie beide mit Spott.

Dieser scherzende, oft heitere, oft komische, oft grimmige, aber nie erhabene Ton hat es beiden nicht immer leicht gemacht. Alles, was gegen Heine vorgebracht wurde, bekam auch Robert Gernhardt zu hören. Das Klare und Durchsichtige hatte es lange schwer gegen das Opake. Noch heute hat für manchen Bewunderer Celans das Durchsichtige den abschätzigen Klang des allzu leicht zu Berechnenden. Bei Gernhardt dauerte es Jahrzehnte, bis die Berufskritiker auf ihn aufmerksam wurden. Dann freilich bedachten sie ihn mit Überschwang.

Die Wende kam mit den Gedichtbänden »Körper in Cafés« von 1987 und »Weiche Ziele« von 1994. Bei dem drei Jahre später folgenden Band »Lichte Gedichte« war das Lob schon einhellig. Seitdem reißt die Kette der Preise und Ehrungen nicht ab. Aber könnte es sein, daß Gernhardt seitdem auch eine Spur zu lieb und zu gefällig wahrgenommen wird?

Ihm selbst wäre solche Fehleinschätzung fremd. Betrachten wir nur, wie er sich im »Klappaltar« die Erschaffung seines Vorläufers ausmalt. Gott im Himmel läßt seinen Blick zur Erde schweifen und ist schmerzhaft berührt von der Blödheit des deutschen Michels. Also schickt er den Deutschen Geister, um ihren Ungeist zu erleuchten: Er schickt ihnen Lichtenberg, Wieland, Kant und Lessing; dann schickt er Geister, der Deutschen Seele zu veredeln: Er schickt ihnen Goethe, Schiller, Kleist und Hölderlin. Und nicht genug, er schickt dem Michel Geister, sein starres Herz zu rühren: Tieck, die Schlegel und Novalis. Einer aber fehlt noch:

> Einer, der erleuchten konnte.
> Einer, der zu bilden wußte.
> Einer, der die Herzen rührte ...
> Kurz ein Meister aller Klassen.

Und so macht Gott sich daran, den Meister aus dem Lehm zu kneten. Da schlendert jemand mit zu grünem Hütchen und allzu langer Feder vorbei und mischt sich ein. »Schick dem Michel«, sagt dieser Jemand, »keinen Lehrer«,

> Davon sandtest du schon viele.
> Schick ihm lieber einen Prüfer,
> Ihm mal auf den Zahn zu fühlen. [ ]
>
> Schick den Priestern den Genießer,
> Schick den Spießern den Apostel,
> Den Philistern schick den Künstler ...
> Schick dem Michel den Versucher:

Gottes Stirn umwölkt sich, er denkt lange nach, dann spricht er die Worte: »Hat was.«

> Freilich ist's mir nicht gegeben
> Diesen Kerl allein zu schaffen.
> Solch Zerrißnen zu kreieren,
> Braucht's den Odem zweier Schöpfer.

Und so hauchen sie beide dem Lehm Geist ein, und der Dichter Heinrich Heine entsteht: ein Gemeinschaftswerk von Gott und Teufel. Sollte Gernhardt dabei eine Sekunde lang auch an sich selbst gedacht haben? Wir jedenfalls haben wenig Mühe, in seinem Heine-Porträt die Züge des Meisters selbst zu erkennen. Das bedeutet aber, daß er auch eine mephistophelische Seite hat. Auf sie wies vor sieben Jahren schon Jan Philipp Reemtsma in seiner Geburtstagsrede hin; eine Rede, die mit der nachdenklichen Bemerkung schloß, in Gernhardts Werk sei viel »verborgenes Gift«.

Meine Damen und Herren: Gift bei Gernhardt? Durchaus, wenn man hinzufügt, was Reemtsma sich beeilte hinzuzufügen: daß dieses Gift kaum von der Arznei zu unterscheiden ist. Das Komische und das Unheimliche, das Schöne und das eigentlich Gräßliche ießen in Gernhardts Werk ganz still ineinander. Eigentlich ist in diesen Gedichten viel Hartes und Düsteres; nur im Uneigentlichen, im rhythmisch gegliederten, formal ausgefuchsten Gedicht löst sich das Harte ins potentiell Heitere. Die Ernstler, wie er sie taufte, gehen Gernhardt ja nicht deshalb auf die Nerven, weil er das Leben als besonders lustig empfände. Eher anders herum: Muß man herumhacken auf dem Offensichtlichen? Und verliert man nicht die letzte Geistesfreiheit, wenn man sich von diesem Offensichtlichen, daß natürlich überall mehr gelitten als gejauchzt wird, den Ton und das Temperament diktieren läßt? Bitte mißverstehen wir uns nicht: Dieser Dichter spricht auch vom großen Glücken, vom Reichtum des mit Herz, Geist und Sinnen Aufgesogenen. Was am Leben zu feiern ist, wird von Gernhardt genußvoll gefeiert. Er ist wie Heine befähigt zum Hedonismus, aber wie Heine lügt er sich nicht in die Tasche. Gelogen wird von seinen Figuren zwar gar nicht selten. Aber genau dadurch macht das Werk als Ganzes der Lüge den Garaus.

Das Schlüsselwort über Gernhardt fällt beiläufig in einem Gedicht, das seine Kunst selbst zum Thema wählt:

> Respekt, Bewunderung und Liebe …
> sie soll mein Dichten mir erringen:
>
> Respekt für meinen Rigorismus
> Von niemandem als mir zu singen

Robert Gernhardt, meine Damen und Herren, ist in Wahrheit ein Rigorist. Das heißt: Er ist ein Rigorist der Wahrheit. Die Wahrheit ist das Ätzmittel und Gift, das man von der Arznei kaum unterscheiden kann. Besonders vor den unangenehmen Wahrheiten scheut Gernhardt nicht zurück. Das Ich, das sich in diesem gewaltigen lyrischen Werk spiegelt und aufspaltet, macht sich nirgends besser als es ist. Das Gedicht sorgt für die Käfigstangen der Form; dahinter fauchen die Affekte. Dieses Ich ist neidisch und ruhmsüchtig, es ist lüstern und egozentrisch, es grollt noch mit den Toten, und die frech heranwachsende Jugend möchte es am liebsten erwürgen … kurzum, dieses Ich ist wie wir alle, nur weniger verheuchelt. Wenn das höchste Ziel der Aufklärung die freie Sicht auf sich selbst ist, dann ist Gernhardt, wie Heine, ein großer Mann der Aufklärung.

Seine schönsten Verse gelten der Natur und den Tieren; bei ihnen erholt er sich von den krumm geschnitzten Menschen. Diese Verse gelten Wolken und Abendhimmeln und im Wind zitternden Zypressen; sie gelten Rabenkrähen, sterbenden Katzen oder sogar einem Trüffelschwein, dem die unerwartete Ehre zuteil wird, den »Trost im Gedicht« zu verkörpern:

Denk dir ein Trüffelschwein
denks wieder weg:
Wird es auch noch so klein,
wird nie verschwunden sein,
bleibt doch ein Fleck.

Groß ist er nicht, dieser Trost, aber größer als nichts. Dem Dichter des Trüffelschweins genügt er für die stoische Heiterkeit, der im Alter etwas zuwächst, das man als Grandezza bezeichnen darf, oder auch französisch als grandesse.

Womit, meine Damen und Herren, haben wir es also bei Robert Gernhardt zu tun? Vor nunmehr fast sechzig Jahren wollte er nach der Lektüre von Kipling einen Sommer lang Baghira sein. Einen Sommer lang war ihm das Leben ein Dschungelbuch mit sieben Siegeln. Später schreibt er, er hätte keines von ihnen brechen sollen. Indessen, Baghira ist er geblieben. Ein ausgesprochen netter Panther. Aber ein Panther.

Buchbesprechungen

Christoph Bartscherer: *Heinrich Heines religiöse Revolte. Mit einem Vorwort von Joseph A. Kruse.* Freiburg .. Basel .. Wien: Herder 2005 (= Forschungen zur europäischen Geistesgeschichte 6), 639 S., € 80,. ...

Kaum eine literarische Frage hat die gebildete Öffentlichkeit im nachmärzlichen Deutschland so beschäftigt wie die nach Heinrich Heines vermeintlicher oder tatsächlicher Rückkehr zum Glauben ... zum jüdischen seiner Vorfahren oder zum christlichen seiner Umwelt. Im Nachwort des »Romanzero« geht der Dichter 1851 auf die Berichte und Gerüchte von seiner »Heimkehr zu Gott« (DHA III, 179) ein. Und wie so oft bei Heine gerät auch hier die Selbstoffenbarung zum Versteckspiel, das religiöse Bekenntnis wird mit einem politischen überblendet, die »alten Heidengötter« (ebd., 180) werden in ihrem Recht belassen, vieldeutige und groteske Bilder wie die von den Grönländern und ihrem Himmel voller Seehunde bemüht. Und schaut man genauer hin, so ist zum Beispiel der Markknochen, der im »Romanzero«-Nachwort für den Gedanken der Unsterblichkeit der Seele steht, der dem Gläubigen »gleichsam mit in den Kauf gegeben« wird und »den der Fleischer, wenn er mit seinen Kunden zufrieden ist, ihnen unentgeltlich in den Korb schiebt« (ebd., 179); .. so ist dieser christliche Markknochen selbst schon wieder intertextuell so aufgeladen, dass an seiner Brauchbarkeit als Argument in der Bekenntnisrede des reuigen Sünders arg gezweifelt werden muss: »Ein solcher schöner Markknochen wird in der französischen Küchensprache *la réjouissance* genannt« (ebd.), belehrt uns Heine .. und verschweigt wohlweislich, dass in einem der »Romanzero«-Gedichte dem Götzen Vitzliputzli das blutige, das christliche Abendmahl parodierende Menschenopfer mit den Worten »Réjouis-toi, Vitzliputzli« (ebd., 272) angekündigt wird, dass die »jouissance de la chair« ein Terminus aus dem Katechismus der Saint-Simonisten ist und dass der große Heide Goethe in seiner Farce »Götter, Helden und Wieland« den griechischen Dichter Euripides die Christen als eine verabscheuenswürdige Sekte bestimmen lässt, die den »tödlich verwundeten einreden will: todt würden ihre Herzen voller ihre Geister mächtiger, ihre Knochen marckiger seyn« (Goethe, Gedenkausgabe, Bd. IV, S. 220).

Kein Wunder, dass auch die Heine-Forschung sich immer wieder der Frage nach Heines Verhältnis zur Religion gestellt hat .. und dabei oft der Versuchung erlegen ist, hinter die Texte auf den Autor blicken zu wollen: Hat er nun, leidend in der Matratzengruft, an einen Gott geglaubt, gar reuig? Oder spielt er mit dem kulturellen Material abendländischer Tradition .. und zugleich mit den Erwartungen seiner Leser und Exegeten? Nachdem 2002 der Theologe Karl-Josef Kuschel eine umfangreiche Studie über den Heine der Matratzengruft vorgelegt hat (»Gottes grausamer Spaß? Heinrich Heines Leben mit der Katastrophe«. Düsseldorf 2002), in der er am Beispiel des Dichters die Möglichkeit, in der Moderne von (und mit) Gott zu sprechen, re ektiert, reißt Christoph Bartscherer mit seiner Heidelberger Habilitationsschrift »Heinrich Heines religiöse Revolte« den Horizont noch weiter auf: Heines gesamtes Werk, mit einem Schwerpunkt auf dem Schaffen seit der Taufe 1825, wird als Versuch gelesen, das christlich-jüdische Gottesbild zu stürzen und an seine Stelle den vergöttlichten Menschen zu setzen. Nach 1848, in der Matratzengruft, sei Heine zwar radikal umgekehrt (»vom Gottesmörder zum Beter«, heißt es im Klappentext), aber ohne seine kritische Position zu räumen. Diese Perspektive auf Heines Werk ist nicht neu und im Prinzip .. das heißt, abgesehen von der Frage, wie es mit der Bekehrung des kranken Heine steht .. auch nicht umstritten. Das Verdienst von Bartscherers umfangreicher Studie liegt daher auch nicht darin, der Heine-Forschung neue Perspektiven eröffnet oder neue Lichter aufgesteckt zu haben, sondern zum einen im Überblick über Heines einschlägige Textpassagen (deren Korpus im wesentlichen Ferdinand Schlingensiepen 1981 in seinem Textbuch »Heinrich Heine als Theologe« bestimmt hat), zum anderen in der Kontextualisierung von Heines Texten und Positionen. Hier ist es in der Tat beachtlich, welche literarischen, theologischen und philosophischen Traditionen als Vorläufer oder Feindbilder Heines plausibel gemacht und zum Teil sehr ausführlich vorgestellt werden. Teils steht Bartscherer hier auf den Schultern von Ralph Martin und Olaf Hildebrand, deren Dissertationen etwa im Blick auf Heines Novalis-Rezeption Maßstäbe gesetzt haben, teils bietet er, wie im Kapitel zu Franz von Baaders Abendmahlstheorie, Deutungsmaterial an, das der Heine-Forschung bisher fehlte. Gerade in den ausführlichen Exkursen auf die (für Heine wichtigen) Gebiete der Philosophie und Theologie liegt der Wert seiner Studie.

Selbst eine Glaubensfrage (oder doch eine der Entscheidung entweder für das Übergewicht der einen oder anderen Gruppe von Indizien) ist und bleibt allerdings das Problem, ob sich aus Heines schillernden Textzeugnissen nun auf seinen eigenen Glauben schließen lasse oder nicht. Bartscherer bezieht hier eine klare Position: »Sogar in den Jahren, als er sich vom Gott der Bibel verabschiedet hatte [,] bleibt er, wenn auch nicht in einem orthodoxen, so doch einem eigenwilligen, persönlichen Sinn gottgläubig.« (S. 14) Dass Heine im Vorwort von »Zur Geschichte der neueren schönen Literatur in Deutschland« die Frage nach dem »Wesen Gottes« als die »wichtigste Frage der Menschheit« bestimmt (DHA VIII, 494), liest Bartscherer als Beleg für Heines gläubige »Grundüberzeugung« (S. 15). Nun lässt sich diese Aussage Heines, dass es für die Menschheit das Wichtigste sei, das Wesen Gottes zu erkennen, auch so lesen, dass der Mensch die Nicht-Existenz Gottes endlich erkennen solle .. und seine eigene Göttlichkeit. Auch so .. und nicht im Sinne eines Glaubens an eine wie auch immer geartete Transzendenz .. lässt sich für den Heine der 1830er Jahre der Schluss des Vorwortes verstehen: »Anfang und Ende aller Dinge ist in Gott« (DHA VIII, 494) .. nämlich im sensualistischen Gottmenschen. Auf Heines Glauben zu schließen aus den Textbelegen, in denen von Gott, Göttern und dem Göttlichen die Rede ist, ist eine literaturwissenschaftliche Variante des ontologischen Gottesbeweises: Immer wenn Heine »Gott« sagt, muss er .. so die Logik dieser Argumentation .. auch tatsächlich an ihn glauben, es Gott tatsächlich für ihn geben.

Am Wert von Bartscherers Arbeit, die ja erheblich die Basis verbreitert, auf der über Heines Religiosität gestritten werden kann, ändert dieser Einwand aber nichts. In einem Werk von diesem Umfang unvermeidliche kleine Ungenauigkeiten seien nur am Rande vermerkt: So ist es wohl ein Anachronismus, wenn Ignaz Döllinger bei seinem Auftreten im »Romanzero«, also rund zwanzig Jahre vor der Abspaltung von Rom, als »Altkatholik« bezeichnet wird (S. 274), und Hubert Wolf, der verdienstvolle Entdecker der Akten zum Fall Heine in der römischen Indexkongregation, ist nicht »Kirchenrechtler« (S. 90), sondern Kirchenhistoriker. Dass im Literaturverzeichnis aus dem amerikanischen Germanisten Steven Paul Scher ein »Seher« geworden ist (S. 632), beweist nur, dass neben den Dichtern auch ihr Deuter im alterwürdigen Rang eines *vates* steht. Für den Benutzer etwas umständlich und auch unverständlich ist indes, dass Heines Werke ohne Not und erkennbaren Grund hier nach Briegleb, dort nach der DHA zitiert werden und auch bei anderen Autoren, etwa bei Schiller, beim Verweis auf gängige Texte mehrere Werkausgaben nebeneinander benutzt werden. Fluchen wir über dergleichen Quisquilien mit Heine (und mit Bartscherer, der mit diesem Vers seine Studie enden lässt) »Himmel .. Herrgott .. Sakrament!« (DHA III, 399) .. und erfreuen uns an dem wichtigen Beitrag, den Christoph Bartscherer zur Frage nach Heines Verhältnis zur Religion und zu den Religionen geleistet hat.

Robert Steegers

Patricia Czezior: *Die Heimatlosigkeit im Werke zweier romantischer Grenzgänger: Joseph von Eichendorff und Heinrich Heine.* Berlin: Wissenschaftlicher Verlag Berlin 2004. 143 S., € 17,–.

Als Gegenüberstellung zweier deutscher Schriftsteller der ersten Hälfte des 19. Jahrhunderts, die von der Literaturgeschichtsschreibung trotz ihrer Zeitgenossenschaft verschiedenen Epochendiskursen zugeschrieben worden sind, ist die im Jahr 2004 veröffentlichte Studie von Patricia Czezior ein Werk der vergleichenden Literaturwissenschaft. Die Untersuchung, die Motiven der Heimatlosigkeit im Werk Heinrich Heines und Joseph von Eichendorffs gewidmet ist, rekurriert auf das bereits von Wilhelm Gössmann mehrfach aufgegriffene Phänomen einer literarischen Zeitgenossenschaft zweier Dichter, deren lebensgeschichtliche Erfahrungen wie poetologische Paradigmen dadurch, dass sie inkommensurabel sind, Einblicke erlauben in eine Epoche der deutschen Geistes- und Literaturgeschichte, als deren charakteristisches Merkmal das Nebeneinander scheinbar unvereinbarer Tendenzen und Strömungen betrachtet werden kann.

Patricia Czezior entwickelt den Begriff der Heimat einerseits vor dem Hintergrund der romantischen Begriffsgeschichte und andererseits im Kontext der Diskussionen der Regionalismusforschung der letzten Jahre und Jahrzehnte. Nachdem die Studie den Begriff im Diskurs der deutschen Geistesgeschichte vom 18. bis zum 20. Jahrhundert kontextualisiert, diskutiert sie die politischen und wirkungsgeschichtlichen Implikationen der Motive von Heimat und Heimatlosigkeit im Werk beider Dichter. Mit dem bereits im frühen 18. Jahrhundert einsetzenden und im ökonomischen Aufstieg der bürgerlichen Schichten wurzelnden Verfall der feudalen Gesellschaftsordnung kommt es in den Jahren vor und nach dem epochalen Umsturz der Französischen Revolution zu einer Neukonzeption des Staatsgedankens. Während in den Debatten und Diskussionen des Aufklärungszeitalters der Versuch dominiert, eine kulturelle Identität über den Begriff der Nation zu definieren, gelangt durch den Impuls der frühromantischen Bewegung des späten 18. und frühen 19. Jahrhunderts das Konzept der Heimat in das Zentrum der literarisch-intellektuellen wie staatsphilosophisch-politischen Diskurse. In Jahrzehnten nach der politischen Neuordnung Europas auf dem Wiener Kongreß 1815 bis zur Gründung des zweiten deutschen Kaiserreiches unter der Hegemonie Preußens im Jahr 1871 bleibt der Diskurs über den eine nationale Identität stiftenden Begriff der Heimat in den Debatten einer bürgerlichen Schicht, deren Mitwirkung am politischen Diskurs der Epoche von den in ihrer politischen Funktion wieder restaurierten feudalen Schichten weder gefordert noch erwünscht ist, dominierend. Vor diesem Hintergrund eröffnet die vergleichende Lektüre der Werke Heinrich Heines und Joseph von Eichendorffs einerseits Einblicke in den Mikrokosmos zweier den literarischen Diskurs der ersten Hälfte des 19. Jahrhunderts prägenden Werke, andererseits bildet das vorgelegte Material die Basis einer exemplarischen Studie über die Entstehungsgeschichte einer »deutschen Ideologie« in der Mitte des 19. Jahrhunderts.

Die im Kontext der Werke Heinrich Heines bereits von Helmut Koopmann ausgeloteten Implikationen der lebensgeschichtlichen Erfahrungen von Fremdheit und Heimatlosigkeit, werden in der Studie, analog zu denen Eichendorffs, nur am Rande entwickelt. Heinrich Heine, der aufgrund seiner jüdischen Herkunft ein Außenseiter der Religion ist, der wegen seiner politischen Überzeugungen die Heimat verlässt und als deutscher Dichter die zweite Hälfte seines Lebens in der französischen Hauptstadt verbringt, entwickelt in seinem Werk ein vielschichtig-komplexes Bild des Fremden, des Grenzgängers zwischen den Kulturen und heimatlosen Exilanten, das mit dem romantischen Verständnis des Begriffes nur unzutreffend beschrieben werden kann. Während die Motive von Heimatlosigkeit und Fremde im Werk Joseph von Eichendorffs einerseits von den Erfahrungen als katholischer, schlesischer Aristokrat im preußischen Staatsdienst disponiert werden und andererseits aus dem für das romantische Denken charakteristischen Paradox einer Gleichzeitigkeit gegenläufiger Bewegungen ..der regressiven Sehnsucht in eine unbestimmte räumliche und zeitliche Ferne sowie dem religiös motivierten Dualismus von Diesseits und Jenseits ..bestimmt werden, antizipiert Heinrich Heines Werk bereits eine spezifisch moderne Erfahrung von Entfremdung und Nichtdazugehörigkeit.

Dass die Studie beide Schriftsteller als romantische Grenzgänger betrachtet, wirft die Frage auf, warum die Autorin nicht den Versuch unternimmt, die aus dem analytischen Vergleich der beiden Werke entwickelte Differenz des Heimat-Begriffs vor dem Hintergrund der Frage zu diskutieren, inwiefern die Romantik als eine Gegenbewegung zur Aufklärung bereits eine Strömung der frühen Moderne ist. Indem die Studie dem literarhistorischen Blick der »Romantischen Schule« Heines und der »Geschichte der neuern romantischen Poesie« Eichendorffs verhaftet bleibt, verliert sie diese für die geistesgeschichtliche Entwicklung des 19. Jahrhunderts relevante Fragestellung aus dem Blickfeld. Heimatlosigkeit als das subjektive Empfinden von Nichtdazugehörigkeit des Individuums wurzelt, auch wenn dies erst in der zweiten Hälfte des 19. Jahrhunderts in den Schriften Friedrich Nietzsches explizit wird, in den romantischen Diskursen über die Zerrissenheit und den Weltschmerz. Dass die Heimatlosigkeit in den lyrischen Werken wie den Prosaschriften Heines und Eichendorffs nicht nur eine im literarischen Text re ektierte Erfahrung des individuellen, psychischen Innenraums ist, sondern auch einen kollektiv-zeitsymptomatischen Charakter hat, der bereits auf ein das Bewusstsein des Individuums in der Moderne schmerzhaft disponierendes Erleben von Dissoziation verweist, findet in der Untersuchung keine Beachtung. Neben den politischen und wirkungsgeschichtlichen Implikationen des Motivs, welche die Studie differenziert entwickelt, würde eine Betrachtung dieser Fragestellung einen über den literaturwissenschaftlichen Vergleich hinausgehenden Einblick in die den literarischen Werken eingeschriebenen philosophischen Diskurse des 19. Jahrhunderts erlauben.

Die überraschende Einsicht, welche die Arbeit Patricia Czeziors durch die komparatistische Lektüre der Werke Heinrich Heines und Joseph von Eichendorffs eröffnet, ist die einer für die widersprüchlichen Tendenzen der Biedermeierzeit charakteristischen, strukturellen Parallelität unterschiedlicher Erscheinungen. Die eskapistische Tendenz der überzeitlich, romantisch-verinnerlichten Sehnsucht nach der Heimat in den Werken Eichendorffs, die eine Kritik an der eigenen Zeit impliziert, korrespondiert mit der zwischen Pathos und Ironie tragisch oszillierenden Liebe Heines zu der verlorenen, deutschen Heimat. Beide Schriftsteller beharren in ihrem Werk auf der paradoxen Vorstellung, dass die Autonomie der Kunst die gesellschaftliche Relevanz des literarischen Kunstwerkes erst ermöglicht.

Sikander Singh

Marion Freund: *»Mag der Thron in Flammen glühn!« Schriftstellerinnen und die Revolution 1848/49*. Königstein/Taunus: Ulrike Helmer Verlag 2004. 641 S., € 45,95.

Es ist keineswegs ein »oft vergessenes literarisches Erbe«, dem sich Marion Freund widmet, wie vom Verlag auf dem Cover angekündigt wird, vielmehr sind neun der zehn untersuchten Autorinnen und ihr Revolutionsengagement in den letzten 25 Jahren auf der Werk- und Biographie-Ebene in vielfältiger Weise nicht zuletzt durch Editionen erschlossen worden. Diese Vorarbeiten bilden die explizite und extensiv genutzte Referenzbasis der Untersuchung. Die besondere Leistung dieser an der Albert-Ludwigs-Universtiät zu Freiburg i. Br. angesiedelten Dissertation besteht darin, dass zum ersten Mal mittels einer synoptischen Analyse anhand von drei Ausdrucksmedien: Presse, Erinnerungsdokumente und Romane ein vielschichtiges und vernetztes Bild des demokratischen Freiheitsengagements von repräsentativen Revolutionssympathisantinnen und -akteurinnen entworfen wird. Ein zentrales Erkenntnisinteresse ist dabei, die Verknüpfung der politisch-demokratischen Aktivitäten mit der Artikulation emanzipatorischer Ideen und Ziele herzustellen. Zu jeder Einzelpersönlichkeit wird ein sehr differenzierter, quellenreich abgestützter »biographischer Hintergrund« gezeichnet. In Teil I steht nach einem kurzen Abriss von Herausgebertätigkeit und journalistischer Mitwirkung von Frauen seit dem letzten Drittel des 18. Jahrhunderts der Funktionswandel von weiblichen Presseorganen im Zuge der 48er Revolution als Instrumente zur Etablierung einer demokratischen Gegenöffentlichkeit im Mittelpunkt (S. 25.186). Für die Pressetätigkeit der hier in Rede stehenden Redakteurinnen: Mathilde Franziska Anneke, Louise Aston, Louise Otto und Louise Dittmar ist von entscheidender Bedeutung, dass sie bereits vor 1848 einen Politisierungs- und Emanzipationsprozess durchlaufen haben und sich mit sozialen, religiösen, politischen oder frauenrechtlichen Themen auf kritische Weise auseinandergesetzt haben. Mathilde Franziska Anneke wird als Redakteurin der »Neuen Kölnischen Zeitung« und der »Frauen-Zeitung« als die radikalste der hier vorgestellten Pressefrauen gezeichnet, die mit der Veränderung der Herrschaftsverhältnisse hin zu einer Republik auch die Veränderung der Besitzverhältnisse zu Gunsten des Proletariats auf kämpferisch-agitatorische Weise fordert. In puncto politischer Aggressivität überbietet Louise Aston, Redakteurin der Wochenzeitung »Der Freischärler. Für Kunst und sociales Leben« (1849), M. F. Anneke durch die Verwendung satirischer Mittel, mit denen sie vor allem die preußische Repressionspolitik in der Phase der Konterrevolution polemisch geißelt.

Als theoretisch versierteste Redakteurin erweist sich Louise Dittmar mit der Monatsschrift »Soziale Reform«, einem anspruchsvollen Forum der demokratischen Linken. Sie steht im Banne des Frühsozialismus und fordert als Basis für die Durchsetzung von Menschenrechten soziale Gerechtigkeit für alle Stände und für beide Geschlechter. Louise Dittmar vertritt ein breites Spektrum an frauenrechtlichen Forderungen von der Abschaffung der Konvenienzehe bis zum Recht der Frau auf Erwerbsarbeit, ohne jedoch die Wirkung der »Frauen-Zeitung« von Louise Otto hinsichtlich der Etablierung als Interessenvertretung von Frauen zu erreichen. Diese formuliert am deutlichsten mit dem Motto ihrer Zeitung »Dem Reich der Freiheit werb' ich Bürgerinnen« den Anspruch, die demokratischen Freiheitsrechte und die Rechte von Frauen auf gesellschaftliche und politische Teilhabe zu verbinden. Louise Ottos politische Selbstverortung bei den sozialistischen Republikanern ging nicht einher mit dem Einsatz kämpferisch-agitatorischer Mittel.

Das historisch und sozialgeschichtlich einleitende Kapitel zur Analyse der »Erlebnisdokumente« von Akteurinnen der Revolution in Teil II (S. 187.341) stellt in klarer Linienführung die Etappen der wachsenden Teilhabe von Frauen am öffentlichen Leben dar, beginnend 1813 mit der patriotischen Befreiungsbewegung gegen Napoleon über das Engagement für polnische Freiheitskämpfer 1830 bis hin zur Mitwirkung in Vereinen der unterschiedlichsten Ausprägung in den 40er Jahren.

Von den meist namenlosen Barrikadenkämpferinnen in den städtischen Revolutionszentren und den Freischärlerinnen der Feldzüge in Baden und der Pfalz unterscheiden sich Emma Herwegh, Amalie Struve und Mathilde Franziska Anneke darin, dass sie jeweils in eine führende Widerstandsformation integriert waren, zugewiesene Aufgaben hatten, als politische Subjekte akzeptiert wurden und rückblickend ihre und ihrer Mitstreiter Ziele und das revolutionäre Handeln analysierten und kommentierten.

Bei der Darstellung von Emma Herweghs Entwicklung zeigt sich exemplarisch die Qualität der methodischen Vorgehensweise von Marion Freund, die überall dort, wo Lücken in der biographisch-historischen Forschung waren, Nachlassmaterialien aus Archiven heranzieht, so dass gegebenenfalls Aussagen der Forschung als quellenmäßig nicht gestützte Vermutungen zurückgewiesen werden können. Emma Herweghs »Geschichte der deutschen demokratischen Legion aus Paris«, als Rechtfertigungsschrift konzipiert, wird sehr umsichtig mit den historisch abgesicherten Fakten abgeglichen. Wenn es dann im »Resümee« zu diesem Teil heißt, dass es sich bei dem Text um »ein erzählerisch pointiertes und geschliffenes essayistisches Pamphlet« handele (S. 329), so erschließt sich diese Charakterisierung, abgesehen von der Frage, ob diese Kennzeichnung zutreffend ist, nicht aus der vorangehenden Analyse; es zeigt sich hier jedoch eine Besonderheit dieser Resümee-Abschnitte, die nicht nur einfach zusammenfassen, sondern jeweils vertiefende und zusätzliche Aspekte herausstellen. Die Frage der Mitwirkung Georg Herweghs an der Abfassung der »Geschichte der deutschen demokratischen Legion aus Paris« zum Zweck der Rehabiltierung seiner politischen Glaubwürdigkeit hätte durchaus gestellt werden können, ohne dass damit das von Emma Herwegh gelebte partnerschaftliche Ideal desavouiert worden wäre, wie dies in der zeitgenössischen Rezeption dieser Schrift nur zu gerne geschah .. Stichwort willfährige Gattin .

Die Abgrenzung zwischen Emma Herwegs Rechtfertigungsschrift, Amalie Struves »Erinnerungen aus den badischen Freiheitskämpfen« (1850) und Mathilde Franziska Annekes »Memoiren einer Frau aus dem badisch-pfälzischen Feldzuge« (1853) erfolgt trennscharf hinsichtlich der Zielsetzung, der leitenden Ideen und der Funktion ihrer Revolutionserinnerungen als auch bezüglich des literarischen Anspruchs, des literarischen Vermögens und der Beurteilung der Geschlechterrolle im politischen Handlungsfeld (S. 325 ff.). Kathinka Zitz repräsentiert in diesem Kontext mit der Gründung und Leitung des Mainzer Frauenvereins »Humania« ab Mai 1849, mit dem sie in humanitärer Hinsicht Revolutionäre und ihre Familien unterstützte, eine weniger exponierte Form der politischen Einmischung. Aus Freunds auch hier auf Nachlassmaterialien gestützten Darlegungen wird deutlich, dass es eine geschickte Strategie von Zitz war, die humanitäre Deutung ihrer Vereinsaktivitäten gegenüber den Behörden in den Vordergrund zu stellen, um auf einer zweiten, einer politisch-pragmatischen Ebene um so nachhaltiger die Folgen der Niederschlagung der Revolution durch Unterstützungsaktionen für Gefangene, Flüchtlinge und Exilierte abmildern zu können. Zitz hat keine vergleichbare Schrift wie Herwegh, Struve oder Anneke verfasst. Die Korrespondenzartikel über ihre Unterstützungsreisen in die vormaligen badischen Aufstandsgebiete im Juni 1849, die sie im Mainzer »Demokraten« ab Juli 1849 veröffentlichte, werden ungeachtet der differenten Darstellungsform unter die Kategorie »Erlebnisdokumente« geordnet; hierzu wäre eine Begründung wünschenswert gewesen.

Im III. Teil wird die narrative Auseinandersetzung mit den Zielen, den zentralen Ereignissen, politischen Strömungen und Grundsatzfragen, den Akteuren und Folgen der 48/49er Revolution an folgenden vier Zeitromanen untersucht: »Revolution und Contrerevolution« (1849) von Louise Aston, »Auf rother Erde« (1850) von Fanny Lewald, »Dresdner Maitage. Ein Zeitbild« (1850) von Marie Norden und »Fata Morgana. Ein Roman aus dem Jahre 1848« (1851) von Claire von Glümer (S. 343 ff.). Um diese Romane zu verorten, werden in knapper Form die Entwicklungslinien von sog. »Frauenromanen« über Sophie von La Roche, Sophie Mereau, Fanny Tarnow bis zu Therese Huber gezogen. Der »literarische (Funktions-)Wandel«, der sich im Kontext der Tendenzliteratur der Jungdeutschen in den 1830er Jahren und des Zeitromans der Vormärzautoren in den 1840er Jahren vollzog, wird für die Autorinnenseite auf die soziale Erzählprosa und die Emanzipationsromane von Luise Mühlbach, Ida Hahn-Hahn, Louise Aston und Fanny Lewald verwiesen.

Die politischen Interessenlinien, die die Verfasserinnen der Revolutionsromane persönlich verfolgten, werden ebenso klar konturiert wie die im Zentrum der Romane stehenden Revolutionsereignisse: die Berliner Barrikadenkämpfe vom 18. und 19. März 1848 bei Aston, der Iserlohner Aufstand vom Mai 1849 bei Lewald, die Zeit vom September '48 bis zum Maiaufstand 1849 in der sächsischen Residenzstadt bei Norden und die Zeit vor und während des Septemberaufstands '48 in Frankfurt bei von Glümer. Bezüglich der Narration von Revolution werden die unterschiedlichen Erzählkonzepte und -strategien der Zeitromane herausgearbeitet, die handlungsstrukturierenden Leitmotive und Formen politischer Symbolik aufgewiesen, die Figurenkonzeptionen hinsichtlich der Verbindung oder Trennung von politischer, sozialer und geschlechtlicher Emanzipation untersucht, der Aufbau von Feind- und Identifikationsbildern analysiert, die verschiedenen Grade und Methoden der Parteinahme der Autorinnen bestimmt und das Ausmaß und die Art der Komplexität zeitgeschichtlicher Darstellung bestimmt.

Während die Auseinandersetzung mit den Forschungspositionen zu »Revolution und Contrerevolution« und zu »Auf rother Erde« einen wichtigen Bestandteil der Romananalyse bildet, begründet die Verfasserin hinsichtlich Marie Norden und Claire von Glümer mit ihren Rechercheergebnissen zur politisch-biographischen Entwicklung und mit ihrer Textuntersuchung das Fundament für jede weiter Forschung.

Vor dem Hintergrund der politisch und sozial repressiven Zeit des Nachmärz werden in einem »Epilog« die nachrevolutionären biographischen und literarischen Entwicklungslinien der zehn Autorinnen in einer sehr anregenden Kurzstudie entfaltet, die nicht zuletzt die europäische Vernetzung engagierter Demokratinnen und Demokraten veranschaulicht (S. 575 ff.).

Es sei zusammenfassend festgehalten, dass Marion Freund eine sehr komplexe und vielgestaltige, äußerst ertragreiche und daher hier nur ansatzweise darstellbare, sehr präzise und differenziert argumentierende und neue Forschungsimpulse setzende Arbeit vorlegt, von der zu bedauern ist, dass sie der Verfasserin nicht bereits als Habilitationsschrift dienen konnte.

Ariane Neuhaus-Koch

Joachim Jacob/Pascal Nicklas (Hrsg.): *Palimpseste. Zur Erinnerung an Norbert Altenhofer.* Heidelberg: Universitätsverlag Winter 2004 (= Frankfurter Beiträge zur Germanistik. Hrsg. von Volker Bohn, Klaus von See, Ulrich Wyss und Julia Zernack, Bd. 41), 240 S., € 38,–.

Norbert Altenhofer (1939–1991) gehört in der Tat zu den wichtigsten Heine-Interpreten der letzten Jahrzehnte, dessen Arbeiten wirksam gewesen sind und weiterwirken werden. Diese Festschrift ist seinem Andenken aus Anlass seines 65. Geburtstages gewidmet und stellt die dreizehn Beiträge unter den von Altenhofer bei Heine freigelegten Begriff des Palimpsestes. Heine benutzt diese Metaphorisierung eines neuen Textes, der über einen alten, vom Pergament abgeschabten Text niedergeschrieben wurde, zuerst in seiner »Harzreise« (übrigens kurz nach dem 1823 von Börne verwendeten Bild des unter mittelalterlichen Nebensächlichkeiten verborgenen römischen Klassikers) und bildet mit Thomas De Quincey und Sigmund Freud eine Trias solchen Textverständnisses, das für die Gedächtnis- und Geschichtstheorie, für die Kulturtheorie und die Literaturtheorie »produktiv geworden« ist (S. 12).

Bereits zu seinem 10. Todestag im Jahre 2001 hatte Renate Heuer zu Ehren Norbert Altenhofers ein Kolloquium in Frankfurt/Main ausgerichtet und die Ergebnisse als 20. Band ihrer Reihe »Campus Judaica« unter dem Titel »Verborgene Lesarten. Neue Interpretationen jüdisch-deutscher Texte von Heine bis Rosenzweig. In memoriam Norbert Altenhofer« (Frankfurt am Main und New York 2003) erscheinen lassen, was von Jacob und Nicklas mit Recht als »in diesem Sinne, auch auf den Palimpsestgedanken anspielend« in Erinnerung gebracht wird (S. 14, Anm. 8). Beide Bände, der zum Todestag wie der zum Geburtstag, dokumentieren nunmehr Altenhofers Spezialinteressen und Anregungen aufs Anschaulichste.

Die vorliegende Festschrift gewinnt ihren Reiz gerade durch die Vielfalt der Anwendung des angesprochenen literarischen Verfahrens, aber auch durch die verschiedenen Gegenstände, auf die es bezogen wird. Die beiden Hrsg. Jacob und Nicklas geben mehr als eine Einleitung. Ihre Erörterung über »Der Palimpsest und seine Lesarten« bietet einen historischen Überblick, der den roten Faden bezeichnet, an dem entlang die weiteren Ausführungen ..darunter vier, beinahe die Hälfte des Bandes einnehmende Heine-Arbeiten ..zu betrachten sind. In ihren jeweiligen Einzelstudien widmen sich die Hrsg. darüber hinaus einmal De Quinceys »The palimpsest of the Mind« (P. Nicklas) und dem George-Text »Von einer Begegnung« aus den »Hymnen« unter dem Titel »Der zerstörte Palimpsest oder vom Entschwinden der Erinnerung ..Zu einem Gedicht Stefan Georges« (J. Jacob). Was bei De Quincey die »Doppelung des Lebens« wie der Zeit bedeutet (S. 130), ist bei George als »Verfügbarkeit oder Unverfügbarkeit der eigenen Erinnerungen« variiert (S. 153).

Die Heine-Beiträge stammen von ausgewiesenen Heine-Kennern. Günter Oesterle untersucht den prekären Komplex: »Was verdankt das deutsche Stiefvaterland nicht alles den Juden«. Das subkutane Zusammenspiel von Camou age und Palimpsest in Heinrich Heines *Die Harzreise*. Seine gescheiten Annäherungen an einen der Grenztexte des jungen Heine, in dem der Übergang vom näheren jüdischen Umfeld zur weiteren christlichen Gesellschaft untergründig, aber spürbar eine bisher zu selten beachtete Rolle spielt, führen manche Gedanken Klaus Brieglebs weiter und spezifizieren sie an jenem Reisebild, dem auch Altenhofer seine besondere Sympathie bewiesen hat: »subkutan eingelagerte Zentralmotive jüdischen Eingedenkens« lassen sich durch solche Lektüre »in seinem Schreiben freilegen« (S. 33). Willi Goetschel geht der interessanten Kombination »Heine und der Traum« nach, wobei Freud die ihm zustehende Funktion erfüllt, die ihm auch Altenhofer schon zuerkannt hatte: »Heine mit Freud lesen kann dann auch Freud mit Heine zu lesen bedeuten« (S. 42). Bodo Morawe nähert sich in gewohnter Akribie Heines Abhandlung »Zur Geschichte der Religion und Philosophie in Deutschland« unter der Überschrift: »Ich selber bin Volk, je suis peuple moi-même.« Heines Philosophie-Schrift als Palimpsest und die Republik der Gleichen. Der Verf. wird nicht müde, ebenso eloquent wie belegreich darauf hinzuweisen und auf gut 50 Seiten auszuarbeiten, »welchen herausragenden Stellenwert der Jakobinismus als politischer Erbe des Rousseauismus und geistiger Wegbereiter des Republikanismus für das gesamte Pariser Werk« Heines gespielt habe (S. 63). Dolf Oehler steuert eine überarbeitete Fassung seiner Interpretation eines der wichtigsten Heine-Gedichte bei: »Poesie als parodistische Auslegung. Zur Deutung und Rezeption der *Wanderratten*. Der Beitrag war ursprünglich in dem von Bernd Kortländer herausgegebenen Band der Reihe »Interpretationen. Gedichte von Heinrich Heine«, Stuttgart: Reclam 1995, erschienen. Nach wie vor bleibt die Charakterisierung Heines als unsentimentalen, »satirischen Propheten aus der Matratzengruft« richtig (S. 126).

Die sechs übrigen Beiträge stellen unter Beweis, wie sehr das literarische Leben neben aller Poesie auch eine aus Politik und Psychologie gewebte Erscheinung ist und dass die Psychoanalyse im Verhältnis zur bildenden Kunst auch außerhalb Freuds ihr Feld gefunden hat: Karl Riha beobachtet die nicht nur literarische »Kommunikation« zwischen Emmy Hennings und Hugo Ball in deren faszinierend poetischer Ehe mitsamt ihren Briefen und Gedichten. Ansgar Hillach beschreibt in seinem Aufsatz über »Otto Soykas phantastische Fiktion einer Rechtsoffensive 1921«, wie sehr die Neuau age des in jenem Jahre erschienenen Romans »Die Traumpeitsche« aus der Feder der Kraus-Entdeckung Soyka zum Anlass genommen werden kann, endlich das »Menetekel« zu erkennen und die »Zeit zur Lesbarkeit« wahrzunehmen (S. 187). Paul Michael Lützeler geht auf subtile Weise der Polenfrage in Hermann Brochs Roman über das Dreikaiserjahr nach und befragt mit »1888. Pasenow oder die Romantik« den ersten Band aus der Trilogie »Die Schlafwandler« stellvertretend für das Ganze, wobei immer wieder der Palimpsest-Charakter zum Vorschein kommt. Ein ausgesprochen kleiner Beitrag von Lorenz Jäger bringt den Psychoanalytiker Karl Abraham, den ersten und treuesten Schüler Freuds, in Erinnerung, der es verstand, »seine Beschäftigung mit der zeitgenössischen Kunst und seine therapeutischen Aufgaben miteinander zu verbinden« (S. 207). »Die Hausgenossen« aus Günter Eichs »Maulwurf«-Texten werden von Martin Stern einer erneuten, ebenso spannenden wie schlüssigen Lektüre unterzogen. Schließlich liefert Klaus Jeziorkowski unter der sprechenden Überschrift »Wiederholte Beschriftung« seine »Beobachtungen zu Text- und Bildnis-Strukturen bei W. G. Sebald und zum Schreiben in mehreren Etagen«; hier wird klar, dass sämtliche Arbeiten des Heine-Preisträgers Sebald »als ein fortlaufendes und zusammenhängendes Palimpsest-Unternehmen, als Gesamtgewebe« betrachtet werden können (S. 227). Insofern schließt sich der Kreis zum Entdecker dieses Prinzips bei Heine, nämlich Norbert Altenhofer, völlig zwanglos, aber aufs Sinnvollste. Eine »Bibliographie Norbert Altenhofer« (S. 232..239) bildet das Ende und weist gleichzeitig in die Zukunft. Denn seine Arbeiten haben Tore aufgestoßen, durch die noch manche Karawane wird ziehen können.

Joseph A. Kruse

Alexander Kosenina: *Der gelehrte Narr. Gelehrtensatire seit der Aufklärung.* Göttingen: Wallstein Verlag, 2003. 487 S., € 49,..

»Zu fragmentarisch ist Welt und Leben! / Ich will mich zum deutschen Professor begeben, / Der weiß das Leben zusammen zu setzen, / Und er macht ein verständlich System daraus; / Mit seinen Nachtmützen und Schlafrockfetzen / Stopft er die Lücken des Weltenbau's.« (DHA I, 271) Wer etwas über die lange und reiche Tradition erfahren möchte, in der diese Verse aus Heines »Heimkehr« stehen, dem sei das vorliegende Buch von Alexander Kosenina empfohlen, eine umfassende Studie zur literarischen Wissenschaftskritik und zur satirischen Darstellung des Gelehrten. Sein Ziel ist »eine Literaturimagologie des Gelehrten, d. h. eine Rekonstruktion jener literarisch manifestierten Bilder und Stereotype, die sich unsere Kultur von dieser randständigen Figur im Laufe der Geschichte machte« (S. 8). Es treten auf: gelehrte Affen und Papageien, pedantische Schulmeister, blasse Bibliomanen, kurzsichtige Stubenhocker, weltfremde Bildungsreisende, manische Fußnotenschreiber, überhebliche Philosophen, gelehrte Frauen, verquaste Philologen, nimmersatte Bücherfresser, irre Insektenforscher, wahnsinnige Physiker und viele andere komische, groteske, skurrile oder manchmal auch unheimliche Gestalten. Gemeinsam ist ihnen allen, dass sie der Fantasie (zumeist gelehrter) Schriftsteller entstammen, ihr Unwesen auf bedrucktem Papier treiben und nun paradoxerweise selbst wiederum Gegenstand einer gelehrten Abhandlung geworden sind, die sich allerdings durchaus erfolgreich bemüht, ihre Gelehrsamkeit auf eine stilistisch so angenehme Weise auszubreiten, dass sie selbst möglichst nicht zum Zielobjekt einer Gelehrtensatire werden kann.

Beeindruckend ist die Materialfülle: Über 180 Texte .. so verheißt es der Klappentext .. werden in diesem Buch behandelt. Von Aristoteles bis Woody Allen, von Erasmus von Rotterdam bis

Karl May, von Lukian bis David Lodge ist alles vertreten, was Rang und Namen hat, hinzu kommt eine große Zahl unbekannter Autoren und scheinbar abseitiger Werke. Die 42 Abbildungen historischer Stiche, Holzschnitte und Karikaturen, die das Buch enthält, sind mehr als nur Illustrationen, sie bilden für sich eine kleine Galerie des gelehrten Irrsinns mit mannigfachen Bezügen zu den Texten. Neben der Bildenden Kunst spielt auch der Film eine Rolle, aber im Mittelpunkt steht die Literatur, die verschiedensten Textsorten und Gattungen sind vertreten.

Diese Fülle ist Fluch und Segen zugleich, zumal der Verfasser gar nicht erst den Versuch unternimmt, das weite Themenfeld, das er sich erschlossen hat, historisch oder thematisch zu untergliedern. Anstatt eine Systematik aufzubauen ..die, wenn sie übertrieben wird, schließlich selbst ein Symptom gelehrter Narrheit ist, ..unternimmt er »diskontinuierliche, möglichst exemplarische Längsschnitte, die den gelehrten Narren in einer Folge einzelner Bilder vorstellen« (S. 9) und zusammen ein »Mosaik« (ebd.) bilden sollen. »Physiognomien«, »Gegenstände und Verfahren«, »Institutionen« sind die drei großen Bereiche, die innerhalb dieses Mosaiks abgesteckt werden, wobei die Grenzen ießend sind. Das Verfahren hat seinen Reiz, da es hilft, Querbezüge aufzudecken. So erfährt man etwa, dass der gelehrte Affe Rotpeter aus Kafkas »Bericht für eine Akademie« recht nahe artverwandte Vorgänger bei Wilhelm Hauff und E. T. A. Hoffmann hatte oder entdeckt überraschende Parallelen zwischen Dürrenmatts »Physikern« und Sebastian Brants vierhundert Jahre älterem »Narrenschiff«. Diese »Mosaik«-Methode stößt jedoch an Grenzen, wenn es um literatur- und geistesgeschichtliche Zusammenhänge oder Entwicklungslinien geht. Auf die Dauer kann dieses bunte, zweifellos anregende und im Detail immer wieder interessante Nebeneinander darum nicht genügen, weil der historische Bezugsrahmen, dem sich der einzelne, vom Verfasser betrachtete Text zuordnen ließe, vollkommen fehlt. Gravierende Unterschiede werden auf diese Weise eingeebnet. Die Gelehrtensatire in einer gegenreformatorischen Flugschrift, einer Aufklärungskomödie oder einem parodistischen Spottgedicht aus dem 19. Jahrhundert mögen sich ähneln, die Motivation ihrer Verfasser ist jedoch sehr verschieden. Der Blick auf den ideologischen »Überbau« oder auf das der satirischen Negation jeweils zugrundeliegende, positive Gelehrtenideal oder Gesellschaftsbild fehlt in dieser Studie jedoch leider zu oft.

Heinrich Heine wird lediglich vier mal kurz erwähnt, die »Harzreise«, geradezu ein Musterbeispiel für die Gelehrtensatire, leider gar nicht. Börne und Weerth werden kursorisch genannt, zu den am häufigsten besprochenen Autoren aus dem 19. Jahrhundert gehört Jean Paul, dessen Werk eine wahre Fundgrube für Kosenina ist. Das 19. Jahrhundert, so scheint es, hat beinahe alle Formen der Gelehrtensatire aus den vorangegangenen Epochen aufgenommen und fortgeführt. Zwar hat man, wenn man Koseninas Beispiele aus der Heine-Zeit zusammen betrachtet, den Eindruck, dass hier insgesamt »der liebevoll verspottete, behagliche Gelehrte« (S. 124), wie man ihn aus Spitzwegs Bildern kennt, dominiert, in seiner Analyse von Büchners »Leonce und Lena« ..einer der interessantesten Passagen in diesem Buch ..zeigt Kosenina jedoch, wie auch zu dieser Zeit die Gelehrtensatire bisweilen schon ins Existenzielle, ja, Nihilistische getrieben werden kann. Hier liegen dann die Berührungspunkte mit dem 20. Jahrhundert, und spätestens bei den Beispielen aus dieser Zeit fällt auf, dass der Begriff der Satire, wie Kosenina ihn verwendet, doch recht unscharf ist, im Grunde an keiner Stelle einmal ausführlicher thematisiert wird und stattdessen ohne historische Differenzierung auf alle Texte gleichermaßen bezogen wird. Denn ein Werk wie Elias Canettis Roman »Die Blendung« etwa, eines der auffallenderen Steinchen in diesem »Mosaik«, lässt sich mit der Bezeichnung Gelehrtensatire nur noch schwer fassen.

Man muss dem Verfasser jedoch zu Gute halten, dass er schließlich kein Theoriegebäude zu seinem Thema errichten wollte. Wenn sein Buch sich also auch manchmal wie eine riesige, kommentierte, aber ungeordnete Beispielsammlung liest und sich der gewünschte »Mosaik«-Effekt aufgrund der fehlenden, weiter gefassten Perspektive nicht recht einstellen will, bietet es doch eine interessante und amüsante Lektüre, was nicht zuletzt an seinem angenehm unprätentiösen Stil liegt, und regt dazu an, sich mit manchem der von ihm behandelten Texte einmal näher zu beschäftigen.

Christian Liedtke

Yigal Lossin: *Heine: ha-hayim ha-kefulim.* Jerusalem, Tel Aviv: Schocken 2000, 502 S., NIS 90,–. [erscheint 2006 unter dem Titel *Heine: his double life* bei Alfred A. Knopf, New York]

»Denket an Heine«, forderte der israelische Nationaldichter Chaim Nahman Bialik das jüdische Volk auf in seinem Essay »Das hebräische Buch« von 1913, in dem er für eine Einreihung von Heines Werk in den Kanon der hebräischen Literatur plädiert. Jedoch zeichnete sich die israelische Heine-Rezeption fast ein halbes Jahrhundert lang durch einen unausgesprochenen Bann aus, verhängt über den »Renegaten« Heine von orthodoxer Seite, die in dem Werk des deutschen Dichters jüdischer Herkunft, insbesondere in dem Gedicht »Disputazion«, eine Verunglimpfung des Judentums sah. Allein durch die Jeckes, die mit Heine die Erinnerung an ihre Jugend in Deutschland verbanden, wurde dem Dichter in Israel Anerkennung zuteil: 1985 wurde in Tel Aviv eine Gesellschaft der Heine-Freunde gegründet unter Leitung des Heine-Übersetzers Shlomo Tanny und des damaligen Oberbürgermeisters Shlomo Lahat. Dieser setzte sich auch dafür ein, dass 1992, nach einer jahrzehntelangen Auseinandersetzung mit der Orthodoxie, eine Straße nach Heine benannt wurde, wofür die 50 Jahre zuvor erlassene Satzung der Stadt, nach der Straßen oder Plätze nicht nach getauften Juden benannt werden dürfen, geändert werden musste. In der von den deutschen Emigranten stark geprägten Stadt Haifa war noch zur Zeit des britischen Mandats ein Platz nach Heine benannt worden.

Zwar wurden in den 50er und 60er Jahren mehrfach hebräische Übersetzungen von Heines Prosa und Lyrik, insbesondere von den »Hebräischen Melodien«, veröffentlicht, jedoch veränderten die Übersetzer vereinzelt ihnen blasphemisch erscheinende Verse oder ließen sie sogar aus, wie Dafna Mach anhand der Übersetzungen des Gedichts »Prinzessin Sabbath« im Heine-Jahrbuch 1983 exemplarisch nachgewiesen hat. Zum 200. Geburtstag des Dichters erschienen ausgewählte Schriften Heines in einer sehr guten, neuhebräischen Übersetzung von Yehuda Eloni und S. Tanny, die bereits 1994 eine stark an Hugo Biebers »Confessio Judaica« angelehnte Anthologie mit Texten des Autors zu Juden und Judentum publiziert hatten. Eine Gesamtausgabe von Heines Werk in neuhebräischer Sprache fehlt allerdings bis heute. Das Heine-Kolloquium zu der jüdischen Heine-Rezeption, das 1990 an der Universität Beer-Sheva in der Negev-Wüste stattfand, sowie das anlässlich des 200. Geburtstages des Dichters an der Hebräischen Universität veranstaltete Jerusalemer Heine-Symposium zu dem Thema »Gedächtnis, Mythos, Modernität« zeugen zumindest von einer akademischen Beschäftigung mit Heine in Israel.

Anfang der 80er Jahre wollten Naomi Kaplansky, ehemalige Fernsehproduzentin, und Yigal Lossin, Journalist und Drehbuchautor, u. a. der Fernsehdokumentation über die Gründung des Staates Israel, »Pillar of Fire«, mittels eines Films Heine über den Kreis der deutschsprachigen Israelis hinaus bekannt machen. Ihr Projekt-Antrag wurde jedoch von dem israelischen Fernsehamt abgelehnt mit der Begründung, dass man in Israel keinen Film über zum Christentum konvertierte Juden drehe. Kaplansky und Lossin mitorganisierten stattdessen die für ein breites Publikum konzipierte Konferenz »Heine in Jerusalem«, die vom 10. bis 13. Dezember 2001 unter der Teilnahme zahlreicher deutscher, französischer und israelischer Wissenschaftler und Schriftsteller im Konrad-

Adenauer-Zentrum des von der Jerusalem Foundation gegründeten Kulturzentrums Mishkenot Sha'ananim stattfand und sich eher als Festival denn als wissenschaftliche Tagung gestaltete (vgl. den Bericht von Joseph A. Kruse im HJb 2002). Das ursprünglich für den geplanten Heine-Film gesammelte Material nutzte Lossin, der keine deutsche Vorfahren hat, der deutschen Sprache nicht mächtig ist und nur während seiner Kindheit und Jugend in Haifa von deutschsprachigen Nachbarn und Lehrern die Verse Heines hörte, um die erste neuhebräische Biographie über den deutsch-jüdischen Dichter zu schreiben. Bis zu seiner im Jahr 2000 erschienenen Biographie gab es in Israel keine von einem israelischen Autor verfasste Heine-Biographie, lediglich die Biographien von Ludwig Marcuse und Antonina Vallentin lagen in hebräischer Übersetzung vor.

Mit der umfangreichen, auf hebräischen und englischen Heine-Übersetzungen basierenden Biographie intendiert der Verfasser nicht, wie es der Titel vermuten lässt, Heines komplexe Identität als Deutscher einerseits und Jude andererseits darzustellen, sondern seine jüdische Identität als Präfiguration der Identität der säkularen Israelis zu beweisen und so den deutschen Dichter jüdischer Herkunft als potentielle Identifikationsfigur für die säkularen Israelis zu rehabilitieren. Die Lektüre von Heines Werk sei für ihr Selbstverständnis grundlegend, da sie ermögliche, Antworten auf Fragen, wie beispielsweise, ob sie in erster Linie Juden oder israelische Staatsbürger seien, zu finden. Lossin definiert Heine als »Juden der dritten Art« (S. 15), ein aus Max Wieners Studie »Jüdische Religion im Zeitalter der Emanzipation« von 1933 übernommener Terminus, der einen Juden bezeichnet, der sich weder zum orthodoxen noch zum liberalen Judentum bekennt, sich von allen religiösen Strömungen innerhalb des Judentums abgewandt hat und jüdische Identität nicht mehr von der Einhaltung der durch den Schulchan Aruch, dem maßgebenden jüdischen Gesetzeswerk, vorgegebenen Anordnungen abhängig macht, sondern von einer gemeinsamen Geschichte und einem kollektiven Gedächtnis. Als erster Jude der dritten Art könne Heine für ihn selbst wie für alle säkularen Israelis zum »Unglaubensgenossen« werden, wie der Dichter in Bezug auf Spinoza formulierte (s. DHA VI, 736). Zwar ist Lossins Akzentuierung von Heines modernem, undogmatischem Judentumsbegriff grundsätzlich zuzustimmen, jedoch wird bei dem Vergleich der jüdischen Identität des Dichters mit der Identität der säkularen Israelis übersehen, dass dieser seine jüdische Identität vor dem Hintergrund des Spannungsfeldes von Assimilation, Akkulturation und Emanzipation, in dem sich die jüdischen Intellektuellen zu Beginn des 19. Jahrhunderts bewegten, und in Auseinandersetzung mit der christlichen Umwelt entwickelt hat, während im jüdischen Staat die mehrheitlich säkularen Israelis ihre Identität primär durch die Erfahrung der Shoah und in Abgrenzung von den orthodoxen Israelis definieren, wie die Heine-Biographie Lossins, der aus seiner Kritik an der Orthodoxie keinen Hehl macht, exemplarisch verdeutlicht.

Der Biograph versucht zudem, Heine zu einem Vorläufer des Zionismus zu machen, da die zentralen Grundsätze der zionistischen Bewegung bereits in seinem Werk enthalten seien. In dem Erzählfragment »Der Rabbi von Bacherach«, insbesondere in Rabbi Abrahams Kommentar »[ ] wie schlecht geschützt ist Israel!« sieht Lossin einen Aufruf zur jüdischen Selbstwehr, der Bialiks achtzig Jahre später entwickelte Konzeption der Selbstverteidigung des jüdischen Volkes sowie den jüdischen Nationalismus der zionistischen Autoren M. Y. Berdyczewski und S. Tchernichowsky antizipiere. Auch Heines Gedicht »Jehuda ben Halevy« sowie die wiederholte Thematisierung des Psalms 137, des großen Exilpsalms, erlaubten, den Dichter in die zionistische Bewegung einzureihen. Seine These von Heine als Zionisten avant la lettre widerlegt Lossin letztlich selbst, indem er die Frage, warum Heine nicht den Versuch unternommen habe, nach Zion zurückzukehren, nur ausweichend beantwortet (»Dies ist eine der schwierigsten Fragen in der Geschichte des Verhältnisses zwischen dem Volk Israel und dem Land Israel. [ ] die Zeit war noch nicht reif.« (S. 95). Auf Heines Ironisierung von Mordecai M. Noahs Plan von 1819, eine jüdische Kolonie ..für den Dichter eine neue Form der Ghettoisierung ..in der Nähe der Niagara-Fälle zu errichten, wird bezeichnenderweise nicht verwiesen. Der Biograph meint selbstbewusst, mittels des zionistischen Schrifttums Heines Werk grundlegend erklären zu können, und urteilt daher über die bisherige Heine-Forschung, über die er allerdings wegen seiner fehlenden Deutschkenntnisse nicht umfassend informiert ist: »Während die Wissenschaftler mit allen Bereichen der westlichen Kultur sehr vertraut waren, waren sie so sehr nicht vertraut mit der Philosophie des Ahad Ha'am und der Dichtung Bialiks und Tchernichowskys [ ]. Hätten sie diese Literatur gekannt, so hätten sie den Schlüssel gefunden, um das Rätsel »Heinrich Heine« entschlüsseln zu können.« (S. 244.245) Diese Behauptung Lossins lässt nicht nur die kulturgeschichtlichen Wurzeln des Dichters unberücksichtigt, sondern auch seine Bedeutung für die deutsche Literaturgeschichte, seine Identität als deutscher Schriftsteller sowie die Tatsache, dass die jüdische Komponente nur eine Komponente seines Selbstverständnisses bildete.

Auch wenn die angeführten Thesen des Verfassers zu hinterfragen sind, muss dennoch gewürdigt werden, dass sein säkularer Heimholungsversuch Heines einen Wendepunkt innerhalb der israelischen Rezeption des Dichters darstellt und dazu beitrug, dessen Botschaft einer neuen, nicht mehr deutschsprechenden Generation zu vermitteln und ihn in dem Bewusstsein der säkularen Israelis, sowohl aschkenasischer als auch sephardischer Herkunft, grundlegend zu verankern. Michael Schiloach, Generaldirektor von Mischkenot Sha'ananim, beschrieb anlässlich der Konferenz »Heine in Jerusalem« die neue Einsicht der Israelis hinsichtlich des Dichters folgendermaßen: »Heine [ ] does not need our reconcilation, We are the ones who need him. The Jewish cultural heritage cannot continue ignoring one of its giants. Heine escaped us temporarily and it is time for him to return

Straßenschild an der Montefiore-Windmühle in Jerusalem. Foto: Yigal Lossin

for good.« (Programmheft der Heine-Konferenz in Jerusalem, S. 10) Lossin deutet diese Wende in der israelischen Heine-Rezeption politisch, da er in ihr primär nicht eine Rehabilitation Heines, sondern »eine Rehabilitation des israelischen Staates als eines aufgeklärten und modernen Staates« (Vorwort) sieht. Der Erfolg der Biographie, die 23 Wochen lang auf der Bestseller-Liste der Zeitung »Haaretz« stand und bereits in der dritten Au age vorliegt, sowie Lossins und Kaplanskys persönlicher Einsatz, führten auch dazu, dass das israelische Kabinett, noch unter dem Ministerpräsidenten Ehud Barak, die Herausgabe einer Heine-Briefmarke anlässlich des 204. Geburtstages des Dichters genehmigte, und dass der Jerusalemer Stadtrat, trotz der Opposition der religiösen Parteien, beschloss, ebenfalls am 13. Dezember 2001, eine Straße nach dem »jüdisch-deutschen Dichter, einem Freund Jerusalems« ..so der Text auf dem Straßenschild ..zu benennen. Nach einer langen Zeit der Verleugnung sind diese Schritte Zeichen nicht nur einer offiziellen Anerkennung Heines in Israel, sondern einer historischen Versöhnung der israelischen Nation mit einem der umstrittensten Söhne Israels.

Regina Grundmann

Marie-Ange Maillet: *Heinrich Heine et Munich.* Paris: CNRS Editions, 2004, 243 S., € 29,...

Die Autorin ist trotz ihrer Jugend in der Heine-Forschung keine Unbekannte mehr, hat sie doch bereits vor einigen Monaten eine französische Ausgabe der so genannten mythologischen Schriften Heines vorgelegt, genauer von vier Texten aus den Jahren 1837 bis 1854 (Elementargeister, Die Göttin Diana, Der Doktor Faust, Die Götter im Exil ..Paris, Ed. du Cerf, 2004, 175 Seiten). Bei dem hier anzuzeigenden Buch handelt es sich um die gekürzte und überarbeitete Fassung ihrer von Michel Espagne betreuten Dissertation (Paris 2003).

Auf den ersten Blick mag das Thema dieser Studie ..Heine und München ..skeptisch stimmen. War Heines Aufenthalt in der bayerischen Hauptstadt (1827/28, weniger als ein Jahr) nicht zu kurz, eine nur vorübergehende Episode, um ihm gleich ein ganzes Buch zu widmen? Zudem könnte angeführt werden, dass der Aufenthalt letztlich nicht erfolgreich war, denn Heine erlangte in München weder eine Professur an der neu gegründeten Universität, noch eine Position im Verlags- oder Pressewesen. Gegen diese Bedenken ist allerdings einzuwenden, dass sich Bedeutung und Wirkung eines Aufenthalts nicht an der Dauer messen lassen. Wie viel Tinte ist nicht über die Italienreisen deutscher Dichter ge ossen, die doch selten länger dauerten, als Heine in Bayern weilte. Auch wäre an Heines Englandreise zu erinnern, die noch kürzer war (vom 14. April bis 16. August 1827) und dennoch das Interesse der Forschung gefunden und Gegenstand von Monographien wurde (z. B. Siegbert S. Prawer: »Frankenstein's Island: England and the English in the writings of Heinrich Heine«. Cambridge 1986). Und das Scheitern von Heines beru ichen Ambitionen in München darf erst recht nicht zum Anlass werden, die bleibende Bedeutung seines Aufenthalts in Bayern herunterzuspielen. Gerade der Stachel eines Scheiterns kann eine dauerhafte Quelle kritischer Energie werden. Wenn sich Heine lebenslang gegen bestimmte Elemente des kulturellen und politischen Lebens in Bayern wenden sollte, dann nicht zuletzt deshalb, weil dabei persönliche Erfahrungen, ja, eine persönliche Leidensgeschichte mitgespielt haben.

Nachdem einleitend so bestimmte Einwände ausgeräumt werden sollten, die gegen die vorliegende Arbeit zu sprechen schienen, kann unter ihren Vorzügen zunächst die doppelte Perspektive hervorgehoben werden, die sie auszeichnet. Einerseits geht es in dieser Studie nämlich um eine Etappe in Heines Leben und Werk, die noch früh genug liegt, um zu seiner eigentlichen Bildungsgeschichte gerechnet zu werden. Dabei geht es natürlich vorrangig um diejenigen Schriften Heines, die in dieser Zeit entstanden sind oder zumindest heranreiften. Indirekt sind aber auch alle späteren Arbeiten betroffen, die vom Münchner Aufenthalt des Schriftstellers beein usst oder geprägt worden sind. Andererseits geht es um den Kontext von Heines Aufenthalt in Bayern. In diesem Rahmen bietet die Arbeit ein sehr vollständiges Panorama des kulturellen und politischen Lebens im zeitgenössischen München, wie ein solches zumindest in französischer Sprache noch nicht vorlag. Mögen die historischen Informationen den französischen Lesern ..denen nur sehr wenige Studien über das Bayern Ludwigs I. zur Verfügung stehen ..nützlicher sein als den deutschen, bei denen manches als bekannt vorausgesetzt werden dürfte, besitzt die Arbeit zweifellos das Verdienst, die einschlägigen Fakten sehr gründlich zusammenzutragen und neu zu bewerten.

Bei den Texten Heines, deren Bezüge auf Münchner Persönlichkeiten und die politischen und kulturellen Tendenzen im zeitgenössischen Bayern hier von den Ursprüngen her erhellt werden, spannt sich der Bogen von dem nur wenig später entstandenen italienischen Teil der »Reisebilder«, über »Die romantische Schule« (1833/1835) und »Zur Geschichte der Religion und Philosophie in Deutschland« (1835), über so berühmte Gedichte wie die »Lobgesänge auf König Ludwig« (1843) und »Der Ex-Nachtwächter« (1851), bis hin zu den »Geständnissen« (1854). Heine selbst hatte in einem Brief an Campe (vom 29.12. 1843) seine Spottgesänge auf Ludwig I. als »das Sanglanteste« bezeichnet, »was ich je geschrieben habe«. In der Tat entsteht bei den einschlägigen Anspielungen auf die Münchner Gestalten (wenn etwa Görres in der »Romantischen Schule« als »tonsurirte Hyäne« beschimpft wird, um nicht immer wieder die bekannten Ausfälle gegen Platen zu zitieren) und Zustände, sehr oft der Eindruck einer Abrechnung. Maillet überprüft solche Vorwürfe und kommt verschiedentlich zu dem Ergebnis, dass Heines Kritik nicht immer sachlich begründet, dass sie oft auch Züge einer »reconstruction fantasmatique« trägt. Letztlich dürfte die Bitterkeit von Heines Äußerungen darin begründet liegen, dass München für Heine den enttäuschenden Absturz von zu hohen Erwartungen bedeutete. Wie Hegel dem Ruf nach Berlin folgend, wenn dieser Vergleich nicht zu kühn ist, in das Preußen der großen Reformen zu gelangen glaubte, und sich dann bald mit Verhältnissen konfrontiert sah, die immer restaurativere Züge annahmen, so idealisierte auch Heine, zumindest zu Beginn seines Aufenthalts in dem süddeutschen Zentrum, den bayerischen Monarchen und die dortigen Herrschaftsverhältnisse: Er schenkte den liberalen Lippenbekenntnissen Glauben und hielt sie für ein wirkliches Programm mit echten Realisierungschancen. Diese Hoffnung auf politischen Fortschritt überschnitt sich für ihn mit der Erwartung von persönlichen Integrationsmöglichkeiten. Als sich die politischen Rahmenbedingungen verschlechterten und Heine selbst zur Zielscheibe einer antisemitisch geprägten Hetzkampagne (z. B. von Ignaz Döllinger getragen) wurde, die seine beru ichen Aussichten zunichte machte, musste Heine Bayern als das Land der zerstörten Hoffnung, Ludwig I. als Renegat und Verräter seiner Ideale erscheinen. Der bittere Abrechnungston, der in der Folge das fast omnipräsente Charakteristikum von Heines Äußerungen zu bayerischen Verhältnissen wird, dies scheint mir der Hauptgewinn zu sein, den der Rezensent aus der Lektüre des vorliegenden Buches gezogen hat, erklärt sich aus dieser doppelten ..politischen und persönlichen ..Enttäuschung.

Über dieser Grundtendenz sollten zumindest exemplarisch noch die Einzelanalysen gewürdigt werden, von denen diese Studie eine reiche Vielfalt aufweist. Ob es um die politischen Optionen von Cottas »Neuen allgemeinen politischen Annalen« geht (vgl. S. 35..55), um die rechtlichen und sozialen Lebenbedingungen der jüdischen Gemeinde in Bayern und speziell in München (119..143) oder um die vielen Skizzen von Heines Begegnungen mit Persönlichkeiten des politischen und kulturellen Lebens in München (z. B. Baader, Cornelius, Görres, von Klenze, Oken, Schelling, Thiersch), so bietet die Autorin, wenn nicht immer ganz neue Erkenntnisse, so doch gelungene Synthesen von früheren Detailuntersuchungen und deren umsichtige Wertung.

Eine Übersetzung ..oder besser eine am deutschen Erkenntnis- und Erfahrungshorizont orientierte deutschsprachige Bearbeitung der vorliegenden Studie scheint wünschenswert.

Norbert Waszek

Makkaroni und Geistesspeise. Almanach der Varnhagen Gesellschaft 2. Hrsg. von Nikolaus Gatter, unter Mitarbeit von Christian Liedtke und Elke Wenzel. Berlin: Berlin Verlag Arno Spitz GmbH 2001. 419 S., € 35,...

Vielgestaltigkeit und Interkulturalität sind auch die Kennzeichen des zweiten Almanachs der Ende 1997 gegründeten Varnhagen Gesellschaft e. V., in dem neben der Zusammenfügung unterschiedlichster Textgattungen, Wissenschaftsbereiche und -methoden ..von der Kommunikationstheorie bis zur Genderforschung ..vor allem ein erkenntnisfördernder Wechsel zwischen den europäischen Kulturen mittels italienischer, deutscher, niederländischer, ungarischer und polnischer Repräsentanten ermöglicht wird ..der Blick weitet sich schließlich auf der Diskurs- und der Darstellungsebene hin zu den USA. Zum Eindruck einer aus innerer Bezüglichkeit entstehenden Fülle trägt in besonderem Maße der 1. Abschnitt des Almanachs bei mit dem Essay von Harald Steinhagen (Bonn) über »Die kunstlose Kunst der Anekdote«, mit der deutsch-italienischen Lyrik von Geertje Potash-Suhr, Ralf Thenior, Roberto Fuaiano, Eda Zajmi, Angela Giannelli und Marie Luisa Vezzali und nicht zuletzt mit der Malerei in Gestalt der Tuschezeichnungen von Ursula Groten im Lyrikteil bei, ebenso wie Thomas Kohls Ölbilder als Kapitelanfänge und Titelbild, von Karoline Löhrer einfühlsam kommentiert. Für die Gesamtkomposition des Almanachs erweist sich somit die Wortfügung Heinrich Heines: »Makkaroni und Geistesspeise«, mit der er im Juni 1823 aus der lüneburgschen Provinztrübsal an die ihm vom Ehepaar Varnhagen in Berlin geschenkten sinnlichen und geistigen Erquickungen erinnerte, als ein kongeniales Motto. Zum spezifischen Profil des Varnhagen-Almanachs gehört die Transkription und Präsentation von Quellentexten aus der Jagiellonischen Bibliothek in Krakau, die als institutionelles Mitglied die Varnhagen Gesellschaft unterstützt. Die Drucklegung und kenntnisreiche Kommentierung des Briefwechsels zwischen der Bremer Pianistin und Komponistin Elise Müller und Karl August Varnhagen von Ense von 1833 bis 1850 besorgte der Vorsitzende der Gesellschaft, Nikolaus Gatter (S. 48..104). Zusammen mit der biographischen Skizze von Sibylla Bösenberg (S. 41 ff.) und der Analyse von zwei im Band wiedergegebenen Liedkompositionen durch Ann Willison Lemke (S. 105 ff.) entsteht ein deutlich konturiertes Musikerinnenprofil aus der Zeit des Vormärz.

Die III. Abteilung des Almanachs wird eingeleitet durch Birgit Christensens (Zürich) Charakterisierung der Schweizer Philosophin Julie Bondeli als eine radikale Selbstdenkerin und Repräsentantin der Aufklärung, die der Unabhängigkeit von Autorität und Vorurteilen verp ichtet war. Die Darstellung gibt jenseits ihrer Komplexität indirekte Aufschlüsse darüber, warum Ludmilla Assing, sie zu den »bedeutendsten und ausgezeichnetsten« Frauen ihr Zeit zählend, ihr eine Biographie widmen wollte und warum Karl August Varnhagen von Ense sie unbedingt in seiner Autographensammlung vertreten haben wollte ..was ihm jedoch nicht gelang (S. 117 ff.).

Besonders anregend sind die Fragen der Repräsentanz von Kultur- und Geschlechterverhältnissen und der Selbstinszenierung in den zeitgenössischen Porträts von Henriette Herz, die Marjanne E. Goozé (Athens, Georgia) aufwirft und auf spezifische Weise beantwortet (S. 135 ff.).

Detlef Gaus (Lüneburg) bringt mit Friedrich Schleiermacher und Axel Honneth »Gesellschaftstheorie um 1800 und gegenwärtige Analyse gesellschaftlicher Macht« zusammen und greift damit auf das Schleiermacher-Kapitel seiner Dissertation zu »Geselligkeit und Gesellige. Bildung, Bürgertum und bildungsbürgerliche Kultur um 1800« von 1998 zurück. Die über Abschnitte und ganze Seiten erfolgenden Textübernahmen aus diesem Kapitel, die der Verfasser nicht kennzeichnet, stellen entbehrliche Selbstplagiate dar.

In das Zentrum der Varnhagen-Philologie führt Ursula Isselsteins Beitrag »Zur Mediendiskussion zwischen Karl Gustav von Brinckmann und Karl August Varnhagen um Rahel « (S. 187 ff.). Aus kommunikationstheoretischer Sicht repräsentieren Brinckmann und Varnhagen unterschiedliche Kommunikationskulturen, die sich in den divergierenden Sammel- und Herausgeberprinzipen abbilden und die Kontroverse der beiden Männer über »Rahel. Ein Buch des Andenkens für ihre Freunde« bestimmen. Die Begründerin und Leiterin des Centro Studi di Rahel Levin an der Universität Turin hat den Verbleib des Nachlasses des schwedischen Diplomaten, Sammlers und Literaturvermittlers von Brinckmann in Schweden rekonstruieren und ihn für ihre Darlegung nutzen können.

Christian Liedtke (Köln) entfaltet in seinem Beitrag »Heinrich Heine und das Ehepaar Varnhagen« (S. 209 ff.) die für Heine künstlerisch und menschlich so wichtige Freundschaft zu Rahel und Karl August Varnhagen von Ense mit ihren vielen Bedeutungsfacetten für die frühe Entwicklung des Autors und für die Phase nach Rahels Tod. Er verdeutlicht, dass jenseits der vielfach angesprochenen Formen der künstlerischen Förderung, die ihm durch Anerkennung, Anregungen, Stabilisierung und Disziplinierung, durch produktive Kritik und Vermittlung von Kontakten zuteil wurden, und jenseits der gemeinsamen literarischen und politischen Grundüberzeugungen die existentielle Erfahrung des persönlichen und überindividuellen »Judenschmerz<es>« (HSA XX, 97) für den jungen Heine und Madame Varnhagen das verborgene Fundament ihrer Freundschaft bildete. Bezüglich der Methode der Varnhagenschen Literaturkritik wird dessen Bestreben veranschaulicht, das Prinzip der Wahrhaftigkeit nicht zu verletzen und trotz der Notwendigkeit kritischer Worte dennoch gleichzeitig konstruktiv zu wirken. Die Bedeutung seiner »operativen Literaturkritik« (S. 223) liegt für den Autor Heine wesentlich in einer geschickten positiven Rezeptionssteuerung, die auch bezüglich der Milderung von Bedenken bei offiziellen Stellen erfolgreich war, indem »jene diplomatische Farbendämpfung« wirkte, wie Heine es 1830 formulierte. Noch wesentlicher erscheint es Liedtke, dass Varnhagen als einer der profundesten und kontinuierlichsten Rezensenten der Werke Heines fungierte, der auch noch Impulse für die heutige Heine-Forschung zu liefern vermag. Liedtkes Darstellung ist ihrerseits Heine-Philologie *at its best*.

Roman Jaskula (Krakau) präsentiert französische Briefe des polnischen Emigranten Karol Forster an den Dresdner Hofrat und Bibliothekar Karl Konstantin von Falkenstein als »Quelle für die deutsch-polnischen Beziehungen im 19. Jahrhundert« (S. 233 ff.). Im damit verbundenen Kurzporträt zeichnet Jaskula die literarischen und journalistischen Aktivitäten Forsters in Dresden, Paris und Berlin (ab 1848) nach und skizziert den Hintergrund für nicht realisierte Pläne Falkensteins, Forster mit dem Direktorposten einer exklusiven Privatschule zu betrauen.

Ein zwiespältiges Verhältnis Theodor Fontanes zum Historiographen Eduard Vehse deckt Dieter Kuhn (Ohmden) auf (S. 263 ff.). Obwohl Fontane die adelskritische Darstellung von Vehses 48bändiger »Geschichte der deutschen Höfe seit der Reformation« (1851) vehement als »demokratisch und destruktiv« ablehnte und abwertete (S. 263), entlehnte er gleichzeitig historische Detailzeichnungen aus Vehses Werk für seine »Wanderungen durch die Mark Brandenburg«. Über die heftige Polemik, mit der Kuhn die »reaktionäre Phase« Fontanes belegt, die für ihn keineswegs um 1870 beendet ist (S. 266), darf man sich etwas wundern.

Es ist nur natürlich, dass nicht alle Beiträge eines solch umfangreichen Bandes ergebnisbezogen gewürdigt werden können ..auch wenn sie noch so anregend sein mögen ..und so sei für den Bereich III noch verwiesen auf das Tauchgerät »Triton« des Freiherrn von Drieberg, das Michael

Jung vorstellt (S. 150 ff.) und auf »Varnhagen im Urteil Bismarcks, Ferdinand von Galens und Gustav Körners« von Claudia Breuer (S. 284 ff.). Elke Wenzel geht in ihrem Beitrag »Der Mensch und Schriftsteller Franz Kafka in Italien« (S. 289 ff.) den Intentionen, Stationen und Begebenheiten von drei Italienreisen des Autors nach (1911, 1913 und 1920).

Die Ergebnisse des Kolloquiums »Ludmilla Assing in Florenz«, das die Varnhagen Gesellschaft eben dort zum 120. Todestag der Nichte von Rahel und Karl August Varnhagen von Ense und Herausgeberin ihrer Werke durchführte, werden im IV. Abschnitt des Almanachs dokumentiert. Es ist der Initiative und Energie des Vorsitzenden der Gesellschaft und Neuentdeckers der Editorin Ludmilla Assing, Nikolaus Gatter, zu verdanken, dass die vielseitige politische Schriftstellerin in ihrer Wahlheimat aus italienischer und deutscher Perspektive kenntnisreich und profund beleuchtet werden konnte. Als die Tochter der Schriftstellerin Rosa Maria Assing und des jüdischen Mediziners David Assing im Oktober 1861 auf ihrer zweiten Italienreise erstmals nach Florenz kam, konnte sie nicht ahnen, dass sie, steckbrie ich in Preußen gesucht wegen ihre Editionen aus Varnhagens Nachlass, ab 1862 dauerhaft in Florenz leben würde, bis zu ihrem Tod am 25. März 1880. Nikolaus Gatter entfaltet in seinem Eröffnungsbeitrag »Ludmilla Assings Lebensspuren in Florenz« (S. 300 ff.) das Bild einer Frau, deren emanzipatorisches Lebenskonzept und deren politisches Engagement für die italienische Demokratiebewegung miteinander verschmelzen. Als gesuchte Italienkorrespondentin hinterließ sie seit Mitte der 60er Jahre in deutschen Zeitschriften ..von der »Allgemeinen Zeitung« bis hin zur »Gartenlaube« ..ebenso ihre Spuren wie in der Florentiner Bildungslandschaft durch die testamentarisch verfügte Errichtung der »scuola Ludmilla Assing«, die der Vermittlung deutscher Kultur und der Prinzipien »della vera Democrazia« verp ichtet war (S. 304).

Mariapia Casalena (Bologna) arbeitet in »Ludmilla Assing: Biographien der Rebellen« (S. 309 ff.) die für die italienische Geschichtsschreibung innovativen Elemente der von Assing gewählten Darstellungsform der historischen Biographie heraus, die sie erstmals über den 1862 verstorbenen revolutionären Republikaner Piero Cironi auf Italienisch verfasste. Assings Biographie »Vita di Piero Cironi«, die auf der Basis von Tagebüchern und weiteren Nachlassmaterialien Cironis beruht, wird als »Pioniertat für die demokratische und republikanische Geschichtsschreibung« Italiens gewertet (S. 313).

Mit der Internationalität und der Linksorientierung ihrer Gäste wird Ludmilla Assings Salon in der Via Luigi Alamanni 27 von Christina Ujma (Loughborough) in die Tradition und in das breite Spektrum der zeitgenössischen, intellektuell-, künstlerisch- und politisch-progressiven Salons Italiens eingereiht (S. 323 ff.). Zu den Salonaktivitäten gehörte selbstredend auch die Förderung junger Künstler, veranschaulicht von Silvia Chiocci (Perugia) am italienischen Autor Giovanni Verga (S. 339 ff.). Allerdings fehlt es dem hypostasierten Ein uss von Ludmilla Assing auf dessen künstlerische Entwicklung in der Phase vor seinem Verismus an Beweiskraft. Das Beispiel Verga zeigt vielmehr, dass Assings spezifische Vermittlungsrolle zwischen dem deutschen Publikum und der italienischen Literatur und Kultur angesichts einer unübersehbaren Fülle von Rezensionen und Korrespondenzberichten ein noch aufzuarbeitendes Forschungsfeld darstellt. Ludmilla Assings Feuilletonbeitrag »Ein Kunstkloster in Florenz« vom April 1870 analysiert Kornelia Löhrer (Köln) bezüglich seiner kunsttheoretischen Implikationen und diagnostiziert einen demokratischen, antiklerikalen und zum Teil ahistorischen Zugang der Autorin zur Kunst der Renaissance (S. 347 ff.).

In das Assingsche Beziehungsge echt fügt sich die Erzählerin und Jugendschriftstellerin Amalie Schoppe, von der Lorely French (Forest Grove, Oregon) zwei Briefe an Ludmilla Assing aus den USA, dem »neue<n> Vaterland« ediert (S. 357 ff.). Die von French beschriebene Entwicklung Amalie Schoppes zeigt die Vernetzung von Autorinnen der 20er und 30er Jahre in Hamburg, die zugleich journalistisch und pädagogisch wirkten. Ebenso wie Ottilie Assing ist Amalie Schoppe eine

Emigrantin sui generis, die im Gegensatz zu den Revolutionärinnen Amalie Struve und Mathilde Franziska Anneke aus persönlichen und nicht aus politischen Gründen Deutschland verließ.

Der Beitrag »Anonymität und Autorschaft. Die fremde Stimme Ottilie Assings« von Britta Behmer (München, S. 369 ff.) entfaltet neben dem Persönlichkeitsprofil den Entwicklungsprozess der politischen Journalistin in ihrem Kampf für die Abschaffung der Sklaverei, Abolitionismus-Bewegung. Das komplexe Thema der von Assing selbstgewählten Anonymität der Publikationen wird in seinen gendergeschichtlichen, sozialpsychologischen und diskurstheoretischen Dimensionen beleuchtet.

Der für die Positionierung des Almanachs im tradierten Jahrbuch-Segment wichtige Bereich der Rezensionen wird auch umfänglich abgedeckt. Den Abschluss des Bandes bildet eine »Diskussion« eines zeitgenössischen Berliner Salons im Schloss Ziethen, geleitet von Susanne Thor (S. 413 ff.). Vier Medizinerinnen nehmen Stellung zur These Ludmilla Assings, die sie in ihrer vergleichende Studie zur Frauenfrage in Italien und Deutschland, »La posizione sociale della donna«, 1866 formulierte, dass Frauen nicht über »la fredda energia« verfügen, um als Chirurgin wirken zu können.

Ariane Neuhaus-Koch

Inge Rippmann: *»Freiheit ist das Schönste und Höchste in Leben und Kunst«. Ludwig Börne zwischen Literatur und Politik.* Bielefeld: Aisthesis Verlag 2004 (= Forum Vormärz Forschung. Vormärz Studien XI), 417 S., € 45,–.

Der opulente Band vereinigt dreizehn Arbeiten der Börne-Forscherin und -Herausgeberin Inge Rippmann aus 40 Jahren. Zusammen mit ihrem Mann Peter Rippmann hat sie in den 1960er Jahren *die* maßgebliche fünfbändige Börne-Gesamtausgabe geschaffen. Ihr großer zweibändiger »Börne-Index« von 1985 enthält in geordneter Fülle »Historisch-biographische Materialien zu Ludwig Börnes Schriften und Briefen« und ist in der Tat als »Ein Beitrag zu Geschichte und Literatur des Vormärz« zu betrachten (vgl. meine Rez. im HJb 1986, S. 195 f.). Die vorliegende Sammlung bildet die multiperspektivische Ergänzung. Denn Sachverstand, Ausdauer, Darstellungsgabe und Spezialkenntnis haben in jahrelanger Geduld die verlässlichsten Ergebnisse zustande gebracht. Die Börne-Forschung, die Heine-Philologie, die wissenschaftlichen Gruppen, die sich mit dem Vormärz befassen, sind Inge Rippmann im höchsten Grade verp ichtet, zumal die Gegenstände ihrer oft genug nur durch Kärrnerarbeit zu bewältigenden literarhistorischen Studien und Editionsunternehmen nach wie vor nicht zum selbstverständlichen Hauptinteresse der Germanistik zählen. Inge Rippmann hat sich nicht entmutigen lassen. Sie blieb dennoch »unverzagt«, um mit dem Barockdichter Paul Fleming zu sprechen. Gerade das Gegenläufige gehört zu ihrem Markenzeichen. Und das ist unübersehbar. Die Autorin ist nämlich zu einer »Institution« geworden (vgl. die genannte Rez.), und nicht nur, was Ludwig Börne betrifft. Sie ist eine Institution, obgleich und gerade weil sie, oft mühsam und anstrengend genug, ganz auf eigene Findigkeit, Umsicht wie Tatkraft angewiesen war und eben keine Einrichtung im Rücken hatte, die ihr manche Beschwerlichkeiten abnahm. Der Verlag und das damit verknüpfte Forum Vormärz Forschung e. V., dessen Richtlinien sie geradezu idealtypisch erfüllt und dessen Ehrenmitglied sie ist, konnten keinen besseren Gedanken aus Anlass ihres runden Geburtstages und zum eigenen zehnjährigen Bestehen haben als ihr mit diesem Band ein Geburtstagsgeschenk zu machen, an dem sie mit allen Fasern ihrer Agilität selbst beteiligt ist, das ihre Lebensleistung spiegelt und das wiederum uns allen als hilfreiches, klug gegliedertes Sammelwerk von Nutzen sein wird.

Vier Abteilungen bauen das beweglichste Denkmal für Börne. Der erste Abschnitt unter der Überschrift »Die Idee der Freiheit«, die eben »keiner Partei gehört« (S. 53), zitiert aus dem »Nachwort« zur ersten Gesamtausgabe von Börnes Schriften und zwar aus dem 3. Bd. von 1964. Im zweiten Teil wird »Biographisches« dargeboten, wobei die Charakterisierung seines Brief-Werks, ebenfalls aus der Gesamtausgabe, dann die Darstellung des Problems von Emanzipation und Akkulturation sowie das Porträt von Börnes Freundin Jeanette Wohl jede rein positivistische Herangehensweise von vornherein ausschließen und stets den weiteren Horizont politischer, sozialer und religiöser Verhältnisse berücksichtigen. Überhaupt ist Inge Rippmann eine Meisterin im Entwurf von Panoramen, vor denen sich das Einzelschicksal besser begreifen lässt. Der dritte Abschnitt ist den »zerstrittenen Dioskuren« Börne und Heine gewidmet, einem Verhältnis, das die Verf. immer wieder so gerecht wie offen diskutiert hat. Gerade die Konturen, die Heine aufgrund solch kritischer Nachfragen vor der Folie Börnes erhielt, sind aus der Heine-Forschung nicht mehr wegzudenken. Doppelporträt und Bundesgenossenschaft wurden mit aller Vorsicht, aber dennoch mit der gebotenen Entschiedenheit herausgearbeitet, weil »in der historischen Perspektive auch der Parteienkampf fruchtbar werden kann, wenn wir in ihm die dialektische Bewegung des Fortschritts zu erkennen vermögen« (S. 216); so war es, gemäß Heines Feststellung, vor Börne und ihm selbst auch bei Voltaire und Rousseau der Fall gewesen. Der vierte und letzte Abschnitt ist auf »Geschichte und Zeitgeschichte« bezogen, analysiert unter Einschluss zukunftsweisender Perspektiven den Zeitschriftsteller Börne als Geschichtsschreiber, untersucht seine »Studien über Geschichte und Menschen der Französischen Revolution«, geht den romantisch-nationalen Spuren des Wartburgfestes bei Ludwig Börne nach, beschreibt ebenfalls vorwärts deutend seine umsichtig begründete »europäische Vision« und führt schließlich »Goethe im Gegenlicht« vor, denn »Ihn tadeln heißt ihn achten«, lautet das diesem Beitrag vorangehende Zitat.

Der Band wird von einem »Schriftenverzeichnis Inge Rippmann« beschlossen. Hier wird noch einmal deutlich, wie sehr der Rahmen ihres Schaffens ein ganzes Gemälde umschließt, das in der zukünftigen Forschung Bestand haben wird. Dem Bande wurden zwei Geleitworte vorangestellt, die eine eigene Erwähnung verdienen. Michael Vogt gratuliert als einer der Verleger in seiner Vorbemerkung Inge Rippmann auf sachliche Weise. Mit dem ver ossenen Jahrzehnt des Forum Vormärz Forschung e. V. wird die energische Leistung Inge Rippmanns verknüpft, so dass man seinerseits das Forum zum inzwischen etablierten Bestehen beglückwünschen darf. ..Ebenso richtig wie bedenkenswert ist die »Kleine *laudatio* auf Inge Rippmann« von Helmut Koopmann. Er, als Kenner des Jungen Deutschlands, Heines, des Exils und so mancher literarischen Felder weit darüber hinaus, weiß um die Problematik der Wirkungsgeschichte Börnes und Heines, weiß um das Verdienst Inge Rippmanns und um den Wert ihrer Arbeiten: »Kostbare Studien, in ihrer Bedeutung kaum zu überschätzen«, »die an Qualität und Dichte ihresgleichen suchen« (S. 17 f.).

Joseph A. Kruse

Hong-Kyung Yi: *Heinrich Heines Vermittlungsversuch zwischen Kunst und Politik in ausgewählten Werken von 1837–1840.* Heidelberg: Universitätsverlag Winter 2003 (=Reihe Siegen. Beiträge zur Literatur-, Sprach- und Medienwissenschaft, Band 146). 229 S., € 36,...

Dass das Interesse asiatischer Germanistinnen und Germanisten im Besonderen immer wieder auf Heine gerichtet ist, führt erfreulicherweise zu einer Vielzahl von Arbeiten, die sich oft sehr im Detail und unter neuem Blickwinkel mit der deutschsprachigen Forschung auseinander setzen. Zum Teil führt solcherlei Beschäftigung, so heißt es in der vorliegenden Studie, wie Ralf Schnell »mit

Recht« konstatiert, zum »lautlosen Übergang in den Aggregatzustand der Tertiärliteratur« (S. 10). Die Untersuchung von Hong-Kyung Yi hat sich zum Ziel gesetzt, »das Wechselspiel zwischen Kunst und Politik zu verfolgen und Heines Kunstautonomiepostulat als eine Konsequenz aus der Vermittlung zwischen Kunst und Politik nachzuweisen« (S. 9f.). Analysiert werden Werke aus dem Zeitraum zwischen 1837 und 1840. Zunächst geht es um Heines Musik- und Theaterkritik in seiner Schrift »Über die französische Bühne«, um die Gegenüberstellung von individueller und sozialer Musik bei Rossini und Meyerbeer, um die Betonung des Fantastischen bei Chopin sowie um den Kontrast des romantischen Dramas von Hugo und des demokratischen Dramas von Dumas. Hong-Kyung Yi beobachtet eine »andauernde Hin- und Herbewegung«: »Heine akzentuiert sein Kunstprogramm je nach Erfordernis mal ästhetisch, mal politisch, damit die einseitige Stellung von Kunst und Politik wieder ausbalanciert wird« (S. 68). In einem zweiten Teil widmet sich die Arbeit »Shakespeares Mädchen und Frauen«. Shakespeare gelte Heine als Prototyp einer vollkommenen Synthese. Mit Bezug auf das große Dichtergenie mache Heine seine eigene Position deutlich. Die Synthese zwischen ästhetischer und politischer Re exion wird umformuliert in die Verbindung von Kunst und Wahrheit. Heine sehe in Shakespeare den »wahren Geschichtsschreiber, der in seinen Dramen die Unterscheidung zwischen Geschichte und Poesie aufhebt« (S. 123). In einem dritten Teil versucht Hong-Kyung Yi die Einleitung zum »Don Quixote« »als ein Werk über Heine selbst, über seine eigene Kunst zu lesen (S. 134). Der Dichter hat .. so wolle Heine an Cervantes zeigen .. auch ohne das direkte Eingreifen in die Tagespolitik »wirklichkeitsverändernde Macht«, Cervantes ist ihm ein Zeuge für »das magische Vermögen des Dichters« (S. 184). Heines Kunstprogramm bewege sich »auf eine Akzentuierung der Kunst zu, um die Freiheit in der individuellen Vielfalt und die wirkliche, wahre Demokratie zu verwirklichen« (S. 188). Im letzten Kapitel über Heines Berichterstattung zur »Damaskus-Affäre« in der »Lutezia« geht es darum nachzuweisen, dass das Autonomiepostulat der Kunst keineswegs politisches Desengagement bedeutet, sondern ganz im Gegenteil mit aufklärerischem Eintreten für die Verteidigung der Menschenrechte korrespondiert. Heines Bestreben einer Vermittlung zwischen Kunst und Politik, heißt es abschließend, sei nach Bourdieu eine »labile Synthese« (S. 219), sein gleichzeitiges Eintreten für Kunstautonomie und Ein ussnahme auf die Gesellschaft als konstitutives Bewusstsein des Intellektuellen zu verstehen. Die Studie von Hong-Kyung Yi ist in ihrer Gesamtaussage nicht neu, bezieht sich aber umfangreich auf die vorliegende Sekundärliteratur und wirft durch die Zusammenstellung auf Detailaspekte ein neues Licht.

Karin Füllner

Heine-Literatur 2004/2005 mit Nachträgen

Zusammengestellt von Elena Camaiani

Sammelbände sind jeweils nur einmal vollständig bibliographiert; ihre Titel werden bei den gesondert aufgeführten Einzelbeiträgen verkürzt wiedergegeben.

1 Primärliteratur
1.1 Werke
1.2 Einzelausgaben
1.3 Texte in Anthologien
1.4 Übersetzungen

2 Sekundärliteratur
2.1 Dokumentationen, Monographien und Aufsätze
2.2 Literatur mit Heine-Erwähnungen und Bezügen

3 Rezensionen

4 Rezeption
4.1 Das Werk auf der Bühne, Vertonungen
4.2 Literarische Essays und Dichtungen zu Heine
4.3 Audiovisuelle Medien
4.4 Bildende Kunst/Denkmäler
4.5 Heinrich-Heine-Gesellschaft/Heinrich-Heine-Institut/Gedenkstätten/Weitere Forschungsinstitutionen
4.6 Heine-Preis der Landeshauptstadt Düsseldorf

1 Primärliteratur

1.2 Einzelausgaben

Heine, Heinrich: Ausgewählte Werke. 1. Au . Darmstadt 2002. 339 S.: Ill.

Heine, Heinrich: Deutschland. Ein Wintermärchen. Mit e. Nachw. v. Joseph Peter Strelka. 12. Auflage. Frankfurt a. M. 2004. 126 S. (Insel-Taschenbuch; 723).

Heine, Heinrich: Gesammelte Gedichte : Lieder .. Balladen .. Sonette .. Epigramme .. Elegien .. Xenien. Bonn 2004. 624 S.: Ill.

Heine, Heinrich: Die Harzreise. Fotos von Günter Pump. Husum 2004. 95 S.: Ill.

Heine, Heinrich: Die Nordsee. Fotos von Günter Pump. Husum 2004. 71 S.: Ill.

Heine, Heinrich: Späte Gedichte und Lyrik aus dem Nachlaß. Hrsg. Joseph A. Kruse u. Marianne Tilch. Frankfurt a. M. 2004. 230 S. (Insel-Taschenbücher; 3036).

Heinrich Heine feiert Cervantes: Heines Geleitwort zur Übersetzung des Don Quixote von Ludwig Tieck. Mit e. Nachw. u. Graphiken von Theo Reichenberger. Kassel 1997. 73 S.: Ill. (Europäische Profile; 40).

Henri Heine : satiriste & poète animalier du XXe siècle? Sélection et trad. orig. de Georges Charles Demay. Yerres 1997. 58 S.: Ill. [Gedichte].

1.3 Texte in Anthologien

Abends nach 8: Lektüre für die Nacht. Zsgest. von Manuela Olsson. Mit Vignetten von Klaus Goldkuhle. Stuttgart 1996. 279 S.: Ill. (Reclam-Lesebuch) [Das Fräulein stand am Meere, Es stehen unbeweglich, Die Fensterschau].

Das Balladenbuch: deutsche Balladen von den Anfängen bis zur Gegenwart. Frank T. Zumbach. Düsseldorf [u. a.] 2004. 821 S. [zahlr. Gedichte].

»Da ist andere Zeit geworden «: eine Anthologie poetologischer Entwürfe der deutschen Romantik. Adrian Hummel (Hrsg.). München 1994. XXII, 383 S.: Ill. [Zur Geschichte der neueren schönen Literatur in Deutschland [Auszug] S. 322.342].

Demay, Georges Charles: Paris des poètes et poètes d'Europe. Yerres 1992. 27 S.: Ill. [Heine-Zitate].

Deutsche Gedichte: im Jahresreigen. Heftbearb.: Alexander Reck. Hamburg ca. 1998. 80 S. (Hamburger Lesehefte; 69. Heft).

Donnerwetter! Da hab' ich mich umsonst besoffen: Dichteranekdoten. Hrsg. von Peter Köhler. Stuttgart 2004. 245 S. [zahlr. Gedichte].

Engel: von wunderbaren Mächten. Paul Willenborg. Hamburg 1995. 111 S.: zahlr. Ill. [Buch der Lieder [Auszug]. S. 42].

Eine ganze Milchstraße von Einfällen: Aphorismen von Lichtenberg bis Raabe. Hrsg. von Dietrich Simon. 3. Au . München 1978. 301 S. [Heine S. 221.233].

Heine, Heinrich: Über die französische Bühne. .. In: Hector Berlioz in Deutschland: Texte und Dokumente zur deutschen Berlioz-Rezeption (1829.1843). Gunther Braam, Arnold Jacobshagen (Hrsg.). Göttingen 2002. S. 47.

Hier lebe ich: Landschaften & Orte von deutschen Schriftstellern. Hrsg. von Bartel F. Sinhuber. Rosenheim 1978. 311 S.: Ill. (Rosenheimer Raritäten) [Deutschland. Ein Wintermärchen [Auszug] S. 9.12].

Inselgeschichten. Maarten Asscher (Hrsg.). 1. Au . München 2000. 297 S. [Die Nordsee S. 37.42].

Kettner, Gitta: Frühlingsgesellen: Frühlingsgedichte und Federzeichnungen. Hrsg. v. Manfred Schmidt. 1. Au . Berlin 1989 [Leise zieht durch mein Gemüt].

Die komischen Deutschen: 878 gewitzte Gedichte aus 400 Jahren. Hrsg. von Steffen Jacobs. Erstausg., 1. Au . Frankfurt a. M. 2004. 940 S. [zahlr. Gedichte].

Mond und Sterne: Geschichten zur Nacht. Textausw.: Susanne Fink. Orig.-Ausg. München 1994. 187 S.: Ill. [Die Jungfrau schläft in der Kammer S. 87].

Nimm's leicht: Heiteres in Wort und Bild. Textausw. u. red. Bearb.: Beate Schnorfeil. Weyarn 1996?. 181 S. [Kleines Volk S. 43.44].

Ein Poet will Dein sein: Liedlyrik. Hrsg. von Anton G. Leitner. 1. Au . Leipzig 2004. 159 S. [Die Lehre, Ich weiß nicht, was soll es bedeuten, Ein Jüngling liebt ein Mädchen].

Rezepte für eine gute Ehe: von Marie Luise Kaschnitz bis Hellmuth Karasek. Hrsg. von Ingrid Simson. Mit Texten von Erich Fried u. a. München 2004. 205 S. [Ein Jüngling liebt ein Mädchen].

Ril's'kij, Maksim: Soneti. Redaktor P. P. Zasenko. Kiiv 1969. 218 S. [An meine Mutter , Fresko-Sonette; ukrain.].

Rosenzauber: ein malerisches Bouquet mit Gedichten. München [u. a.] 2004. 102 S.: überw. Ill. [Gedichte].

Die unmögliche Tatsache: deutsche Poeten heiter bis undsoweiter. Zusgest. u. hrsg. v. Werner Liersch. 2. Au . Halle 1969. 438 S. [zahlr. Gedichte].

Zauberwort: die schönsten Gedichte für Kinder aus vier Jahrhunderten. Hrsg. von Rita Harenski. Mit Bildern von Christine Brand. 1. Au . Würzburg 2004. 151 S.: zahlr. Ill. [Leise zieht durch mein Gemüt, Lorelei].

Zitatenschatz über das Glück. Ernst Günter Tange. Frankfurt a. M. 2003. 76 S.: Ill. [Zitate].

1.4 Übersetzungen

Heine, Heinrich: Bezzvezdnye nebesa: iz Knigi pesen . Sostavlenie i poslesovie G. I. Ratgauza. Moskva 2003. 384 S. [aus: Buch der Lieder; Nachw. d. Hrsg. zur Geschichte d. russ. Heine-Übers. seit 1827].

Heine, Heinrich: Hoi exoristoi theoi. Metaphr. D. Olympiu. Athena 1982. 70 S. [Die Götter im Exil <griech., neugriech.>].

Heine, Heinrich: Hainie-shi-xuan. Wei Jia-Guo yi. 1. ban, 1. yinshua. Hefei 1996. 298 S. [Gedichte; chines.].

Heine, Heinrich: Ik ben de lievre God: een gedicht uit Buch der Lieder . Met een navolging, een vertaling door B. van Heyningen. Amsterdam 1997. 16 S. [aus: Buch der Lieder].

Heine, Heinrich: Kniga pesen: perevody russkich poetov. Sosavlenie i vstupitel stat'ja I. Ja. Berkovskogo. Moskva 1956. 202 S. [Buch der Lieder <russ.>].

Heine, Heinrich: Legszebb versei. A kötet ford. Babits Mihaly. Budapest 1997. 166 S. (A vilagirodalom gyöngyszemei) [Gedichte; ungar.].

Heine, Heinrich: Liryczne intermezzo. Antoni Skibinski (Übers.). Koszalin 1999. 39 S. [Lyrisches Intermezzo <poln.>].

Heine, Heinrich: Le livre des chants. Transcription poétique par Ambroise-Luc. Paris 2004. 238 S. [Buch der Lieder].

Heine, Heinrich: Loreleia. Sankt Peterburg 1999. 462 S. [Loreley <russ.>].

Heine, Heinrich: Mysli i aforizmy. Sobral Konstantin Dusenko. Moskva 2000. 185 S.: Ill. [Sammlung].

Heine, Heinrich: Nemacka. Preveo Slobodan Glumac. Beograd 1968. XVI, 217 S. [Deutschland. Ein Wintermärchen <serbokroat.>].
Heine, Heinrich: La Rabeno de Baharah. El la germana tradukis Lazaro Zamenhof, Reinhard Haupenthal. Chapeco (Brazilo) 1997. 104 S. (Fonto-Serio. 36) [Der Rabbi von Bacherach <esperanto>].
Heine, Heinrich: He romantike schole. Metaphrase N. M. Skuteropulos. Athena 1993. 279 S. [Die romantische Schule <griech., neugriech.>].
Heine, Heinrich: Rutetia: huransu-no-seiji, geijutsu-oyobi-kokumin-seikatsu-nitsu-iteno-hokoku. Hiroshi Kiba hen. Etsugo Miyano ko. Kyoto 1999. 484, 14 S.: Ill. [Lutezia <jap.>]. Heine, Heinrich: Sjeverno more. Prijevod Vladimir Milak. Zagreb 2000. 132 S. [Gedichte; kroat.].
Heine, Heinrich: Sonety z Ksiegi pie'sni = Sonetten aus dem Buch der Lieder . Fundacia Ochrony Ksiazki. Tlum. Tadeusz Polanowski. Koszalin 1993. 48 S.: Ill. [aus: Buch der Lieder; dt./poln.].
Heine, Heinrich: Le Tambour Legrand, Idées. Traduit de l'allemand et annoté par François Rey. Toulouse 1996. 122 S. (Petite Bibliothèque Ombres; 66) [Ideen].
Heine, Heinrich: Taxidiotikes eikones. Metaphr. J. N. Grypare. Athena 1925. 207 S. [Reisebilder <griech., neugriech.>].
Heine, Heinrich: Tho tru tinh. Nhieu nguoi dich Quang Chien. Hanoi 2000. 111 S. [Gedichte; vietn.].
Heine, Heinrich: Tia estas la mondo. ..In: Lea/G-Magazino: organo de la Litera Esperanto-Asocio por germanlingvaj regionoj = Organ des Freien Esperanto-Bundes für deutschsprachige Gebiete. Oberkirch 33, 2001 [Weltlauf <esperanto>].
Heine, Heinrich: Tuyen tho. Nhieu nguoi dich Quang Chien. Hanoi 1998. 231 S. [Gedichte; vietn.].
Heine, Heinrich: Voort, mijn lied!: een gedicht uit Buch der Lieder en vier gedichten uit Neue Gedichte. Met vertalingen door J. P. Heije. Bijeengebracht enuit geleid door Jan Stroop. 1. opl. Amsterdam 1997. 16 S. (Reeks werkuitgaven op weg naar Heinrich Heine's verzamelde gedichten in het Nederlands; 5) [Gedichte; dt./niederl.].
Heine, Heinrich: Vsemirnaja biblioteka poezii: izbrannoe. Chugbzestvennoe oformlenie T. Nekljudovoj. Rostov-na-Donu 1997. 508 S. [Gedichte].
Heine, Heinrich: De wevers: een der verstrooid gedrukte gedichtener. Bijeengebracht door C. J. Aarts en M. C. van Etten. Met drie vertalingen, door een anonymus, Gerard den Brabander en Gerrit Kouwenaar. Amsterdam 1997. 8 S. (Reeks werkuitgaven op weg naar Heinrich Heine's verzamelde gedichten in het Nederlands; 4) [Gedichte; dt./niederl.].

2 *Sekundärliteratur*

2.1 *Dokumentationen, Monographien und Aufsätze*

Albert, Claudia: Musik am Ende der Kunstperiode: Heinrich Heine. ..In: dies.: Tönende Bilderschrift: Musik in der deutschen und französischen Erzählprosa des 18. und 19. Jahrhunderts. Heidelberg 2002. S. 141..146.
Alves, Fernanda Mota: Berlim, Londres, Paris nas cronicas culturais de Heine: um olhar moderno sobre a cidade. ..In: A poetica da cidade. (Coord.: Helena Gonçalves da Silva). Lisboa 2003. S. 25.45.
Anglet, Andreas: Ideenassoziation und Mythentravestie: Heinrich Heines mythologische Archive. ..In: Mythen in Kunst und Literatur: Tradition und kulturelle Repräsentation. Hrsg. von Annette Simonis und Linda Simonis. Köln 2004. S. 104..124.

Anglade, René: »Versifiziertes Lebensblut«: Heines Gedicht »Der Asra«. . . In: L'Allemagne, des Lumières à la modernité: mélanges offerts à Jean-Louis Bandet. Hrsg. von Pierre Labaye. Rennes 1997. S. 157. 170.

Balzer, Bernd: Zum Spektrum der Ironie Heines im Buch der Lieder . . . In: Literatur und Kultur im Querschnitt. Norbert Honsza (Hrsg.). Wrocław 2003. S. 77. 90.

Balzer, Berit: Heine y Larra: dos escritores malquistos en su patria? . . In: Estudios de la literatura comparada: norte y sur, la sátira, transferencia y recepción de géneros y formas textuales: actas del XIII Simposio de la Sociedad Española de Literatura General y Comparada. José Enrique Martínez Fernández (ed.) Estudios de literatura comparada. León 2002. S. 245. 257.

Balzer, Berit: Spain in Heine . . Heine in Spain: notes on a bilateral reception. . . In: The lion and the eagle: interdisciplinary essays on german-spanish relations over the centuries. New York, NY [u. a.] 2000. S. 214. 234.

Barbieri, Dario: Max Stirner e la capacita di potenza. . . In: Heinrich Heine <1797. 1856> nel il centenario della nascita. Merano 1998. S. 271. 374.

Bartscherer, Christoph: Heinrich Heines religiöse Revolte. 1. Au . Freiburg im Breisgau 2004. 680 S. (Forschungen zur europäischen Geistesgeschichte; 6).

Bauer, Werner M.: Der Tod der Götter: Antikenrezeption und Romantik in Heinrich Heines Die Götter Griechenlands (1826). . . In: Heinrich Heine <1797. 1856> nel il centenario della nascita. Merano 1998. S. 186. 224.

Beese, Marianne: Kampf zwischen alter und neuer Welt: Dichter der Zeitenwende; [Friedrich Hölderlin . . Novalis . . Heinrich Heine . . Friedrich Hebbel . . Ricarda Huch]. Rostock 2001. 165 S.

Di Benedetto, Arnaldo: Avventure italiane di un Lied di Heine. . . In: Rivista di letterature moderne e comparate. Pisa 57, 2004, 1. S. 75. 85.

Benedict, Hans Jürgen: Heinrich Heines heitere Religionskritik: kann man lachend auch sehr ernsthaft sein? . . In: Nordelbische Stimmen. Kiel 2005, Febr. S. 26. 30.

Bernik, France: Heinrich Heine und die slowenische Literatur. . . In: Zeitschrift für slavische Philologie. Heidelberg 50, 1990, S. 180. 201.

Bernstein, Susan: Q or Heine's romanticism. . . In: Studies in romanticism. Boston, Mass. 42, 2003, 2. S. 369. 391.

Bernstein, Susan: Virtuosity of the nineteenth century: performing music and language in Heine, Liszt, and Baudelaire. Stanford, Calif. 1998. IX, 239 S.

Betz, Albrecht: Heine: allemandéen-cosmopolite. . . In: Nuit blanche. Québec 71, 1998. S. 25. 29.

Betz, Albrecht: Avantgarde, Revolution, Restauration: Heinrich Heine über Franz Liszt. . . In: Heine (1797. 1856). Debrecen 2002. S. 321. 334.

Betz, Albrecht: Avantgarde, forradalom, restauráció: Heinrich Heine Liszt Ferencröl. . . In: Nemzeti romantika és európai identitás: tanulmányok a romantikáról; nemzetközi konferencia a Petöfi Irodalmi Múzeumban, 1998, április 2. 4., az 1848-as forradalmak 150. és Petöfi Sándor születésének 175. évofordulója alkalmából. Szerk.: Cséve Anna. Budapest 1999. S. 29. 41.

Betz, Albrecht: Entzauberter Verzauberer: Heine und die Moderne. . . In: Heine (1797. 1856). Debrecen 2002. S. 11. 22.

Böhm, Alexandra: Geschichte als Fiktion: Heines Reise von München nach Genua und die Krise des historischen Verstehens. . . In: Krisen des Verstehens um 1800. Hrsg. von Sandra Heinen und Harald Nehr. Würzburg 2004. S. 297. 319 (Stiftung für Romantikforschung; Bd. 27).

Boerner, Maria-Christina: »Je ne fais que rêver Italie«: Heinrich Heines Verfahren der Fiktionalisierung in den italienischen Reisebildern . . . In: Germanisch-romanische Monatsschrift. Heidelberg N. F. 53, 2003. S. 205. 219.

Bohrer, Karl Heinz: Ironie und Prophetie: Heinrich Heine. ..In: Sprachen der Ironie ..Sprachen des Ernstes. Hrsg. von Karl Heinz Bohrer. Orig.-Ausg., 1. Au . Frankfurt a. M. 2000. S. 253.282 (Edition Suhrkamp; 2083: Aesthetica).

Bonn, Klaus: Heines Begegnungen ..zur Romantischen Schule. ..In: Heine (1797.1856). Debrecen 2002. S. 93.104.

Brandt, Helmut: Heinrich Heine : Umbruch der Literatur aus dem Geiste einer neu verstandenen Geschichte. ..In: Literatur und Geschichte: neue Perspektiven. Hrsg. von Michael Hofmann und Hartmut Steinecke. Berlin 2004. S. 77.88 (Zeitschrift für Deutsche Philologie ..Sonderhefte; Bd. 123).

Braun, Johannes: Doktor Eli und Monsieur Ane. ..In: Annäherungen an das Thema »Recht und Literatur«. Hermann Weber (Hrsg.). 1. Au . Baden-Baden 2002. S. 108.132 (Recht, Literatur und Kunst in der Neuen Juristischen Wochenschrift; 1: Juristische Zeitgeschichte; Bd. 9).

Brenner, Sabine: »Heinrich Heine hat mich gebeten, in seinem Namen folgendes zu erklären: der rheinische Dichter Herbert Eulenberg und sein ein literarisches Vorbild Heinrich Heine. ..In: » und die Welt ist so lieblich verworren«. Bielefeld 2004. S. 409.418.

Briegleb, Klaus: »Eine Rose gebrochen, eh' der Sturm sie entblättert«: über Heines Lessing. ..In: » und die Welt ist so lieblich verworren«. Bielefeld 2004. S. 249.276.

Briese, Olaf: Auslassungszeichen: Interpunktionsregime bei Heinrich Heine. ..In: (Auslassungen): Leerstellen als Movens der Kulturwissenschaft; für Hartmut Böhme zum sechzigsten Geburtstag. Hrsg. von Natascha Adamowsky und Peter Matussek. Würzburg 2004. S. 213.220.

Broodthaers, Marcel: Autour de la Lorelei. Éd. établie et postfacée par Philippe Cuenat. Genève 1997. 207 S.: zahlr. Ill.

Caduff, Corina: Heinrich Heine: die Musikerperson als Medium der Musikkritik. ..In: Musik & Ästhetik. Stuttgart 6, 2002. S. 96.105.

Calvié, Lucien: Atta Troll de Heine: l'ours pyrénéo-tudesque et l'Allemagne politique aprés 1840. ..In: Tigre: travaux ibériques de l'Université des Languages et Lettres de Grenoble. Grenoble 2002/03, 12. S. 53.65.

Cancik, Hubert: Philhellénisme et sionisme: Max Nordau: »Ein Nachtrag zu Heinrich Heines Deutschland, ein Wintermärchen «. ..In: Max Nordau (1849.1923): critique de la dégénérescence, médiateur franco-allemand, père fondateur du sionisme. Textes éd. par Delphine Bechtel. Paris 1996. S. 177.200.

Chung, Young-Hwan: Heines Versepos »Atta Troll. Ein Sommernachtstraum« und die Romantik. In: Togil-munhak = koreanische Zeitschrift für Germanistik. Seoul 31, 1990, 45. S. 321... 342.

Citaja Gejne: pisateli o pisatele. Vserossijskaja Gosudarstvennaja Biblioteka Inostrannoj Literatury im. M. I. Rudomino. Sost.: N. I. Lopatina. Moskva 1997. 40 S.: Ill.

Confrontations ..accomodations: german-jewish literary and cultural relations from Heine to Wassermann. Ed. by Mark H. Gelber. Tübingen 2004. VI, 288 S. (Conditio Judaica; 46) [Beitr. teilw. dt., teilw. engl.].

Cook, Roger F.: Vaterlandsliebe in exile: Heinrich Heine and the german-jewish national identity. ..In: Confrontations ..accomodations. Tübingen 2004. S. 27.44.

Cusatelli, Giorgio: Heine und die Erfindung Europas. ..In: Heinrich Heine <1797.1856> nel il centenario della nascita. Merano 1998. S. 1.8.

Czezior, Patricia: Die Heimatlosigkeit im Werke zweier romantischer Grenzgänger: Joseph von Eichendorff und Heinrich Heine. Hrsg. von Roger Schöntag. Berlin 2004. 143 S.

Denk ich an Deutschland in der Nacht : Autographen von Heinrich Heine und Robert Schumann aus einer rheinischen Privatsammlung. Texte von Joseph A. Kruse, Walter Hinck und Marianne Tilch. Düsseldorf 2004. 16 S.: 1 Faks.
Di Rosa, Valentina: Scritti corsari di Heinrich Heine: dai Französische Zustände alla Lutezia . ... In: Annali dell'Istituto Universitario Orientale di Napoli/Sezione Germanica (AION). NS 6, 1996, 1/2. S. 119.160.
Dmitriev, Aleksandr S.: Genrich Gejne: kritiko-biograficeskij ocerk; posobie dlja ucitelja. Moskva 1957. 110 S.
Doppler, Bernhard: »Das ist eben die Ironie, wie sie auch immer das Hauptelement der Tragödie ist.«: zur weitverzweigten Rezeption von Heines Jugendwerk William Ratcliff . ..In: Heine (1797.1856). Debrecen 2002. S. 139.150.
Dreiseitel, Sigrid: »Ich mache natürlich lebhaft Propaganda für ihn«: zur Bedeutung Heinrich Heines für das Frühwerk und die literaturpolitischen Positionen Frank Wedekinds. Würzburg 2000. 218 S. (Wedekind-Lektüren; Bd. 1) [Zugl.: Frankfurt a. M., Univ., Diss., 1999].
Emig, Günther: Heinrich Heines Verhaftung auf dem Wartberg am 16. November 1827: auf den Spuren einer Ortsüberlieferung. ..In: Jahrbuch für schwäbisch-fränkische Geschichte. Heilbronn 34, 2001. S. 217.228.
Eine Erinnerung an Heinrich Heine: aus Frankfurter Zeitung und Handelsblatt vom 13. Juli 1873. Hofheim am Taunus: Officina Gallus, 1997. 10 S. [gedr. auf korean. Kalligraphiepapier].
Eschweiler, Christian: Die Sprachkunst großer deutscher Dichter: dreizehn literarisch-pädagogische Beiträge zur Dichtung und Bildung. 1. Au . Weilerswist 2004. 352 S.: Ill. [darin: Heinrich Heine (1797.1856): Träume und Entzauberungen in seinem Leben und Werk. S. 65.88].
Fischer, Tilman: Reiseziel England: ein Beitrag zur Poetik der Reisebeschreibung und zur Topik der Moderne (1830.1870). Berlin 2004. 757 S. (Philologische Studien und Quellen; H. 184) [Zugl.: Marburg, Univ., Diss., 2002; zahlr. Heine-Erwähnungen].
Fleischer, Michael: Heinrich Heine, Homer und Norderney: Landschaft und Überlieferung als Anlaß zur Dichtung von Heinrich Heine. ..Ostfriesland-Magazin. Norden 1999, 11. S. 52.53.
Foi, Maria Carolina: Zugehörigkeit und Ausgeschlossensein: Heines juristische, politische und literarische Lehrjahre. ..In: Heinrich Heine <1797.1856> nel il centenario della nascita. Merano 1998. S. 225.243.
Francke, Renate: Heines Lesewelten. ..In: Storm-Blätter aus Heiligenstadt. 8, 2002. S. 53.66.
Freimann, Sara: Heinrich Heine: romanticist or satirist? ..In: Studies in comparative literature. Bar-Ilan University. Ed.: Dov Landau, Gideon Shunami, Yadda Wolfman. Ramat-Gan 2001. S. 76.86 [hebr.].
Füllenbach, Elias H.; Reich, Justin M.: Heine-Festakt mit dominikanischer Präsenz. ..In: Interne Nachrichten der Dominikaner-Provinz Teutonia. Rundbrief 176. Februar 1998.
Füllner, Bernd: Richard Reinhardt, Informant von Marx, Sekretär Heines, Übersetzer und Kaufmann. ..In: » und die Welt ist so lieblich verworren«. Bielefeld 2004. S. 433.446.
Füllner, Karin: Tagesgedanken und Nachtträume: der Traum einer großen Schiffsreise in Heines Börne-Buch. ..In: » und die Welt ist so lieblich verworren«. Bielefeld 2004. S. 359.366.
Gaál-Baróti, Márta: Die romantische und die Heinesche Ironie. ..In: Heine (1797.1856). Debrecen 2002. S. 123.138.
Gaál Gyulai, Elizabeth von: Heinrich Heines Über die französische Bühne : Etappen auf dem Weg zu einer Horizontverschmelzung ? ..In: Studia germanica universitatis Vesprimiensis. Veszprém 6, 2002, 2. S. 97.109.

Gamper, Michael: Ein trostlos ewiges Wiederholungsspiel?: das iterative Textmodell in Heinrich Heines Reisebildern als Teil einer Vorgeschichte. ..In: Wunsch ..Maschine ..Wiederholung. Klaus Müller-Wille (Hrsg.). 1. Au . Freiburg i. Br. 2002. S. 259..282.

Gelber, Mark H.: The noble sephardi and the degenerate ashkenazi in german-jewish and german-anti-semitic consciousness: Heine, Langbehn and Chamberlain. ..In: Confrontations ..accomodations. Tübingen 2004. S. 45..56.

Gerhard, Ute: Multikulturelle Polyphonie bei Heinrich Heine: der Romanzero gelesen im Archiv kultureller Hybridisierung. ..In: Räume der Hybridität: postkoloniale Konzepte in Theorie und Literatur. Christof Hamann/Cornelia Sieber (Hrsg.). Unter Mitarb. von Petra Günther. Hildesheim [u. a.] 2002. S. 199..212.

Gille, Klaus F.: Heines Atta Troll : das letzte freie Waldlied der Romantik? ..In: ders.: Konstellationen: gesammelte Aufsätze zur Literatur der Goethezeit. 1. Au . Berlin 2002. S. 303..328.

Glass, Krzysztof: Heinrich Heine und die Möglichkeiten der politischen Lyrik heute. ..In: Heine (1797..1856). Debrecen 2002. S. 305..320.

Gössmann, Wilhelm: Das Westfalenbild Heines. ..In: » und die Welt ist so lieblich verworren«. Bielefeld 2004. S. 419..432.

Goetschel, Willi: Heine und der Traum. ..In: Palimpseste. Heidelberg 2004. S. 41..62.

Goetschel, Willi: Spinoza's modernity: Mendelssohn, Lessing, and Heine. Madison, Wis. 2003. 430 S. (Studies in German Jewish cultural history and literature).

Gojowy, Detlef: Dichter über Musik [darin Heinrich Heine]. ..In: Literatur und Musik ..E. T. A. Hoffmann: Dokumentation zum XII. Literaturkongress des FDA vom 4. bis 6. Oktober 2002 in Bamberg. Simmern 2003. S. 65–83.

Goldschmidt, Georges-Arthur: Heinrich Heine und die deutsche Sprache. ..In: Die Deutschen und ihre Sprache: [Re exionen über ein unsicheres Verhältnis]. Hrsg. von Volker Michael Strocka. Bremen 2000. S. 69–94.

Goltschnigg, Dietmar: Heine und die Folgen: Argumentationsstrategien des antisemitischen Diskurses in der Wiener Moderne am Beispiel von Karl Kraus. ..In: Heinrich Heine <1797..1856> nel il centenario della nascita. Merano 1998. S. 63..95.

Golz, Jochen: Schnabelewopski, der zerrissene Träumer. ..In: » und die Welt ist so lieblich verworren«. Bielefeld 2004. S. 383..398.

Gottschalk, Andy: Autobiographisches Schreiben bei Immermann und Heine. ..In: Immermann-Jahrbuch. Frankfurt a. M. 5, 2004. S. 95..120.

Grazzini, Serena: Der Hund mit sechs Beinen: zu einer moralischen Kontroverse in Texten von Tucholsky, Chamisso, Heine, Ebner-Eschenbach und Uwe Saeger. ..In: Literatur für Leser. Frankfurt a. M. 24, 2004. S. 37..53.

Grceva, Ranka: Hajneovite zivotni i knizevni kontroverzii. Prilog koi negovata recepcija wo Makedonij. ..In: Knizeven kontekst. Skopje 1999. S. 149..158 [serb.; Rezeption in Mazedonien].

Große, Wilhelm: Heinrich Heine. Stuttgart 2000. 173 S.: Ill. (Universal-Bibliothek; 15223: Literaturwissen für Schule und Studium).

Grossmann, Jeffrey A.: Als Israel sich oft erlustigt: Sehnsucht und kulturelle Aneignung in Heines Lyrik. ..In: Fremdes Begehren: transkulturelle Beziehungen in Literatur, Kunst und Medien. Hrsg. v. Eva Lezzi u. Monika Ehlers in Zusammenarbeit m. Sandra Schramm. Köln [u. a.] 2003. S. 245..255 (Literatur ..Kultur ..Geschlecht/Große Reihe; Bd. 22).

Gyöngyösi, Maria: A. Blok i nemeckaja kul'tura: Novalis, Gejne, Nicse, Vagner. Frankfurt a. M. [u. a.] 2004. 145 S. (Vergleichende Studien zu den slavischen Sprachen und Literaturen; Bd. 9) [Zugl.: Budapest, Diss., 2001].

Gyöngyösi, Maria: Heine im Schaffen von Aleksandr Blok. ..In: Heine (1797.1856). Debrecen 2002. S. 189.200.

Häfner, Ralph: Lyrische Maskerade: das Problem der Gedankeneinheit in Heines Morphine. ..In: HJb 2004. S. 99.110.

Härtling, Peter: Keine Heimkehr: (zu Heine, Heinrich: Sei mir gegrüßt). ..In: Frankfurter Anthologie. Bd. 18. Frankfurt a. M. 1995. S. 65.68.

Harskamp, Jaap: The artist and the swallow-tail coat: Heine, Baudelaire, Manet and modernism in art. ..In: Arcadia: internationale Zeitschrift für Literaturwissenschaft. Berlin 36, 2001, 1. S. 89.99.

Haslé, Maurice: Cœur croisé de Heine: gastronomie politique et jeux linguistique. ..In: France-Allemagne, passions croisées: actes du colloque international, 22.24 mars 2001, Aix-en-Provence. Éd. réunies par Karl Heinz Götze et Michel Vanoostuyse. Lyon 2001. S. 91.104 (Cahiers d'études germaniques; 41).

Hayashi, Mutsumi: Zum Funktionswechsel der Literatur im deutschen Vormärz : am Beispiel von Heinrich Heines Modernität. ..In: Das Kaleidoskop: Theater und Literatur in den deutschsprachigen Ländern; Festschrift für Professor Tatsujii Iwabuchi zum 70. Geburtstag. Mutsumi Hayashi (Hrsg.). Tokyo 1998. S. 81.95.

Heemst, Johannes Robert van: Berlin cobweb: the late Heine: jewish wisdom, hegelianism. Amsterdam, Univ., Diss., 2003. 236 S.

Heine (1797.1856). Hrsg. v. Endre Kiss und Tamas Lichtmann. Debrecen 2002. 334 S. (Nemet filologiai tanulmanyok; 26).

Heine in Göttingen. Hrsg. und komm. von Roderich Schmidt. Orig.-Ausg., 1. Au . Göttingen 2004. 241 S.

Heinrich Heine <1797.1856> nel il centenario della nascita: 18 simposio internazionale di studi italotedeschi = 18. internat. Symposium deutsch-italienischer Studien. Hrsg. v. Roberto Cotteri. Merano 1998. 489 S. (Studi italo-tedeschi; 18).

Heinrich Heines Werk im Urteil seiner Zeitgenossen. Hrsg. v. Eberhard Galley und Alfred Estermann, später von Sikander Singh und Christoph auf der Horst. Hamburg. Bd. 10: Rezensionen und Notizen zu Heines Werken aus den Jahren 1849 bis 1851. Hrsg. von Sikander Singh. 2004. XL, 759 S. (Heine-Studien).

Hell, Cornelius: Henisch, Hiob, Heine: Beobachtungen zu Poesie, Religion und Ironie bei Peter Henisch. ..In: Peter Henisch. Hrsg. vom Franz-Nabl-Institut für Literaturforschung der Universität Graz. Hrsg. von Walter Grünzweig und Gerhard Fuchs. Erstausg. Graz [u. a.] 2003. S. 81.91.

Hemmerle, Oliver Benjamin: Runen um Heinrich Heine: Komplikationen der bundesrepublikanischen Heine-Briefmarke des Jahres 1997. Mannheim (Baden) 2000. XI S. (Schriftenreihe »Philatelie als historische Hilfswissenschaft«; Bd. 1).

Hermand, Jost: Ohne Glauben keine Hoffnung: Heines dialektische Verweltlichung älterer Religionsformen. ..In: » und die Welt ist so lieblich verworren«. Bielefeld 2004. S. 215.228.

Hermand, Jost: Eine Identität ist nicht genug: Heines Vermächtnis an Deutsche, Juden und Amerikaner. ..In: ders.: Judentum und deutsche Kultur. Köln [u. a.] 1996. S. 218.234.

Hermand, Jost: Unerwiderte Sympathie: Heinrich Heine und die Burschenschaft. ..In: ders.: Judentum und deutsche Kultur. Köln [u. a.] 1996. S. 6.24.

Hermand, Jost: Zweierlei Geschichtsauffassung: Heines Rabbi von Bacherach . ..In: ders.: Judentum und deutsche Kultur. Köln [u. a.] 1996. S. 40.50.

Hessing, Jakob: Heinrich Heine's Reisebilder as images of exile. ..In: Placeless topographies: jewish perspectives on the literature of exile. Ed. by Bernhard Greiner. Tübingen 2003. S. 53.60.

Hilscher, Eberhard: Dichtung und Gedanken: 30 Essays von Goethe bis Einstein. Stuttgart 2000. 369 S. (Stuttgarter Arbeiten zur Germanistik; Nr. 393) [darin: Heinrich Heine und Wagner].
Hinck, Walter: Heinrich Heines Dichtung im Widerstreit von Nationalidee, Judenemanzipation und Antisemitismus. In: Carola. Heidelberg 42, 1990, 82. S. 33.40.
Hinck, Walter: Konfessionsdialektik in Heines Almansor-Dichtungen. ..In: » und die Welt ist so lieblich verworren«. Bielefeld 2004. S. 277.292.
Höhn, Gerhard: Heine-Handbuch: Zeit, Person, Werk. 3. Au . Stuttgart 2004. XVII, 590 S.
Höhn, Gerhard: Heinrich Heine, ein Grenzgänger. ..In: » und die Welt ist so lieblich verworren«. Bielefeld 2004. S. 15..38.
Höllerer, Florian: »Les poésies de Henri Heine«: Heinrich Heine in der Lesart Gérard de Nervals. Stuttgart [u. a.] 2004. 240 S. (Heine-Studien) [teilw. dt., teilw. franz.; zugl.: Berlin, Techn. Univ., Diss., 1999].
Hollender, Martin: »Solche Bücher läßt du drucken!«: Bibliographie Joseph A. Kruse 1966.2003; Anhang zur Festschrift für Joseph A. Kruse. Hrsg. von Bernd Kortländer und Sikander Singh. Bielefeld 2004. 169 S.
Holub, Robert C.: Heine and the dialectic of jewish emancipation. ..In: » und die Welt ist so lieblich verworren«. Bielefeld 2004. S. 229.248.
Holub, Robert C.: Heine's conversion: re ections from the Matratzengruft . ..In: The germanic review. New York, NY 74, 1999, 4. S. 283.292.
auf der Horst, Christoph: Historisch-kritische Pathographien und Historizität: eine kritische Auswertung der Heine-Pathographien am Beispiel der Syphilisdiagnosen Heinrich Heines. ..In: Historizität: Erfahrung und Handeln ..Geschichte und Medizin; für Werner Friedrich Kümmel. Unter Mitarb. von Ulrich Koppitz hrsg. von Alfons Labisch und Norbert Paul. Stuttgart 2004. S. 121.151 (Sudhoffs Archiv: Beihefte; 54).
Hüls, Elisabeth: Johann Georg August Wirth (1798.1848): ein politisches Leben im Vormärz. Düsseldorf 2004. 609 S.: Ill. (Beiträge zur Geschichte des Parlamentarismus und der politischen Parteien; Bd. 139) [Zugl.: München, Univ., Diss., 2001].
Illés, László: Heinrich Heine und Georg Lukacs. ..In: Heine (1797.1856). Debrecen 2002. S. 55... 64.
Jäger, Gudrun: Friedrich Hirth: Heine-Forscher und erster Komparatist im Nachkriegsdeutschland. ..In: HJb 2004. S. 216.234.
Jané, Jordi: Heines ewiger Verstoß gegen jede Norm. ..In: Norm und Transgression in deutscher Sprache und Literatur. Kolloquium in Santiago de Compostela, 4..7. Oktober 1995. [Erste Germanistische Fachtagung]. Hrsg. von Victor Millet. München 1996. S. 181.193.
Jaśtal, Katarzyna: Eine eigenthümliche Ideenassociation : Heinrich Heine und Gotthilf Heinrich Schubert. ..In: Kwartalnik neofilologiczny. Warszawa 49, 2002, 2. S. 179.184.
Jöst, Erhard: Der romantische Satiriker und die Revolution: Heinrich Heines Spott über den deutschen Vormärz. ..In: Die Unterrichtspraxis. Ludwigsburg 32. Jg., 1989, H. 2. S. 9.16.
Kaiser, Gerhard: Lazarus als Lyriker: über das lyrische Werk Heinrich Heines. ..In: HJb 2004. S. 62..98.
Kalinowski, Isabelle: »Und im Haar war ihre Kraft«: zur Problematik künstlerischer Heteronomie in Heines »Romanzero«. ..In: HJb 2004. S. 49..61.
Kaneda, Hiroshi: Die zwei künftigen Gegner in Harmonie: Wolfgang Menzels Deutsche Literatur und Heines Besprechung. ..In: Doitsu-bungaku-ronko. Osaka 32, 1990. S. 19..34 [jap.].
Kerekes, Gábor: Das Vorbild Heine: Stefan Heym und Heinrich Heine. ..In: Heine (1797.1856). Debrecen 2002. S. 285.294.

Kiba, Hiroshi: Die Goethe-Rezeption bei Heine und Börne: unter besonderer Berücksichtigung des deutschen Judentums. ..In: Confrontations ..accomodations. Tübingen 2004. S. 69.82.
Kiba, Hiroshi: Untersuchungen zur Bildsprache in Heinrich Heines Prosawerken: Kopfbedeckungen, Kleidungsstücke und Schmucksachen I. ..In: Doitsu-bungaku-ronshu. 39, 1997. S. 123.130 [jap.].
Kijewski, H.: Krankheit und Tod des Dichters Heinrich Heine aus der Sicht neuer spurenkundlicher Untersuchungen an Haaren. ..In: Rechtsmedizin. Berlin 2000, 10. S. 207.211.
Kim, Heegun: Eine Untersuchung zu Heinrich Heines Traditionsbegriff am Beispiel seiner Moses Mendelssohn-Rezeption. ..In: Togil-munhak = Koreanische Zeitschrift für Germanistik. Soul 44, 2003, 3. S. 49.68 [korean. mit dt. Zusammenfassung].
Kimmich, Dorothee: Ist das eine Schlacht? : Stendhal, Flaubert, Heine und Immermann: Erzählen von Ereignissen. ..In: Ereignis: Konzeptionen eines Begriffs in Geschichte, Kunst und Literatur. Thomas Rathmann (Hrsg.). Köln 2003. S. 45.62.
Kiss, Endre: Heine ..Marx ..Universalgeschichte. ..In: Heine (1797.1856). Debrecen 2002. S. 43.54.
Klein, Reimar: Presente, tempo, storia: immanenza e immaginazione in Novalis e Heine. ..In: Prospero: rivista di culture anglo-germaniche. Trieste 9, 2002. S. 99.115.
Kleinertz, Rainer: Rossini und Felix Mendelssohn: zu den Voraussetzungen von Heines Mendelssohn-Kritik. ..In: »Denn in jenen Tönen lebt es«: Wolfgang Marggraf zum 65. Hochschule für Musik Franz Liszt Weimar. Hrsg. von Helen Geyer, Michael Berg und Matthias Tischer mit einem Geleitw. von Wolfram Huschke. Weimar 1999. S. 113.127.
Klinkhammer, Gisela: Heinrich Heine: »Sie küßte mich krank«. ..In: Deutsches Ärzteblatt. Ausgabe A. Köln 102, 18.03.2005, 11. Seite A-767.
Klüger, Ruth: Zwickmühle oder Symbiose: war Heinrich Heine ein Geisteswissenschaftler?: Vortrag vom 12. Juni 2002. Heidelberg 2003. 17 S. (Heidelberger Universitätsreden; Bd. 17).
Kolb, Joycelyne: From Harry Potter to Harry Heine or The lure of margins. ..In: » und die Welt ist so lieblich verworren«. Bielefeld 2004. S. 467.476.
Kolb, Jocelyne: Lessing's Nathan, Heine's Lessing, and the problem of Buchstabentreue . ..In: Confrontations ..accomodations. Tübingen 2004. S. 7.26.
Kolk, Rainer: Lessing war der literarische Arminius: Heinrich Heine und die Aufklärer. ..In: Verehrung, Kult, Distanz: vom Umgang mit dem Dichter im 19. Jahrhundert. Hrsg. von Wolfgang Braungart. Tübingen 2004. S. 151.170 (Untersuchungen zur deutschen Literaturgeschichte; Bd. 120).
Komáromi, Sándor: Heines frühe Lyrik als Textgrundlage für Liedkomposition: zu Problemen der musikalischen Rezeption und der Rezeptionskritik. ..In: Heine (1797.1856). Debrecen 2002. S. 151.170.
Konstantinovic, Zoran: Heine bei den Südslawen. ..In: Heine (1797.1856). Debrecen 2002. S. 223...232.
Koopmann, Helmut: Heinrich Heine: Land ucht und Heimatsehnsucht. ..In: » und die Welt ist so lieblich verworren«. Bielefeld 2004. S. 157.174.
Kopelew, Lev: Poet s beregov Rejna: zizn' i stradanija Genricha Gejne. Moskva 2003. 510 S.: Ill.
Kortländer, Bernd: Diesseits und jenseits des Rheins: Heinrich Heine und andere rheinische und überrheinische Autoren; Antrittsvorlesung aus Anlass der Verleihung der Honorarprofessur der Philosophischen Fakultät der Heinrich-Heine-Universität Düsseldorf am 18. Mai 2004. Gestaltung: Theresia Schüllner. 1. Au . Düsseldorf 2004.
Kortländer, Bernd: Ein lebender Toter: über das Bemühen, Heinrich Heine zu begraben. ..In: » und die Welt ist so lieblich verworren«. Bielefeld 2004. S. 491.507.

Kovacs, Kalman: Heinrich Heine oder Die Lüge in außermoralischem Sinne. ..In: Textualität und Rhetorizität. Kalman Kovacs (Hrsg.). Frankfurt a. M. 2003. S. 73..90 (Debrecener Studien zur Literatur; Bd. 10).

Kruse, Joseph Anton: Düsseldorf ..Heines verlorenes Paradies. ..In: Deutsch-jüdische Passagen. Hamburg 1996. S. 121..139.

Kruse, Joseph Anton: Heines Zukunft: ambivalente Perspektiven. ..In: Politics in literature: studies on a german preoccupation from Kleist to Amery. Ed. by Rüdiger Görner. München 2004. S. 40... 51 (London german studies; 9: Institute of Germanic Studies <London>: publications of the Institute of Germanic Studies; Bd. 82).

Kruse, Joseph Anton: Heinrich Heine ..ein Deutscher in Frankreich. ..In: Düsseldorf: eine Stadt zwischen Tradition und Vision. Düsseldorfer Persönlichkeiten. Kleve 2004. S. 163..179.

Kruse, Joseph Anton: Heinrich Heine in Potsdam 1829. Frankfurt (Oder) 2004. 15 S.: Ill. (Frankfurter Buntbücher; 38).

Kruse, Joseph Anton: Ich weiß nicht, was soll es bedeuten: Heine und die Folgen. ..In: Die Loreley: ein Fels im Rhein; ein deutscher Traum. Bingen, Historisches Museum am Strom ..Hildegard von Bingen. Koblenz ..Mittelrhein-Museum [27. August..31. Oktober 2004 für beide Museen]. Hrsg.: Mario Kramp und Matthias Schmandt. Mainz 2004. S. 66..73.

Kruse, Joseph Anton: Ironie und Distanz bei Heine. ..In: HJb 2004. S. 238..243.

Kruse, Joseph Anton: Mutmaßungen und zweifelhafte Dokumente innerhalb der Heine-Biographie: ein Bericht aus dem Heine-Archiv, Düsseldorf. ..In: Confrontations ..accomodations. Tübingen 2004. S. 57..68.

Kruse, Joseph Anton: Vermittelndes Denken: über Heines Schrift Zur Geschichte der Religion und Philosophie in Deutschland . ..In: Heinrich Heine <1797..1856> nel il centenario della nascita. Merano 1998. S. 149..169.

Kuhn, Tom: Unsichere Gesellen: crossing borders with Heine and Brecht. ..In: Bejahende Erkenntnis: Festschrift für T. J. Reed zu seiner Emeritierung am 30. September 2004. Hrsg. von Kevin F. Hilliard. Unter Mitarb. von Malte Herwig. Tübingen 2004. S. 193..208.

Kurth, Richard: Music and poetry, a wilderness of doubles: Heine ..Nietzsche ..Schubert ..Derrida. ..In: 19th century music. Berkeley, Calif. 21, 1997, 1. S. 3..37.

Kuschel, Karl-Josef: Der Mensch muß sich auszweifeln: »Ich kann beten und ennen so viel ich will.«; Heinrich Heine geht einen riskanten dritten Weg: Rebellion gegen Gott vor Gott. ..In: Publik-Forum. Oberursel 2002, 15. S. 70..73.

Lämke, Ortwin: Küsse, Dichter, Helden, Schüsse : über Motivketten und Chiffren in Heines Romanzero. ..In: HJb 2004. S. 31..48.

Lamping, Dieter: »In dunklen Zeiten«: Heine-Rezeption als Tradition der jüdischen Literatur deutscher Sprache. ..In: ders.: Von Kafka bis Celan: jüdischer Diskurs in der deutschen Literatur des 20. Jahrhunderts. Göttingen 1998. S. 37..54. (Sammlung Vandenhoeck).

Lamping, Dieter: »Soviel Franzose wie Deutscher«: Ludwig Börnes politische rund literarischer Internationalismus. ..In: Confrontations ..accomodations. Tübingen 2004. S. 83..96.

Lapide, Pinchas: Heinrich Heine, der fromme Ketzer: jüdisch beschnitten ..evangelisch getauft ... katholisch getraut. ..In: Edith-Stein-Jahrbuch. Würzburg 3, 1997. S. 143..155.

Lee, Koon-Ho: Heinrich Heine und die Frauenemanzipation. Stuttgart 2005. 208 S. (Heine-Studien)

Liedtke, Christian: » die überwuchernde Macht des Kapitals«: Geld, Gold und Eisenbahnen im Spätwerk Heinrich Heines. ..In: » und die Welt ist so lieblich verworren«. Bielefeld 2004. S. 73..100.

Liedtke, Christian: Heinrich Heine. 5. Au . Reinbek bei Hamburg 2004. 174 S.: Ill. (Rororo Monographie. 50535).

Liedtke, Christian: » und es lachten selbst die Mumien«: Komik und grotesker Humor in Heines »Romanzero«. ..In: HJb 2004. S. 12..30.

Linnebach, Andrea: (Griechische) Meerwesen und nordische See: Böcklin und Heinrich Heine. ... In: dies.: Arnold Böcklin und die Antike: Mythos, Geschichte, Gegenwart. München 1991. S. 21.41 [Zugl.: Tübingen, Univ., Diss., 1987/88 u. d. T.: Linnebach, Andrea: »Mit seiner Zeit hat man zu thun« ..zum Antikenbild Arnold Böcklins].

Liu Min: Heines Lyrik in China nach 1949: Teil 1. ..In: HJb 2004. S. 172.190.

Loch, Eugenia: Die Rezeption Heinrich Heines in Polen seit dem Positivismus bis zur Gegenwart. ..In: Heine (1797.1856). Debrecen 2002. S. 201.222.

Löffel, Hartmut: Lukavyj Lasar: priobscajas k Genrichu Gejne. Perevod s nemeckogo Tamary Kudravcevoj. Moskau 2004. 78 S.: Noten [Der listige Lazarus <russ.>].

Loránd, Gábor: Individuelle und soziale Kontakte und Kon ikte in den Werken des jungen Heine. ..In: Heine (1797.1856). Debrecen 2002. S. 171.188.

Lutum, Peter: Überlegungen zur Geburt der Nationalen Volkskunde in Japan: der Ein uß von Heinrich Heines Die Götter im Exil auf Yanagita Kunio, den Begründer der modernen japanischen Volkskundeforschung. ..In: Seijo daigaku minzokugaku kenkyusho kiyo. Tokyo Nr. 217, 2003. S. 105.148 [jap.].

Mádl, Antal: Drei Dichter des europäischen Vormärz: Heine, Lenau, Petöfi. ..In: Heine (1797.1856). Debrecen 2002. S. 79.92.

Maillet, Marie-Ange: Heinrich Heine et Munich. Sous la dir. de Michel Espagne. Paris 2004. 243 S. (De l'Allemagne).

Maillet, Marie-Ange: Heinrich Heine und die Neuen allgemeinen politischen Annalen: die Zeitschrift und ihre Bedeutung für ihren Redakteur in den Münchener Verhältnissen. ..In: HJb 2004. S. 111.131.

Manieri, Flavio: L'esilio des doppio nel doppio di Heine: formazione e sviluppo. ..In: Heinrich Heine <1797.1856> nel il centenario della nascita. Merano 1998. S. 96.148.

McDonald, William C.: Do I not hear the Jordan Rippling?: Heine the Hebrew?. ..In: German literature between faiths: jew and christian at odds and in harmony. Hrsg. Peter Meister. 1. Au . Pieterlen 2004. S. 107.116.

Meid, Volker: Das Reclam-Buch der deutschen Literatur. Stuttgart 2004. 526 S. [Heine zahlreich].

Meixner, Horst: Narziß in der Fremde ..Heine, Börne und die Paranoia. ..In: Bausteine zu einem transatlantischen Literaturverständnis: Jubiläumsschrift zum zwanzigjährigen Bestehen der Partnerschaft zwischen den Universitäten Waterloo/Canada und Mannheim/Deutschland. Hrsg. von Hans W. Panthel und Peter Rau. Frankfurt a. M. [u. a.] 1994. S. 19.24.

Menze, Ernest A.: Herder and Heine: re ections on affinities. ..In: HJb 2004. S. 150.171.

Mommsen, Wolfgang J.: Heine und die Deutschen. ..In: ders.: Bürgerliche Kultur und politische Ordnung: Künstler, Schriftsteller und Intellektuelle in der deutschen Geschichte 1830.1933. 2. Au . Frankfurt a. M. 2002. S. 113.132.

Monteiro, Américo Enes: Nietzsches Heine-Lektüren: die Ambivalenz und Widersprüche seiner Beurteilung. ..In: Runa: RPEG. Lisboa 28, 1999/2000. S. 319.330.

Morawe, Bodo: Ich selber bin Volk, je suis peuple moi-même: Heines Philosophie-Schrift als Palimpsest und die Republik der Gleichen. ..In: Palimpseste. Heidelberg, Neckar 2004. S. 63... 114.

Müller, Brigitte: »Dichterbilder« in Literaturgeschichten: die Darstellung Droste-Hülshoffs, Heines und Mörikes in literaturgeschichtlichen Kommentaren. Norderstedt 2004. 467 S. [Zugl.: Bern, Univ., Diss. 2002].
Müller, Olaf: Heine, die französische Germanistik und das andere Deutschland in der Emigration: zu Edmond Vermeils Henri Heine; ses vues sur l'Allemagne et les révolutions européennes (1939). ..In: Spurensuche in Sprach- und Geschichtslandschaften: Festschrift für Ernst Erich Metzner. Andrea Hohmeyer (Hrsg.). Münster [u.a.] 2003. S. 437.454 (Germanistik; Bd. 26).
Müller Farguell, Roger W.: Figuras da dança: sobre a constituição metafórica do movimento em textos: Schiller, Kleist, Heine, Nietzsche. Trad. de Fernanda Mota Alves. Lisboa 2001. 476 S.
Muzumdar, Shaswati: Heine's cosmopolitan nationalism. ..In: Yearbook 1998. Goethe Society of India. Madras 1999. S. 50.64.
Neumann, Gerhard: Das gute Essen bei Heinrich Heine. ..In: Cotta's kulinarischer Almanach: auf das Jahr 2002. Stuttgart 10, 2002. S. 170.182.
Neumayr, Anton: Literatur & Medizin: Johann Wolfgang von Goethe, Friedrich Hölderlin, Heinrich Heine. Wien 1997. 392 S.: Ill.
Oehler, Dolf: O outro Lázaro: a ressurreição do poeta Heine. ..In: ders.: O velho mundo desce aos infernos. Sao Paulo 1999. S. 239.252.
Oehler, Dolf: Poesie als parodistische Auslegung: zur Deutung und Rezeption der Wanderratten. ..In: Palimpseste. Heidelberg, Neckar 2004. S. 115.126.
Oehler, Dolf: Uma publicidade infernal : os últimos anúncios parisienses de Heine. ..In: ders.: O velho mundo desce aos infernos. Sao Paulo 1999. S. 253.267.
Oesterle, Günter: Was verdankt das deutsche Stiefvaterland nicht alles den Juden: das subkutane Zusammenspiel von Camou age und Palimpsest in Heinrich Heines Harzreise. ..In: Palimpseste. Heidelberg, Neckar 2004. S. 31.40.
Ohlhoff, Gerhard: Als Gast im Großherzogtum Posen: zu Heinrich Heines 200. Geburtstag am 3. Dezember 1997. ..In: Kulturwart: Beiträge zur deutsch-polnischen Nachbarschaft. Wiesbaden. 45, 1997, 209. S. 1.3.
Orosz, Magdolna: Heine und die deutsche Romantik. ..In: Heine (1797.1856). Debrecen 2002. S. 105.122.
Otto, Beate: Unterwasser-Literatur: von Wasserfrauen und Wassermännern. Würzburg 2001. 306 S. (Epistemata: Reihe Literaturwissenschaft; 348).
Palimpseste: zur Erinnerung an Nobert Altenhofer. Hrsg. Joachim Jacob u. Pascal Nicklas. 1. Au . Heidelberg, Neckar 2004. 240 S. (Frankfurter Beiträge zur Germanistik; 41).
Park, Ock Sook: Der Tanz bei Heinrich Heine. Berlin, Freie Univ. Diss., 2001. XI, 242 S.
Peters, Paul: Leib und Seele oder Die Heinesche Transsubstantiation. ..In: » und die Welt ist so lieblich verworren«. Bielefeld 2004. S. 39.72.
Pfaff, Dominik: Heinrich Heine im Spiegel der Poetik Martin Deutingers. ..In: Erzählen und Moral: Narrativität im Spannungsfeld von Ethik und Ästhetik. Hrsg. von Dietmar Mieth unter Mitarb. von Dominik Pfaff. Tübingen 2000. S. 167.184.
Phelan, Anthony: The state of the art: Heine's Atta Troll. Ein Sommernachtstraum and Jehuda ben Halevy . ..In: Oxford german studies. London 33, 2004. S. 177.194.
Pickford, Susan: Writing the route: Heinrich Heine's Die Harzreise (1826). ..In: Cross-cultural travel: papers from the Royal Irish Academy Symposium on Literature and Travel, National University of Ireland, Galway, November 2002. Ed. by Jane Conroy. New York, NY 2003. S. 187.195.
Pinkert, Ernst Ullrich: Heine, Heinrich. ..In: Den store danske encyklopædi. Band 8: græsning-hoste. Kopenhagen 1997. S. 335.

Pinkert, Ernst Ullrich: Heinrich Heines »Nachtgedanken« in der Diskussion um die deutsche Wiedervereinigung. ..In: Meddelelser fra Gymnasieskolernes Tysklaererforening. Kopenhagen 109, 1991. S. 13.17.

Pistiak, Arnold: »Lutezia« lesen?: ein Brief. ..In: » und die Welt ist so lieblich verworren«. Bielefeld 2004. S. 399.408.

Pistiak, Arnold: Glaube, wer es geprüft! : Hölderlin ..Heine; Beobachtungen, Feststellungen, Fragen. ..In: Worüber man (noch) nicht reden kann, davon kann die Kunst ein Lied singen : Texte und Lektüren; Beiträge zur Kunst-, Literatur- und Sprachkritik. Hans-Christian Stillmark, Brigitte Krüger (Hrsg.). Frankfurt a. M. 2001. S. 93.105.

Plagwitz, Frank F.: Concerning »Wölfe, Schweine und gemeine Hunde«: Heine's depiction of the aristocracy. ..In: Pacific coast philology. Northridge, Calif. 30, 1995. S. 59.67.

Podewski, Madleen: Konzeption des Unverständlichen um und nach 1800 : Friedrich Schlegel und Heinrich Heine. ..In: Krisen des Verstehens um 1800. Hrsg. von Sandra Heinen und Harald Nehr. Würzburg 2004. S. 55.74 (Stiftung für Romantikforschung; Bd. 27).

Preuß, Werner H.: Rudolph Christiani (1798.1858): Heinrich Heines eleganter Vetter ..der »Mirabeau der Lüneburger Heide«. Husum 2004. 176 S.

Problemy vzaimodejstvija literatur: mezvuzovskij sbornik naucnych trudov. Otvetstvennyj redaktor docent Gordon Ja. I. Dusanbe 1982. 223 S. [darin: Gejne v zurnalach pervoj russkoj revoljucii = Heine in den Journalen der ersten russischen Revolution S. 3.33].

Quattrocchi, Luigi: Orazio in Heinrich Heine e August von Platen. ..In: Orazio: umanità, politicá, cultura. A cura di Aldo Setaioli. Perugia 1995. S. 137.152.

Rattner, Josef: Heinrich Heine oder Ein Sänger der Freiheit, Vernunft und Emanzipation des Menschen. ..In: ders.: Aufklärung und Fortschrittsdenken in Deutschland 1750.1850: von Kant und Lessing bis Heine und Feuerbach. Würzburg 2004. S. 281.304.

Ratzky, Rita: Liebesphilosophie in der Dichtung von Heinrich Heine und Sandor Petöfi. ..In: Heine (1797.1856). Debrecen 2002. S. 233.240.

Regensteiner, Henry: Heinrich Heine und Karl Marx: a perspective. ..In: Midstream. New York, NY June/July 1992. S. 18.19.

Rehrmann, Norbert: Über holde Ignoranz und das große Goldzeitalter: Heinrich Heine und das jüdisch-maurische Spanien. ..In: Kritik und Praxis: zur Problematik menschlicher Emanzipation; Wolfdietrich Schmied-Kowarzik zum 60. Geburtstag. Heinz Eidam (Hrsg.). 1. Au . Lüneburg 1999. S. 175.184. ..Auch in: Tranvia: revue der iberischen Halbinsel. Berlin 53, 1999. S. 18.21.

Reichenberger, Theo: Cervantes rebelde (glosado por Heinrich Heine): hacia una lectura distinta del Quijote. ..In: Incipit. Buenos Aires 17, 1997. S. 295.302.

Reichmann, Eva: Wie viele Leben hat Heinrich Heine?: Sinn und Unsinn allzu zahlreicher Dichterbiographien. ..In: Heine (1797.1856). Debrecen 2002. S. 295.304.

Reus, Gunter: Ironie als Widerstand: Heinrich Heines frühe Feuilletons Briefe aus Berlin und ihre Bedeutung für den modernen Journalismus. ..In: Literatur und Journalismus: Theorie, Kontexte, Fallstudien. Bernd Blöbaum; Stefan Neuhaus (Hrsg.). 1. Au . Wiesbaden 2003. S. 159.172.

Rippmann, Peter: Dialektisches aus dem Conservatoire. ..In: » und die Welt ist so lieblich verworren«. Bielefeld 2004. S. 367.378.

Robertson, Richie: Conversations with Jehovah : Heine's return to God. ..In: Denkbilder: Festschrift für Eoin Bourke. Hrsg. von Hermann Rasche u. Christiane Schönfeld. Würzburg 2004. S. 126.137.

Roemer, Nils: Jew or german? Heinrich Heine's german-jewish reception in the nineteenth century. ..In: The germanic review. New York, NY 74, 1999, 4. S. 301.313.

Roll, Evelyn: Reporter der Freiheit: Heinrich Heine 1797..1856. ..In: Das Gewissen ihrer Zeit: fünfzig Vorbilder des Journalismus. Hrsg. Hans J. Jakobs u. Wolfgang R. Langenbucher. 1. Au . Wien 2004. S. 64..69.

Rubini, Ugo: Il colore della statistica: indagine lessicografica sulla lirica die Heinrich Heine. ..In: Heinrich Heine <1797..1856> nel il centenario della nascita. Merano 1998. S. 9..36.

Rudolph, Gisela: Mann macht aus Benrath Holterhof : Düsseldorf als Thema in der Literatur, ein kleiner Streifzug von Heine bis Grass und Walser. ..In: Rheinische Post. Düsseldorf 11. Juni 2003.

Sagarra, Eda: Heine, Köppen und der deutsche Michel. ..In: Bejahende Erkenntnis: Festschrift für T. J. Reed zu seiner Emeritierung am 30. September 2004. Hrsg. von Kevin F. Hilliard. Unter Mitarb. von Malte Herwig. Tübingen 2004. S. 91..104.

Sasson, Sarah Juliette: The dying poet: scenarios of a christianized Heine. ..In: The germanic review. New York, NY 74, 1999, 4. S. 315..326.

Schlesier, Renate: Heines Gedicht »Diesseits und jenseits des Rheins«. ..In: » und die Welt ist so lieblich verworren«. Bielefeld 2004. S. 341..358.

Schlossmacher, Norbert: Heine-Freund, Lithograph, Mediziner und Revolutionär: der Arzt Dr. med. Peter Joseph Neunzig (1797..1877). ..In: Rund um den Quadenhof. Düsseldorf 49, 1998, 1. S. 5..19.

Schmittenberg, Wolfgang: Heinrich Heine, figure de Siegfried et le Limousin . ..In: Cahiers Jean Giraudoux. Paris 21, 1992. S. 159..168.

Schneider, Manfred: Schweigen und Reden: Heinrich Heines Sprache der Liebe. ..In: Cahiers d'études germaniques. Aix-en-Provence 45, 2003, 2. S. 113..124.

Schneider, Manfred: aber ist das eine Antwort?: Heinrich Heine und die Religion. 1. Au . Münster, Westf. 2004. 96 S.: Abb. (Literatur ..Medien ..Religion; Bd. 12).

Schneider, Steffen: Die Mythologie der Schrift: zu Heines Nordsee-Texten. ..In: Paradoxien der Wiederholung. Hrsg. von Robert Andre; Christoph Deupmann. Heidelberg 2003. S. 45..60.

Scholle, Heinz: Adam, Eva und die Schlange: zur Taufe Heinrich Heines in Heiligenstadt. ..In: Eichsfelder Heimatzeitschrift. Eichsfeld 48, 2004, 9. S. 331..332.

Schuh, Franzjosef: Heinrich Heines Stellung zu den Traditionen der griechisch-römischen Antike oder Heinrich Heine ..»Bruder in Apoll«. ..In: Aktualisierung von Antike und Epochenbewußtsein. Erstes Bruno-Snell-Symposion der Universität Hamburg am Europa-Kolleg. Hrsg. von Gerhard Lohse. München 2003. S. 285..326 (Beiträge zur Altertumskunde; Bd. 195).

Schumacher, Meinolf: Ärzte mit der Zunge: leckende Hunde in der europäischen Literatur; von der patristischen Exegese des Lazarus-Gleichnisses (lk. 16) bis zum Romanzero Heinrich Heines. Bielefeld 2003. 87 S.: Ill.

Schulfunk, Schulfernsehen: Programmzeitschrift für Lehrerinnen und Lehrer. Bayerischer Rundfunk. München 1997, 7. 88 S. [darin: Unterrichtsmodell Heine S. 29 ff, S. 33 f.].

Schwarzer, Alice: Lieber Henri. ..In: Emma: Zeitschrift für Frauen von Frauen. Köln 1997, 6. S. 80... 81.

Sergienko, Anna: Ironie als kulturspezifisches sprachliches Phänomen. Stuttgart 2000. 132 S. [als Grundlage Heine-Texte mit russischen Übersetzungen].

Shear-Yashuv, Aharon: Heinrich Heine's attitude to european philosophy and return to jewish monotheism. ..In: Studies in comparative literature. Bar-Ilan University. Ed.: Dov Landau, Gideon Shunami, Yadda Wolfman. Ramat-Gan 2001. S. 63..75 [hebr.].

Siguan, Marisa: Übersetzung und Aneignung gegen eine ungenügende Normalität: Heine, Fontcuberta, Becquer und Mestres. ..In: »Das Ungenügen an der Normalität«: Literatur als Gegenwelt. Internationales Symposion zu Ehren des 65. Geburtstages von Lothar Pikulik am 19./20. Januar 2001 in Trier. Hrsg. von Jürgen Daiber. Paderborn 2003. S. 29.48.

Singh, Sikander: Heines Einsamkeiten. ..In: » und die Welt ist so lieblich verworren«. Bielefeld 2004. S. 191.214.

Sivan, Gabriel A.: The misunderstood convert who never really left the fold. ..In: The Jerusalem Post. Jerusalem 8.12.2000. S. B1.

Skolnik, Jonathan Samuel: »Who learns history from Heine?«: the german-jewish historical novel as cultural memory and minority culture, 1824.1953. Ann Arbor, Mi. 2000. IV, 220 S. [Zugl.: New York, NY, Columbia Univ., Diss., 1999].

Skorna, Hans Jürgen: Heine und die Mundart. ..In: Der Gießerjunge. Düsseldorf 18, 1998, 1. S. 24.

Söhn, Gerhart: Wolfgang Menzel: sein Leben; Teil 1. ..In: HJb 2004. S. 191.215.

Söhnen, Albrecht von: Französische Maler: Heinrich Heine und die Pariser Salonausstellung von 1831. ..In: Heinrich-Heine-Gymnasium <Oberhausen>: Schulzeitung. Oberhausen 2004. S. 3...13.

Söhnen, Albrecht von: Mathilde, George, Cristina, Elise und die anderen: Heinrich Heines Bekanntschaften in Frankreich. ..In: Heinrich-Heine-Gymnasium <Oberhausen>: Schulzeitung. Oberhausen 2002. S. 3.11.

Söhnen, Albrecht von: » und jetzt fahre ich ins Bad nach Boulogne !«: Heinrich Heine und seine Aufenthalte in Boulogne-sur-Mer. ..In: Heinrich-Heine-Gymnasium <Oberhausen>: Schulzeitung. Oberhausen 2001. S. 3.9.

Solms, Wilhelm: Reine und unreine Reime von Heine. ..In: » und die Welt ist so lieblich verworren«. Bielefeld 2004. S. 293.308.

Sonino, Claudia: Friedrich Gundolf und Heinrich Heine: eine Negativ-Identifikation. ..In: »Verkannte Brüder«?: Stefan George und das deutsch-jüdische Bürgertum zwischen Jahrhundertwende und Emigration. Gert Mattenklott (Hrsg.). Hildesheim [u. a.] 2001. S. 101.116 (Haskala; 22).

Stackelberg, Jürgen von: Aus der Schule geplaudert: Heinrich Heine über die deutsche Romantik. ..In: ders.: Herbstblätter: Studien zur Literatur der Aufklärung, zur Übersetzungsgeschichte und zur Übersetzungskritik. Bonn 2002. S. 139.146 (Abhandlungen zur Sprache und Literatur; 149).

Stassen, Manfred: Heine's political identity. ..In: Yearbook 1998. Goethe Society of India. Madras 1999. S. 96.106.

Stauf, Renate: Heinrich Heine: ein europäischer Visionär zwischen Engagement und Skepsis. ..In: Heine (1797.1856). Debrecen 2002. S. 23.42.

Steegers, Robert: Bilder, Schattenrisse, Reisebilder: Willibald Alexis' süddeutsche Reiseschilderungen und das Werk Heinrich Heines. ..In: Willibald Alexis (1798.1871): ein Autor des Vor- und Nachmärz. Hrsg. von Wolfgang Beutin und Peter Stein. Bielefeld 2000. S. 313.330 (Vormärz-Studien; 4).

Steinberg, Werner: Denjat e vljuben v noscta. Prevod ot menski a Elena Nikolova i Cvetana Kaludieva. Sofija 1960. 428 S. [Der Tag ist in die Nacht verliebt <bulg.>].

Steinberg, Werner: Den zalubeny do noci. Verse prebasnili M. M. Dedinsky a Luba Tvarokova. Bratislava 1991. 354 S. [Der Tag ist in die Nacht verliebt <slow.>].

Steinecke, Hartmut: »Auf dich berufen sich die Dichter «: Robert Gernhardt und Heine. ..In: » und die Welt ist so lieblich verworren«. Bielefeld 2004. S. 447.466.

Stelzner, Frank: Dr. med. Maximilian von Heine (1806 bis 1879): ein Arzt zwischen Deutschland und Russland. Leipzig, Univ., Diss., 2004. 95 S.

Subramanian, Balasundraram: The »negro recipe«: Heine versus Goethe. ..In: Yearbook 1998. Goethe Society of India. Madras 1999. S. 3.23.

Szász, Ferenc: Epochen der Heine-Rezeption in Ungarn. ..In: Heine (1797.1856). Debrecen 2002. S. 251.272.

Taubner, Zvi: Ästhetik und Politik: der Streit zwischen Heine und Börne. ..In: Ludwig Börne: Deutscher, Jude, Demokrat. Frank Stern/Maria Gierlinger (Hrsg.). 1. Au . Berlin 2003. S. 203... 221.

Tilch, Marianne: »Impertinenz und Unverschämtheit«, »Zudringlichkeit und freche Stirn«: Friedrich Steinmanns Heine-Fälschungen. ..In: » und die Welt ist so lieblich verworren«. Bielefeld 2004. S. 477.490.

Trautmann-Waller, Céline: Bilder jüdischer Verwandlungen in den Hebräischen Melodien : Metamorphose, Sublimierung und Verklärung. ..In: HJb 2004. S. 1.11.

Triangel: ein Radio zum Lesen; das Journal mit Programm für und aus Thüringen, Sachsen, Sachsen-Anhalt. Verantw. für den Inhalt: Steffen Lieberwirth (Gesamtred.). Leipzig 2, 1997, 12. 160 S.: zahlr. Ill. u. Fotos (z. T. farb.) [Themenheft Heinrich Heine].

Tverdota, György: Danse de l'ours. ..In: Heine (1797.1856). Debrecen 2002. S. 273.284.

Ueding, Gert: Ein Mann wie du und ich: (zu Heine, Heinrich: Ich rief den Teufel). ..In: Frankfurter Anthologie. Bd. 18. Frankfurt a. M. 1995. S. 69.72.

» und die Welt ist so lieblich verworren« : Heinrich Heines dialektisches Denken; Festschrift für Joseph A. Kruse. Hrsg. von Bernd Kortländer und Sikander Singh. Bielefeld 2004. 507 S.: Noten. [dt./engl./franz.; Ergänzung bildet: Hollender, Martin: »Solche Bücher läßt du drucken!«].

Urbahn de Jauregui, Heidi: Von der Freiheit eines Dichtergeistes. ..In: Neue deutsche Literatur. Berlin 45, 1997, 6. S. 37.50.

Varga, Peter: Heinrich Heine und seine jüdischen Freunde. ..In: Heine (1797.1856). Debrecen 2002. S. 65.78.

Veres, András: Zur Geschichte der Heine-Rezeption im Ungarn des neunzehnten Jahrhunderts. ... In: Heine (1797.1856). Debrecen 2002. S. 241.250.

Vitiello, Vincenzo: Religio e saeculum : Lutero in Heine e nella teologia evangelica contemporaneo (Friedrich Gogarten). ..In: Heinrich Heine <1797.1856> nel il centenario della nascita. Merano 1998. S. 244.270.

Vrient, Johan de: Invalletjes en visioenen : Heinrich Heine. ..In: Hollands Maandblad. Amsterdam 32, 1991, 528. S. 44.45.

Waszek, Norbert: L'excursion panthéiste dans L'histoire de la religion et de la philosophie en Allemagne de Heinrich Heine. ..In: Dieu et la nature : la question du panthéisme dans l'idéalisme allemand. Christophe Bouton (éd.). Hildesheim 2005. S. 159.178.

Weimar, Klaus: A third meaning of the word jewish : Heine in german literary histories of the nineteenth century. ..In: The germanic review. New York, NY 74, 1999, 4. S. 293.300.

Werner, Michael: Ansichten des Exils: zu einem Grundthema bei Heine. ..In: » und die Welt ist so lieblich verworren«. Bielefeld 2004. S. 175.190.

Wild, Inge: »O, Deutschland, meine ferne Liebe«: Exil, Eros und Gender in Gedichten Heinrich Heines. ..In: Geschlecht ..Literatur ..Geschichte. Hrsg. von Gudrun Loster-Schneider. Mannheim. Bd. 2: Nation und Geschlecht. 2003. S. 79.100 (Mannheimer Studien zur Literatur- und Kulturwissenschaft; Bd. 29).

Wild, Inge: Philister kommen angezogen : der Künstler-Bürger-Antagonismus in Gedichten Eduard Mörikes (mit einem Blick auf Heinrich Heine). ..In: Der Sonnenblume gleich steht mein Gemüthe offen : neue Studien zum Werk Eduard Mörikes; (mit einer Bibliographie der Forschungsliteratur 1985.1995). Reiner Wild (Hrsg.). St. Ingbert 1997. S. 149.176 (Mannheimer Studien zur Literatur- und Kulturwissenschaft; 14)

Windfuhr, Manfred: »Uns gehört die Zukunft«: Grundzüge von Heines Prognostik. ..In: » und die Welt ist so lieblich verworren«. Bielefeld 2004. S. 101.128.

Winkler, Markus: Dichterliebe und Dichtermärtyrtum in Heines »Buch der Lieder«: zum Konikt zwischen Naturpoesie und Konvention in einigen »Heimkehr«- und »Intermezzo«-Gedichten. ..In: » und die Welt ist so lieblich verworren«. Bielefeld 2004. S. 309.340.

Winkler, Markus: » exiliert in eine fremde Sprache«: zu einigen Unterschieden zwischen den deutschen und den französischen Fassungen von Heines Schriften über Deutschland. ..In: Zwiesprache: Beiträge zur Theorie und Geschichte des Übersetzens. Hrsg. von Ulrich Stadler. In Zusammenarbeit mit John E. Jackson, Gerhard Kurz und Peter Horst Neumann. Stuttgart [u. a.] 1996. S. 105.120.

Würffel, Stefan Bodo: Von Bacherach nach Bimini: Heinrich Heines religiöses Denken im Lichte unserer Erfahrung. ..In: Religion ..Literatur ..Künste. Hrsg. von Peter Tschuggnall. Anif/Salzburg. Bd. 3. Perspektiven einer Begegnung am Beginn eines neuen Millenniums. Mit einem Vorw. von Paul Kardinal Poupard und dem Brief an die Künstler von Johannes Paul II. 2001. S. 287.302 (Im Kontext; 15).

Yi, Hong-Kyung: Heinrich Heines Vermittlungsversuch zwischen Kunst und Politik in ausgewählten Werken von 1837.1840. Heidelberg 2003. 229 S. (Reihe Siegen; Bd. 146) [Zugl.: Siegen, Univ. Diss., 2002].

Zhang, Yushu: Atta Troll und Heines Angst vor dem Kommunismus. ..In: Sprache, Literatur und Kommunikation im kulturellen Wandel: Festschrift für Eijiro Iwasaki Hrsg. v. Tozo Hayakawa. Tokyo 1997. S. 463.482.

Zhang, Yushu: Die Metamorphose von Heinrich Heine ..vom Kämpfer für die Gleichheit zum Bekämpfer der Gleichmacherei. ..In: Literaturstraße : chinesisch-deutsches Jahrbuch für Sprache, Literatur und Kultur. Hrsg. v. Zhang Yushu. Würzburg 4, 2003. S. 57.80. Auch in: » und die Welt ist so lieblich verworren«. Bielefeld 2004. S. 129.56.

Zhao, Leilian: Gesellschaftskritik in Heines Lutezia: unter besonderer Berücksichtigung der chinesischen Heine-Rezeption. Frankfurt a. M. [u. a.] 2004. 187 S. (Europäische Hochschulschriften/ 01; Bd. 1883) [Zugl.: Peking, Univ., Diss., 1999].

Ziegler, Edda: Die große Frauenfrage. ..In: Emma : Zeitschrift für Frauen von Frauen. Köln 1997, 6. S. 82..83.

Ziegler, Edda: Die große Frauenfrage: zu Heines Mädchen und Frauen. ..Heinrich Heine <1797...1856> nel il centenario della nascita. Merano 1998. S. 170.185.

Zimorski, Walter: »Ganz glücklich ist die Sache also nicht für mich abgelaufen«: Heines Duell-Affären. ..In: Jahrbuch der juristischen Zeitgeschichte. Berlin 2003/2004. S. 1.19.

2.2 *Literatur mit Heine-Erwähnungen und Bezügen*

Abels, Kurt: »Die Freiheit hoch und Deutschland hoch«: zu Sprache und Stil der Revolutionslyrik von 1848/49. ..In: Die Ortenau. 1998. S. 649..694.

Andersen, Jens: Hans Christian Andersen. Aus dem Dän. von Ulrich Sonnenberg. 1. Au . Frankfurt a. M. [u. a.] 2005. 805 S.: zahlr. Ill.

Arendt, Hannah und Karl Jaspers: Briefwechsel 1926.1969. Hrsg. von Lotte Köhler und Hans Saner. Ungek. Taschenbuchausg. 2. Au . München 2001. 859 S.

Bachtin, Michail: Literatur und Karneval: zur Romantheorie und Lachkultur. Frankfurt a. M. 1990. 150 S.

Barbier, Frédéric: Finance et politique: la dynastie des Fould; XVIIIe..XXe siècle. Paris 1991.

Berggruen, Heinz: Kleine Abschiede: 1935..1937: Berlin, Kopenhagen, Kalifornien. Mit einem Vorw. von Klaus Harpprecht. 2. Au . Berlin 2004. 126 S.

Biermann, Wolf: Eine Rede und drei Lieder: zu Ehren des Rektors der Heinrich-Heine-Universität Prof. Dr. Dr. h.c. Gert Kaiser im Düsseldorfer Schauspielhaus am 28. 9. 03. o. O. 2003. ca. 13 S.

Bremer, Thomas: Materialien zur kritischen Rezeption von Gutzkows Briefen aus Paris bei den Zeitgenossen. ..In: Zeitdiskurs: Re exionen zum 19. und 20. Jahrhundert als Festschrift für Wulf Wülfing. Hrsg. von Roland Berbig, Martina Lauster und Rolf Parr. Heidelberg 2004. S. 27..41.

Bosco, Lorella: »Das furchtbar-schöne Gorgonenhaupt des Klassischen«: deutsche Antikebilder (1755..1875). Würzburg 2004. 400 S. (Epistemata ..Reihe Literaturwissenschaft; Bd. 501) [Heine-Erwähnungen S. 233..249; zugl.: Berlin, Freie Univ., Diss., 2001].

Denkler, Horst: Ansichten vom Harz: Imagination und Wirklichkeit in literarischen Harzreisen nach Goethe. ..In: Jahrbuch der Raabe-Gesellschaft. Tübingen 2004. S. 3..15.

Düsseldorf. Gregor Spohr (Hrsg.). Essen 1994. 180 S.: überw. Ill., 1 Kt.

Düsterberg, Rolf: Hanns Johst: »der Barde der SS«: Karrieren eines deutschen Dichters. Düsterberg. Paderborn [u. a.] 2004. 462, 16 S.: Ill.

Eggert, Hartmut: Polenreisen ohne polnisch: deutsche Künstler und Intellektuelle reisen und berichten. ..In: Literatur im Zeugenstand: Beiträge zur deutschsprachigen Literatur- und Kulturgeschichte; Festschrift zum 65. Geburtstag von Hubert Orlowski. Hrsg. v. Edward Bialek. Frankfurt a. M. 2002. S. 691..705.

Eibl, Karl: Animal Poeta: Bausteine der biologischen Kultur- und Literaturtheorie. Paderborn 2004. 419 S. (Poetogenesis).

F. G. Conzen 150 Jahre: Jubiläumsband und Katalog zur Auktion antiker Rahmen am 29. Oktober 2004. Düsseldorf 2004. 111 S.: zahlr. Ill.

Fabian, Wolfgang: Potsdam: die Stadt ..die Könige und ihre Besucher. Berlin 1997. 227 S.: Ill.

Feldmann, Christian: Wenn Schriftsteller über Gott reden: eine Sprache, die nicht besitzen will. ... In: Börsenblatt für den deutschen Buchhandel. Frankfurt a. M. 6. März 1998. S. 43..46.

Fertig, Ludwig: »Abends auf dem Helikon«: Dichter und ihre Berufe von Lessing bis Kafka. Darmstadt 1996. VI, 357 S.: Ill.

Fliedl, Konstanze; Karl Wagner: Briefe zur Literatur. ..In: Briefkulturen und ihr Geschlecht: zur Geschichte der privaten Korrespondenz vom 16. Jahrhundert bis heute. Christa Hämmerle/Edith Sauer (Hrsg.). Wien 2003. S. 35..53 (L'homme/Schriften; Bd. 7).

Fohr, Dieter: »Wo bist du?«: über die verbrauchten Worte und das Beten in modernen Zeiten. ... In: Publik-Forum. Oberursel 6. November 1998. o. S.

Frey, Eric: Schwarzbuch USA. Frankfurt a. M. 2004. 495 S. [Heine-Erwähnung im Vorwort].

Fusillo, Massimo: L'altro e lo stesso: teoria e storia del doppio. 1. ed. Scandicci 1998. VIII, 358 S. (Biblioteca di cultura; 236: Teoria e analisi die testi letterari; 6).

Grceva, Ranka: Germanskata knizevnost wo Makedonija (1944..1987). ..In: Knizeven kontekst. Skopje 1995. S. 186..197 [Deutsche Literatur in Mazedonien mit Heine-Erwähnung; serb.].

Gurvic-Lisciner, Sofja: Tvorcestvo Aleksandra Gercena i nemeckaja literatura: ocerki i materialy. Frankfurt a. M. [u. a.] 2001. 349 S. (Deutsch-russische Literaturbeziehungen; Bd. 11).

Häker, Horst: Friedrich de la Motte Fouqué 1777..1843. Frankfurt (Oder) 1995. 15 S.: Ill. (Frankfurter Buntbücher; 14).

Hampe, Karl: Kriegstagebuch 1914.1919. Hrsg. von Folker Reichert und Eike Wolgast. München 2004. 1020 S.: Ill. (Deutsche Geschichtsquellen des 19. und 20. Jahrhunderts; Bd. 63).

Heiligenstadt, St. Martin. Helga Möbius. Hrsg.: Evang. Kirchengemeinde St. Martin, Heilbad Heiligenstadt. Passau 1994. 22 S. : zahlr. Ill. (Peda-Kunstführer; Nr. 117) [Heines Taufkirche].

Hemmerle, Oliver Benjamin: »Genossen, Ihr werdet nicht oft besungen, nun ja, das wäre taktisch nicht klug «: Spionagedarstellungen in der DDR-Populärkultur (besonders in Liedern und Gedichten). ..In: Newsletter. International Intelligence History Study Group. Vol. 7, 1999, No. 2. [Erwähnung von Heines »Deutschland. Ein Wintermärchen«, S. 13.23].

Heym, Stefan: Einmischung: Gespräche, Reden, Essays. Ausgew. u. hrsg. von Inge Heym. 11..12. Tsd. Frankfurt a. M. 1995. 254 S.

Heym, Stefan: Nachruf. 7. Au . Frankfurt a. M. 1999. 84 S.

Hofmann, Werner: Daumier und Deutschland. 1. Au . München 2004. 72 S.: Ill. (Passerelles; 4).

Hofstaetter, Ulla: » nur noch als Haubenkopfstock«: Klopstock als Witztopos bei Heinrich Heine. ..In: LachArten: zur ästhetischen Repräsentation des Lachens vom späten 17. Jahrhundert bis zur Gegenwart. Hrsg. v. Arnd Beise, Ariane Martin und Udo Roth. 1. Au . Bielefeld 2003 (Kulturen des Komischen; Bd. 1) [Heine bes. S. 135.150].

Holub, Robert C.: Re ections of realism: paradox, norm, and ideology in nineteenth-century german prose. Detroit 1991. 257 S.

Hundt, Irina: Die Muse der Hegelschen Gegenakademie: zum 225. Geburtstag Rahel Varnhagens. ..In: Zeitschrift für Geschichtswissenschaft. Berlin 44, 1996, 5 [Heine-Erwähnung, S. 408.420].

Jahrbuch der Hambach-Gesellschaft. Heidelberg 11, 2003 [Heine-Zitat S. 240].

Jansen, Joseph J.: Gestalten des Abendlandes: erzählende Dichtung. Langwaden 2001. 131 S.: Ill.

Japp, Uwe: Das deutsche Künstlerdrama: von der Aufklärung bis zur Gegenwart. Berlin 2004. XII, 290 S.

Jasper, Willi: Ludwig Börne ..ein Zeitschriftsteller. ..In: Rattner, Josef; Danzer, Gerhard: Aufklärung und Fortschrittsdenken in Deutschland 1750.1850: von Kant und Lessing bis Heine und Feuerbach. Würzburg 2004. S. 241.260.

Juden in Düsseldorf: ein fotografisches Erinnerungsbuch. Mit Arbeiten von Marcus Kiel. Hundert Portraits mit Kurzerläuterungen von Angela Genger. Düsseldorf 1998. 224 S. : zahlr. Ill.

Der Jungfernstieg: gestern ..heute ..übermorgen. Hrsg. von Dorothee Engel. Hamburg 2003. 111 S.: zahlr. Ill.

Karl. Text: Eberhard Kunkel; Patrick Kunkel. Zeichn.: Michael Apitz. Walluf Bd. 4: Der Fall Loreley. 1. Au . 1992. 44 S.: überw. Ill. Bd. 12: Das Erbe. 1. Au . 2004. 57 S.: überw. Ill.

Klatte, Gerlinde: Femmes ou démones?: le jeu avec le mythe dans deux contes de Prévot et Richter. ..In: Textyles: revue des lettres belges de langue française. 10, 1993. S. 143.155.

Konrád, György: Unser jüdisches Erbe. ..In: Cicero: Magazin für politische Kultur. Potsdam 2004, 8. S. 72..76.

Kosenina, Alexander: Der gelehrte Narr: Gelehrtensatire seit der Aufklärung. Göttingen 2003. 487 S.: Ill.

Krieg und Frieden in Düsseldorf: sichtbare Zeichen der Vergangenheit. Hrsg. Clemens von Looz-Corswarem und Jörg Engelbrecht. Düsseldorf 2003. 288 S.: Abb. (Veröffentlichungen aus dem Stadtarchiv Düsseldorf; Bd. 10).

Kruse, Joseph Anton: Bastarde sind wir alle oder George Sand besuchen. Theresia Schüllner (Gestaltung). Düsseldorf 2004. o. S.

Kruse, Joseph Anton: Immermanns Theaterdiarium (1834/35). ..In: Immermann-Jahrbuch. Frankfurt a. M. 5, 2004. S. 55..67.

Kühne, Hartmut: Musik in Karl Mays Leben und Werk. ..In: Jahrbuch der Karl-May-Gesellschaft. Husum 26, 1996. S. 39..72.

Kunst-Stücke: 10 Jahre Kulturförderung der Stiftung Kunst und Kultur des Landes Nordrhein-Westfalen. Verantwortlich: Fritz-Theo Mennicken. Redaktion: Christiane Günther. Düsseldorf 2000. 60 S.: Ill. [darin Heinrich Heine und die Autographensammlung von Bernt Engelmann S. 32].

L'Aoufir, Rachid: Ludwig Börne (1786..1837): un parisien pas comme les autres. Paris [u. a.] 2004. 274 S.: Ill. (Allemagne d'hier et aujourd'hui).

Legendäre Reisen in Deutschland. Alain Rustenholz; Marc Walter; Sabine Arque. Aus dem Franz. von Karin Boden und Monique Lütgens. München 2004. 319 S.: zahlr. Ill., Kt. (Geo-Saison).

Magen, Antonie: Der Kulturroman: Konturen eines Romantypus zwischen 1830 und 1860. ..In: Immermann-Jahrbuch. Frankfurt a. M. 6, 2005. S. 75..95.

Marianne et Germania, 1789..1889: à un siècle de passions franco-allemandes; Musée du Petit Palais, 8 novembre 1997..15 février 1998. Les Musées de la Ville de Paris. Comité d'organisation: Emmanuel Daydé. Paris Musées, Éd. des Musées de la Ville de Paris, 1997. 304 S.: zahlr. Ill. [Ausstellungskatalog].

Marquart, Christian: Wo sich die Balken biegen: eine Winterreise durch die DDR. ..In: Sonntagsbeilage der Stuttgarter Zeitung. Stuttgart Nr. 40, 17. Februar 1990. S. 49..53.

Meinschäfer, Victoria: »Am richtigen Ort zur richtigen Zeit«: Verleihung der Ehrendoktorwürde an Paul Spiegel. ..In: Magazin der Heinrich-Heine-Universität Düsseldorf. 2004, 2. S. 4..5.

Melis, François: Neue Rheinische Zeitung: Organ der Demokratie: Edition unbekannter Nummern, Flugblätter, Druckvarianten und Separatdrucke. München 2000. 369 S. (Dortmunder Beiträge zur Zeitungsforschung; Bd. 57).

Mertin, Andreas: Es werde Licht. ..In: Ta katoptrizomena : Magazin für Theologie und Ästhetik. Hagen 1998/99. S. 1..3.

Metzmacher, Wulf: Die dunkle Leidenschaft ..woröm wat angeres?: der Uerige: Geschichte und Geschichten einer Düsseldorfer Institution. Hrsg.: Uerige in der Bergerstraße/Ecke Rheinstraße. Texte: Wulf Metzmacher. Düsseldorf 2002. 74 S.: Ill., graph. Darst.

Metzmacher, Wulf: Düsseldorfer Brauhäuser zu Fuß. Red. und Lektorat: Martina Dammrat. 1. Au . Köln 2004. 64 S.: zahlr. Ill., Kt.

Metzmacher, Wulf: Der Düsseldorfer Altstadtführer. 1. Au . Köln 2001. 141 S.: Ill.

Metzmacher, Wulf: Der Düsseldorfer Nordfriedhof: rund um den Millionenhügel. 1. Au . Köln 2002. 175 S.: zahlr. Ill., Kt. & Beil.

Metzmacher, Wulf: Goldglanz auf der Bolker oder Wie ein Schumacher einen Kessel füllen kann ... und das seit 1902. Hrsg.: Gertrud Schnitzler-Ungermann. Düsseldorf 2002. 75 S.: Ill.

Mönninghoff, Wolfgang: Das große Hans Christian Andersen Buch. 1. Au . Düsseldorf 2005. 248 S.: zahlr. Abb.

Müller-Uri, Irmengart: Auf den Flügeln des Gesanges (Heinrich Heine): Kammersänger Prof. Bernd Riedel zum 65. Geburtstag. ..In: Der Heimatbote: Beiträge aus dem Landkreis Greiz und Umgebung. Greiz 49, 2003. S. 17..19.

Mullor-Heymann, Montserrat: La visión femenina: Alemania vista por dos viajeras españolas. ..In: España y Alemania: interrelaciones literarias. Eberhard Geisler (ed.). Madrid 2001. S. 91..108.

Oehler, Dolf: Vorwort. ..In: Trintzius, René: Deutschland. Aus d. Franz. v. Barbara Romeier. Wiesbaden 2003. S. 3..8.

Oehler, Dolf: Vorwort. ..In: Gautier, Théophile: Romane und Erzählungen. Hrsg. u. m. e. Vorw. vers. von Dolf Oehler. Wiesbaden 2003. S. 7..12.
Ohly, Friedrich: Die Perle des Wortes: zur Geschichte eines Bildes für Dichtung. 1. Au . Frankfurt a. M. [u. a.] 2002. 389 S.
Pariser Zustände: der Künstler Honore Daumier und das Paris zur Zeit Heinrich Heines (1831..1856); Ausstellung der Universitäts- und Landesbibliothek Düsseldorf, 15. Januar..15. März 1997. Text: Rudolf Josche, Michael Werner. Düsseldorf 1997. 12 S.: Ill. [Ausstellungskatalog].
Paulin, Roger: The critical reception of Shakespeare in Germany 1682..1914: native literature and foreign genius. Hildesheim 2003. 532 S. (Anglistische und amerikanistische Texte und Studien; Bd. 11).
Petrarca in Deutschland: Ausstellung zum 700. Geburtstag [20. Juli 2004] im Goethe-Museum Düsseldorf in Zusammenarbeit mit der Albert-Ludwigs-Universität Freiburg, 18. Juli bis 12. September 2004. Katalog von Achim Aurnhammer. Heidelberg 2004. 122 S.: zahlr. Ill. [Ausstellungskatalog; kurzer Vergleich Heine: Buch der Lieder ..Petrarca: Canzoniere].
Pfennig, Anke: Geister, Mörder und Schamanen: das gruselige Düsseldorf zu Fuß. Mit Fotografien von Ulrich Otte. Red. und Lektorat: Martina Dammrat. 1. Au . Köln 2004. 48 S.: überw. Ill.
Ramin, Andreas: Symbolische Raumorientierung und kulturelle Identität: Leitlinien der Entwicklung in erzählenden Texten vom Mittelalter bis zur Neuzeit. München 1994. XV, 328, 42 S.: Ill. [Zugl. Karlsruhe, Univ., Diss., 1993].
Rippmann, Inge: Ein Brief. ..In: » und die Welt ist so lieblich verworren«. Bielefeld 2004. S. 379...382.
Rippmann, Inge: Freiheit ist das Schönste und Höchste in Leben und Kunst: Ludwig Börne zwischen Literatur und Politik. Einl. von Helmut Koopmann. 1. Au . Bielefeld 2004. 417 S. (Vormärz-Studien; Bd. 11).
Rönneper, Hans: 180 Jahre Rosenmontagszug in Düsseldorf. ..In: Jan Wellem. Düsseldorf 80, 2005, 1. S. 2..3.
Rose, Margaret A.: Parody: ancient, modern, and post-modern. Reprint. Cambridge [u. a.] 1995. VIII, 316 S. (Literature, culture, theory; 5).
Le routard des amoureux à Paris. Réd. en chef, Pierre Josse. Paris 2000. 263 S.: zahlr. Ill. (Le guide du routard).
Rowe, Paul: A mirror on the Rhine?: the Nouvelle Revue Germanique, Strasbourg 1829..1837. Oxford [u. a.] 2000. 340 S. (French studies of the eighteenth and nineteenth centuries; Vol. 2).
Rozier, Gilles: Un amour sans résistance. Paris 2003. 162 S.
Sachnazarov, Georgij: Pohled do budoucna. Moskva 1978. 60 S. (Tydenik aktualit).
Sammons, Jeffrey L.: Section V: archives and research information. ..In: Newsletter. German Studies Association. Tempe, Ariz. 23, 1998, 1. S. 19..20.
Sand, George: Lettres retrouvées. Éd. établie, annotée et présentée par Thierry Bodin. Paris 2004. 494 S.
Schaller, Wolfgang: Verblendung und Einsicht: literarisch vermittelte Handlungs- und Selbstdeutungsmuster der Protagonisten in Martin Walsers Romanen Brandenburg und Finks Krieg . ... In: Germanistische Mitteilungen: Zeitschrift für deutsche Sprache, Literatur und Kultur. Brüssel 2001, 53. S. 21..45 [Abschnitt über Der Asra].
Schembs, Hans-Otto: Spaziergang durch die Frankfurter Geschichte. Frankfurt a. M. 2002. 182 S.: Ill., Kt. [Heine-Artikel S. 105..109].
Schiele, Werner: An der Front der Freiheit: Jakob Attmaiers Leben für die Demokratie. Flörsheim a. M. 1991. 92 S.: Ill.

Schiele, Werner: Juden in Flörsheim am Main: die Geschichte einer Minderheit auf dem Lande. Flörsheim a. M. 1999. 511 S.

Schmidt, Enno: Wedekind, Eduard. ..In: Biographisches Lexikon für Ostfriesland. Hrsg. im Auftrag der Ostfriesischen Landschaft von Martin Tielke. Aurich 2. Bd. 1997. [Erwähnung Wedekind und Heine, S. 395..397].

Schütze, Peter: Der große Zwerg, der kleine Riese oder fünf Seelen im Kopfe: ein Porträt des Dichters Christian Dietrich Grabbe. Fernuniversität, Gesamthochschule in Hagen. Hagen 2002. 39 S. (Veröffentlichungen der Universitätsbibliothek Hagen; Bd. 8).

Sinnstiftung und anderer Zeitvertreib: 75 Seiten von und zu Günter Kunert. Vorw. von Lothar Jordan; Hrsg. Lothar Jordan; Red. Monika Tschirner. Frankfurt (Oder) 2004. 75 S.: 41 Abb.

Spuren-Suche in Deutschland: unterwegs zu Menschen, die ihrem Stern folgen; Reisen mit A-Klasse Freizeit-Tipps. Limitierte Au . exkl. für DaimlerChrysler AG. Ostfildern 2004. 96 S.: überw. Ill. (Marco Polo) [darin Heine in Düsseldorf S. 40..41].

Sternburg, Wilhelm von: Als Metternich die Zeit anhalten wollte: unser langer Weg in die Moderne. München 2003. 351 S.: Ill.

Stieg, Gerald: Heidegger und Kraus. ..In: Wespennest. Wien 1993. S. 29..40.

Stockhorst, Stefanie: Unterweltliche Gedankensplitter zu Friedrich Schillers Klage der Ceres . ..In: Wege nach Weimar. Studentische Kolloquien im Rahmen des Studienprogramms Weimarer Klassik und Jenaer Romantik. (Betreut von Gerhard Nasdala). Fernwald 2001. S. 143..150 (Veröffentlichungen des Studienprogramms Weimarer Klassik und Jenaer Romantik; Bd. 1) [Erwähnung von Heines Unterwelt].

Struck, Peter: Literarisches Hannover: 50 Dichter, Schriftsteller und Publizisten; Wohnorte, Wirken und Werke. 1. Au . Berlin [2004]. 76 S.: Ill., Kt. (Der Dichter-und-Denker-Stadtplan) [Heine als Besucher].

Takagi, Fumio: Werth to 1848-nen kakumei = Werth und [die] 1848er Revolution. ..In: Doitsubungaku-ronshu. Tokyo 31, 1998. S. 23..32.

Verleihung des Kurt-Tucholsky-Preises für literarische Publizistik 1996 an Heribert Prantl. Hrsg. v. Michael Hepp im Auftr. d. Kurt-Tucholsky-Gesellschaft. Berlin 1996. 68 S.

Vogel, Oliver: Der romantische Weg im Frühwerk von Hector Berlioz. Stuttgart 2003. 385 S.: Ill., Noten. (Archiv für Musikwissenschaft/Beihefte; Bd. 53) [Zugl.: Berlin, Freie Univ., Diss., 2002].

Wahrnehmungsformen/Diskursformen: Deutschland und Frankreich: Wissenschaft, Medien, Kunst, Literatur. Hrsg. Joseph Jurt und Rolf G. Renner. 1. Au . Berlin 2004. 234 S.: Abb. (Studien des Frankreich-Zentrums der Albert-Ludwigs-Universität; 11).

Walter, Françoise: Les figures paysagères de la nation: territoire et paysage en Europe (16e..20e siècle). Paris 2004. 521 S., 8 Bl.: Ill. (Civilisations et sociétés; 118).

Wellner, Axel: Die Albinos von Lerbach: im Spiegel der medizinhistorischen Literatur und der Reiseberichte des Harzes. ..In: Heimatblätter für den süd-westlichen Harzrand. Osterode, Harz. Heft 57, 2001. S. 2..21.

Werner, Michael: Les journalistes allemands à Paris sous la monarchie de juillet. ..In: Médiations: aspects des relations franco-allemandes du XVIIe siècle à nos jours; Sarrebruck et Metz, 26..28 avril 1990. Études réunies par Michel Grunewald. Berne [u. a.] 1992. S. 477..489 (Médiations; 17).

Wöhrle, Dieter: Ein genialer Wortsteller: (zu Valentin, Karl: Lorelei). ..In: Frankfurter Anthologie. Frankfurt a. M. Bd. 26, 2003. S. 105..109.

Wülfing, Wulf: Von schauernder Lust zum tyrannisierenden Gesellschafts-Etwas : Spuren literarischer Angst im 19. Jahrhundert. ..In: Sentimente, Gefühle, Empfindungen. Hrsg. von Anne Fuchs und Sabine Strümper-Krobb. Würzburg 2003. S. 74..94.

Zimmermann, Martin: La Bibliothèque de l'oncle: un motif et ses significations. ..In: Cahiers Gérard de Nerval. Paris 14, 1991 [Heine-Erwähnung S. 55.62].
Zschirnt, Tatjana: Auf den Spuren Heines: Tatjana Zschirnt interviewt Prof. Joseph Anton Kruse. Messe/Looxx. Düsseldorf 2, 2004. S. 4.5.
Zwischen Goethezeit und Realismus: Wandel und Spezifik in der Phase des Biedermeier. Hrsg. von Michael Titzmann. Tübingen 2002. VII, 505 S. (Studien und Texte zur Sozialgeschichte der Literatur; Bd. 92).

3 Rezensionen

Czezior, Patricia: Die Heimatlosigkeit im Werke zweier romantischer Grenzgänger: Joseph von Eichendorff und Heinrich Heine. Hrsg. von Roger Schöntag. Berlin 2004. 143 S. ...Rez.: Anika Davidson in: Aurora: Jahrbuch der Eichendorff-Gesellschaft. Tübingen 64, 2004. S. 134... 136.
Davidson, Anika: Advocata Aesthetica: Studien zum Marienmotiv in der modernen Literatur am Beispiel von Rainer Maria Rilke und Günter Grass. Würzburg 2001. 429 S. (Literatura: wissenschaftliche Beiträge zur Moderne und ihrer Geschichte; 12) ..Rez.: Joseph Anton Kruse in: Zeitschrift für deutsche Philologie. 123, 2004, 2. S. 312..315.
Deutsch-französischer Ideentransfer im Vormärz. 1. Au . Bielefeld 2003. 486 S.: Ill. (Forum Vormärz-Forschung: Jahrbuch; Jg. 8, 2002) ..Rez.: Robert Steegers in: HJb 2004. S. 284.286.
Exil: transhistorische und transnationale Perspektiven. Helmut Koopmann, Klaus Dieter Post (Hrsg.). Paderborn 2001. X, 316 S. ..Rez.: Joseph Anton Kruse in: HJb 2004. S. 289.291.
Heinrich Heines Werk im Urteil seiner Zeitgenossen. Hrsg. v. Eberhard Galley und Alfred Estermann, später von Sikander Singh und Christoph auf der Horst. Hamburg. Bd. 9: Rezensionen und Notizen zu Heines Werken aus den Jahren 1846 bis 1848. Hrsg. u. eingel. v. Sikander Singh. 2003. XXXVII, 747 S. (Heine-Studien) ..Rez.: Winfried Woesler in: Germanistik. Tübingen 45, 2004, 1/2. S. 354.
Henkel, Gabriele: Heine: ein Bildermärchen. [Ill. Jack Richmond]. Köln 1997. 277 S.: Ill. ..Rez.: Daniela Debus: Heine mit Henkel: mit starken Allegorien und dekorativem Buch feiert Gabriele Henkel den 200. Geburtstag von Heinrich Heine in: Bunte. Offenbach 1997, 50. S. 60.63.
Höhn, Gerhard: Heine-Handbuch: Zeit, Person, Werk. 3. Au . Stuttgart 2004. XVII, 590 S. ..Rez.: Joseph Anton Kruse in: HJb 2004. S. 284.
Kiewitz, Susanne: Poetische Rheinlandschaft: die Geschichte des Rheins in der Lyrik des 19. Jahrhunderts. 1. Au . Köln 2003. 312 S.: Ill. (Literatur und Leben) ..Rez.: Thomas Wenzel in: Aurora: Jahrbuch der Eichendorff-Gesellschaft. Tübingen 64, 2004. S. 150.153.
Kramp, Mario: Heinrich Heines Kölner Dom: die »armen Schelme vom Domverein« im Pariser Exil 1842.1848. München 2002. 134 S.: Ill. (Passerelles; 2) ..Rez.: Annegret Seidel in: Immermann-Jahrbuch. Frankfurt a. M. 6, 2005. S. 146.149.
Lindlar, Heinrich: Loreley-Report: Heinrich Heine und die Rheinlied-Romantik. 1. Au . Köln-Rheinkassel 1999. 175 S.: Ill., Notenbeisp. ..Rez.: Sonja Gesse-Harm in: Die Musikforschung: Berichte, Dissertationen, Besprechungen, Mitteilungen. Kassel 55, 2002. S. 95.96.
Podewski, Madleen: Kunsttheorie als Experiment: Untersuchungen zum ästhetischen Diskurs Heinrich Heines. Frankfurt a. M. 2002. 241 S. (Berliner Beiträge zur neueren deutschen Literaturgeschichte; Bd. 25) [Zugl.: Berlin, Freie Univ., Diss., 2001] ..Rez.: Stefan Scherer in: Germanistik. Tübingen 45, 2004, 1/2. S. 354..355.

Pongs, Ulrich: Heinrich Heine: Klassik, Aufklärung und Romantik. Rochester, NY ca. 2003. 256 S. [e-book] ..Rez.: Sikander Singh in: HJb, 2004. S. 294.296.
Romantik und Vormärz: zur Archäologie literarischer Kommunikation in der ersten Hälfte des 19. Jahrhunderts. Wolfgang Bunzel, Peter Stein, Florian Vaßen (Hrsg.). Bielefeld 2003. 465 S. (Vormärz-Studien; Bd. 10) Rez.: Joseph Anton Kruse in: HJb 2004. S. 282.284.
Rozier, Gilles: Eine Liebe ohne Widerstand. Aus d. Franz. übers. von Claudia Steinitz. 1. Au . Köln 2004. 167 S. ..Rez.: Judith Kuckart in: Merkur. Stuttgart 2004, 13. S. 37.
Rudtke, Tanja: »Die lachende Träne im Wappen«: karnevalistische Ambivalenz und dialogische Strukturen bei Heinrich Heine. Würzburg 2003. 223 S. (Literatura; 15) [Zugl.: Erlangen-Nürnberg, Univ., Diss., 2002] ..Rez.: Bernd Kortländer in: Germanistik. Tübingen 45, 2004, 3/4. S. 872.872.
Vom Salon zur Barrikade: Frauen der Heine-Zeit. Hrsg. von Irina Hundt. Mit e. Geleitw. von Joseph A. Kruse. Stuttgart 2002. 460 S. (Heine-Studien) ..Rez.: Ariane Neuhaus-Koch in: HJb 2004. S. 286.289.
Waldmann, Peter: Der verborgene Winkel der sterbenden Götter: Temporalisierung als ästhetischer Ausdruck im Werk von Heinrich Heine. Würzburg 2003. 302 S.: Ill. (Epistemata ..Reihe Literaturwissenschaft; Bd. 427) [Zugl.: Mainz, Univ., Diss., 2000] ..Rez.: Markus Winkler in: Germanistik. Tübingen 45, 2004, 3/4. S. 873.874.
Zensur im modernen deutschen Kulturraum. Hrsg. von Beate Müller. 1. Au . Tübingen 2003. VI, 237 S. (Studien und Texte zur Sozialgeschichte der Literatur; 94) ..Rez.: Christian Liedtke in: HJb 2004. S. 291.294.

4 Rezeption

4.1 Das Werk auf der Bühne, Vertonungen

Arbogast, Alois Wolfgang: »Die Wallfahrt nach Kevlaar« von Heine in Vertonungen von Södermann und Becker: zwei heute unbekannte Werke. ..In: Geldrischer Heimatkalender. Geldern 1992. S. 83.88.
Arendt, Dieter: Söller-Romantik oder Eine unendliche Geschichte der Dachbodenträumerei. ..In: Studia Niemcoznawcze. Warszawa 25, 2003. S. 513.530.
Getrommelte Tränen: eine Heine-Liturgie in sieben Abschnitten; Textbuch; mit einem Essay. Textcollage: Klaus Briegleb. Hamburg 1997. 40 S.: zahlr. Ill. (Essay: Heine und Hamburg-Ninive oder Eine Stadt auf der Landkarte des Exils).
Heine, Heinrich: Hebräische Melodien: Textbuch anläßlich eines »Heine-Abends« im Bamah. Dan Lahav (Intend.). Bamah, Jüdische Theaterbühne Berlin. Berlin 2002. o. S.
Heine goes Rock. ..In: Düsseldorfer Hefte. Düsseldorf 49, 2004, 2. S. 5.
Heiterkeit ist nicht zeitgebunden: ein literarischer Rezitationsabend mit Dr. Hajo Buch. ..In: West-Ost-Journal. Düsseldorf 11, 2005, 1. S. 11.
Oertel-Burduli, Barbara: Lureley: ein Märchen aus Düsseldorf; Uraufführung: 30. 11. 1997, Düsseldorfer Schauspielhaus. Als unverkäu . Ms. vervielfältigt. Düsseldorf 1997. 50 Bl.
Schnitzler, Günther: Heine und Schumann Im wunderschönen Monat Mai . ..In: Heinrich Heine <1797.1856> nel il centenario della nascita. Merano 1998. S. 37.62.
Wunder gibt's immer wieder : Katja Ebstein zeigt sich im Savoy Theater von ihrer brillanten Seite ..als ausdrucksstarke Chansonsängerin. ..In: Düsseldorfer Hefte. Düsseldorf 50, 2005, 3. S. 41.

4.2 Literarische Essays und Dichtungen zu Heine

Blume-Werry, Ferdinand: Zitronenwald: Reduktionen nach Heinrich Heines zweitem Gedicht-Zyklus »Die Nordsee« von 1826; Sy. Freudhold Riesenharf zu seinem 200. Geburtstag zugeeignet. Hamburg 1997. o. S. (Poetische Hefte; 8).

Gerber, Rudolf: Heinrich Heine in Gedicht. Bernkastel-Kues 2002. 50 S.

Gerber, Rudolf: Philosophisches und Politisches in Gedicht: (Heinrich Heines Christentum, Hermann Hesses Aphorismen). Bernkastel-Kues 2001. 56 S.

Graff, Martin: Zungenknoten: Hommage an Heine. . . In: Die Rheinpfalz. Ludwigshafen 10. Januar 2003. o. S.

Die Idee bringt mich nachts um den Schlaf: eine politische Union aus Deutschland und Frankreich, was wohl Heinrich Heine dazu gesagt hätte? . . In: Rheinische Post. Düsseldorf 14. November 2003. o. S.

Lindstedt, Hans Dietrich: Heinrich Heine auf der Reise nach Mainz: eine Erzählung. 2. Au . Simmern 1997. 104 S.

Metzig, Cornelia: Loreleif: ein Waldkinderbuch. 1. Au . Hohenschäftlarn 2002. 58 S.: zahlr. Ill.

Pikhovych, Alexej: Kosmopolitischer Gedankenstrom (nach Heinrich Heines Loreley). . . In: Neue Kriegsfibel. Literaturkurs der Jahrgangsstufe 12 des Quirinus-Gymnasiums. Neuss 2002. o. S.

4.3 Audiovisuelle Medien

Boy Gobert spricht Heine: aus Buch der Lieder; [Wiedergabe einer Lesung in den Kölner Kammerspielen am 9. Januar 1966]. Wien 1998. 1 CD.

Brahms Lieder. Margarete Price, soprano. Graham Johnson, piano. Hamburg 1994. 1 CD + Beih.

Deutsche Balladen: Balladen von Goethe, Schiller, Brentano, Uhland, Fontane, Mörike, Meyer, Ernst. Sprecher: Will Quad ieg; Günther Dockerill. Kiel 2000. 1 CD [darin Ausz. aus: Buch der Lieder].

Engel im Kopf: » siedend heiß fällt's mir ein . . heute wollt ich fröhlich sein «; ein musikalischer Querritt durch poetische Landschaft. Wolfram Berger, Markus Schirmer. Wien 2002. 1 CD.

Erotische Lyrik: 35 Meisterwerke erotischer Lyrik von Goethe bis Jandl. Lutz Görner spricht. Gitarrenbegleitung: Laura Young. Neu überarb. Au . Köln 1993. 1 MC + Beih.

Heine, Heinrich: Atta Troll: gelesen am 17. Juli 1997 im Gymnasium bei St. Anna in Augsburg. Für den freien Vortrag bearb. und präsentiert von Ernst Pilick. Augsburg 1998. 1 Tonkassette (Reihe Mitschnitt; 15).

Heine, Heinrich: Die Bäder von Lucca: aus: Reisebilder. Gert Westphal liest. Hamburg 1997. 3 Tonkassetten.

Heine, Heinrich: Deutschland. Ein Wintermärchen: ein Programm anläßl. des 150. Tagestages der Veröffentlichung des Gedichtes auf Einladung des Ministeriums für Bundesangelegenheiten des Landes Nordrhein-Westfalen in Bonn in Zusammenarbeit mit dem Heinrich-Heine-Institut, Düsseldorf. 21. September 1994, Haus der Geschichte, Bonn. Live-Aufnahme von Hanns Dieter Hüsch. Studio-Aufnahme von Eva Schuckardt. Bonn, 1994. 1 CD + Beih.

Heine, Heinrich: Deutschland. Ein Wintermärchen: Aufzeichnung vom 13. 12. 2004. Frei vorgetr. v. Otto Steffl. Begl. am Klavier v. Fritz Brucker. O. O. 2005. 2 DVD.

Heine, Heinrich: Gumpelino: aus: Die Bäder von Lucca. Gelesen von Gert Westphal. Hamburg 1997. 1 CD + Beih.

Heine, Heinrich: Die Harzreise. Achim Hübner (Sprecher). Berlin 1998. 1 CD-ROM (Digitale Bibliothek; 7).
Heine, Heinrich: Die Harzreise: aus: Reisebilder. Gert Westphal liest. Hamburg 1995. 3 Tonkassetten.
Heine, Heinrich: Mademoiselle Laurence. Sprecher: Johannes Steck. 1. Au . Freiburg i. Br. 2005. 1 CD.
Heine, Heinrich: Die Memoiren des Herrn von Schnabelewopski (gekürzt). Sprecher: Gerd Udo Feller. Musik: Anton Reicha. Münster 1998. 1 CD + Beih.
Heine, Heinrich: Die Nordsee. Sprecher: Gerd Erdmann. Musik: Friedrich Paravicini. Kiel 2001. 1 CD.
Heine, Heinrich: Die Nordsee: dritte Abteilung. Sprecher Gerd Erdmann. Kiel 2002. 1 CD.
Heine, Heinrich: Von Berlinern und Trientern: aus: Reise von München nach Genua. Gelesen von Gert Westphal. Hamburg 1997. 1 CD + Beih.
Eine Heine-Träumerei am Kamin zu Weesenstein: Gutenachtgeschichten. Gesprochen von Rolf Hoppe, Wolfgang Torkler am Piano. Dresden 2003. 1 CD.
Das Leben ein Traum oder Es will nicht alles passen: Texte der Romantik. Theaterwerkstatt Mainz. Regie: Silke Renners. Mainz 2002. 1 CD.
Die Lieblingsgedichte der Deutschen: 100 Gedichte. Carmen-Maja Antoni Musik: Volker Niehusmann. Regie: Karin Lorenz. Düsseldorf 2003. 2 CDs in Mappe + Beih. (15 S.).
Lieder von Schubert, Brahms und Schumann: Duette und Quartette. Barbara Fuchs, Sopran. Anna Schaffner, Mezzosopran. Silvan Muller, Tenor. Fabrice Raviola, Bariton. Irwin Gage, Klavier. Zürich 1994. 1 CD + Beih.
Lieder von Schubert, Mendelssohn, Schumann, Heller u. a. nach Gedichten von Heinrich Heine. Ostfildern 1990. 1 CD + Beih.
Poem: ich setzte den Fuß in die Luft und sie trug. Ein Film von Ralf Schmerberg. 1. Au . Berlin 2004. 2 DVD-Video [Verfilmung von Heines »Der Schiffbrüchige«].
Romantic songs. Hector Berlioz, Richard Wagner, Franz Liszt. Thomas Hampson (Bariton). Köln 1994. 1 CD + Beih.
Die schönsten deutschen Balladen. Interpreten: Dirk Bach, Ben Becker, Konrad Beikircher Regie: Karin Lorenz. Düsseldorf 2004. 4 CDs + 1 Beih. (12 S.). [darin: Ich weiß nicht was soll es bedeuten, gelesen von Konrad Beikircher; Die Wallfahrt nach Kevlaer, gelesen von Otto Sander].
Schumann, Robert: Sämtliche Werke für Violine und Pianoforte. Interpr.: Landgraf, Lisa Marie [Vl]. Koch, Tobias [Kl]. Detmold 2004. 3 CD + Beih.
Schumann, Robert: Spanisches Liederspiel op. 74. Düsseldorf 2000. 1 CD + Beih.
Sex & crime: Balladen; Lesung mit Musik. Gelesen und erlitten von Michael Quast. Musik: Theodore Ganger. Frankfurt a. M. 2004. 2 CDs + Booklet (20 S.) [Die Nixen].

4.4 Bildende Kunst, Denkmäler

Günther, Antonia: Heiligenstadt also doch eine Heine-Stadt: Bericht von der Einweihung eines Heine-Denkmals und eines Raumes für Heinrich Heine im Literaturmuseum Theodor Storm. ..In: Thüringer Museumshefte. Gera 10, 2001. S. 64..66.
Heine-Brunnen in New York. ..In: D-Journal: Düsseldorfer Gesellschaftsmagazin. Düsseldorf 20, 1999, 3. S. 21.
Reitter, Paul: Heine in the Bronx. ..In: The germanic review. New York, NY 74, 1999, 4. S. 327..336.
Sammons, Jeffrey L.: The restoration of the Heine monument in the Bronx. ..In: The germanic review. New York, NY 74, 1999, 4. S. 337..339.

4.5 *Heinrich-Heine-Gesellschaft, Heinrich-Heine-Institut, Gedenkstätten, weitere Forschungseinrichtungen und Institutionen*

Füllner, Bernd: Die Datenbanken des Heinrich-Heine-Portals: mit fünf unbekannten Briefen von und an Heine. ..In: HJb 2004. S. 268.276.

Füllner, Bernd und Christian Liedtke: Volltext, Web und Hyperlinks: das Heinrich-Heine-Portal und die digitale Heine-Edition. ..In: HJb 2003 S. 178.187.

Füllner, Karin: »Und gerade Heine überzeugt mich«: das Düsseldorfer Studierenden-Kolloquium 2002 mit neuen Arbeiten über Heinrich Heine. ..In: ALG-Umschau. Berlin 31, 2003. S. 10.11.

Füllner, Karin: Veranstaltungen des Heinrich-Heine-Instituts und der Heinrich-Heine-Gesellschaft e. V.: Januar bis Dezember 2003. ..In: HJb 2004. S. 318.325.

Geschenk für das Heinrich-Heine-Institut (Brauerei Schlösser). ..In: D-Journal: Düsseldorfer Gesellschaftsmagazin. Düsseldorf 21, 2000, 4. S. 86.

Goldenes Herz für Düsseldorfer Persönlichkeiten (Kruse). ..In: D-Journal: Düsseldorfer Gesellschaftsmagazin. Düsseldorf 21, 2000, 4. S. 86.

Heinrich Heine und das Judentum: eine Ausstellung des Heinrich-Heine-Instituts, Düsseldorf im Rahmen der Veranstaltungsreihe Heinrich Heine der Stadt Augsburg; 23. 1..18. 3. 1994, Ausstellungsort: Jüdisches Kulturmuseum Augsburg-Schwaben. Augsburg 1994. 133 S.: zahlr. Ill. [Ausstellungskatalog].

Kabel, Hanno: Heines schöner Islam. ..In: HJb 2004. S. 252.267.

Kloyber, Christian: Der Heinrich-Heine-Club [Mexiko] und der Exilsalon der Wiener Irma und Ernst Römer. ..In: Argonautenschiff: Jahrbuch der Anna-Seghers-Gesellschaft Berlin und Mainz e. V. Berlin 11, 2002. S. 181.191.

Leitner, Maria: Besuch bei Heinrich Heine. ..In: Reisen ins Reich 1933.1945: ausländische Autoren berichten aus Deutschland. Hrsg. Oliver Lubrich. Frankfurt a. M. 2005. S. 175.178 (Die Andere Bibliothek; 240).

Der literarische Einfall: Ausstellung im Heine-Institut illustriert die Entstehung prominenter Texte. ..In: Bilker Sternwarte. Düsseldorf 2004, 4. S. 124.

Neues Literaturzentrum: Pläne für Heines Geburtshaus jetzt konkret. ..In: Das Tor. Düsseldorf 71, 2005, 3. S. 11.

Le Rocher du Dragon: un voyage romantique sur le Rhin; exposition conçue par le Siebengebirgsmuseum de Königswinter Le Rocher du Dragon ..un Voyage Romantique sur le Rhin et présentée au Musée de Cognac du 13 mars au 25 mai 2003. Textes: Elmar Scheuren. Cognac 2003. 39 S.: zahlr. Ill., Notenbeisp. [Die Nacht auf dem Drachenfels S. 22].

Verleihung eines Kunst-Förderpreises (Heinrich-Heine-Institut). ..In: D-Journal: Düsseldorfer Gesellschaftsmagazin. Düsseldorf, 20, 1999, 3. S. 76.

4.6 *Heine-Preis*

Heine-Preis 2004 an Robert Gernhardt: ein Rigorist der Wahrheit. ..In: DJournal. Düsseldorf 26, 2005, 1. S. 54.

Verleihung des Heine-Preises 2004 der Landeshauptstadt Düsseldorf an Robert Gernhardt. Hrsg.: Heinrich-Heine-Institut der Landeshauptstadt Düsseldorf. Redaktion: Georg Aehling. Düsseldorf 2004. 34 S.

Veranstaltungen des Heinrich-Heine-Instituts und der Heinrich-Heine-Gesellschaft e.V.

Januar bis Dezember 2004

Zusammengestellt von Karin Füllner

11. 1. 2004	»Der letzte Ritter«. Vortrag von Lothar Schröder im Rahmen der Ausstellung »Erzweltschmerzler und Sprachschwelger. Albert Vigoleis Thelen zum 100. Geburtstag«. Hörspiel: »Die Insel des zweiten Gesichts« nach dem gleichnamigen Roman von Albert Vigoleis Thelen. Veranstalter: Heinrich-Heine-Institut in Zusammenarbeit mit dem WDR Köln.
17./18. 1. 2004	»Text & Ton«. Sektfrühstück und Führung durch die Heine-Ausstellung »Nähe und Ferne«, begleitet von Rezitationen von Heine-Texten und Musik. Einführung: Dr. Karin Füllner; Führung: Dr. Ursula Roth; Rezitation: Julia Krämer; Flötenmusik: Andrea Tober. Veranstalter: Heinrich-Heine-Institut und Heinrich-Heine-Gesellschaft.
6. 2. 2004	»Heine-Rezeption in Polen«. Vortrag von Prof. Dr. Grazyna Kwiecinska, Universität Warschau. Veranstalter: Heinrich-Heine-Institut und Heinrich-Heine-Gesellschaft in Zusammenarbeit mit dem Polnischen Institut Düsseldorf.
8. 2. 2004	Finissage der Ausstellung »Erzweltschmerzler und Sprachschwelger. Albert Vigoleis Thelen zum 100. Geburtstag«. »Eine Liebeserklärung«. Vortrag von Dr. Gabriele von Arnim, Berlin. Veranstalter: Heinrich-Heine-Institut.
14. 2. 2004	»ICH · WÜRDE · MENSCH · SEIN. Über die Würde des Menschen in Zeiten des Umbruchs ..diskursiver Glanz und reales Elend.« Vortrag von Peter Kienitz. Veranstalter: Heinrich-Heine-Gesellschaft.
15. 2. 2004	»Der Pojaz oder Lessings Nathan buchstabieren«. Szenisch-musikalische Lesung zum 100. Todestag von Karl Emil Franzos. Lesung: Oskar Ansull; Klarinette: Theo Jörgensmann. Veranstalter: Heinrich-Heine-Institut und Heinrich-Heine-Gesellschaft in Zusammenarbeit mit der Gesellschaft für Christlich-Jüdische Zusammenarbeit und der Mahn- und Gedenkstätte Düsseldorf.
29. 2. 2004	Verleihung der Trude-Droste-Gabe an Lore Schaumann und Rolfrafael Schröer durch Stadtdirektor Hans-Heinrich Grosse-Brockhoff. Frank Schablewski liest

aus »Düsseldorf schreibt .. Autorenportraits von Lore Schaumann«; Rolfrafael Schröer trägt eigene Texte vor; Bernd Wiesemann spielt Klavier.
Veranstalter: Landeshauptstadt Düsseldorf und Heinrich-Heine-Institut.

29. 2. 2004 »Der Literatur auf der Spur« und »Pennälergeschichten vom Mittelalter bis heute«. Literarische Stadtführungen zum Weltgästeführertag.
Veranstalter: Heinrich-Heine-Institut in Zusammenarbeit mit Düsseldorfer Stadtführer e. V.

3. 3. 2004 Palais Wittgenstein
Buchvorstellung. Prinz Asfa-Wossen Asserate liest »Manieren .. Eine Ethnologie unserer Umgangsformen«.
Veranstalter: Heinrich-Heine-Gesellschaft.

6./7. 3. 2004 »Heine und die Frauen«. »Text & Ton« zum Internationalen Frauentag 2004. Sektfrühstück und Führung durch die Heine-Ausstellung »Nähe und Ferne«, begleitet von Rezitationen von Heine-Texten und Musik. Einführung: Dr. Karin Füllner; Führung: Dr. Ursula Roth; Rezitation: Julia Krämer; Flötenmusik: Simon Pentzien.
Veranstalter: Heinrich-Heine-Institut und Heinrich-Heine-Gesellschaft.

9. 3. 2004 Palais Wittgenstein
Ismail Kadare und Bequë Cufai lesen aus und sprechen über Kadares Roman »Der Palast der Träume«.
Veranstalter: Heinrich-Heine-Institut in Zusammenarbeit mit dem Kulturamt der Landeshauptstadt Düsseldorf, der Botschaft der Republik Albanien, Literatur bei Rudolf Müller und dem Literaturbüro NRW e.V. im Rahmen der Albanischen Kulturwoche in Düsseldorf.

11. 3. 2004 Fatos Kongoli und sein Übersetzer Joachim Röhm lesen aus und sprechen über Kongolis Roman »Die albanische Braut«.
Veranstalter: Heinrich-Heine-Institut in Zusammenarbeit mit dem Kulturamt der Landeshauptstadt Düsseldorf, der Botschaft der Republik Albanien, Literatur bei Rudolf Müller und dem Literaturbüro NRW e. V. im Rahmen der Albanischen Kulturwoche in Düsseldorf.

14. 3. 2004 Ausstellungseröffnung: »Der literarische Einfall. Über das Entstehen von Texten«. Eine Ausstellung des Österreichischen Literaturarchivs Wien. Einführung: Dr. Bernhard Fetz und Dr. Klaus Kastberger, Österreichisches Literaturarchiv Wien.
Veranstalter: Heinrich-Heine-Institut.

17. 3. 2004 Mitgliederversammlung der Heinrich-Heine-Gesellschaft e. V. mit Wahl des 1. Vorsitzenden und des Geschäftsführers. Gewählt wurden als 1. Vorsitzender Professor Dr. Joseph A. Kruse und als Geschäftsführer Holger Ehlert M. A.
Wolfgang Reinbacher, Düsseldorfer Schauspielhaus, liest Texte von Heinrich Heine.
Veranstalter: Heinrich-Heine-Gesellschaft.

25. 3. 2004 »Das Rheinland aus dem Dornröschenschlaf wecken!« Vortrag von Dr. des. Sabine Brenner. Rezitation: Nina Sträter.
Veranstalter: Heinrich-Heine-Institut.

4. 4. 2004 Heidemarie Vahl führt durch die Sonderausstellung »Der literarische Einfall«. Stadtführerin Ute Pannes führt zum Thema »Der Literatur auf der Spur« durch Düsseldorf.

Veranstalter: Heinrich-Heine-Institut in Zusammenarbeit mit Düsseldorfer Stadtführer e.V.

23.4.2004 Œeine hören«. Kaffeelesung zum »Tag des Buches« mit Führung durch die Heine-Ausstellung und Bücher ohmarkt.
Veranstalter: Heinrich-Heine-Institut.

25.4.2004 Gedenkfeier für Emil Barth aus Anlass der Einrichtung eines Erinnerungsortes auf dem Düsseldorfer Nordfriedhof. Einführung: Prof. Dr. Joseph A. Kruse. Heinz Kloss, Düsseldorfer Schauspielhaus, liest aus dem Werk Emil Barths.
Veranstalter: Heinrich-Heine-Institut.

3.5.2004 Film im Gespräch: »Stadt des Glücks«. Gespräch mit dem Autor und Regisseur Michael Roes, Berlin, und dem Hauptdarsteller Nadir Yousfi, Tichy. Moderation: Andreas Wilink.
Veranstalter: Heinrich-Heine-Institut und Heinrich-Heine-Gesellschaft in Zusammenarbeit mit dem Institut Français und Literatur bei Rudolf Müller.

5.5.2004 Eröffnung der Ausstellung »Dieter Süverkrüp: Kreuzwortbilder«. Begrüßung: Heidemarie Vahl; Einführung: Dr. Olaf Cless; Klavier: Ben Süverkrüp; Führung: Dieter Süverkrüp.
Veranstalter: Heinrich-Heine-Institut.

8.5.2004 »Heine satirisch«. Nacht der Museen in Düsseldorf mit musikalisch-literarischem Programm und Führungen durch die Heine-Ausstellung und die Sonderausstellung.
Führung durch die Ausstellung »Kreuzwortbilder« von und mit Dieter Süverkrüp. Themenführungen durch die Heine-Ausstellung »Nähe und Ferne«. Heidemarie Vahl: »Heine und Düsseldorf«; Dr. Ursula Roth: »Der politische Heine«; Dr. Bernd Kortländer: »Heine und Frankreich«; Prof. Dr. Joseph A. Kruse: »Der späte Heine«; Dr. Karin Füllner: »Heine und die Frauen«.
»Text, Ton und Maske«. Rezitation, Musik und Pantomine in der Heine-Ausstellung mit Julia Krämer (Rezitation), Andrea Tober (Flöte) und Nemo (Pantomine).
»Heine satirisch ..Düsseldorf liest Heine«. Mit Tobias Richter, Claudia Burckhardt, Malgorzata Grudzińska, Brigitte Borsdorf, Kai Lorentz, Alfons Höckmann, René Heinersdorff und Stefan Fischer-Fels. In Zusammenarbeit mit dem Institut Français.
Kabarett-Soloprogramm: »Anchorman ..Ein Nachrichtensprecher sieht rot« mit Christian Ehring (Düsseldorfer Kommödchen).
Veranstalter: Heinrich-Heine-Institut.

11.5.2004 Mitgliederversammlung der Heinrich-Heine-Gesellschaft e.V. mit Wahl der 2. Vorsitzenden und der Schatzmeisterin. Gewählt wurden als 2. Vorsitzende Renate Loos und als Schatzmeisterin Gabriele Maaßen-Meyer.
Veranstalter: Heinrich-Heine-Gesellschaft.

14.5.2004 Œrklär mir die Beitrittsländer ..Polen«. Lesung und Gespräch mit Stefan Chwin und dem Übersetzer Albrecht Lempp.
Veranstalter: Heinrich-Heine-Institut und Heinrich-Heine-Gesellschaft in Zusammenarbeit mit dem Kulturamt der Landeshauptstadt Düsseldorf, dem Literaturbüro NRW e.V. und dem Polnischen Institut Düsseldorf.

25.5.2004 »Heine und die Musik«

»Und der Glückliche bin ich!« Vortrag von Prof. Dr. Wilhelm Gössmann. Mezzosopran: Annette Kleine, am Flügel: Ulrich Rademacher.
Veranstalter: Heinrich-Heine-Institut und Heinrich-Heine-Gesellschaft.

27.5.2004 »Die Wahrheit ist dem Menschen zumutbar«. Hanna Seiffert, Düsseldorfer Schauspielhaus, liest Gedichte von Ingeborg Bachmann mit musikalischen Zwischenspielen am Flügel von Helmut Götzinger.
Veranstalter: Heinrich-Heine-Institut.

6.6.2004 Eröffnung der Ausstellung »Heinrich von Kleist ..Genius der Poesie« (bis 29.8. 2004). Begrüßung: Prof. Dr. Bernd Kortländer; Einführung: Prof. Dr. Lothar Jordan, Direktor des Kleist-Museums Frankfurt/Oder; Führung durch die Ausstellung: Ingrid Patitz, Kleist-Museum.
Veranstalter: Heinrich-Heine-Institut in Zusammenarbeit mit dem Kleist-Museum, Frankfurt/Oder.

6.6.2004 »Grenzen im Fluss. Literarische Bootsfahrten«.
Öffentliche Schifffahrt. Abfahrt Burgplatz.
Lesung und Diskussion mit Judith Herzberg und Connie Palmen. Moderation: Gregor Seferens.
Veranstalter: Heinrich-Heine-Institut in Zusammenarbeit mit dem Generalkonsulat der Niederlande (Düsseldorf), dem Kleist-Museum Frankfurt/Oder, der Kunststiftung NRW, dem Literaturbüro NRW e.V. und dem Polnischen Institut.

7.6.2004 »Grenzen im Fluss. Literarische Bootsfahrten«.
Lesung und Diskussion mit Tanja Dückers, Barbara Köhler, Ewa Lipska und Olga Tokarczuk. Moderation: Anne Linsel.
Veranstalter: Heinrich-Heine-Institut in Zusammenarbeit mit dem Generalkonsulat der Niederlande (Düsseldorf), dem Kleist-Museum Frankfurt/Oder, der Kunststiftung NRW, dem Literaturbüro NRW e.V. und dem Polnischen Institut.

10..13.6.2004 Bücherbummel auf der Kö.
Heinrich-Heine-Institut und Heinrich-Heine-Gesellschaft präsentieren sich.

19.6.2004 Mittsommernacht im Heinrich-Heine-Institut: »Heine lyrisch«.
Theatervorstellung: »Heinrich Heine ..Hebräische Melodien«, Bamah Jüdische Theaterbühne Berlin.
Führungen durch die Heine-Ausstellung »Nähe und Ferne« und die Sonderausstellung »Heinrich von Kleist ..Genius der Poesie«.
Lieder- und Arienabend: »Sehnsucht nach dem Frühling« mit Wei Hermann (Sopran) und Yoshimi Yamamoto (Flügel).
Veranstalter: Heinrich-Heine-Institut in Zusammenarbeit mit der Gesellschaft für Christlich-Jüdische Zusammenarbeit, der Mahn- und Gedenkstätte Düsseldorf und der Clara Schumann-Musikschule Düsseldorf.

24.6.2004 Christoph Peters, Preisträger des deutschen Literaturpreises der Stadtsparkasse Düsseldorf, liest aus seinem Roman »Das Tuch aus Nacht«.
Veranstalter: Heinrich-Heine-Institut in Zusammenarbeit mit der Stadtsparkasse Düsseldorf.

26./27.6.2004 »Text & Ton«. Sektfrühstück und Führung durch die Heine-Ausstellung »Nähe und Ferne«, begleitet von Rezitationen und Musik. Einführung: Dr. Karin Füll-

ner; Führung: Dr. Ursula Roth; Rezitation: Julia Krämer; Flötenmusik: Andrea Tober.
Veranstalter: Heinrich-Heine-Institut und Heinrich-Heine-Gesellschaft.

4.7.2004 Œext & Ton«. Sektfrühstück und Führung durch die Heine-Ausstellung »Nähe und Ferne« unter dem Thema »Heine und die Frauen«, begleitet von Rezitationen und Musik. Einführung: Dr. Karin Füllner; Führung: Dr. Ursula Roth; Rezitation: Julia Krämer; Flötenmusik: Andrea Tober.
Veranstalter: Heinrich-Heine-Institut und Heinrich-Heine-Gesellschaft in Zusammenarbeit mit der VHS Meerbusch.

11.7.2004 Heidemarie Vahl führt durch die Sonderausstellung »Heinrich von Kleist ..Genius der Poesie«.
Veranstalter: Heinrich-Heine-Institut.

5.8.2004 Œeben in judäisch-hellenistischer Symbiose? Heinrich Heine und James Joyce«. Vortrag von Prof. Dr. Jochanan Trilse-Finkelstein.
Veranstalter: Heinrich-Heine-Gesellschaft.

19.8.2004 »Glaubensverrat und Glaubenstreue«. Vortrag von Prof. Dr. Walter Hinck, Köln.
Veranstalter: Heinrich-Heine-Gesellschaft.

29.8.2004 »Die engen Kleider dieser Welt«. Finissage der Ausstellung »Heinrich von Kleist ..Genius der Poesie«. Herbert Kromann liest Texte von Heinrich von Kleist und Äußerungen der Zeitgenossen.
Veranstalter: Heinrich-Heine-Institut und Heinrich-Heine-Gesellschaft.

5.9.2004 Buchvorstellung. Harald K. Hülsmann liest aus »Dieses Zählen aus dem Leben« Bernd Wiesemann präsentiert am Klavier die Uraufführung seiner 14 »Fragmente zu Haikai von HKH«.
Veranstalter: Heinrich-Heine-Institut und Heinrich-Heine-Gesellschaft in Zusammenarbeit mit Edition XIM Virgines.

15.9.2004 »Heine und die Musik«. »Vom ewigen Juden des Ozeans zum Fliegenden Holländer«. Das musikalische Paris um 1840. Rezitationen und Musik mit Otto Steffl und Prof. Fritz Brucker am Flügel.
Veranstalter: Heinrich-Heine-Institut und Heinrich-Heine-Gesellschaft in Zusammenarbeit mit dem Richard-Wagner-Verband Düsseldorf.

19.9.2004 Ausstellungseröffnung: »Heinrich Spoerl. Buch ..Bühne ..Leinwand«.
Begrüßung: Prof. Dr. Joseph A. Kruse; Vortrag: Dr. Sabine Brenner; Rezitation: Insa Magdalena Steinhaus und Jens Hajek (Komödie, Düsseldorf).
Veranstalter: Heinrich-Heine-Institut mit freundlicher Unterstützung des Düsseldorfer Theaters Komödie.

22.9.2004 Lyrik und Schule. »Ratschlag zum Verzehr der Seidenraupe«. Lesung und Diskussion mit Matthias Politycki.
Veranstalter: Heinrich-Heine-Institut und Heinrich-Heine-Gesellschaft in Zusammenarbeit mit dem Goethe-Gymnasium Düsseldorf.

24./25.9.2004 Kolloquium am »Tag der Archive«.
Teil I: Archiv und Schule.
Dr. Sabine Brenner: Arbeit mit Schülern an Materialien aus dem Nachlass von Heinrich Spoerl. Besichtigung der Spoerl-Ausstellung, Lesung von Spoerl-Texten durch die Schauspielerin Anke Kremer.
Dr. Ursula Roth/Heidemarie Vahl: Heinrich Heine ..Fundstücke aus dem Archiv.

Teil II: Wissenschaftliche Tagung.
Sektionsleitung: Prof. Dr. Bernd Kortländer
Dr. Volker Kaukoreit, Wien: Archivdatenbanken im Spannungsfeld lokaler, regionaler und verbundgestützter Anwendungen.
Dr. Jutta Weber, Berlin: Nachlasserschließung interaktiv. Sinn und Ziel neuer Praxis bei Erwerbung, Erschließung, Präsentation.
Sektionsleitung: Dr. Walter Gödden, Münster
Georg Mölich, Köln: Die Bedeutung von Nachlässen für die kulturhistorische Forschung.
Dr. Jochen Grywatsch, Münster/Dr. Enno Stahl, Düsseldorf: Das Internetportal: Literarische Nachlässe in rheinischen und westfälischen Archiven.
Teil III: Literarischer Ausklang: Texte aus den Archiven der Region.
Beispiele aus dem Westfälischen und dem Rheinischen Literaturarchiv: Lesung von Texten und historische Beispiele von Tonträgern.
Veranstalter: Heinrich-Heine-Institut in Zusammenarbeit mit dem Literaturrat NRW und dem Westfälischen Literaturarchiv des Landschaftsverbandes Westfalen-Lippe, Münster.

24.9.2004 Palais Wittgenstein
Buchvorstellung. Hans Peter Hallwachs liest Dieter Forte: »Auf der anderen Seite der Welt«.
Veranstalter: Heinrich-Heine-Institut und Heinrich-Heine-Gesellschaft in Zusammenarbeit mit dem S. Fischer Verlag.

26.9.2004 »Der politische Heine«. Dr. Ursula Roth führt durch die Heine-Ausstellung »Nähe und Ferne«.
Veranstalter: Heinrich-Heine-Institut.

28.9.2004 »Mit europäischem Blick. Deutschlandbilder«.
Antonella Romeo liest »La deutsche Vita«.
Veranstalter: Heinrich-Heine-Institut in Zusammenarbeit mit der Deutsch-Italienischen Gesellschaft.

1./2.10.2004 Öffentliche Tagung. »Von Sommerträumen und Wintermärchen ..Versepen im Vormärz«.
Begrüßung: Prof. Dr. Joseph A. Kruse.
Moderation: Dr. Michael Vogt (Forum Vormärz Forschung)
PD Dr. Olaf Briese, Berlin: Weltuntergang mit anschließender Diskussion. Endzeit im Vormärzepos.
Prof. Dr. Norbert O. Eke, Paderborn/Amsterdam: »Grausame Spiegel«. Geschichte in den Versepen Nikolaus Lenaus.
Moderation: Prof. Dr. Joseph A. Kruse.
Dr. Madleen Podewski, Berlin: Geister, Helden und Pyrker. Zur Integration von Gattungsnorm und Herrscherhistoriographie in »Tunisias« (1820).
Dr. Wulf Wülfing, Bochum: »Deutschunübertreffliche Gutmüthigkeit«. Zur Rhetorik von Karl Immermanns »Tulifäntchen«.
Moderation: Dr. Karin Füllner (Heinrich-Heine-Institut)
Alexandra Böhm, Erlangen: Groteske Verserzählungen am Ende der Romantik: Byron, Heine, Puschkin.

Prof. Dr. Alfred Opitz, Lissabon: Reisemythen und selbstre exive Fremderfahrung bei L. A. Frankl (»Cristoforo Colombo«, 1836) und H. Heine (»Bimini«, 1852).
Robert Steegers, Bonn: »Wie weiland Ritter Hüon von Bordeaux«. Wielands »Oberon« und Heines epische Dichtungen.
Moderation: Dr. Bernd Füllner (Forum Vormärz Forschung)
Dr. Michael Perraudin, Sheffield: »Denn Nazionalerinnerungen liegen tiefer in der Menschen Brust«. »Deutschland«, »Atta Troll« und Heines frühe Überlegungen zum Epos.
Dr. Gerhard Höhn, Macherin/Paris: Was heißt »politisch romantisch«? Heinrich Heines Versepos »Deutschland. Ein Wintermärchen«.
Konzeption und Organisation: Dr. Bernd Füllner und Dr. Karin Füllner.
Veranstalter: Heinrich-Heine-Institut und Heinrich-Heine-Gesellschaft in Zusammenarbeit mit dem Forum Vormärz Forschung. Gefördert durch die Arbeitsgemeinschaft Literarischer Gesellschaften und Gedenkstätten aus Mitteln der Beauftragten der Bundesregierung für Kultur und Medien.

1. 10. 2004 Sebastian Hufschmidt spricht und singt. Heinrich Heine: »Deutschland. Ein Wintermärchen«. Musikalische Begleitung (Gitarre): Matthias Schlothfeld.
Veranstalter: Heinrich-Heine-Institut und Heinrich-Heine-Gesellschaft in Zusammenarbeit mit dem Forum Vormärz Forschung. Gefördert durch die Arbeitsgemeinschaft Literarischer Gesellschaften und Gedenkstätten aus Mitteln der Beauftragten der Bundesregierung für Kultur und Medien.

5. 10. 2004 Kulturzentrum Zakk
» viel näher als fremd«. Arabische Literatur in Düsseldorf.
Tausendundeine Nacht. Ein musikalisch-literarischer Abend.
Veranstalter: Heinrich-Heine-Institut und Heinrich-Heine-Gesellschaft in Zusammenarbeit mit dem Institut Français, Literatur bei Rudolf Müller, dem Literaturbüro NRW e. V., dem Kulturamt der Landeshauptstadt Düsseldorf und dem Kulturzentrum Zakk.

9. 10. 2004 Sektempfang und Führung durch die Ausstellung »Heinrich Spoerl. Buch … Bühne .. Leinwand« mit Dr. Sabine Brenner.
Veranstalter: Heinrich-Heine-Institut.

10. 10. 2004 » viel näher als fremd«. Arabische Literatur in Düsseldorf.
Michael Kleeberg, Berlin, präsentiert den libanesischen Autor Abbas Beydoun. Abbas Beydoun trägt seine Gedichte auf Arabisch vor, Michael Kleeberg liest die deutschen Übersetzungen und stellt sein »Libanesisches Tagebuch« vor.
Veranstalter: Heinrich-Heine-Institut und Heinrich-Heine-Gesellschaft in Zusammenarbeit mit dem Institut Français, Literatur bei Rudolf Müller, dem Literaturbüro NRW e. V., dem Kulturamt der Landeshauptstadt Düsseldorf und dem Kulturzentrum Zakk.

13. 10. 2004 »Auf dem Windrad fährt der Wind Rad«. Lesung und Diskussion zur Übersetzbarkeit des Unübersetzbaren.
Studierende des Düsseldorfer Diplomstudiengangs Literaturübersetzen und die Dozentin Dr. Vera Elisabeth Gerling stellen Übersetzungen vor und diskutieren.
Veranstalter: Heinrich-Heine-Institut in Zusammenarbeit mit dem Literaturbüro NRW e. V. und dem Studiengang Literaturübersetzen.

14. 10. 2004	Literatur bei Rudolf Müller » viel näher als fremd«. Arabische Literatur in Düsseldorf. Najem Wali liest »Die Reise nach Tell al-Lahm«. Veranstalter: Heinrich-Heine-Institut und Heinrich-Heine-Gesellschaft in Zusammenarbeit mit dem Institut Français, Literatur bei Rudolf Müller, dem Literaturbüro NRW e.V., dem Kulturamt der Landeshauptstadt Düsseldorf und dem Kulturzentrum Zakk.
15. 10. 2004	Œeister und Geselle«. Oliver Steller spricht und singt Heinrich Heine und Kurt Tucholsky. Musikalische Begleitung: Bernd Winterschladen (Saxophon) und Dietmar Fuhr (Kontrabass). Veranstalter: Heinrich-Heine-Institut und Heinrich-Heine-Gesellschaft in Zusammenarbeit mit der Kurt-Tucholsky-Gesellschaft.
17. 10. 2004	Œext & Ton«. Sektfrühstück und Führung durch die Heine-Ausstellung »Nähe und Ferne«, begleitet von Rezitationen und Musik. Einführung: Dr. Karin Füllner; Führung: Dr. Ursula Roth; Rezitation: Julia Krämer; Flötenmusik: Andrea Tober. Veranstalter: Heinrich-Heine-Institut und Heinrich-Heine-Gesellschaft.
18. 10. 2004	Buchvorstellung. Erica Fischer und Simone Ladwig-Winters lesen »Die Wertheims. Geschichte einer Familie«. Veranstalter: Heinrich-Heine-Institut und Heinrich-Heine-Gesellschaft in Zusammenarbeit mit Literatur bei Rudolf Müller.
19. 10. 2004	Kulturzentrum Zakk » viel näher als fremd«. Arabische Literatur in Düsseldorf. Malek Alloula liest »Les festins de l'exil«. Veranstalter: Heinrich-Heine-Institut und Heinrich-Heine-Gesellschaft in Zusammenarbeit mit dem Institut Français, Literatur bei Rudolf Müller, dem Literaturbüro NRW e.V., dem Kulturamt der Landeshauptstadt Düsseldorf und dem Kulturzentrum Zakk.
20. 10. 2004	»Der kranke Heine«. Vortrag von Dr. Christoph auf der Horst, Heinrich-Heine-Universität Düsseldorf. Veranstalter: Heinrich-Heine-Gesellschaft.
27. 10. 2004	Sektempfang und Führung durch die Ausstellung »Heinrich Spoerl. Buch … Bühne ..Leinwand mit Dr. Sabine Brenner. Veranstalter: Heinrich-Heine-Institut.
31. 10. 2004	Auftaktveranstaltung »Düsseldorf liest ein Buch«. Günter Grass: »Die Blechtrommel«. Vortrag von Helmut Frielinghaus »Zwischen Danzig und Düsseldorf: Die Blechtrommel ..wiedergelesen, neu gelesen«; Wolfgang Reinbacher (Düsseldorfer Schauspielhaus) liest ein Kapitel aus »Mein Jahrhundert« von Günter Grass. Veranstalter: Heinrich-Heine-Institut und Heinrich-Heine-Gesellschaft in Zusammenarbeit mit dem Literaturbüro NRW e. V.
4. 11. 2004	16. Literaturforum Ost-West. Deutsch-serbischer Literaturaustausch in Düsseldorf. Vorträge von Prof. Dr. Slobodan Grubacic: »Zur Heine-Rezeption in Serbien« und Prof. Dr. Joseph A. Kruse: »Heine und Europa«. Lesung mit Tanja Dückers und Mirjana Stefanović. Veranstalter: Heinrich-Heine-Institut und Heinrich-Heine-Gesellschaft in Zusammenarbeit mit dem Gerhart-Hauptmann-Haus.

7. 11. 2004 Buchvorstellung. Elazar Benyoëtz liest »Finden macht das Suchen leichter«. Mit musikalischer Umrahmung durch Schüler der Clara-Schumann-Musikschule.
Veranstalter: Heinrich-Heine-Institut und Heinrich-Heine-Gesellschaft.

7. 11. 2004 Finissage der Ausstellung »Heinrich Spoerl. Buch .. Bühne .. Leinwand«. »Man kann ruhig darüber sprechen«. Anke Kremer (Komödie, Düsseldorf) und Karl Moosecker lesen Texte von und über Heinrich Spoerl.
Veranstalter: Heinrich-Heine-Institut mit freundlicher Unterstützung des Düsseldorfer Theaters Komödie.

10. 11. 2004 Literaturhaus Köln
Symposion: »Heinrich Heine und seine religiösen Lebenswelten«.
Begrüßung: Dr. Jürgen Wilhelm.
Prof. Dr. Walter Hinck, Köln: Die jüdisch-maurisch-christliche Religionsproblematik in Dichtungen des frühen Heine.
Dr. Anne Maximiliane Jäger, Siegen: »Ich bin jetzt nur ein armer todkranker Jude «. Heine und das Judentum.
PD Dr. Christoph Bartscherer, München: »Dem Gotte meiner Wahl« .. Heine und das Christentum.
Prof. Dr. Joseph A. Kruse, Düsseldorf: »Aber Allah! Welch ein Anblick« .. Heine und der Islam.
Veranstalter: Heinrich-Heine-Institut, Heinrich-Heine-Gesellschaft und Kölnische Gesellschaft für Christlich-Jüdische Zusammenarbeit e. V.

13. 11. 2004 Heines »Almansor« als Widerruf von Lessings »Nathan«? Vortrag von Prof. Dr. Karl-Josef Kuschel, Universität Tübingen.
Veranstalter: Heinrich-Heine-Institut und Heinrich-Heine-Gesellschaft.

18. 11. 2004 Buchvorstellung. Barbara Beuys liest »Der Preis der Leidenschaft«.
Veranstalter: Heinrich-Heine-Institut in Zusammenarbeit mit Literatur bei Rudolf Müller.

21. 11. 2004 Ausstellungseröffnung: »Charles Dickens: Geheimnisvolle Welten« (bis 20. Februar 2005).
Begrüßung: Prof. Dr. Joseph A. Kruse; Grußwort: Boyd McCleary, Königlich Britischer Generalkonsul; Kurzvortrag: Prof. em. Michael Slater, London; Lesung aus dem vierten Kapitel von »David Copperfield« von Charles Dickens: Daniel Berger, Düsseldorfer Schauspielhaus; Einführung in die Ausstellung mit anschließender Führung: Florian Schweizer, Charles Dickens Museum, London.
Veranstalter: Heinrich-Heine-Institut.

24. 11. 2004 »Eine jüdische Komödie der Aufklärungszeit«. Vortrag von Prof. Dr. Marion Aptroot, Heinrich-Heine-Universität Düsseldorf.
Veranstalter: Heinrich-Heine-Gesellschaft.

28. 11. 2004 »Mein Vater Charles Dickens«. Reisebericht, Drehtagebuch und Film von und mit Barbara und Bernhard Zimmermann.
Veranstalter: Heinrich-Heine-Institut.

2. 12. 2004 »Spurensuche am Kilimanjaro«. Vortrag von Dr. Christof Hamann.
Veranstalter: Heinrich-Heine-Institut und Heinrich-Heine-Gesellschaft.

4./5. 12. 2004 »Text & Ton«. Sektfrühstück und Führung durch die Heine-Ausstellung »Nähe und Ferne«, begleitet von Rezitationen und Musik. Einführung: Dr. Karin Füll-

ner; Führung: Dr. Ursula Roth; Rezitation: Julia Krämer; Flötenmusik: Simon Pentzien.
Veranstalter: Heinrich-Heine-Institut und Heinrich-Heine-Gesellschaft.

8. 12. 2004 »Loreley und ihre Schwestern«. Vortrag von Prof. Dr. Henriette Herwig, Heinrich-Heine-Universität Düsseldorf.
Veranstalter: Heinrich-Heine-Gesellschaft.

11. 12. 2004 7. Düsseldorfer Studierenden-Kolloquium.
Neue Arbeiten über Heinrich Heine. Vorträge und Diskussionen.
Begrüßung: Prof. Dr. Joseph A. Kruse.
Stefanie Winkelnkemper (Düsseldorf): Den »Europäer der Zukunft« vorgebildet: Heinrich Heines kulturpolitischer Ein uss auf Friedrich Nietzsche.
Dr. des. Karl Solibakke (Düsseldorf): Zum europäischen kulturellen Gedächtnis Heinrich Heines.
Thorsten Palzhoff (Berlin): Der Ort der Musik in Heinrich Heines Schriften.
Cordula Hupfer (Düsseldorf): Die kulinarische Metaphorik im Gesamtwerk Heinrich Heines.
Nadine Alexander, Anne Backes, Stefan Führt, Iris Kuchta, Martin Schläger, Nils Werner, Tobias Wienke (Heinrich-Heine-Universität Düsseldorf): Heine trifft Börne. Eine Collage.
Dr. Inge Rippmann (Basel): »Welch ein schönes Land und welche häßlichen Menschen!« Mythos und Wirklichkeit in der vormärzlichen Schweiz in Ludwig Börnes Sicht.
Konzeption und Moderation: Dr. Karin Füllner (Heinrich-Heine-Institut) und Holger Ehlert M. A. (Heinrich-Heine-Universität Düsseldorf).
Veranstalter: Heinrich-Heine-Institut und Heinrich-Heine-Gesellschaft in Zusammenarbeit mit der Heinrich-Heine-Universität Düsseldorf.

13. 12. 2004 Palais Wittgenstein
»Der Ton im Wörtersee«. Heine-Preisträger Robert Gernhardt liest. Anne Bärenz (am Flügel) und Frank Wolff (Cello).
Veranstalter: Heinrich-Heine-Institut in Zusammenarbeit mit dem Kulturamt der Landeshauptstadt Düsseldorf.

15. 12. 2004 Hilde Domin liest »Hand in Hand mit der Sprache«. Benefizveranstaltung zu Gunsten der Ärztlichen Kinderschutzambulanz am Evangelischen. Krankenhaus in Düsseldorf.
Veranstalter: Heinrich-Heine-Gesellschaft und ZONTA Club Düsseldorf II.

18./19. 12. 2004 Weihnachtsführung. Florian Schweizer, London, und Heidemarie Vahl, Heinrich-Heine-Institut, führen durch die Ausstellung »Charles Dickens: Geheimnisvolle Welten«.
Veranstalter: Heinrich-Heine-Institut.

Ankündigung des Düsseldorfer Studierenden-Kolloquiums 2006

Zum Heine-Geburtstag 2006 veranstalten das Heinrich-Heine-Institut der Landeshauptstadt Düsseldorf, die Heinrich-Heine-Gesellschaft e. V. und die Heinrich-Heine-Universität Düsseldorf gemeinsam das Studierenden-Kolloquium 2006 mit neuen Arbeiten über Heinrich Heine. Es findet statt am Samstag, den 9. Dezember 2006, 11.00 bis 17.30 Uhr im Heinrich-Heine-Institut. Für das beste vorgetragene Referat, das von einer Jury ausgewählt wird, stiftet die Heinrich-Heine-Gesellschaft einen Geldpreis.

Zur Information über Konzeption und Ausrichtung des Düsseldorfer Studierenden-Kolloquiums verweisen wir auf die Beiträge in den Heine-Jahrbüchern 2001 bis 2005.

Anmeldungen für Kurzreferate (ca. 30 Min.) sind mit einem kurzen Exposé (ca. 1 Seite) bis zum 30. September 2006 zu richten an:

Heinrich-Heine-Institut
Stichwort: Studierenden-Kolloquium
Bilker Str. 12-14
D-40213 Düsseldorf
E-Mail: hhi-hhg@t-online.de

Hinweise für die Autoren

Für unverlangt eingesandte Texte und Rezensionsexemplare können wir keine Gewähr übernehmen.

Die Autoren werden gebeten ihre Beiträge möglichst als Ausdruck und Diskette einzusenden.

Die Manuskripte sollten folgendermaßen eingerichtet sein:

1. Im Text:

Zitate und Werktitel in doppelte Anführungszeichen.
Größere Zitate (mehr als 3 Zeilen) und Verse einrücken. Sie werden in kleinem Druck gesetzt; eine weitere Kennzeichnung entfällt.
Auslassungen oder eigene Zusätze im Zitat: [ ]
Hochzahlen (für Anmerkungen) ohne Klammer hinter den schließenden Anführungszeichen, und zwar vor Komma, Semikolon und Doppelpunkt, aber hinter dem Punkt.
Unterstreichung bedeutet Kursivsatz.

2. Fußnoten:

Alle Anmerkungen fortlaufend durchnummeriert am Schluss des Manuskriptes. Hochzahlen ohne Klammer oder Punkt.
Literaturangaben in folgender Form:

a) Bücher
   ...Monographien: Vorname Zuname des Verfassers: Titel. Ort Jahr, Band (röm. Ziffer), Seite.
   ...Editionen: Vorname Zuname (Hrsg.): Titel. Ort Jahr, Seite.
b) Artikel
   ...in Zeitschriften: Vorname Zuname des Verfassers: Titel. ..In: Zeitschriftentitel Bandnummer. Jahr, Seite.
   ...in Sammelwerken: Vorname Zuname des Verfassers: Titel. ...In: Titel des Sammelwerks, hrsg. von Vorname Zuname. Ort Jahr, Band, Seite.

Bei wiederholter Zitierung desselben Werkes: Zuname des Verfassers [Anm. XXX], Seite.

c) Heine-Ausgaben und gängige Heine-Literatur

...Abkürzungen nach dem Siglenverzeichnis (im Heine-Jahrbuch hinter dem Inhaltsverzeichnis) verwenden.

...Heine-Texte möglichst im laufenden Text unter Verwendung der Abkürzungen in runden Klammern nachweisen [z. B. (B III, 100) oder (DHA I, 850) oder (HSA XXV, 120)].

3. Abkürzungen:

Zeitschriftentitel u. dgl. möglichst nach dem Verzeichnis der »Germanistik« u. ä.

S. = Seite

hrsg. v. = herausgegeben von

Au agenziffer vor der Jahreszahl hochgestellt.

(vgl. auch das Verzeichnis der Siglen hinter dem Inhaltsverzeichnis in diesem Jahrbuch).

4. Korrekturen:

Der Verlag trägt die Kosten für die von der Druckerei nicht verschuldeten Korrekturen nur in beschränktem Maße und behält sich vor, den Verfassern die Mehrkosten für Autorkorrekturen zu belasten.

Mitarbeiter des Heine-Jahrbuchs 2005

PD Dr. Christoph Bartscherer, Kunigundenstr. 61, 80805 München
Nicole Calian, 8600 15th Ave NE, Seattle, WA 9815, USA
Elena Camaiani, Merowingerstr. 49, 40225 Düsseldorf
Helmut Frielinghaus, Wincklerstr. 3, 20459 Hamburg
Dr. Karin Füllner, Urdenbacher Dorfstr. 30, 40593 Düsseldorf
Robert Gernhardt, Neuhaußstr. 12, 60322 Frankfurt/M.
Regina Grundmann, Am Brunen 29, 44797 Bochum
Cordula Hupfer, Seydlitzstr. 53, 40476 Düsseldorf
Dr. Anne Maximiliane Jäger, Im Lichtenholz 10, 35043 Marburg
Prof. Dr. Joseph A. Kruse, Kaiserswerther Str. 70, 40477 Düsseldorf
Prof. Dr. Karl-Josef Kuschel, Sandäckerstr.2, 72070 Tübingen
Rita Lennartz, Rheinische Friedrich-Wilhelms-Universität, Germanistisches Seminar, Am Hof 1, 53113 Bonn
Christian Liedtke, Alt-Heerdt 89, 40549 Düsseldorf
Dr. Liu Min, German Department, Peking University, Beijing 100871, P.R. China
Dr. Michael Maar, Stubenrauchstr. 49, 12161 Berlin
Prof. Dr. Manfred Mai, Joachimstr. 37, 40545 Düsseldorf
Dr. Ariane Neuhaus-Koch, Kaarster Str. 133 F, 41462 Neuss
Thorsten Palzhoff, Boddinstr. 12, 12053 Berlin
Dr. Peter Rippmann, C. F. Meyer-Str. 44, CH. 4059 Basel
Prof. Jeffrey L. Sammons, Yale University, Dep. of Germanic Languages and Literatures, P. O. Box 208210, New Haven, CT 06520. 8210, USA
Dr. Sikander Singh, Höhenstr. 88, 40227 Düsseldorf
Gerhart Söhn, Robert-Reinick-Str. 2, 40474 Düsseldorf
Robert Steegers, Hausdorffstr. 57, 53129 Bonn
Marianne Tilch, Konkordiastr. 65, 40219 Düsseldorf
Prof. Dr. Norbert Waszek, 128, rue de la Tombe Issoire, F .. 75014 Paris
Dr. Jürgen Wilhelm, Unterheider Weg 38, 51429 Bergisch Gladbach

GPSR Compliance

The European Union's (EU) General Product Safety Regulation (GPSR) is a set of rules that requires consumer products to be safe and our obligations to ensure this.

If you have any concerns about our products, you can contact us on ProductSafety@springernature.com

In case Publisher is established outside the EU, the EU authorized representative is:

Springer Nature Customer Service Center GmbH
Europaplatz 3
69115 Heidelberg, Germany

Batch number: 10578188

Printed by Printforce, the Netherlands